LUTZ C. KLEVEMAN

SMYRNA IN FLAMMEN

aufbau

LUTZ C. KLEVEMAN

SMYRNA IN FLAMMEN

Der Untergang der
osmanischen Metropole 1922
und seine Folgen für Europa

aufbau

Mit 10 Abbildungen

MIX
Papier aus verantwortungsvollen Quellen
FSC® C083411

ISBN 978-3-351-03459-7

Aufbau ist eine Marke
der Aufbau Verlage GmbH & Co. KG

1. Auflage 2022

Einbandgestaltung Anzinger und Rasp, München
Karten auf Vor- und Nachsatz © Peter Palm, Berlin
Satz Greiner & Reichel, Köln
Druck und Binden CPI books GmbH, Leck, Germany
Printed in Germany

www.aufbau-verlage.de

FÜR

MARIA UND BURCU UND SANDRA

»Es ist wie wenn sich's fügt
Und eines Nachts die Stadt du
Betrittst, die dich aufgezogen,
Die sie dann ganz zerstört und wieder aufgebaut
So, dass du dich mühst und andre Zeiten einsetzt
Dich wiederzufinden …«

GIORGOS SEFERIS, IONISCHE REISE

INHALT

	PROLOG	9
I	FREIE INSEL	13
II	VERBRANNTE ERDE	42
III	OSMANISCHE KOSMOPOLIS	65
IV	FLUIDE LEVANTE	88
V	JUNGE TÜRKEN	114
VI	MASSAKRIERTES CHIOS	141
	INTERLUDIUM	167
VII	NATIONALE IDEEN	203
VIII	BRENNENDES SMYRNA	228
IX	HUMANE HELDEN	265
X	AUSTAUSCHBARE MENSCHEN	288
XI	ENTMISCHTES LAND	311
XII	OFFENES MEER	338
	EPILOG	357
	ANMERKUNGEN	351
	LITERATUR	365
	SACHREGISTER	368
	PERSONENREGISTER	374
	BILDNACHWEIS	379
	DANKSAGUNG	381

PROLOG

Die ersten Stadtlichter gehen an.

Soeben ist die Sonne abgetaucht, einige Wolken färben sich glutrot. In der Ferne sind die peloponnesischen Berge zu sehen.

Seit einigen Monaten wohne ich nun schon im Cavo d'Oro. Das Hotel schien mir ein guter Ort zu sein, um dieses Buch zu schreiben. Mein Zimmer hat einen Blick über die weite Hafenbucht von Piräus und die Schiffe, die auf das Ägäische Meer hinausfahren oder zurückkehren.

Das Cavo d'Oro hat schon bessere Zeiten gesehen, die Lobby ist eine Zeitmaschine in die späten 1960er Jahre: hölzerne Telefonkabinen, Pushdown-Aschenbecher auf den Tischen, Seeschlachten-Ölgemälde und die royale Ecke, wo gerahmte Porträts griechischer Könige hängen.

»Unsere Glorreichen«, wie Hoteldirektor Giorgos sie nennt, wobei er die Bilder gerne mit etwas Parfüm besprüht.

Es sind nicht mehr viele Gäste da. Selbst einige der Langzeit-Bewohner haben das Hotel inzwischen verlassen. Auch meine Nachbarin, eine pensionierte Prostituierte, die mir im Fahrstuhl immer Süßigkeiten anbietet, habe ich seit Tagen nicht mehr gesehen.

Die Pandemie hat jetzt auch Griechenland erreicht. Viele Fähren wurden heute eingestellt, um die Inseln länger virusfrei zu halten, wie es heißt. Still und wellenlos liegt die Bucht da, nur einige Frachter sind noch unterwegs.

Piräus ist der letzte große Hafen an Europas poröser südöstlicher

Grenze. Es ist kaum fünfzig Jahre her, als das Mittelmeer noch offen war, da kamen Passagierschiffe aus allen großen mediterranen Hafenstädten in Piräus an: aus Alexandria, aus Triest, aus Algier, aus Marseille, aus Istanbul und Beirut.

Und aus Izmir, dem alten Smyrna.

In der Schuldenkrise hat ein chinesischer Staatskonzern den Hafen gekauft. Er gehört nun zur neuen Seidenstraße, mit der China seine Produkte noch stärker in den europäischen Markt drücken will.

Freihandel ist in Europa willkommen, der freie Zug von Menschen weniger. Nur wenn die Flüchtlingslager auf den ägäischen Inseln total überfüllt sind, bringt man eine Schiffsladung Frauen und Kinder über Piräus ans Festland.

Gestern wurden alle Bars in Piräus geschlossen, darunter auch meine Stammlokale, das King George und das Beluga. Nur die Kirchen sind weiter geöffnet, damit die Menschen beten können.

Ich ziehe mir ein Jackett über und gehe zum einzig verbliebenen Ort für gute Drinks: der Veranda, unserer Hotelbar.

»Immer noch hier?«, begrüßt mich Daphne, die junge Barfrau, und stellt mir ein Mythos-Bier auf den Tresen. »Es gibt Gerüchte, dass bald eine Ausgangssperre verhängt wird.«

Mit dem offenen Blick aufs Meer, den alten Holzsäulen und Rattan-Stühlen verströmt die Veranda den vagen Charme einer Kolonialvilla. Ich bin der einzige Gast. Aus ihrer Handtasche kramt Daphne einen Lippenstift und Mascara hervor, um sich im großen Spiegel hinter den Flaschenregalen zurechtzumachen. Sie ist Deutschgriechin, ihre Eltern haben sich in West-Berlin kennengelernt, auf einer Anarchisten-Demo in den 1980er Jahren. Drei Wochen später zogen sie zusammen nach Piräus.

»Meine Großeltern waren geschockt, als sie den deutschen Punker mit Irokesen-Schnitt sahen«, sagt Daphne grinsend. Als sich ihre Eltern einige Jahre später wieder trennten, kehrte der Vater nach Deutschland zurück. Daphne hat ihn lange nicht gesehen. »Er ist noch immer Punker und hat einen Job, in dem er marxistisch-leninistische Werke digitalisiert.«

Darüber müssen wir beide lachen.

»Was hat dich eigentlich nach Griechenland verschlagen?«

»Ach, ich bin damals hergekommen, um über die Flüchtlingslager zu berichten«, antworte ich. »Die Balkanroute und so.«

Skeptisch sieht sie mich an: »Keine privaten Gründe, keine Frau?«

»Nun ja, höchstens eine Frau, die mich verlassen hatte.«

»Aha, dann warst Du selbst auf der Flucht.«

»So ähnlich«, sage ich ausweichend. »Jedenfalls bin ich dabei auf eine andere Geschichte gestoßen: den großen Brand von Smyrna im September 1922, der damals eine riesige Flüchtlingswelle auslöste.«

»Ich weiß«, entgegnet Daphne ernst. »Meine Großeltern sind damals aus Smyrna geflohen. Halb Athen wurde für kleinasiatische Griechen erbaut. In den Hafenbars von Piräus hört man manchmal noch das *Smyrneika,* den typischen Gesang von dort.«

»Smyrna muss eine faszinierende Stadt gewesen sein, extrem kosmopolitisch«, fahre ich fort. »Menschen aus aller Welt lebten da zusammen, lauter verschiedene Kulturen und Religionen, wie heute in London oder New York. Vielleicht war Smyrna die erste wirklich globale Stadt.«

»Bis man sie niedergebrannt hat.«

»Ja, bis zum großen Feuer, ein furchtbares Verbrechen mit Zehntausenden Toten. Und Europa hat tatenlos zugesehen. Unfassbar, was damals alles geschehen ist. Darüber schreibe ich gerade.«

Daphne schenkt mir ein weiteres Bier ein und macht sich selbst eins auf. Die Veranda hat lange geöffnet, wir haben einige Stunden vor uns.

»Dann bist du nach Smyrna gereist, also nach Izmir?«

»Ja, mit der Fähre aus Piräus, vor einem Jahr.«

»Und was hast du gefunden?«

»Eine irre Geschichte.«

»Erzähl mir alles.«

FREIE INSEL

I

Die Fähre legte spätabends ab.

Mit schwarz qualmendem Schornstein fuhren wir aufs Meer hinaus, selbst auf dem Oberdeck waren die Schiffsmotoren zu spüren. Die Luft wurde kühler, es roch nach Dieselruß und Tang. Möwen kreischten.

Ich stand an der Reling und blickte abwechselnd in den Heckstrudel und zurück auf das nächtliche Athen. Die angestrahlte Akropolis lag wie eine Insel im grauen Häusermeer, vom Bergrücken des Hymettos dunkel überragt. Je weiter wir uns vom Hafen entfernten, desto mehr schrumpfte der Parthenon zu einem hellen Pünktchen, bis er wie ein Funken verglomm.

Ein letzter fester Außenposten Europas, zumindest einer gewissen Vorstellung von Europa, so kam mir dieses Athen vor, dessen zittriger Lichtschein allmählich am Horizont verschwand.

Dann ging ich zum Schiffsbug und dachte an das Ziel meiner Reise: die Stadt Izmir an der türkischen Westküste, das alte Smyrna.

Allein wie dieser Name klang – fast schon mythisch, wie das versunkene Atlantis. Smyrna, das roch nach Myrrhe, feigenbeladenen Kamelen, Teppichen und dampfenden Wasserpfeifen. Es klang nach einem legendären Hafen, reichen Händlern und orientalischer Erotik. Als »Perle der Ägäis« wurde die osmanische Vielvölkerstadt einst gepriesen. Ihre griechischen Bewohner sprachen vom *myrovolos Smyrni*, dem süß duftenden Smyrna. Bis ins 20. Jahrhundert hinein lebten hier mehrere Kulturen und Religionen friedlich zusammen:

Griechen, Türken, Armenier, Juden, Amerikaner und viele Europäer. Vor allem Engländer, Franzosen und Italiener suchten in dieser einzigartigen Metropole ihr Glück.

Die kosmopolitische Blütezeit der Stadt fand ein furchtbares Ende, als sie im griechisch-türkischen Krieg von 1919–1922 zwischen die Fronten geriet. Nachdem Smyrna im Mai 1919 von den Griechen besetzt worden war, eroberte die türkische Armee die Stadt im September 1922 zurück, steckte sie in Brand und ließ sie fast komplett niederbrennen. In den Flammen kamen in wenigen Tagen Zehntausende Zivilisten ums Leben. Sie verbrannten, wurden brutal massakriert oder ins Wasser getrieben, wo sie massenhaft ertranken. All dies geschah in Sichtweite mehrerer britischer, französischer und italienischer Kriegsschiffe, die vollbewaffnet in der Bucht von Smyrna ankerten. Deren Kommandeure aber intervenierten nicht, sondern sahen dem mörderischen Treiben tatenlos zu.

Das große Feuer von Smyrna war ein unfassbares Kriegsverbrechen. Es verursachte eine Flüchtlingskrise, die Europa nachhaltig verändern sollte. Fast alle überlebenden Christen wurden gewaltsam aus Kleinasien vertrieben, ebenso alle Muslime aus Griechenland, was zu einem nie dagewesenen Bevölkerungsaustausch führte.

Seitdem sind die schrecklichen Ereignisse der 1920er Jahre weitgehend in Vergessenheit geraten oder wurden totgeschwiegen. Heute aber, fast genau hundert Jahre später, spielte sich in der Ägäis wieder eine große Flüchtlingskrise ab, während Europa erneut von aggressivem Nationalismus zerrissen wurde. Geschichte schien sich zu wiederholen. Es war an der Zeit, einige alte Lektionen hervorzukramen.

Deshalb wollte ich auf meiner Reise nach Izmir herausfinden, wie es zum Brand von Smyrna kommen konnte, was damals genau geschah, und welche Folgen die Tragödie für Europa und die Türkei bis in die heutige Zeit hatte.

Ich versuchte, mir eine Zigarette zu drehen, ohne dass der Fahrtwind den Tabak wegblies. Die attische Küste lag inzwischen weit entfernt. Auch die Möwen, die uns bisher begleitet hatten, flogen zurück. Nur noch das Rauschen der Bugwellen war zu hören. Die Fähre tauchte ein in die Nacht wie ein Raumschiff in das Weltall, in den ägäischen Kosmos, in dem die Lichter der vereinzelten Inseln wie Sterne funkelten.

In Griechenland kann ein Mann sich finden, hat Henry Miller geschrieben. Gerne auch das, dachte ich, denn seit der Trennung glich mein Leben dem ägäischen Archipel – es schien in tausend kleine Inseln zersprengt, von denen die meisten kahl und felsig waren.

Wenn jede große Expedition auch eine innere Reise ermöglichte, dann hoffte ich, wenn ich ehrlich war, auf dieser Recherchefahrt auch die verstreuten Scherben meines Selbst aufsammeln und neu zusammenfügen zu können. Dafür schien mir die Ägäis ein guter Ort zu sein, ohne dass ich sagen konnte, warum. Vielleicht lag es am Licht, diesem leicht schimmernden, diaphanen Blau, das ein schweres nordisches Gemüt doch aufhellen musste. Was ich suchte, war jedenfalls nicht nur eine Geschichte, sondern eine Erfahrung, die mich wieder mit anderen Menschen verbinden würde.

Ob mir all dies gelingen würde, fragte ich mich, als ich vom Oberdeck in meine Kajüte hinabstieg und mich schlafen legte.

Als ich am nächsten Morgen erwachte und durch das Bullauge blickte, hatten wir bereits die Gewässer vor der türkischen Westküste erreicht. Steuerbords ragten die Berge der anatolischen Landmasse empor. Auf ihren Kämmen drehten sich Windräder, hinter denen bald die Sonne aufgehen würde. Mein Telefon zeigte abwechselnd griechische und türkische Funknetze an. Ich war in das Grenzgebiet zwischen Europa und Asien gelangt.

Die nächtliche Fahrt war ruhig gewesen, flache, langgezogene Wellen hatten mich durch den Schlaf gewiegt. Seit unserer Abfahrt aus Piräus hatte das Schiff mehrere Inseln angesteuert – erst Syros und andere Zykladen, dann das ostägäische Ikaria und zuletzt

Samos. Jetzt fuhren wir auf nördlichem Kurs, der thrakischen Hafenstadt Kavala entgegen.

Ich verließ die Kajüte, um zu den oberen Decks zu gehen. Das Schiff schien erst langsam zu erwachen. Auf den hölzernen Sitzbänken, unter Jacken und dünnen Decken, lagen einige Passagiere, die sich keine Kabine leisten konnten. Karge Besitztümer waren in Plastiktüten verstaut. Kinder schmiegten sich im Schlaf an ihre Mütter, die Väter rauchten eine erste Zigarette. Waren sie Reisende oder Flüchtlinge, fragte ich mich – woher kamen sie, wohin fuhren sie?

Im Dunst vor dem Bug tauchte nun Chios auf, wo ich auf eine kleinere Fähre zur türkischen Küste umsteigen wollte. Die Topographie der Insel war ungewöhnlich: Spitz gezackte Berge ragten steil in den Himmel, wie der Rücken eines schlafenden Drachen. Einige Hänge schienen, so viel war in der Morgendämmerung zu erkennen, mit Eichen und Kiefern bewaldet zu sein, andere waren wie auf den Zykladen kahl und kreidegrau. Im Westen der Insel fielen die Berge ziemlich direkt ins Meer hinab, im Süden und Osten breiteten sich hügelige und üppig grüne Küstenebenen mit vereinzelten Dörfern aus. Am Ufer schienen Obstbäume zu blühen.

Vor meiner Reise hatte ich, ehrlich gesagt, noch nie von Chios gehört. Die Insel, mit etwa 50 000 Einwohnern immerhin die fünftgrößte Griechenlands, war touristisch weit weniger bekannt als ihre ostägäischen Nachbarn Lesbos und Samos. Dabei spielte Chios offenbar lange, da hatte ich mich inzwischen etwas schlaugelesen, eine wichtige Rolle in der europäischen Geschichte. Dank der strategischen Lage auf den Seehandelsrouten zwischen dem westlichen und östlichen Mittelmeer wurde die Insel bereits in der Antike sehr wohlhabend. Aristoteles bezeichnete Chios in der *Politiká* als Heimat von Kaufleuten und Händlern, und der Athener Historiker Thukydides beschrieb die Chioten in seiner *Geschichte des Peloponnesischen Kriegs* als die reichsten aller Griechen, die in ihrer Polis schon früh demokratische Herrschaftsformen ausprobierten und viele Poeten und

Philosophen hervorbrachten – der berühmteste war Homer, der im achten vorchristlichen Jahrhundert angeblich auf Chios aufwuchs und dichtete. War die wahre Heimatinsel von Odysseus etwa nicht Ithaka, sondern Chios?

Auch im Römischen Reich wuchs der Wohlstand der Insel weiter. Ein Zeugnis davon waren vier bronzene Prunkpferde, die vermutlich auf Chios hergestellt wurden und weltberühmt werden sollten. Im 5. Jahrhundert ließ man die Quadriga auf kaiserlichen Befehl in die oströmische Hauptstadt Konstantinopel bringen, von wo katholische Kreuzfahrer sie nach der ziemlich unchristlichen Plünderung der Stadt im Jahre 1204 als Beute nach Venedig verschleppten und sie auf das Hauptportal des Markusdoms stellten. Von dort raubte Napoleon knapp sechs Jahrhunderte später die vier Bronzerösser und ließ sie auf den Pariser Arc de Triomphe platzieren. Nach dem Wiener Kongress kamen sie zurück nach Venedig und blickten fortan wieder von der Loggia dei Cavalli über den Markusplatz, bevor die weitgereisten Originale im Jahre 1977 in das Dommuseum gebracht und durch eher schlichte Kopien ersetzt wurden.

Die *Naturalis Historia*, die Naturkunde-Enzyklopädie des römischen Gelehrten Plinius des Älteren (23–79 n.Chr.), enthält eine schöne Passage über Chios und die Herkunft des Inselnamens: Einer Legende nach lebte hier einst eine bezaubernde Nymphe, deren Haut so weiß war, dass sie Chióni genannt wurde, was im Altgriechischen so viel wie Schnee bedeutete. Dank dieser Legende standen die Chiotinnen im Ruf, zu den schönsten Frauen des Römischen und später des Byzantinischen und des Osmanischen Reichs zu gehören.

Neben dem Seehandel und einem großen Sklavenmarkt verdankte die Insel ihren fabelhaften Reichtum vor allem einem Produkt, das es weltweit nur auf Chios gab: dem Mastixharz. Die Büsche dieser Pistazienart wuchsen an diversen Orten auf der Erde, aber aus bislang nicht völlig erforschten Gründen schied ihre Rinde nur im Süden von Chios einen harzigen Saft aus. Schon in der Antike wurde er als medizinisches und kosmetisches Wundermittel entdeckt und von Chios aus in die entlegensten Mittelmeerhäfen verkauft. Auch nach der Teilung des Römischen Imperiums im Jahre 395 n.Chr., als Chios an den östlichen Teil und später an das Byzantinische Reich fiel, stieg der Wert von Mastixharz unaufhörlich weiter. Als er im Mittelalter das Niveau von Salz und Silber erreichte, begannen sich die mächtigen Stadtstaaten Venedig und Genua mit Konstantinopel um Chios zu streiten.

Ende des 13. Jahrhunderts übergaben die geschwächten byzantinischen Kaiser die Insel schließlich den Genuesen, auch als Dank dafür, dass sie Konstantinopel von der brutalen Herrschaft der venezianischen Kreuzfahrer befreit hatten. In der Reichshauptstadt, östlich vom Goldenen Horn, kontrollierten die Genuesen bereits den Stadtteil Pera, das heutige Beyoğlu, wo sie eine Zitadelle und den markanten Turm von Galata errichteten. Auf Chios gründeten die neuen Herren die Handelsgesellschaft Maona, deren aristokratische Mafiaclans während der folgenden 200 Jahre über die Insel herrschten. Sie trugen so illustre Namen wie Grimaldi, Adorno, Negroponte, Giustiniani, Scaramanga und Casanova. Unter ihnen entwickelte sich Chios zu einem schwerreichen, katholisch geprägten Handelsposten, einem Amalgam aus latinischem Westen und byzantinischem Osten.

Der berühmteste Genuese, Christopher Kolumbus, lebte als junger und noch unbekannter Mann in den Jahren 1474 und 1475 ebenfalls auf Chios, um dort von seinen Landsleuten Seefahrt und Navigation zu erlernen. Natürlich entging auch ihm nicht, wie einzigartig und wertvoll Mastixharz war. In einem Brief, den Kolumbus nach seiner Entdeckung Amerikas an den spanischen König Ferdinand von Aragón schrieb, versprach er, von seiner Expedition heimzukehren mit »so viel Gold, wie Er benötigt, und obendrein Gewürze, Baumwolle und Mastix, das sonst nur auf Chios zu finden ist.« Da nahm der Seefahrer den Mund etwas zu voll, denn obwohl Mastixbüsche auch auf Kuba wuchsen und man ihre Rinde kreuz und quer aufritzte, schieden sie keinen Tropfen des begehrten Harzes aus.

Die Osmanen, die sich die Insel im 16. Jahrhundert einverleibten, benannten Chios sinnigerweise in Sakiz Adassi um, Insel des Mastix. Der Wert des Pistazienharzes stieg nun sogar auf Goldniveau, nachdem es sich herumgesprochen hatte, dass Mastix auf Frauen als Aphrodisiakum wirkte. Seitdem verlangten die Sultane selbst nach dem Stoff, um damit ihre Haremsdamen bei Laune zu halten. Die beste Wirkung schien das Harz zu erzielen, wenn es die Gespielinnen über Stunden kauten. So wurde ausgerechnet an der Hohen Pforte in Konstantinopel das weltweit erste Kaugummi erfunden. Im Gegenzug für die zuverlässigen Lieferungen der Liebesdroge gewährten die Sultane den Chioten einzigartige Privilegien: Sie mussten fast keine Steuern zahlen und durften sich, nur von einer kleinen Garnison türkischer Soldaten bewacht, komplett selbst verwalten. Dazu gehörte das Recht, an Sonntagen die Kirchenglocken zu läuten, was keiner anderen Christengemeinde im gesamten Osmanischen Reich erlaubt war. Auch durften sie weiße Turbane tragen, ein Privileg, das sonst nur Muslimen vorbehalten war.

So nahm es nicht wunder, dass sich auf der Insel großer Wohlstand und unerhörte Freiheitsrechte entfalten konnten. Als der schottische Schriftsteller John Galt im Jahre 1810 mit seinem Dichterfreund und Philhellenen Lord Byron, dessen erster Biograph er werden sollte, durch das östliche Mittelmeer reiste, verschlug es ihn auch nach Chios. Begeistert schrieb Galt über die Insel: »Es ist das Paradies des modernen Griechenlands, produktiver als jede andere Insel und grandioser. Wir fuhren nahe der Stadt entlang, angenehm an ihren Weingärten und Plantagen vorbeisegelnd und würzige Düfte einatmend, die von ihren Felsklippen und Hainen herüberwehten. Die weißen Häuser standen im lebhaften Kontrast zu den Immergrünen, die sie überschatteten, und schienen wie kleine Paläste inmitten der Zitronenbäume, Limonen, Oliven und Granatäpfel.«[1]

Als zweihundert Jahre später mein Schiff in den Hafen von Chios einlief, leuchtete die dahinter aufragende Bergkulisse im Licht der aufgehenden Sonne. Vom Oberdeck besah ich die um das Hafenbecken gelegene Stadt: Als malerisch war sie nicht zu bezeichnen, die Architektur entlang der Kaimauern war ein verschachtelter Mix aus mehr oder minder modernen Gebäuden, deren Fassaden schon lange keinen neuen Anstrich mehr erhalten hatten. Keine Spur von den weißblauen Häusern, die Postkarten zierten. Neben einigen Kirchtürmen fiel auch ein hohes Minarett ins Auge, das zu einer ehemaligen Moschee aus der osmanischen Zeit gehören musste.

Der Kapitän vollführte ein elegantes Manöver, mit dem er das Schiff im ziemlich kleinen Hafenbecken scharf abbremste und in einer Pirouette 180 Grad um die eigene Achse drehte, so dass es schließlich mit dem Heck anlegte. Eine Gruppe bärtiger Männer, die neben mir standen, nickte anerkennend: »So ein Kunststück, das können in der gesamten Flotte nur ganz wenige.« Ich ging zum Unterdeck, wo sich vor den geparkten Lastwagen bereits die Ausstiegswilligen versammelten, einige auf Mopeds, die meisten zu Fuß. Kinder und Greise, Handwerker, Liebespaare und orthodoxe Popen – geduldig warteten wir im Halbdunkel, bis sich die Heckklappe öffnete und senkte.

Es war ein magischer Moment: Das Sonnenlicht drang in den Frachtraum, erst von oben und dann von vorne, und eine neue Welt tat sich auf. Auch die routiniertesten Inselbewohner, da war ich mir sicher, mussten noch ein wenig von diesem Zauberschaudern empfinden, das mich überkam, als ein Matrose das Absperrseil wegzog und wir Wartenden uns über die Heckklappe an Land ergossen, eiligen oder ehrfürchtigen Schrittes wieder festen Boden betraten, für mich ein Neuland, eine unerforschte Insel.

Es war dieses diffus berauschende Gefühl, verstärkt durch die Morgensonne, das mich augenblicklich bewog, meine Pläne zu ändern. Die Fähre zur türkischen Küste und nach Izmir konnte warten – erst wollte ich einige Tage auf Chios verbringen und die Insel erkunden. So schulterte ich meinen Rucksack und marschierte an der Kaimauer entlang. Hier lag neben einigen Fischerbooten ein Patrouillenboot der französischen Marine vertäut, die *Jean-Francois Deniau* aus Toulon. An seinem Mast wehte unter der Trikolore ein Banner von Frontex, der EU-Grenzschutzorganisation, einige Matrosen schrubbten gelangweilt das graustählerne Deck.

Obwohl es noch früh am Morgen war, waren die Cafés am Hafen bereits gut gefüllt. Alte Männer nippten an Teegläsern, rauchten Zigaretten und spielten Tavla, das Backgammon des ägäischen Raums. Verschlafene Teenager fuhren mit ihren Scootern vor, selbstverständlich ohne Helm, um ihren ersten Espresso freddo zu trinken. Ich beschloss, meine Ankunft mit einem türkischen Kaffee zu zelebrieren, der hier natürlich griechischer Kaffee hieß. Dabei war die Zubereitung, das langsame Aufkochen des Kaffeepulvers in einer Mokkakanne, absolut identisch, ebenso die Bohnensorte und die kleinen Tassen. Die osmanischen Türken hatten den Kaffee einst auf den Balkan und bis nach Wien gebracht, aber auch Kaffeekultur ging inzwischen mit dem nationalistischen Zeitgeist, und so hieß derselbe Kaffee in Tirana albanischer und in Sofia bulgarischer Kaffee. Sogar im kosmopolitischen Sarajewo, wo sich der Begriff des türkischen Kaffees am längsten gehalten hatte, steckte mittlerweile ein bosnisches Fähnchen im Sud. Dies war umso absurder, als die Bohnen selbst, egal wo man seine Tassen trank, vermutlich aus Indonesien oder Kolumbien stammten.

»Woher kommen Sie?«, fragte der Kellner, als er meinen Kaffee brachte.

»Aus Deutschland«, antwortete ich lächelnd.

»Ah, ein Schäuble«, sagte er und ging weiter.

Etwas perplex sah ich ihm nach. Die Finanzkrise war schon einige Jahre her, aber offenbar unvergessen. Immerhin hatte er mich nicht Hitler genannt.

Am Nachbartisch saßen einige Männer, die ihr Kartenspiel unterbrochen hatten und den Kellner fragend ansahen. »*Germanós*«, sagte er. Sie nickten und spielten weiter, ohne noch einmal herüberzusehen. Gut, dass wir drüber gesprochen haben, dachte ich, trank die Tasse aus, legte eine Münze auf den Tisch und ging weiter.

Am südlichen Ende des Hafenbeckens stand eine Reihe neoklassizistischer Gebäude. Sie mussten aus der Zeit nach 1913 stammen, dem Jahr, in dem das Osmanische Reich die ostägäischen Inseln wie Chios an das griechische Königreich abtrat. Das moderne Griechenland hatte zwar bereits im Jahre 1830 seine Unabhängigkeit von den Osmanen erlangt, umfasste aber über viele Jahrzehnte nur einen kleinen Teil des heutigen Staatsgebiets. Erst infolge der Balkankriege von 1912 und 1913 wurde das bitterarme Königreich um Makedonien, Kreta und viele ägäische Inseln erweitert.

Ich kam vor einer alten Villa zum Stehen. Von den Säulen blätterte bereits die weiße Farbe, die meisten Fenster waren mit Holzläden verdeckt. An einem schmiedeeisernen Zaun, hinter dem Narzissen blühten, hing ein rostiges Schild: Hotel Kyma. Ich sah mich um. Gleich nebenan stand das Chandris, ein modernes Luxushotel mit Pool und Balkonblicken über den Hafen. Dagegen wirkte das Kyma wie eine Bruchbude. Wessen ästhetisches Empfinden allerdings vom morbiden Charme Osteuropas der 1990er Jahre geprägt wurde, der konnte nur hier eintreten.

Der Empfangsraum war schummrig, die Wände eichengetäfelt, mit großen Ölgemälden von Segelschiffen. Es roch nach Holz und verstaubten Büchern, eine wuchtig geschwungene Treppe führte nach oben. Während ich mich noch umsah, die Kronleuchter und die bemalte Stuckdecke bestaunend, kam aus einem Raum hinter der Rezeption ein älterer Herr und begrüßte mich: »Willkommen im Kyma, mein Name ist Theodore, ich bin der Eigentümer hier. Was kann ich für Sie tun?«

Ich erwiderte den Gruß und fragte nach einem freien Zimmer.

»Natürlich haben wir freie Zimmer«, sagte der Hotelier mit dem müden Lächeln eines Mannes, der sich vorgenommen hatte, dass ihn im Leben nichts mehr überraschen würde. »Es kommen ja nicht mehr viele Touristen nach Chios, seit wir das Flüchtlingslager hier haben. Die Europäer haben wohl Angst, dass sie mit Arabern am Strand liegen müssen. Naja, kommen Sie mit, ich zeige Ihnen zwei oder drei Zimmer.« Er fuhr sich mit der Hand über den kahlen Kopf und nahm einige Schlüssel von der Wand.

Als Theodore mich die Flügeltreppe hinauf führte, fragte ich ihn nach der Geschichte der Villa. Seine Augen leuchteten auf, er begann zu erzählen. Ein reicher Schiffsreeder namens Ioannis Livanos hatte sie im Jahre 1917 als Familiensitz erbaut, mit großem Park und Blick übers Meer. Er nannte sie Kyma, griechisch für Welle, aber er sollte nicht viel von seinem Traumhaus haben. Schon im Krieg von 1919–22 gegen die Türken wurde es vom griechischen Militär als Quartier für Etappenoffiziere requiriert. Zwanzig Jahre später, während der deutschen Besatzung, diente das Gebäude als Hauptquartier der Wehrmachtstruppen. »Es war damals die schönste Villa auf ganz Chios«, erzählte Theodore. »Die deutschen Offiziere sind gerne hier eingezogen. Und nebenan waren die Gestapo und die SS untergebracht.«

Das war ja wieder klar, dachte ich, gute Vibes hier. Wie weit musste ich eigentlich noch reisen, um der vermaledeiten Zwölfjahreskammer einmal zu entkommen?

Nach dem Krieg ließ der Reeder das Anwesen zusehends verfallen, bis es der Vater von Theodore in den sechziger Jahren kaufte und ein Hotel daraus machte. Das erste private Hotel auf Chios, wie sein Sohn stolz betonte, als wir im ersten Stock angelangt waren. Theodore blieb stehen und blickte in den langen, leeren Flur, der sich vor uns erstreckte. »Wissen Sie, schon mein Großvater war Hotelier, ihm gehörte das Bristol in Odessa, das beste Hotel der Stadt. Als junger Mann war er mit seinen drei Brüdern von Chios nach Russland ausgewandert. Das war Ende des 19. Jahrhunderts, damals gehörte die Insel ja noch zum Osmanischen Reich, da gab es hier für ehrgeizige Griechen keine guten Aussichten.« In Odessa hingegen existierte schon lange eine große Gemeinde aus Pontosgriechen, wie die Hellenen am Schwarzen Meer genannt wurden, in der die Brüder schnell aufsteigen konnten.

»Einer meiner Großonkel wurde Kaufmann, ein anderer studierte Medizin und avancierte sogar zum Leibarzt des russischen Zaren. Und mein Großvater ging eben ins Hotelgeschäft. Mein Vater wurde noch im Hotel Bristol geboren. Doch dann kam die russische Revolution 1917, und die Bolschewiken verstaatlichten das Hotel. Es existiert noch heute in Odessa, nahe der berühmten Treppe. Sie wissen schon, die aus dem Film von Sergei Eisenstein. Aber mein Großvater und seine Brüder mussten aus der Sowjetunion flüchten, griechische Kapitalisten oder Zarenärzte wollte man dort nicht mehr haben, und so kamen sie nach Chios zurück. Hier wuchs mein Vater auf – und ich auch.«

Für einen Moment schien Theodore darüber zu sinnieren, wie sein Leben wohl verlaufen wäre, wenn er statt auf dieser Insel in Odessa großgeworden wäre, womöglich im Hotel Bristol selbst. Doch der Hotelier, der das Kyma 1983 von seinem Vater übernommen hatte und seitdem, wie er sagte, fast jeden Tag in seinen Räumen verbrachte, schüttelte sich kurz und schloss die Tür zu einem Zimmer auf. Es hatte ein schmales Bett, einen Kleiderschrank und einen endlosen Blick über die Meerenge zwischen Chios und der Türkei. Wir traten ans Fenster, geblendet vom Tageslicht.

»Wie schön«, sagte ich.

»Ja, schön ist es hier«, seufzte Theodore. »Wenn nur die verdammten Schiffsreeder nicht wären – sie machen den Tourismus kaputt.«

Ich hatte bereits gelesen, dass fast die gesamte griechische Handelsflotte von Chioten kontrolliert wurde, die im ganzen Land als besonders schlau und geschäftstüchtig galten. Mehr als die Hälfte der größten Reeder des Landes – die Livanos, Pateras, Chandris, Lemos, Lyras und Samonas – stammten von Chios. Ihre Familien hatten von der Seehandels-Tradition der Insel profitiert und schon früh – oft in der griechischen Diaspora – international agierende Flotten aufgebaut. Der größte Clou gelang ihnen, als der amerikanische Staat im Jahre 1946 Tausende sogenannter *Liberty Ships* für kleines Geld zum Verkauf anbot. Es waren einfache, robuste Stahlschiffe, mit denen die Amerikaner im Weltkrieg die Briten versorgt hatten. Durch gute Kontakte nach Washington erfuhren die Chioten als erste von dem Deal und schlugen zu.

Auch der legendäre Reeder Aristoteles Onassis, ein gebürtiger Smyrniote, konnte einige Schiffe erstehen, doch die meisten der knapp hundert *Liberty Ships* gingen an die Chioten. Sie bildeten den Grundstock für den Aufbau der griechischen Flotte, die mit einem Wert von fast 100 Milliarden Dollar gegenwärtig die größte Handelsflotte weltweit war. Ihre Eigner waren bis heute überwiegend Chioten. Auch wenn viele von ihnen die meiste Zeit des Jahres in Athen oder London lebten, unterhielten sie große Anwesen auf der Insel, wo sie jedes Jahr ihren Sommerurlaub verbrachten.

»Und dann möchten die Reeder die Insel natürlich am liebsten ganz für sich allein haben«, sagte Theodore. »Sie wollen hier keine Touristen und auch keine Hotels oder Restaurants, in denen die jungen Leute der Insel arbeiten könnten. Sie sollen lieber wie seit jeher auf ihren Schiffen anheuern müssen. Nur ein einziges großes Hotel wurde gebaut, nämlich jenes hier.« Theodore zeigte auf das Hotel Chandris nebenan, das der gleichnamige Schiffsreeder hatte erbauen lassen. Der massive Klotz überragte das Kyma um mehrere Stockwerke, raubte ihm viel Licht und den Hafenblick.

»Wie konnte dieser Chandris denn eine Baugenehmigung für so ein Monstrum bekommen?«, fragte ich.

»Wenn Sie Geld haben, bekommen Sie in Griechenland alles«, sagte Theodore achselzuckend.

Als Steuerzahler und wohltätige Spender hätten die Reeder großen Einfluss auf den Stadtrat, fuhr er fort, da geschehe nichts gegen ihren Willen. Nach dem Bau des Chandris-Hotels verabschiedeten die Lokalpolitiker eine Verordnung, nach der auf der gesamten Insel kein höheres Hotel gebaut werden durfte. Zugleich verschleppten sie seit Jahrzehnten den Ausbau des Flughafens von Chios, dessen Landebahn für moderne Großflugzeuge zu kurz war. So konnten die Maschinen der großen Reiseveranstalter wie TUI oder Neckermann nicht landen und brachten ihre Pauschaltouristen stattdessen auf andere Inseln. Auch der Bau eines Anlegers für Kreuzfahrtschiffe war bislang am Widerstand der Reeder gescheitert.

»Uns bleiben nur die wenigen Individualreisenden, die mit dem Schiff oder kleinen Flugzeugen anreisen«, berichtete Theodore seufzend. »Und natürlich türkische Touristen, die mit der Fähre aus Izmir kommen. Sie sind inzwischen unsere Hauptkunden. Die meisten bleiben aber nur ein, zwei Tage.«

In seinen Worten schwang Trauer um eine Existenz mit, der das Versprechen abhandengekommen war, die Aussicht auf eine bessere Zukunft, aber das konnte ich mir auch einbilden. Man sieht die Welt ja stets durch die Brille, die man selbst gerade trägt. Der Hotelier übergab mir den Zimmerschlüssel und trat auf den Flur hinaus. Ich blieb in der Tür stehen und fragte:

»Bin ich etwa der einzige Gast im Hotel?«

»Nein, es gibt noch einen anderen Gast«, sagte Theodore und schien etwas hinzufügen zu wollen, bevor er sich besann. »Sie werden ihn bestimmt noch kennenlernen.«

Eigentlich war ich ganz erleichtert zu hören, dass Chios bislang vom Massentourismus wie auf Mykonos oder Santorini verschont wurde. Die Insel versprach jedenfalls eine authentischere Reiseerfahrung, ich war gespannt und neugierig. Nach einer kurzen Dusche machte ich mich gleich wieder auf den Weg nach draußen – gab es denn etwas Schöneres im Leben als einen neuen Ort zu erkunden?

Vom Hafen bog ich in die kleinen Straßen des Stadtzentrums ab. Auch hier waren die meisten Gebäude aus Beton, die mittelalterliche Architektur hatte ein gewaltiges Erdbeben im Jahre 1881 zerstört. Das Basarviertel aus der osmanischen Zeit zeigte sich allerdings kaum verändert: Dicht an dicht standen niedrige kleine Geschäfte, vor denen sich Menschen tummelten. Es gab Läden für Haushaltswaren, Gewürzlager, Fleischereien, Käseläden. Mittendrin stand die ehemalige Moschee aus dem 19. Jahrhundert, deren Minarett ich schon von der Fähre aus gesehen hatte. Sie war hübsch restauriert und in ein Museum umgewandelt worden – allerdings für byzantinisch-christliche Kunst, was nicht recht zum Gebäude passte.

An eine Hauswand hatte jemand einige Graffiti gesprüht, die sich offenbar auf die Flüchtlingskrise bezogen. »*Real eyes realise real lies*«, stand dort, daneben ein Antifa-Zeichen. Es stimmte, was Theodore gesagt hatte: In Chios fehlten die üblichen touristischen Happy-Hour-Kneipen und Nippes-Boutiquen. Lediglich einige Schilder mit der Aufschrift »*Hosgeldiniz*« hießen türkische Tagestouristen willkommen. Es war eine kuriose Parallelrealität angesichts der politischen Spannungen zwischen Ankara und Athen, die immer wieder zu diplomatischen Konflikten und sogar Scheingefechten türkischer und griechischer Kampfjets über den ostägäischen Inseln führten.

Auf einem baumbestandenen Platz stand ein Denkmal für einen gewissen Jason Kalambokas, einen Widerstandskämpfer, den die Wehrmacht kurz vor ihrem Abzug im Jahre 1944 erschossen hatte. Die Statue ergänzte ein hoher marmorner Gedenkstein, auf dem der Name des Helden eingemeißelt war. Als ich um den Stein herumging, machte ich eine kuriose Entdeckung: Auf seiner Rückseite stand der Name eines deutschen Offiziers, eines gewissen Hermann Westhauser, der ebenfalls im Jahre 1944 auf Chios gefallen war. Darüber prangten noch immer das Wehrmachts-Kreuz und in dessen Mitte ein Hakenkreuz, das nur oberflächlich überspachtelt worden war. Unter den Lebensdaten, gestorben mit 32 Jahren, stand deutlich zu lesen: »Für den Führer und Großdeutschland«. Offenbar hatte man kurzerhand den Grabstein eines Deutschen genommen, um den griechischen Partisanen zu ehren.

Ich musste stutzen, wo gab es denn so etwas? Sicher, Marmor war bestimmt nicht billig gewesen, aber in Frankreich oder Italien wäre es undenkbar, dass sich ein Widerstandskämpfer und ein Wehrmachtssoldat einen Grabstein teilten. Auch in Deutschland würde man eine solche Doppelnutzung als pietätlos bis empörend empfinden. In Griechenland hingegen schien man diese Vorbehalte nicht zu haben. Dies mochte daran liegen, dass die zumeist linken Partisanen und die rechten Nazi-Kollaborateure nach Ende der deutschen Besatzung einen grausamen Bürgerkrieg entfacht hatten, aus dem die Antikommunisten mit Unterstützung der USA schließlich als Sieger hervorgingen. Statt sich mit ihren linken Gegnern zu versöhnen, nahmen die Rechten im Kalten Krieg, besonders während der Militärdiktatur der Obristen von 1967–1974, selbst an den Nachfahren der Partisanen wiederholt blutige Rache. Seitdem waren Jahrzehnte vergangen, doch noch heute war die griechische Gesellschaft tief gespalten und der Bürgerkrieg bis in die Familien hinein ein großes und kaum aufgearbeitetes Tabu – mit der in Europa recht einmaligen Folge, dass es offizielle Zeremonien zum Gedenken an die Kämpfer des anti-deutschen Widerstands nur selten gab.

Es mochte in diesem zwittrigen Grabstein aber auch die tieferliegende Wahrheit stecken, dass Täter und Opfer in Kriegen manchmal gar nicht so weit auseinander lagen. War dies bereits eine erste Lektion über Geschichte und Erinnerungskultur im post-osmanischen Kulturraum? Dann gehörte zu dieser Einsicht allerdings auch, dass man, egal von wo man auf den Grabstein blickte, immer nur den Namen entweder des einen oder des anderen Toten sehen konnte – nie aber beide gleichzeitig. Möglich war nur eine buchstäblich einseitige Sichtweise. War man nicht willens, den Standpunkt und damit die Perspektive zu wechseln, so konnte man ausschließlich den eigenen Gefallenen beklagen, während das unerkannte Opfer der Gegenseite zum alleinigen Täter wurde, dem man alle Schuld am historischen Geschehen gab.

Dies galt sicher auch, das ahnte ich schon, für den Dauerkonflikt zwischen Türken und Griechen. Daher nahm ich mir, vor diesem eigenartigen Denkmal stehend, für meine Reise fest vor, so häufig wie nötig zwischen der Türkei und Griechenland hin- und herzufahren und immer wieder die vermeintlichen Grenzen zu überqueren: zwischen Europa und Asien, christlichem und muslimischem Kulturraum, Demokratie und Autokratie, wobei diese Begriffe die Realität nur sehr grob erfassten. Ich wollte die Standorte und Sichtweisen variieren, um in ihrer Synthese etwas Wahres zu finden.

Von dem Denkmal ging ich weiter, bis ich an hohe Mauern gelangte, die das Kastro-Viertel umgaben, wo früher die byzantinischen, dann die genuesischen und später die osmanischen Truppen stationiert gewesen waren. Eine Steinbrücke führte zu einem Tor aus der Herrschaftszeit Genuas, das bis heute Porta Maggiore genannt wurde. Eine lateinische Inschrift über dem Portalbogen war, vermutlich in osmanischer Zeit, bis zur Unleserlichkeit abgeschabt worden. Durch den langen, finsteren Toreingang trat ich in den mittelalterlichen Kern der Stadt, wo es plötzlich eigenartig ruhig war. In den verwinkelten, noch kopfsteingepflasterten Gassen waren nur einige ärmlich aussehende Menschen unterwegs. Fast dörflich schien es im Kastro zuzugehen. Auch hier standen noch eine alte Moschee sowie eine ehemalige Koranschule, die allerdings zugesperrt waren und stark verfielen. Die osmanisch-arabischen Inschriften über den Eingängen waren zum Teil noch lesbar, teils aber auch mutwillig zerkratzt. Hinter einem Zaun lag ein kleiner türkischer Friedhof, dessen Gräber die typisch osmanischen Steinturbane zierten. Sie waren erstaunlich gut erhalten.

Im hintersten Winkel des Kastros stieß ich auf ein ehemaliges Hamam, in dessen Kuppeldach lichtdurchlässige Buntsteine eingearbeitet waren. Es waren die gleichen Steine, die man auch in den türkischen Bädern von Damaskus und Budapest fand. Der Anblick weckte Erinnerungen an die späten 1990er Jahre, als ich einige Monate in der ungarischen Hauptstadt gelebt hatte. Mindestens einmal die Woche ging ich damals in das Rudas-Bad, das die osmanischen Besatzer im 16. Jahrhundert unter dem Gellert-Berg direkt am Donauufer erbaut hatten. Wenn ich mich in die Becken mit heißem Thermalwasser gleiten ließ, war ich umgeben vom gedämpften Gemurmel alter Männer, von der Macht und Misere ihrer Körper, aber auch von den mild-bunten Lichtstrahlen, die durch die Kuppeldecke ins dampfneblige Innere fielen. Je nach Einfallswinkel dominierten mal die grünen und mal die blauen Farben, mal das dunkle Rot. Wenn es draußen dämmerte und ich noch immer am Beckenrand lag, erkannte ich, dass die Buntsteine gezackt waren wie Sterne, die nun das kosmische Firmament abbildeten, unter dem ich einfach dalag, mit der Welt arglos zufrieden. Vielleicht waren die Buntsteine der türkischen Hamams, mehr noch als die sakralen Baudenkmäler, das wahre künstlerische Erbe des Osmanischen Reichs.

Am frühen Abend, nachdem ich die Stadt ausgiebig erkundet hatte, kam ich ermattet ins Hotel Kyma zurück. Theodore stand am Empfang und schien mich zu erwarten. Er wolle mich mit dem anderen Hotelgast bekanntmachen, sagte er und führte mich zur Terrasse hinaus. Zwischen den Säulen saß, mit dem Rücken zu uns, in einem der Korbstühle ein weißhaariger Herr, eine Zigarre rauchend und aufs Meer schauend. Theodore räusperte sich und stellte mich vor, woraufhin sich der Herr erhob.

»Lorenzo di Argenti, *enchanté de vous rencontrer*«, sagte er in akzentfreiem Französisch. »Theodore hat mir schon von Ihnen erzählt.«

»Marchese di Argenti entstammt einer der ältesten Familien von Chios«, setzte Theodore die Vorstellung fort. »Ihr verdanken wir das Krankenhaus und natürlich die Bibliothek.«

Leicht aufstöhnend winkte Signor Argenti ab: »Das ist alles lange her, viel sinnlos rausgeschmissenes Geld. Heute bin ich italienischer Staatsbürger und Konsul der Republik Italien.«

»Auf Chios?«, fragte ich überrascht.

»Nein«, antwortete er lachend und wies hinüber zur türkischen Küste. »Da drüben, in der Hafenstadt Çeşme, auf der anderen Seite.«

»Dahin bin ich unterwegs«, sagte ich und berichtete von meiner geplanten Reise über Çeşme nach Izmir. Argenti horchte auf und empfahl mir, unbedingt eine türkische Fähre zu nehmen. Von den unter griechischer Flagge verkehrenden Schiffen riet er ab, die seien allesamt schrottreif. Der Konsul musste es wissen, denn offenbar pendelte er häufig zwischen Chios und Izmir. Das Gesicht und die Statur des Italieners erinnerten an Louis de Funès, den französischen Schauspieler. Dazu passte seine lebhafte, gestenreiche Ausdrucksweise, mit der Argenti munter zwischen verschiedenen europäischen Sprachen wechselte.

»Kein einfaches Volk, die Griechen«, stellte Argenti plötzlich fest und senkte die Stimme. »Und die Chioten schon gar nicht, die sind ein ganz stures und geldversessenes Inselvölkchen.« Er sprach jetzt mit der Stimme der Eroberer, als die seine genuesischen Vorfahren im 14. Jahrhundert auf die Insel gekommen waren. Die Argentis gehörten damals zu den adligen Familien, deren Maona-Handelsgesellschaft zwei Jahrhunderte über Chios herrschte. Sie besaßen einen Stadtpalast im Kastro und einen großen Landsitz im Campos, dem fruchtbaren Obstanbau-Gebiet im Südosten der Insel.

»Das *Argentikon*«, sagte Theodore, während er uns einen Whiskey reichte.

»Es wurde im 16. Jahrhundert erbaut«, erläuterte Argenti. »Von den besten Architekten und Baumeistern aus Genua, natürlich im ligurischen Stil der Heimat. Genauso sieht die Villa heute noch aus, denn nach dem großen Erdbeben von 1881 haben wir sie originalgetreu restaurieren lassen. Es ist ein Prachtstück, wundervoll erhalten. Ich hätte das Anwesen für viel mehr Geld verkaufen sollen.«

»Sei lieber froh, Lorenzo, dass du das *Argentikon* los bist«, warf Theodore ein, der auf diese Weise offenbar einen Stammgast im Hotel gewonnen hatte. Als junger Mann hatte Argenti in den 1970er Jahren den Familiensitz übernommen, das einzige Anwesen auf Chios, das über die Jahrhunderte im Besitz derselben Familie geblieben war. Voller Ehrgeiz hatte er versucht, daraus ein Luxushotel für ausländische Gäste zu machen. Die nötigen Verbindungen in die europäische High Society hatte er schließlich. Schon im 19. Jahrhundert waren die Argentis von Chios nach Westeuropa ausgewandert, erst nach Triest und dann nach Marseille, wo der Vater zur Welt gekommen war. Seine Mutter war eine geborene Schilizzi, ebenfalls aus altem Adel, eine Tante hatte den griechischen Nationalhelden Venizelos geheiratet. Argenti wurde während des Weltkriegs in London geboren, als sein Vater dort als griechischer Diplomat wirkte. Kein Geringerer als der damals im englischen Exil lebende griechische König war Taufpate des kleinen Lorenzo, der nach dem Krieg in London, Rom und an einem Schweizer Internat aufwuchs.

»Ich hätte in Italien bleiben sollen«, sagte Argenti mit dem Blick eines Mannes, der mit einer Lebensentscheidung haderte, ohne die vielleicht alles anders gelaufen wäre. Sein Vater habe ihn dazu gedrängt, die Familientradition auf Chios fortzusetzen und das *Argentikon* zu übernehmen. »Dabei waren wir eigentlich nur noch im Sommerurlaub hier.« Die ersten Jahre lief das Hotel recht gut, sogar der ehemalige US-Präsident Jimmy Carter kam für einige Nächte, aber dann wuchsen Argenti die Kosten über den Kopf.

»Kein Wunder, du hast ja auch alles aus Italien einfliegen lassen«, warf Theodore mit leicht tadelndem Ton ein. »Die Bettwäsche, die Seifen, alle Zutaten fürs Frühstück, sogar die Putzmittel.«

»Aber selbstverständlich«, rief Argenti aus. »Es sollte schließlich die beste Qualität sein, solche Waren findet man nicht in Griechenland oder nur zu Wucherpreisen. Schlimm genug, dass ich chiotische Handwerker beschäftigen musste, diese Halsabschneider.«

So waren die Jahre dahingegangen, ein Leben am falschen Ort – oder mit der falschen Einstellung – aufgelockert nur durch Reisen nach Italien und Westeuropa. Erst vor einigen Jahren hatte Argenti das Hotel zum Verkauf angeboten. Der Käufer war, natürlich, ein Chioter Schiffsreeder, der ihn übers Ohr gehauen habe. Mit dem Geld hatte er Chios den Rücken gekehrt, war in die Türkei übergesiedelt und, um sich auf seine alten Tage nicht zu langweilen, in den italienischen Konsulardienst eingetreten. Eine Frau fürs Leben hatte Argenti nie gefunden, war Junggeselle und kinderlos geblieben. Ohne Nachfahren war er nun, auf die 80 zugehend, der letzte Marchese di Argenti, einziger verbliebener Spross seines Adelsgeschlechts, das mit ihm aussterben würde.

»Ich muss morgen früh zurück in die Türkei«, sagte Argenti.

Bei aller Abneigung gegen die Bewohner von Chios gab er mir den Rat, meine Abreise nicht zu überstürzen, sondern noch einige Tage auf der Insel zu verbleiben. »Chios wird Ihnen helfen, das alte Smyrna zu verstehen, da gab es viele Verbindungen. Gehen Sie in die Stadtbibliothek, dort können Sie einiges entdecken, und lesen Sie die Bücher meines Vaters. Er war kein einfacher Mann, aber ein kluger Autor.«

Mit diesen Worten leerte Argenti sein Glas, stand mit einem Ruck auf und empfahl sich für die Nacht.

Am nächsten Morgen ging ich, wie geheißen, zur nahe gelegenen Stadtbibliothek, einem klassizistischen Bau mit hohen Säulen, der wie ein Tempel wirkte. Beeindruckt stieg ich die Treppe hinauf. Die Sammlung umfasste, wie ich am Eingang einem Faltblatt entnahm, nicht weniger als 150000 Bücher und alte Manuskripte. Die Bibliothek von Chios war damit nicht nur eine der ältesten, sondern auch größten des Landes. Im Foyer hing ein Gemälde mit der spätmittelalterlichen Stadtansicht von Chios, das ein gewisser G. Braun aus Köln auf einer Reise nach Chios im Jahre 1580 gemalt hatte. Es zeigte eine sehr italienisch anmutende Stadt, ein kleines Genua, mit prachtvollen Palazzi und hohen Turmhäusern, den Stadtmauern des Kastros und vielen Windmühlen. Ganz anders sah die Stadt 200 Jahre später aus, wie ein gewaltiges Ölbild belegte, welches der damalige französische Botschafter in Konstantinopel, ein Comte de Choiseul Gouffier, nach einer »pittoresken Reise durch Griechenland« im Jahre 1782 gemalt hatte. Nun bestimmten Moscheen und Minarette das Stadtbild, die Chioten trugen osmanische Mode und Turbane.

Als ich im Lesesaal nach Werken von Argentis Vater fragte, nickte die Bibliothekarin vielsagend und zeigte auf ein Regal, auf dem gleich mehrere Bücher mit seinem Namen standen. Darunter war auch eine voluminöse Anthologie, in der Philip Argenti die Berichte von Chios-Reisenden gesammelt hatte, vom ausgehenden Mittelalter bis zum frühen 20. Jahrhundert. Es war eine unfassbare Fleißarbeit: Tausende Seiten in drei dicken Bänden füllten die Reiseberichte, die der Diplomat und Historiker in den 1920er bis 1940er Jahren aus öffentlichen Archiven und privaten Nachlässen in ganz Europa zusammengetragen hatte.

Staunend blätterte ich in den leicht vergilbten Seiten und fand wortreiche Berichte von Autoren aus dem mittelalterlichen England, dem barocken Frankreich, den deutschen Landen, dem Habsburgerreich, aus Spanien und Italien. Die Texte waren zugleich in ihren Originalsprachen abgedruckt und ins Griechische übersetzt. Zahllose Reisende, darunter viele Aristokraten und Schriftsteller, waren über die Jahrhunderte nach Chios gekommen. Einige hatten nur einen Zwischenstopp auf der Insel eingelegt, etwa auf einer Pilgerreise ins Heilige Land oder in diplomatischer Mission auf dem Weg nach Konstantinopel. Aber für viele war Chios offenbar ein Hauptziel ihrer Reise gewesen – warum nur? Was hatte Chios an sich, dass alle Reisenden über ihren Aufenthalt und ihre Eindrücke so ausführlich geschrieben hatten?

Neugierig nahm ich den ersten Band, setzte mich an einen Tisch und begann zu lesen – und sollte damit erst viele Stunden später wieder aufhören, als die Bibliothek schloss und es draußen bereits dämmerte.

Einer der ersten europäischen Chios-Reisenden war im 16. Jahrhundert der Tübinger Geistliche Stefan Gerlach, der später ein bekannter evangelischer Theologie-Professor wurde. Als junger Mann verdingte er sich noch als Hauspastor des kaiserlichen Gesandten in Konstantinopel, als er im Jahre 1574 nach Chios reiste. Kurz zuvor hatten die Genuesen die Herrschaft über die Insel an die Osmanen abgegeben. Begeistert berichtete Gerlach: »Es ist eine schöne Insel von herrlichen Gebauen, schönem Weibs-Volck, hat anmuthige Berge mit lustigen Bächlein, unterschiedene Gärten traget Granaten, Oliven, Citronen, Pomerantzen, Lemonen.« Ganz schwäbischer Sparfuchs, fügte der Tübinger noch hinzu, dass man bis zu 50 Pomeranzen für einen Pfennig kaufen könne.[2]

Kurze Zeit nach Gerlach, im Jahre 1582, landete der französische Dichter Jean Palerne auf Chios. Der damals 25-Jährige befand sich auf einer Pilgerfahrt nach Jerusalem, nachdem seine Geliebte kurz vor der geplanten Hochzeit gestorben war. Im Orient versuchte Palerne, was ich gerade gut nachempfinden konnte, seinen Liebeskummer zu betäuben und sich durch neue Begegnungen aufzumuntern. Auf Chios fand er einen »freien Ort« und schwärmte von den einheimischen Frauen als den schonsten der gesamten Levante. Besonders verliebte er sich in den Anblick von »Weibsvolck«, das in der Kirche unablässig Mastixgummi kaute.

Die Wirkung des Harzes als Aphrodisiakum wird sein Landsmann Baron Jean de Gontaut Biron, Botschafter an der Hohen Pforte in Konstantinopel, bereits gekannt haben. Als er im Jahre 1605 in offizieller Mission nach Chios kam, hatten die Mastix-Exporte in den Harem des Sultans begonnen. Frankreich unterhielt gute Beziehungen zum Osmanischen Reich und galt als Schutzmacht der in ihm lebenden Katholiken, besonders der aus der genuesischen Epoche stammenden jesuitischen und dominikanischen Klosterorden auf

Chios. Auch der Diplomat pries die einheimischen Frauen als überaus schön und berichtete von einem Festball zu seinen Ehren, einer »*folie exotique*«, in dessen Verlauf seine lokalen Begleiterinnen sehr »zugänglich« für nächtliche Vergnügungen gewesen seien.

Auch der nächste Reisebericht, den ich in Argentis Buch fand, handelte ausführlich von den Chiotinnen. Verfasser war der schottische Schriftsteller William Lithgow, der auf einer mehrjährigen Orient-Reise im Jahre 1609 einen Zwischenstopp auf der Insel einlegte und befand: »Die Frauen der Stadt Chios sind die anmutigsten Damen (oder eher engelsgleichen Geschöpfe) aller Griechen, ja auf der ganzen Welt, und dem Geschlechtsverkehr sehr zugetan.«[3] Schon damals gab es offenbar Sextourismus, lange vor der Erfindung der Grand Tour, auf der englische Adlige und deutsche Dichter erotische Abenteuer in Italien suchten. Der Engländer Richard Chandler, der die Ägäis offiziell auf der Suche nach antiken Kunstschätzen durchstreifte, formulierte es im Jahre 1764 vornehmer: »Die schönen griechischen Mädchen sind die auffälligste Zierde von Chios.«[4]

Fast jeder Reisebericht aus dem 17. und 18. Jahrhundert befasste sich mit den Inselbewohnerinnen – mit derselben Selbstverständlichkeit, mit der moderne Reiseschriftsteller über architektonische Sehenswürdigkeiten oder Speiselokale schrieben. »Die Stadt Chios (...) ist nicht nur die schönste im gesamten Archipel, sondern auch die beste für Entertainment«, befand ein holländischer Kaufmann namens Johan Aegidius van Egmont, der im Jahre 1757 aus Smyrna auf die Insel reiste und über die Chiotinnen schrieb: »Ihre allgemeinen Vergnügungen sind Singen, Tanzen und sexuelle Laster, denen man sich nirgendwo so hemmungslos hingibt als auf Chios; und das führt dazu, dass Mädchen einer lebhaften Natur von den Nachbarinseln hierher kommen.«[5]

Allerdings beschrieb kein Reisebericht eine konkrete erotische Begegnung. Es war wohl anzunehmen, dass viele Ausführungen eher der lüsternen Orient-Phantasie von Männern aus verklemmten

Gesellschaften Europas entsprangen. Über die männlichen Chioten verloren die Reisenden jedenfalls selten mehr als einen Nebensatz. So schrieb der vielgereiste französische Botaniker Jean de Thévenot im Jahre 1656 lapidar: »Die Chioten geben sich gerne ihrem Vergnügen hin und der Trunkenheit; sie sind schließlich Griechen. Was die Frauen angeht, sie sind sehr schön, haben vorteilhafte Figuren …«[6]

Aus heutiger Sicht wirken die Reiseberichte natürlich krass chauvinistisch, aber jeder Autor war nun mal Kind seiner Zeit und ihrer Werte. Mich faszinierte vielmehr, dass fast alle Chios-Reisenden einen Garten Eden beschrieben, dessen Bewohnerinnen an Eva vor dem Sündenfall erinnerten. Ohne Scham und Schuld sprachen sie männliche Fremde an – wofür sie im katholischen Europa zu jener Zeit vermutlich als Huren beschimpft und als Hexen verbrannt worden wären. Bezeichnenderweise hat es weder im orthodoxen Byzanz noch im muslimischen Osmanenreich jemals eine Inquisition oder Hexenverbrennungen gegeben.

Statt auf der Peloponnes schien das von den Romantikern vielbesungene idyllische Arkadien hier gelegen zu haben, auf dieser Insel der Glückseligen, wo Männer und Frauen sich öffentlich unterhielten und auf *Panigyria*-Volksfesten zusammen tanzten wie im antiken Griechenland. »Die Weiber gehen mit unbedecktem Haupt oder Angesicht und reden mit allen Frembdlingen«, schrieb schon im Jahre 1641 ein gewisser Johann Sommer aus Heidelberg und kam aus dem Staunen nicht raus, zumal er auf Chios zudem Zitronen so groß wie Melonen gesehen hatte. »Scio wird diese Insel genennet; ist die schöneste Insel die man finden mag … man mag diese Insel woll halten für ein Paradeyss, sie wird auch von vielen so geheissen.«[7]

Als ich die Bibliothek verließ, hatte auch ich mich rettungslos in Chios verliebt. Dabei hatte die Insel mir an diesem Tag nichts weiter gezeigt als eins ihrer Bücher. Längst vergessene Reisende beschrieben Chios darin als eine Art Elysium, das Paradies der griechischen Mythologie, in dem aufgeklärte Menschen frei und friedlich zusammenlebten. Bereits im späten Mittelalter war Chios offenbar eine erste levantinische Metropole gewesen, ein kosmopolitischer Vorgänger von Smyrna. Fast war ich überrascht, dass die heutigen Chiotinnen, die ich auf dem Rückweg ins Kyma Hotel sah, keinerlei Anstalten machten mich anzusprechen. Sie erschienen mir auch nicht attraktiver als anderswo. Meine Verliebtheit galt ihren Vorgängerinnen, der Insel von einst, die mir die alten Reiseberichte wieder präsent gemacht hatten. Dies war das Wunder der Literatur.

Am nächsten Morgen lieh ich mir einen Scooter aus, um das einstige Inselparadies selbst zu erkunden. Vorbei am kleinen Flughafen ging die Fahrt in die Campos-Ebene, wo sich große Zitronen- und Orangenplantagen erstreckten, zwischen denen prächtige Landhäuser standen. Einige von ihnen sahen allerdings arg ramponiert oder verlassen aus. Im Süden der Insel wuchsen Olivenbäume und Mastixbüsche, deren berühmtes Harz die Bauern der Gegend noch heute ernteten. Schon bald erreichte ich die mittelalterlichen Mastixdörfer, die wie genuesische Festungen wirkten. Die Kirchen und turmartigen Häuser mit seltsam geometrischen Kratzputz-Fassaden zeugten vom einstigen Reichtum der Bewohner. Dann gelangte ich an die karge Westküste, wo die Wellen des Meeres lärmend auf die Felsen schlugen. Hie und da standen noch Ruinen mittelalterlicher Wachtürme, mit denen sich die Genuesen vor Piratenüberfällen geschützt hatten. An den zerklüfteten Berghängen hatten Waldbrände viele der Kiefernwälder vernichtet, gespenstisch ragten die verkohlten Stämme in den Himmel. In einem Fischerdorf machte ich Mittagspause und fand eine Taverne, in der es frische Garnelen gab. Eine schmale Straße führte in die Berge des Inselinneren hinauf, wo die Luft deutlich kühler wurde und einige verfallene Siedlungen lagen. Sie schienen unbewohnt, die Gemäuer waren überwuchert.

Die landschaftliche Vielfalt der Insel war beeindruckend. Zugleich aber wirkte das heutige Chios anders als das Paradies, das ich aus den Reiseberichten kannte. Sicher, seitdem war viel Zeit vergangen, aber in den verlassenen Dorfruinen war ein Bruch spürbar, eine Versehrtheit, die nie ganz verheilt war. Was war hier im 19. Jahrhundert geschehen? Das gute Leben hatte nicht mehr lange angedauert, so viel wusste ich bereits. In der Bibliothek standen Bücher, die von einem furchtbaren Massaker auf Chios handelten. Offenbar war diese freie Insel, genauso wie Smyrna, gewaltsam zerstört worden. Jedenfalls war längst klar, dass Chios mehr als nur eine Zwischenetappe auf meinem Weg nach Izmir sein würde. Ich musste herausfinden, wie die Schicksale der beiden Orte zusammenhingen.

In steilen Serpentinen führte die Straße an die Ostküste zurück. Vorbei an hübsch restaurierten Windmühlen gelangte ich nach Vrodadho, wo seit jeher wohlhabende Seemannsfamilien lebten. Hier lag das letzte Ziel meiner Spritztour, das auch viele der Reisenden aus Argentis Anthologie aufgesucht und beschrieben hatten: der *Daskalopetra*, der Stein des Lehrers, wo angeblich Homer einst Poesie unterrichtet hatte. Hier hatte der blinde Dichterfürst, so glaubte man, seine Schüler die Verse der *Ilias* und der *Odyssee* aufsagen lassen. Es schien mir ein guter Ort zu sein, um etwas Inspiration für meine Reise zu erhalten. Sonst hatte Chios kaum Zeugnisse der Antike zu bieten, weder Tempel noch Paläste. Dies war mir eigentlich ganz recht, denn altertümliche Ruinen faszinierten mich weniger. Auch griechische Göttersagen, mit all ihren inzestuösen Fabelwesen, fand ich oft eher verwirrend. Da ging es mir wohl anders als dem klassischen Bildungsbürger, der sich an jeder kahlen Tempelsäule ergötzen konnte.

Es war ja nicht einmal geklärt, ob der in Homers Epen beschriebene Trojanische Krieg tatsächlich stattgefunden hatte oder nur eine Legende war. Die Stadt Troja, deren Überreste Heinrich Schliemann entdeckt haben wollte, hat es womöglich nie gegeben. Vielleicht war es auch gleichgültig, ob es sich um Fakt oder Fiktion handelte, denn schließlich war Geschichtsschreibung immer auch Mythenbildung, egal, wie weit die beschriebenen Ereignisse zurücklagen.

Ich hielt es mit Egon Friedell, dem Wiener Kulturhistoriker, für den das Verfassen historischer Bücher keinen wissenschaftlichen, wohl aber einen künstlerischen wie moralischen Charakter besaß: »Geschichtsschreibung ist Philosophie des Geschehenen … Der menschliche Geist hat nach der Idee zu forschen, die in jedem Faktum verborgen liegt, nach dem Gedanken, dessen bloße Form es ist.«[8]

Natürlich war das Studium des antiken Griechenlands mit seinen frühdemokratischen Stadtstaaten sehr lehrreich, doch das Byzantinische Reich und die Osmanenherrschaft hatten, so vermutete ich, die heutige griechische Kultur weitaus stärker geprägt. Mich interessierte daher eher die jüngere Geschichte, die in die aktuelle Gegenwart hineinreichte.

Für den großen Dichterfürsten machte ich aber gerne eine Ausnahme – wenngleich so wenig über Homer bekannt ist, dass es auch hier Zweifel gibt, ob es ihn überhaupt je gegeben hat. Schon Goethe war da skeptisch, ebenso Schlegel, und auch Nietzsche behauptete in seiner Antrittsrede an der Universität Basel, dass es sich bei Homer eher um eine Legende als um eine historische Figur gehandelt habe. Ob Homer, wenn er denn gelebt hat, wirklich auf Chios geboren wurde, liegt natürlich ebenso im mythischen Nebel und ist hochumstritten. Dasselbe behaupteten noch mehrere andere Orte im östlichen Mittelmeerraum, darunter Izmir. Schließlich ließ sich der Ruhm des Dichters touristisch gut vermarkten.

Für Chios sprach, dass Homer die Insel in seinen Werken mehrfach als Herkunftsort genannt und sie auch in der *Odyssee* erwähnt hat. Im neunten Gesang wurde Ithaka, die Heimatinsel des Helden, zudem als Chios ziemlich ähnlich beschrieben. In einer homerischen Hymne an Apollo bezeichnete sich der Autor als »blinder, alter Mann, der auf dem felsigen Chios lebt«. Bekannt war auch, dass der blinde Homer seine Verse nicht selbst aufschrieb, sondern sie seinen Schülern diktiert haben muss. Und zwar dort, wo ich nun meinen Scooter parkte und einen mit Oleanderbüschen bewachsenen

Hang hochstieg, am Fuße eines Bergs, der passenderweise Epos hieß. Auf einem Felsplateau fand ich nach einigen Minuten den berühmten Stein, umgeben von Felsbänken, auf denen angeblich Homers Schüler gesessen hatten. Der Ort bot einen kilometerweiten Blick über die südliche Insel, die Meerenge und die anatolischen Berge.

»O mir, ins Land welcher Menschen bin diesmal ich wieder gekommen?«, fragte sich Odysseus im sechsten Gesang der *Odyssee*, als Poseidons Stürme sein Floß auf die von den Phaiaken bewohnte Insel Scheria geworfen hatten und der Held von der anmutigen Königstochter Nausikaa aus seinem Erschöpfungsschlaf am Strand geweckt wurde. Stets selbst auf der Suche nach meinem Ithaka, dem einen Ort auf dieser Welt, wo ich hingehörte, fragte auch ich mich mit Blick auf Chios und auf die türkische Küste, wie seine Bewohner wohl drauf waren: »Sind es maßlose Frevler, Wilde und ganz Ungerechte, oder sind sie freundlich zu Fremden und fürchten die Götter?«[9]

Es war gut vorstellbar, dass Homer, wenn er denn je existiert hatte, hier oben zu schönen Versen inspiriert worden war. Allein, von Archäologen nachgewiesen war lediglich, dass die Steine eine alte Kultstätte darstellten, an der Griechen und Römer der antiken Göttin Kybele gehuldigt hatten, der großen Erdenmutter. Ein kraftvoller Ort, dachte ich, das war nicht zu leugnen. Anstatt mich vom Erfinder des rastlos umherirrenden Odysseus inspirieren zu lassen, war es vielleicht ohnehin klüger, für meine Reise Kybeles urmütterlichen Segen zu erbitten. So setzte ich mich auf den Stein, schloss die Augen und versuchte zu meditieren, bis mich eine Fliege störte und ich Durst auf ein Bier bekam.

Als ich abends meinen Rucksack für die Weiterfahrt nach Izmir packte, nahm ich mir fest vor, schon bald nach Chios zurückzukehren.

II VERBRANNTE ERDE

Am Morgen lief ich früh zum Hafen, um genug Zeit für Zoll und Passkontrolle zu haben. Pünktlich um neun Uhr legte die Fähre ab.

Die Überfahrt von Chios an die türkische Küste nach Çeşme dauerte trotz überraschend hoher Wellen kaum eine Stunde. Die meisten Passagiere waren Griechen, vermutlich Tagesausflügler, die zum Shoppen nach Izmir wollten. Im Hafen von Çeşme erhielten sie ein spezielles Tagesvisum, mir wurde ein Aufenthalt von drei Monaten gestattet. Vom Fähranleger fuhren Sammeltaxis zum Busbahnhof, durch das Autofenster sah ich eine hübsche Hafenstadt mit einer Festung und mehreren Moscheen. Türkische und ausländische Touristen schlenderten an der Kaje entlang, wo etliche teure Yachten vertäut lagen. Von den Minaretten riefen knarzige Lautsprecher zum Morgengebet, aber das schien die Spaziergänger nicht weiter zu interessieren.

Mit einem Schnellbus ging es landeinwärts, auf einer Autobahn vorbei an pinienbestandenen Hügeln und nagelneuen Ferienanlagen. Der Bus war klimatisiert, ein Bordsteward reichte Getränke, und durch die Lautsprecher erklang ein freundliches Willkommen, auch auf Englisch: »*Welcome ladies and gentlemen, welcome dear children!*« Dass Kinder extra begrüßt wurden, fand ich rührend – das hatte ich noch nirgendwo sonst auf der Welt gehört. Ich war neugierig auf alles, was mich erwartete. Nach einer halben Stunde lag die Bucht von Izmir vor uns, den Rest der Strecke fuhren wir direkt am Wasser entlang. Langsam näherte sich das gegenüberliegende Ufer unserem an, zusammen formten sie ein von Bergen gesäumtes Halbrund, wie ein riesiges Amphitheater. Von weitem bereits sichtbar, am östlichen Ende der Bucht, lag seine große Bühne: Izmir, das alte Smyrna.

Zwei Stunden später stand ich auf einem Logenplatz, dem Balkon meines Zimmers im Hotel Izmir Palas, und blickte fasziniert über die Bucht, die sich bis zum westlichen Horizont ausbreitete. Ihr Ufer war perfekt gerundet, wie der Halbmond auf der türkischen Fahne. Die Lage dieser Stadt war einmalig. An allen Seiten ragten die Berge empor, so unverrückbar majestätisch, dass die in der Bucht ankernden Containerschiffe wie kleine Faltboote wirkten. Dies musste einer der großartigsten Ausblicke der gesamten Ägäis sein – kein Wunder, dass Panorama ein griechisches Wort war, das auch die Türken übernommen hatten. Flach und doch tiefblau lag das Wasser da, in der Mittagssonne funkelnd. Nur einige Fähren zogen ihre Bahnen, um die nördlichen und südlichen Stadtteile von Izmir zu verbinden. Die zentrale Fährstation der Stadt, Pasaport genannt, lag schräg links vom Hotel.

Das Izmir Palas befand sich direkt am Kordon, der großen Uferpromenade, die früher als Quai oder Corniche bezeichnet wurde. Im Jahre 1927 in modernistischem Stil erbaut, galt das Hotel mit seinen sieben vollverglasten Stockwerken lange als das schickste der Stadt. Inzwischen hatten ihm einige internationale Kettenhotels diesen Rang streitig gemacht. Das Izmir Palas war unbestreitbar etwas in die Jahre gekommen, doch es hatte sich eine gelassene Eleganz bewahrt, die mir sehr zusagte. Dazu gehörten hoteleigenes Briefpapier, eine Badewanne, eine auf Vertrauen basierte Minibar und eben ein Balkon mit Meerblick. Ein würdiges Pendant zu Theodores Hotel Kyma auf Chios. Bezahlbar war es auch, dank der ökonomischen Krise und der Inflation, die die türkische Lira immer tiefer in den Keller drückten.

Nach einer kurzen Dusche verließ ich das Hotel, um mir ein Mittagessen und einen ersten Überblick über die Stadt zu verschaffen.

Ich ging am Kordon entlang, einer großen verkehrsberuhigten Parkfläche, die sich vom Pasaport-Fährhafen mehr als einen Kilometer bis zum nördlichen Punto erstreckte, wo der kommerzielle Containerhafen begann. Fischrestaurants und Cafés säumten die Uferstraße, die inzwischen für den Autoverkehr gesperrt war. Die Gebäude am Kordon hatten fast ausnahmslos dieselbe Traufhöhe von fünf oder sechs Stockwerken, die Fassaden bestanden durchweg aus großen Fensterflächen, für den maximalen Blick über die Bucht. Auf der Mole standen Angler, hinter ihnen fuhren Radler und spazierten Liebespaare, Arm in Arm oder Händchen haltend, was ich auf Chios selten gesehen hatte. Einige der Frauen trugen Kopftücher, andere Baseballkappen. Jüngere Paare blieben bisweilen stehen, um sich zärtlich zu küssen, was von den übrigen Passanten niemand bemerkenswert zu finden schien.

An einem Kiosk kaufte ich mir ein Ayran-Getränk und wechselte ein paar Worte mit dem Verkäufer. Er war ein junger Iraner, der zwei Jahre zuvor in die Türkei ausgewandert war. Sein Studium in Teheran habe er abgebrochen, sagte er, weil er es als Atheist unter dem Mullah-Regime nicht mehr ausgehalten habe. Eine Arbeitserlaubnis für die Türkei zu bekommen, sei kein Problem gewesen, hier verdiene er nun genug zum Leben. Allein in Izmir gebe es Tausende Iraner wie ihn. Ob er weiter nach Europa wolle?, fragte ich, eine bejahende Antwort erwartend. »Nein, warum?«, entgegnete er, sichtlich überrascht. »Es gefällt mir hier, ich mag die Freiheiten in der Türkei, besonders in Izmir.«

Politische Freiheit war relativ, je nach Herkunft. Wie kurios, dachte ich, dass der erste Mensch, den ich in Izmir kennenlernte, ausgerechnet ein Zugewanderter war. Vom Kordon gelangte ich auf den direkt am Wasser gelegenen Platz der Republik, wo ein Reiterstandbild von Mustafa Kemal Atatürk stand, dem Gründer der modernen Türkei und, wie es in der Inschrift hieß, dem Befreier der Stadt Izmir. In Uniform mit Offiziersmütze zeigte er seinen

Truppen mit dem rechten Arm, wo es lang ging. Atatürk war hier allgegenwärtig, seit meiner Ankunft hatte ich bereits unzählige Porträts von ihm gesehen, in der Hotellobby, an der Straßenecke, in jedem Lokal an der Uferpromenade. Sogar aus dem Kiosk des freundlichen Persers hatten mich die stahlblauen Augen des Staatsgründers angestarrt.

Etwas weiter lag die Pasaport-Fährstation, wo es vor Menschen nur so wimmelte. Schon lange hatte ich in den Straßen Europas nicht mehr so viele Jugendliche und Kinder gesehen. Es war der erste Eindruck, den ich von Izmir gewann: wie stark und jung die Stadt bevölkert war. Zwar herrschte kein orientalisches Basargewusel, zumindest nicht hier im modernen Geschäftszentrum, aber die Straßen waren voll und lebendig. Zugleich schienen die Türken reservierter als die Griechen zu sein, selbst Teenager sprachen weniger laut und lachten verhaltener. Hier fiel ich auch weniger auf als in Griechenland, wo die meisten Menschen eher dunkelhaarig und klein waren. In Izmir gab es alle möglichen Typen, auch große Blonde wie mich, helle bis dunkle Hauttypen, sogar Rothaarige. Ich bekam eine Ahnung davon, aus wie vielen fernen Regionen des ehemaligen Osmanischen Reichs die Menschen stammten, die heute in der Türkei lebten.

Ob aus Ungarn oder aus dem Jemen, aus Algerien oder vom Kaukasus – vor allem ihre kulinarischen Spezialitäten hatten die Vorfahren der heutigen Türken mitgebracht. Auf den Speisekarten der Uferrestaurants fand sich diese kosmopolitische Küche wieder: Garnelen kretischer Art, albanische Leber, tscherkessisches Huhn, gefüllte bosnische Weinblätter, mit Hack gefüllte nahöstliche Bulgurtaschen, zentralasiatisches Pilaw und zum Nachtisch bulgarische Teigbällchen mit Joghurt. Allein beim Lesen lief mir das Wasser im Munde zusammen. Ich wählte ein Lokal aus und bestellte tellerweise Meze-Vorspeisen, etwas Köfte und eine Portion Manti, türkische Teigtaschen. Auf Chios hatte ich nicht schlecht gegessen, aber außerhalb von Athen und vor allem Thessaloniki war die griechische Küche doch oft ein wenig monoton. Eine Speisekarte glich der nächsten. Gyros und Souvlaki in allen Ehren, aber der Mensch braucht Abwechslung, und die Griechen würzten noch fader als die Deutschen. Die Türken hingegen wussten mit scharfen Pimenten umzugehen – ein Mittagessen wie ein Fest.

Während ich an einem Außentisch speiste, wurde ich Zeuge einer sonderbaren Szene, als sich ein älterer Mann dem Eingang näherte. Er war ärmlich gekleidet und wirkte betrunken, denn er schwankte und lallte etwas, als er die Kellner ansprach. Das Restaurant war eine gute Adresse, in Betrieb seit den 1950er Jahren, die uniformierten Kellner waren gut ausgebildet und einigermaßen hochnäsig. Zunächst betrachteten sie den Alten argwöhnisch. Ich erwartete bereits, dass sie ihn wie einen Penner vertreiben würden – doch da holte einer der Kellner ein Glas Wasser und reichte es ihm. Nun wurde offenbar, dass der Mann nicht betrunken war, sondern einfach nur erschöpft. Als er ausgetrunken hatte und das Glas dankend zurückgab, geschah noch etwas Erstaunlicheres: der junge Kellner kniete vor dem Mann nieder und band ihm die offenen Schnürsenkel zu. Die Zärtlichkeit dieser Geste war berührend.

Meine Tischnachbarin und ich lächelten uns an, auch sie hatte die Szene beobachtet. Sie erkannte mich als Ausländer und erläuterte mir das Geschehen: Ob reich oder arm, für den Kellner zählte der Respekt vor dem Alter, selbst einem Fremden gegenüber: »Allerdings sieht man so etwas in der Türkei auch nicht mehr oft.« Die junge Frau, die sich als Sesil vorstellte, sprach mit einem Akzent, der mir bekannt vorkam. Wie sich herausstellte, war sie eine Deutschtürkin aus Bayern, so dass wir zur deutschen Sprache wechselten. In reinstem fränkischem Dialekt, mit sanft gerollten R-Tönen, erzählte mir Sesil ihre Geschichte: In Nürnberg geboren und aufgewachsen, sah sie sich selbstverständlich als voll integrierte Deutsche und hatte auch nie einen türkischen Pass beantragt. Dennoch habe es sie nach dem Schulabschluss in die Heimat ihrer Eltern gezogen, die in den 1980er Jahren aus Izmir nach Deutschland gekommen waren.

Mit den meisten Deutschtürken konnte Sesil nicht viel anfangen. Selbst den Jüngeren, die bereits in Deutschland aufgewachsen waren, merke man die familiäre Herkunft aus anatolischen Dörfern noch an: »Da sind viele dumme Asis dabei, die Männer mit ihren Vollbärten und die Weiber mit ihrem ganzen Schmuck – die wollen in Deutschland leben, aber dann in der Türkei für Erdoğan stimmen.« Viele der ehemaligen Gastarbeiter und selbst ihre Enkel steckten in der Vergangenheit fest, sagte Sesil, die meisten Türken in Izmir und anderen Städten seien da viel fortschrittlicher.

In Izmir fand Sesil problemlos einen Job, in einem Call-Center eines großen deutschen Versandhauses, für ein Gehalt von € 600,– im Monat. Damit komme sie in Izmir gut über die Runden, da Miete und Lebensmittel viel günstiger als in Deutschland seien. Den anrufenden Kunden dürfe sie aber auf keinen Fall verraten, dass sie von der Türkei aus telefoniere – das wäre ein Kündigungsgrund. So müsse sie stets über die deutsche Wetterlage informiert sein, um darüber mit gesprächigen Anrufern diskutieren zu können.

Auch ihren Namen hatte der Arbeitgeber eingedeutscht, so dass sie tagsüber in ihr Mikrophon flöten musste: »Guten Tag, Sie sprechen mit Annette Forst, wie kann ich Ihnen helfen?« Das sei schon ziemlich verlogen, fand Sesil, aber sie schüttelte ihren Kopf eher belustigt als empört. Dafür könne sie in einer schönen Stadt wie Izmir leben und müsse sich nach Feierabend nicht mehr mit ausländerfeindlichen Franken rumschlagen. Am meisten gefalle ihr an Izmir der tolerante Respekt der Bewohner füreinander, unabhängig davon, ob jemand ein Muslim, ein Christ oder ein Atheist sei. »In Izmir ist das Leben einfach entspannter als daheim. Es ist eine freie Stadt.«

Nach dem Mittagessen lief ich weiter zum Konak-Platz, an dem das moderne Rathaus der Stadt stand. An seiner Fassade hingen zwei riesige Porträts, eins von Kemal Atatürk und eins von Recep Tayyip Erdoğan. Es war das erste Bild des türkischen Präsidenten, das ich in Izmir sah. Er schien hier nicht besonders beliebt zu sein. Auf dem Platz standen einige Palmen, eine kleine Moschee aus dem 18. Jahrhundert sowie der helle Uhrturm, das touristische Wahrzeichen der Stadt. Exakt 25 Meter hoch, wurde der Turm im Jahre 1901 errichtet, zur 25. Jubiläumsfeier der Thronbesteigung von Sultan Abdülhamid II. Dessen Verbündeter Kaiser Wilhelm II., der Smyrna drei Jahre zuvor besucht hatte, spendierte seinerzeit das Uhrwerk – kleine Geschenke sollten die Herrscherfreundschaft erhalten. Auf dem Rand des Brunnens, der den Turm umgab, hockten unzählige weiße Tauben, bis herbeirennende Kinder sie aufscheuchten.

Vom Konak stieg ich hoch zum Pagos, dem Hausberg der Stadt. Der Weg dorthin führte durch zusehends ärmere Stadtviertel. Je höher ich kam, desto einfacher waren die Wohnhäuser, und desto enger wurde der Raum, auf dem die Menschen lebten. Hier oben gab es viele kleine Moscheen und einfache Lebensmittelläden, in denen verschleierte Frauen einkauften, während die Männer in den Hauseingängen saßen und rauchten. Statt mit dem weltlichen *Merhaba*, das man im modernen Zentrum hörte, grüßten sie nun meistens mit *Selamün aleyküm!* In einigen Häusern schienen auch Araber zu wohnen, vermutlich Flüchtlinge, die Mauern waren mit Graffiti beschmiert. Ein Müllsammler kam mir entgegen, in gelben Gummistiefeln und einem schwarzen Zylinderhut, seinen Karren hinter sich herziehend. Je steiler der Hang, desto prekärer wurden die Lebensverhältnisse. In einem Viertel standen verlassene Gebäude, offenbar zum Abriss bereit. Daneben lagen Steinhaufen, wo die Bagger bereits gewütet hatten. Ein Schornstein ragte noch hervor, Treppenaufstiege führten ins Nichts. In den Trümmern spielten Kinder, die bei meinem Anblick davonrannten.

Vorbei an den Ruinen eines antiken Theaters, das in den Hang gebaut war, gelangte ich endlich auf den Gipfel des Pagos. Dort standen die mittelalterlichen Mauern der *Kadifekale*, der »purpurnen Burg« und einstigen Akropolis des hellenischen Smyrnas. Durch ein Tor ging ich ins Innere der Burganlage, über der heute eine gigantische türkische Fahne wehte, die in der gesamten Stadt sichtbar war. Hinter dem Eingang standen einige Souvenirhändler, aber im weitläufigen Burghof war außer alten Gemäuern nicht viel zu besichtigen. Ein Schild verwies auf römische Zisternen, doch sie wurden von einem Pack wilder Hunde bewacht, die mich bösartig bellend in die Flucht schlugen. Keine Frage, als touristische Sehenswürdigkeit war diese Burg nicht sonderlich geeignet. Aber das heutige Izmir, mit drei Millionen Einwohnern die drittgrößte Stadt der Türkei, war schließlich nicht als Urlaubsort bekannt. Es sollte ein ganz hübsches Basarviertel geben, aber auf dem Weg vom Flughafen zu den ägäischen Inseln oder den antiken Ruinen von Ephesus verweilten Touristen nur selten in der Stadt und wussten wenig über ihre Geschichte.

Der Legende nach hatten Amazonen das alte Smyrna gegründet. So berichtete es der römische Historiker Plinius, doch tatsächlich entstand Smyrna im zehnten vorchristlichen Jahrhundert als ionische Gemeinde. Die Ionier waren einer der vier Stämme des alten Griechenlands und schufen in Kleinasien die erste hellenische Zivilisation, zu deren prominenten Trägern etwa Hippokrates und Heraklit gehörten. Ebenso Homer, der angeblich in Smyrna aufgewachsen war, was aber ja bekanntlich auch von Chios und einigen anderen Orten behauptet wird. Nach der Zerstörung durch die Perser wurde Smyrna jedenfalls um das Jahr 340 v. Chr. wohl von keinem Geringeren als Alexander dem Großen auf dem Pagos neu errichtet.

Die Stadt hatte sich gegen mächtige Rivalen in der Nachbarschaft zu behaupten, besonders die Insel Chios. Von dort segelte im Jahre 244 vor Christus eine chiotische Kampfflotte in die Bucht von Smyrna, ausgerechnet an einem Tag, an dem die Smyrnioten im

Dionysos-Tempel außerhalb der Stadt ein weinseliges *Panegyri*-Tanzfest feierten. Beim Anblick der feindlichen Schiffe unterbrachen die Männer ihr dionysisches Gelage, eilten zurück in die Stadt und verteidigten sie erfolgreich. In ihrem Rausch eroberten die Smyrnioten sogar einige chiotische Kriegsschiffe und trugen nach Ende der Schlacht eines davon als Opfergabe zum Tempel des Weingotts, wo die Feierlichkeiten umso fröhlicher fortgesetzt wurden. Dieses sinnstiftende heidnische Ritual samt Schiffstransport zum Tempel setzten die Stadtbewohner noch jahrhundertelang fort, auch als Smyrna längst christlich geworden war.

Unter den Römern, denen Smyrna fast fünf Jahrhunderte lang gehörte, galt die Stadt als kleinasiatisches Schmuckstück. Mit einer Bevölkerung von etwa 100 000 Einwohnern wurde Smyrna zur Nachfolgerin von Ephesus, deren Hafen allmählich versandete. Der römische Geograph Strabon nannte Smyrna »die schönste Stadt der Welt« und lobte die imposanten Gebäude und die sauber gepflasterten Straßen. Selbst Ende des zweiten Jahrhunderts nach Christus beschrieb der römische Rhetor Aelius Aristide in einem Bericht an Kaiser Marcus Aurelius die Stadt noch als »die Freude Asiens und Schmuckstück Eures Reichs«. Er pries die großen sonnenbeschienenen Boulevards, und dass jedes Haus über einen Brunnen verfügte. Smyrna sei »die am schönsten anzusehende Stadt der Erde, die als Modell von Schönheit selbst« diene. Zugleich entstand in Smyrna eine der sieben urchristlichen Gemeinden, die vom Apostel Paulus auf seinen kleinasiatischen Reisen in den Jahren 53–56 n.Chr. gegründet und im Johannes-Evangelium genannt wurden.

Im spätrömisch-byzantinischen Mittelalter verlor Smyrna an Bedeutung und wurde, wie die Insel Chios, im 13. Jahrhundert vom Kaiser in Konstantinopel an Genua abgetreten. Auf die Genuesen folgten verschiedene Eroberer, darunter die Ritter des Johanniter-Ordens. Der mongolische Feldherr Tamerlan zerstörte die Stadt im Jahre 1403, befahl, die Überlebenden zu massakrieren und ließ ihre

Schädel zu einer Pyramide aufschichten. So hatte Smyrna nur noch wenige Einwohner, als die Osmanen die Stadt einige Jahre später eroberten. Erst im 17. Jahrhundert begann Smyrna wieder aufzublühen. Nun machte sie Chios den Rang als wichtigster regionaler Handelshafen streitig. Während die Insel ihren Reichtum dem Mastix verdankte, wurde Smyrna auf Baumwolle und Feigen erbaut, später auch auf Tabak, Opium und Rosinen, den berühmten Sultanas. Osmanische Handelsprivilegien lockten ausländische Kaufleute in die Stadt, zuerst Genuesen und Venezianer, dann Holländer, Franzosen und Engländer. Etlichen von ihnen gefiel das Leben in der »Perle der Ägäis« so sehr, dass sie sich dort dauerhaft niederließen.

Auch die weltoffene, tolerante Kultur der Stadt zog viele Menschen an. Smyrna war eine der ostmediterranen Metropolen – wie Konstantinopel, Alexandria und Salonica, das heutige Thessaloniki –, in denen Christen, Muslime und Juden zusammenlebten. Sie gestalteten eine »levantinische Synthese«, eine Koexistenz verschiedener Kulturen und Religionen wie im mittelalterlichen Andalusien. Seit Ende des 15. Jahrhunderts, nach der Vertreibung der Juden und Marranen aus Spanien und Portugal, war Smyrna auch ein Zentrum des sephardischen Judentums geworden. Es herrschte religiöse Toleranz, ein hybrider Geist, die Skyline der Stadt bestimmten byzantinische Kirchtürme ebenso wie Minarette und die Dächer prächtiger Synagogen.

Ab Mitte des 18. Jahrhunderts war Smyrna die zweitgrößte Stadt und der wichtigste Hafen des Osmanischen Reichs. Mehrere verschiedene Ethnien – Griechen, Türken, Armenier, Juden, Europäer und orientalisierte Westler, Levantiner genannt – lebten hier zusammen und schufen eine in der Welt einmalige Stadtkultur. In den Straßen hörte man lauter verschiedene Sprachen, vor allem Griechisch, Türkisch, Judeo-Spanisch (Ladino), Armenisch, Englisch, Holländisch, Italienisch, Französisch und Provençal. Der englische Archäologe Richard Chandler, auf dessen ägäische Reiseberichte ich bereits in der Bibliothek von Chios gestoßen war, war im Jahre 1764 von der Insel weiter nach Smyrna gereist und schrieb: »Smyrna ist eine große und prosperierende Stadt. Neben vielen kleinen Kähnen kommen jeden Tag große Frachtschiffe aus den Haupthäfen Europas in die Bucht; und die europäischen Kaufleute, eine respektable Gemeinde, leben in Wohlstand und häufen zugleich Reichtümer an. (…) Beträchtlich ist die Zusammenkunft von Menschen verschiedener Nationen, die sich in der Kleidung, den Sitten, der Sprache und der Religion unterscheiden. Die Türken nehmen den größten Teil der Stadt ein. Die anderen Volksgruppen leben in separaten Vierteln.«[10]

An der Schnittstelle zwischen Orient und Abendland gelegen, war Smyrna zugleich ein Fenster in den Westen, wie St. Petersburg und Odessa im Russischen Reich. Immer weniger galt Smyrna als ein orientalischer, sondern eher als ein verwestlichter Ort, der seine Besucher mit moderner Technik und einem reichen kulturell-intellektuellen Leben beeindruckte. Auf einer Reise im Jahre 1806 pries der französische Dichter François-René de Chateaubriand die Stadt begeistert als »ein zweites Paris« und »eine Oase der Zivilisation«. Dreißig Jahre später zeigte sich sein Landsmann, der Schriftsteller M.L. Aimé-Martin, ähnlich angetan: »Smyrna ist die Königin unter den Städten Anatoliens. (…) Zehnmal zerstört, hat sie sich zehn Mal wieder erhoben, und seine Lage inmitten einer endlosen Zahl von Handelshäfen führt zu einem kräftigen Verkehr von Händlern und Reisenden. Seine Bevölkerung besteht aus fast 150 000 Seelen, die die Pest jedes Jahr dezimiert. Die Stadt ist zweigeteilt: die obere Stadt wird von Muslimen bewohnt, die untere Stadt von Europäern. (…) Die Unterstadt ist eine Art föderative Republik, deren Chefs die diversen Konsuln sind. Alle Sprachen Europas werden dort gesprochen, aber das Französische dominiert.«[11]

In der bürgerlichen *Belle Époque* der europäischen Kultur im späten 19. Jahrhundert war Smyrna eine reiche, moderne, aufgeklärte und lebensfrohe Metropole, die unter den fernen Sultanen fast wie ein autonomer Stadtstaat agieren konnte. Bei Ausbruch des Ersten Weltkriegs hatte sie 300 000 Einwohner und war damit weitaus bedeutender als etwa das provinzielle Athen. Als große Hafenstadt war Smyrna übers Wasser mit den wichtigsten Häfen Europas verbunden, hier legten Passagierschiffe aus London, Marseille, Genua und Triest an. An der berühmten Uferpromenade stand eine Perlenkette von Gebäuden aus weißem Marmor: Handelshäuser, Reedereien, Banken, Hotels, Theater und Cafés.

Gerade mit der einzigartigen Mischung verschiedener Kulturen war Smyrna eine der ersten globalen Städte, wie Dubai oder Singapur heute. Es gab gute Schulen, Verlage und Krankenhäuser. Als erste Stadt im Osmanischen Reich hatte das dynamische Smyrna eine Zeitung (im Jahre 1828), Elektrizität (1888), ein Auto (1905) und ein Kino (1909). Im Jahre 1914 gab es in Smyrna den ersten Golfplatz im Nahen Osten sowie 17 Kinos und 465 Kaffeehäuser, in denen man aus Europa importierte Zeitungen lesen konnte. Auch zahlreiche lokale Gazetten standen zur Auswahl, elf in griechischer, sieben in türkischer, fünf in armenischer, vier in französischer und fünf in hebräischer Sprache.

Ihre Bewohner machten aus Smyrna eine freie Stadt, in der man es mit der Moral nicht immer so genau nahm. Lukrativer Handel und Wein – sowie eine gewisse sexuelle Freizügigkeit – waren den Smyrnioten oft wichtiger als die Religion. Dies galt auch für türkische Männer und Frauen, die sich hier erlauben konnten, die islamische Kleiderordnung zu missachten. Am Kordon spazierten Türkinnen schon damals ohne Schleier und in engen Mänteln, und anders als in Konstantinopel saßen Männer und Frauen in Straßenbahnen nicht getrennt. Seine lockeren Sitten brachten Smyrna bei strengen Muslimen den Ruf als *Giaur* ein, die ungläubige Stadt, doch dies konnte den meisten Einwohnern egal sein. Sie wussten das Leben zu genießen.

War es ein frivoler Tanz auf dem Vulkan? Die guten Zeiten in Smyrna endeten im frühen 20. Jahrhundert, als die großen Kriege ausbrachen – erst die Balkankriege von 1912/13, dann der Erste Weltkrieg, gefolgt vom griechisch-türkischen Krieg. Zwar war die Stadt zunächst kaum von direktem Kampfgeschehen betroffen, doch die nationalistischen Konflikte zwischen ihren Bewohnern begannen die kosmopolitische Metropole innerlich zu zerreißen. Ihr endgültiger Untergang kam, als die Truppen Mustafa Kemals die Stadt im September 1922 von den griechischen Invasoren zurückeroberten und die christlichen Viertel in Brand steckten. Das Feuer war das Siegesfanal der türkischen Armee. Es breitete sich schnell über einen Großteil der Stadt bis hinunter zum Hafen aus. Dabei blieben nur die türkischen und jüdischen Quartiere sowie das europäische Punto-Viertel verschont. Das übrige Smyrna versank in Flammen und Blut.

»Das große, opulente Smyrna, Smyrna die Kosmopolitin«, schrieb der französische Schriftsteller Claude Farrère nach der großen Brandkatastrophe über die Stadt, die er oft besucht hatte und liebte. »Die Stadt aller Länder, aller Religionen, aller Sprachen; die Stadt, die die Türken, sehr verächtlich, ›die Ungläubige‹ nannten, weil sie letztlich und mit Recht allen Göttern untreu war. Aber was war das Leben dort angenehm, lächelnd und sanft.«[12]

Was war vom alten Smyrna heute noch übrig? Ich kletterte auf die Burgmauern, die einen weiten Blick über die gesamte Stadt boten. Wie ein graufaseriger Teppich hatte sie sich in alle Richtungen ausgebreitet, entlang den Ufern um die Bucht, landeinwärts in ein Flusstal und sogar die umliegenden Berge hinauf. Was auf historischen Fotos von Smyrna noch grüne Flächen waren, hatte man inzwischen komplett bebaut und betoniert. Überall standen Gebäude, helle Etagen-Wohnhäuser, moderne Hochhäuser und verglaste Bürotürme. Eine Autobahn und unzählige Straßen verbanden die Viertel und zerschnitten sie. Izmir war eine riesige moderne Großstadt, in der inzwischen Millionen von Menschen lebten und arbeiteten.

Was einmal das alte Smyrna gewesen war, lag zwar noch immer im Zentrum, aber es war nur noch ein kleiner Teil des heutigen Izmir.

Selbst dieser alte Kern der Stadt war nicht wiederzuerkennen, wenn man ihn nur von Bildern aus dem frühen 20. Jahrhundert kannte. Sicher, geblieben waren die allgemeine Topographie, die Lage am Wasser und die sanft auslaufenden Hänge des Pagos-Bergs, ebenso die Uferpromenade und der Hafen im Norden. Aber da ging es schon los – hatte sich der alte Hafen nicht um den heutigen Pasaport-Fähranleger erstreckt? Dort lagen auf Fotos doch die großen Dampfer und Segelschiffe vertäut. Ich kniff die Augen zusammen und konnte im Wasser noch Überreste der Kaimauern erkennen, die einst das Hafenbecken umgrenzt hatten. Auch die alte Abfertigungshalle stand noch, heute knallgelb gestrichen. Aber bis auf die Personenfähren legte hier kein Schiff mehr an.

Die auffälligste Veränderung jedoch war das grüne Loch. Es war ein riesiger Park mitten im Zentrum, der im Verhältnis zur bebauten Umgebung so überproportional war, dass er unmöglich mit der Stadt entstanden sein konnte. Erst Stadtplaner des 20. Jahrhunderts schufen derart große Parkflächen, und auch das eher in neuen Außenbezirken. Dieser Park war nicht geplant worden, das war klar. Hier hatte die Stadt eine massive Wunde erlitten, wie bei einem Meteoriteneinschlag. An allen Orten, über die Kriege hinweggefegt waren, lernte man, Grünflächen zu misstrauen. In deutschen Städten wiesen sie oft auf Bombentreffer hin, unter denen sich die überwachsenen Grundmauern zerstörter Gebäude verbargen. In Izmir war dies ähnlich, doch hatten hier nicht Bomben gewütet, sondern ein Feuer, das große Feuer von 1922. Der Park war ein Brandloch.

Dabei stellte dieses Loch, so riesig es war, offenbar nur das Ground Zero der damaligen Brandkatastrophe dar. Auch in den Wohngebieten rund um den Park konnte ich keine alte Bebauung mehr erkennen, sondern moderne Stadtplanung: Die Viertel waren rechtwinklig angelegt, die Straßen verliefen schnurgerade, die mehrstöckigen

Wohnhäuser waren typische Zeugnisse der Liebesaffäre mit Beton, die Griechen und Türken seit den 1950er Jahren auslebten. Wie anderswo, waren alte Gebäude vor allem an ihren Ziegeldächern zu erkennen. In Izmir gab es sie, wie ich vom Pagos aus sehen konnte, nur noch an zwei Stellen: im nördlichen Alsancak, dem einstigen europäisch-levantinischen Wohnviertel, das an den neuen Hafen grenzte, und im südlichen Basarviertel, wo früher Türken und Juden gelebt hatten. Es war der alte Saum der Stadt, der übrig geblieben war. Der gesamte Bereich dazwischen, vor allem die einst von Griechen und Armeniern bewohnten Stadtviertel, war damals komplett niedergebrannt und später neu gestaltet worden. Die Stadt, die mal am Fuße des Pagos-Bergs gelegen hatte, war verschwunden – restlos und spurlos.

Ich musste schlucken, das hatte ich nicht erwartet. Natürlich war mir klar gewesen, dass es das alte Smyrna nicht mehr gab. In Biographien von Städten gab es wohl keinen stärkeren Bruch als eine Feuersbrunst. Aber ich hatte nicht damit gerechnet, dass derart wenig Altes übriggeblieben war. Dass es offenbar gar keine Kontinuitäten zwischen Smyrna und Izmir mehr gab, zumindest auf den ersten Blick. So krass war der Bruch nur an wenigen Orten auf der Welt.

Seit Jahren befasste ich mich mit einst kosmopolitischen Vielvölkerstädten wie Triest, Lemberg, Odessa, Salonica oder Alexandria, die noch im frühen 20. Jahrhundert zu übernationalen Imperien gehört hatten – dem Habsburgerreich, dem Zarenreich, dem Osmanischen Reich und dem Britischen Empire – und die dann durch Krieg und Vertreibung nationalistisch flurbereinigt wurden. Mich interessierte, wie diese entmischten und oft entseelten Städte ihr vielschichtiges urbanes Gedächtnis verloren hatten, auch wenn sie noch genauso aussahen wie vorher. In der einst habsburgischen und heute ukrainischen Stadt Lemberg, in deren Biographie ich zuletzt eingetaucht war, hatte die Altstadt zwei Weltkriege äußerlich völlig unversehrt überstanden. Ich hatte kräftig an der trügerischen Fassade kratzen müssen, um tieferliegende Schichten der Vergangenheit zu entdecken, aber immerhin waren die historischen Zeugnisse noch vorhanden gewesen.

Auch Izmir war einst eine bedeutende kosmopolitische Metropole gewesen – aber zumindest von hier oben war davon fast nichts mehr zu sehen. Das alte Smyrna war restlos zerstört worden und untergegangen; selbst die antiken Ruinen von Ephesus waren wahrscheinlich gegenwärtiger.

Lag es allein an der physischen Auslöschung von Smyrna, dass diese einst so bedeutende Stadt heute fast völlig vergessen war? Oder hatte man das, was hier im September 1922 geschehen war, lieber so lange verschwiegen, bis die Wunden vernarbt sein würden, und, wie in dem Brandloch-Park, buchstäblich Gras über die Sache gewachsen war. Das Problem einer solchen Verdrängungstaktik war allerdings oft, dass die Nichtaufarbeitung eines Verbrechens zu diffusen Schuldgefühlen und historischen Mythen führte. Wie wohl nicht anders zu erwarten, wurden in türkischen und griechischen Schulen zwei grundverschiedene Versionen der Geschehnisse von 1922 gelehrt. Bis heute beschuldigen sich Griechen und Türken gegenseitig, damals das Feuer gelegt und die Stadt zerstört zu haben.

Was war wirklich geschehen? Wie konnte es zu der Katastrophe kommen und was waren die Folgen? Dies wollte ich recherchieren, denn der Brand von Smyrna war kein isoliertes Ereignis, sondern wirkte sich selbst auf das ferne Europa aus. So wurden mehrere Millionen Griechen und Türken kurz darauf gewaltsam aus ihrer Heimat vertrieben und zwangsumgesiedelt. Auch jenen staatlich organisierten Bevölkerungsaustausch wollte ich untersuchen, nicht zuletzt, weil er später als Blaupause für die Deportationen und ethnischen Säuberungen des übrigen 20. Jahrhunderts in Europa und Asien dienen sollte. Dadurch waren die Nachwirkungen der Tragödie von Smyrna bis heute spürbar, auch in der gegenwärtigen Flüchtlingskrise.

Einige Stunden später war ich zurück auf dem Balkon des Izmir

Palas Hotels und schrieb meine ersten Eindrücke auf. Die Stadtfähren zogen über die Bucht, während der Kordon unter mir vor Menschen wimmelte. Radfahrer, Jogger und Skater drängten sich auf den Tartanbahnen. In den Lokalen trafen sich Familien für ein Abendgetränk oder bestellten bereits Dinner. Anders als in Griechenland gab es in der Türkei keine Siesta, so dass man hier zu meiner Erleichterung viel früher zu Abend aß als auf Chios. Für den kleinen Hunger verkauften Händler geröstete Erdnüsse und Sonnenblumenkerne. Hunde wurden spazieren geführt, rauchende Straßenmusikanten spielten Lieder von Bob Marley. Es war ein Bild unerwarteter Lebensfreude, das ein wenig an Strandpromenaden in Kalifornien erinnerte. Zum Westküsten-Feeling passte das kraftvolle warme Licht der Abendsonne, die langsam über der Bucht niederging.

Was in Chios die Sonnenaufgänge waren, das war hier der Anblick des orangenen Abendhimmels über Meer und Bergen. Natürlich sind die Begriffe *Orient* und *Levante*, die vom lateinischen Wort für »aufsteigen« abstammen, komplett eurozentrisch. Wie sollte es auch anders sein? Schließlich ist doch alles eine Frage des geographischen Standpunkts und welchen Blick er auf Sonne und Raum bietet. Auch der Begriff Anatolien setzt sich, etymologisch gesehen, aus den altgriechischen Wörtern *ano* und *helios* zusammen und bedeutet nichts anderes als »der Ort, wo die Sonne aufgeht«. Die Türken hatten den griechischen Namen beibehalten, weil *Anadolu* in der türkischen Sprache zufälligerweise »voller Mütter« heißt, was auch irgendwie hinkam.

Ich klappte mein Notizbuch zu. Vor dem Schreiben kam das Erleben, ich musste wieder runter in die Stadt. So warf ich mein Jackett über und verließ das Hotel. Dieses Mal ging ich den Kordon in die andere Richtung entlang, gen Norden, wo der heutige Hafen und Alsancak lagen, das ehemalige Viertel der Europäer und Levantiner von Smyrna. Es war einer der beiden Stadtteile, die das Feuer von 1922 überstanden hatten.

Ein erstaunlicher Anblick bot sich mir: Auf der gesamten Länge des Kordons saßen junge Menschen in kleinen Gruppen auf dem Parkrasen. Oft hatte jemand eine Gitarre dabei, es wurde gesungen und gelacht. Manche tranken Limonade, aber die meisten hatten sich Bier oder eine Flasche Wein mitgebracht. Dass die Menschen hier in aller Öffentlichkeit so reichlich Alkohol trinken durften, verblüffte mich. Das sah man selbst in Istanbul nicht mehr oft. Auch der Anblick der vielen gefühlstrunkenen Liebespaare, die am Ufer spazierten, entsprach so gar nicht den Nachrichten, die man in den vergangenen Jahren aus Erdoğans zunehmend frömmelnder Türkei gehört hatte. Heute wie einst schien Izmir eine spezielle Stadt zu sein.

An fahrbaren Ständen wurden frische Miesmuscheln mit Reis und Zitronenscheiben verkauft. Die meisten Verkäufer waren Kurden, was mich überraschte, da sie an ihren Herkunftsorten in den ostanatolischen Bergen doch eigentlich wenig mit Meeresfrüchten am Hut hatten. Dies musste sich geändert haben, seit sich viele Kurden rund um den Pagos-Berg ansiedelten, mit Blick auf das ägäische Meer.

Der Kordon, damals noch Quai genannt, wurde in den Jahren 1867–1875 von der französischen Firma Dussaud gebaut. Dank ihrer Erfahrung aus baugleichen Projekten in Marseille, Algier und Triest hatten die Franzosen eine englische Firma ausgestochen. Mit importierten Granitblöcken aus Neapel und dem Steinbruch im Stadtteil Karataş schufen sie eine fast zwanzig Meter breite Uferfläche ins Meer hinaus, die damals vom Konak-Platz bis zum Punto-Bahnhof reichte. So modern war der neue Quai, dass er sogar Gleise für eine zukünftige Straßenbahn vorsah. Sein Bau läutete einen starken ökonomischen Aufschwung und zugleich einen sozialen Wandel der Stadt ein.

Sichtbarstes Zeichen des Fortschritts waren die unzähligen großen Schiffe, die fortan den Hafen anlaufen konnten. »Mein liebster Zeitvertreib ist es, am Quai spazieren zu gehen, der in der Tat die

Hauptattraktion der Stadt ist«, schrieb der französische Reiseschriftsteller H. de Saint-Germain um die Jahrhundertwende. »Zahlreiche Schiffe unter allen Flaggen ankern ständig auf der Reede und machen aus ihr einen der wichtigsten Umschlaghäfen des Orients, was der Spazierstrecke einen äußerst lebhaften Anblick verleiht.«[13]

Zugleich entstanden am Quai schon bald viele glamouröse Hotels, Cafés, Theater und Clubs. Darunter waren der Sporting Club, das Café de Paris, das American Theater, der Hunting Club und das Grand Hôtel Kraemer. Es wurde im Jahre 1908 eingeweiht und musste etwa an derselben Stelle gestanden haben wie das heutige Izmir Palas Hotel. In anderen repräsentativen Gebäuden am Wasser befanden sich die ausländischen Konsulate, die damals über viel Macht in Smyrna verfügten. Ein altes Foto, das ich im Internet gefunden hatte, zeigte die großen europäischen Flaggen, die auf den Dächern wehten.

Der französische Archäologe und Schriftsteller Gaston Deschamps war Ende des 19. Jahrhunderts oft zu Gast in Smyrna und schrieb gerne über seine langen Abendspaziergänge durch die Stadt. Dabei zeigte er sich immer wieder verblüfft über das Vielvölkergemisch, das sich besonders entlang der Corniche darbot: »Man sieht sie alle, konsularische Beamte, Schweizer Hoteliers, deutsche Exporteure, österreichische Schneider, englische Mehlfabrikanten, holländische Feigenhändler, italienische Courtiers, ungarische Bürokraten, armenische Lieferanten, griechische Banker.«[14]

Von all jenen Menschen gab es heute keine Spur mehr. Womöglich war ich gerade der einzige Westeuropäer am gesamten Kordon. Allerdings machte ich, von der Kaimauer die Häuserfront entlang blickend, eine interessante Entdeckung: Zwischen all den modernen Gebäuden standen doch noch einige zweistöckige Häuser, die aus der Zeit vor 1922 stammen mussten. Sie hatten den Stadtbrand überstanden. Darunter war ein prächtiges neoklassizistisches Gebäude, das heute als Kunstmuseum genutzt wurde. Große Banner wiesen auf eine Picasso-Ausstellung hin, vor dem Eingang hatte sich eine Menschenschlange gebildet. Da erst sah ich, dass auf dem Dach des Hauses die Trikolore Frankreichs wehte. Offenbar handelte es sich um das ehemalige französische Konsulat, das im Brand von 1922 rätselhafterweise nicht zerstört worden war. Oder man hatte es danach wieder aufgebaut.

Einige Häuserblöcke weiter stand noch ein Konsulat, wie es schien, denn über dem Giebel hing ebenfalls eine Flagge. Es handelte sich, wie ich beim Näherkommen erkannte, ausgerechnet um die griechische Vertretung. Sie wurde von türkischen Wachposten beschützt, die Türen und Fensterläden waren verschlossen. Die zwei benachbarten Gebäude waren ähnlich alt, aber stark renovierungsbedürftig. Sie schienen unbewohnt zu sein, aber große türkische Fahnen wehten über ihnen, wie mit der Absicht, die griechische Flagge zu übertrumpfen. Etwas weiter gab es noch zwei historische Villen: In einer war ein Restaurant untergebracht, in der anderen das Atatürk-Museum, das ich mir bald zu besuchen vornahm. Immerhin war festzuhalten, dass das Feuer von 1922 nicht alle Gebäude zerstört hatte. Ich schöpfte wieder Hoffnung, doch noch Spuren der Vergangenheit zu finden.

Gegen Ende des Kordons bog ich in eine Seitenstraße ab – und auch hier fand ich noch alte Gebäude vor. Keine Villen diesmal, sondern schmale Stadthäuser mit verzierten Vorbauten, den typisch osmanischen Erkern, und hölzernen Fensterläden. Einige der Gebäude waren stark baufällig und mit Stahlträgern versehen, die sie davon abhielten einzustürzen. Andere waren hübsch restauriert und bunt bemalt, jedes Haus in einer anderen Farbe, darin Kneipen und Lokale, alle gut besucht. Offenbar hatte sich Alsancak zu einem Ausgehviertel gewandelt. In einigen Läden wurde amerikanische Rockmusik gespielt, in anderen der türkische Pop-Superstar Tarkan. Sogar einen Berlin Club gab es, allerdings mit so unfassbar schlechter House-Musik, dass ich schnell weiterging. Um die Ecke lag eine Bar, deren Wände bis unter die Decke mit gebrauchten Büchern dekoriert waren. Gelegentlich, etwa wenn das Date zur Toilette ging, zog jemand sogar ein Buch hervor und blätterte darin. Auf der Straße stand ein fliegender Buchhändler, der seine Ware auf einem Holzkarren ausgebreitet hatte. Vor allem Werke europäischer Autoren wie Kafka, Zweig, Marx und Freud lagen da – eine interessante, wenngleich etwas irritierende Mischung, zumal der Händler mittendrin Hitlers »Mein Kampf« platziert hatte.

In den Seitengassen, die zum Hafen führten, wurde ich von Frauen angesprochen. Sie waren Prostituierte, die mich auf ihre Zimmer einluden oder anboten, mich in mein Hotel zu begleiten. Auch einige Transvestiten waren darunter. In der Türkei war Prostitution legal, hatte ich gelesen, aber eigentlich auf registrierte Bordelle beschränkt und stark reguliert. So mussten Prostituierte ihr Gewerbe melden und sich regelmäßigen Gesundheitskontrollen unterziehen. Dass diese Frauen offenbar freischaffend unterwegs waren, ließ eine sexuelle Freizügigkeit zumindest in Alsancak vermuten, die an das frivole Smyrna erinnerte und mich verblüffte. Von diesen Eindrücken etwas ermattet, setzte ich mich in eine alternativ aussehende Kneipe, um ein Efes-Bier zu bestellen.

Bald kam ich mit einem jungen Mann ins Gespräch, der am Nachbartisch saß und für einen Moment sein Handy beiseitelegte. Er hieß Tanju und studierte Soziologie an der Universität von Izmir, die Ägäische Universität hieß, wie ihr griechisches Pendant auf Chios und anderen Inseln. Gegründet hatten sie die griechischen Besatzer von 1919–1922 mit dem trefflichen Motto »Ex Oriente Lux«. Davon war in Izmir heute natürlich keine Rede mehr, inzwischen galt das Jahr 1955 als offizielles Gründungsdatum. Gerade ihre geisteswissenschaftlichen Fakultäten machten die Ägäische Universität zu einer der weltoffensten des Landes, die viele internationale Partnerschaften unterhielt. So hatte der 26-Jährige gerade als Erasmus-Student ein Semester an der Universität Augsburg verbracht, um sich dort mit Hegel und der Frankfurter Schule zu befassen. Beflissen zählte er deren Vertreter auf: Adorno, Marcuse, Horkheimer, Habermas.

»Alle Achtung«, sagte ich. »Nur studiert, gar nicht gefeiert?«

»Doch, natürlich«, antwortete Tanju grinsend. »So wie in Izmir. Hier in Alsancak haben wir die besten Techno Clubs der ganzen Türkei.«

Bald sprachen wir über Politik. Izmir war die einzige türkische Großstadt, in der Präsident Erdoğans islamistische Partei für Gerechtigkeit und Aufschwung (AKP) noch nie eine Wahl gewonnen hatte. Die Mehrheit im Stadtrat hatte bis heute die oppositionelle Republikanische Volkspartei (CHP), die Partei Atatürks, die einen säkularen und pro-europäischen Kurs verfolgte. Auch die alte CHP war stark nationalistisch geprägt, befürwortete militärische Härte gegenüber den Kurden und galt als reichlich korrupt. Wenn sie in Erdoğans Türkei nicht bedeutungslos werden wollte, mussten die Kemalisten in ihrer traditionellen Hochburg Izmir zeigen, dass sie noch gut regieren konnten.

Tanju lobte die bürgernahe Politik der Stadtoberen, die eine Schnellstraße am Kordon verhindert hatten und stattdessen in eine neue Metro investierten. Auch erhalte die Stadtregierung viele liberale Freiräume, in denen etwa sexuelle Minderheiten geduldet würden: »Wobei es natürlich ironisch ist, dass unsere hedonistischen Freiheiten heutzutage ausgerechnet durch die konservative CHP geschützt werden.«

Die Stadt war auf das Meer hinaus orientiert, in den ägäischen Raum und nach Europa. Allerdings fühlten sich viele Izmirer vom anatolischen Hinterland und von der AKP belagert, zumal das Regime seit einigen Jahren gezielt seine Wähler in den Vororten der Stadt ansiedelte. Auch unterstanden die meisten Polizeiorgane der Stadt nicht dem Bürgermeister, sondern dem Provinz-Gouverneur, der von Erdoğan ernannt wurde und der AKP angehörte. »So kann die Regierung auch in Izmir jederzeit Proteste unterdrücken«, sagte Tanju. »Selbst wenn sich nur zwanzig Feministinnen an einer Straßenecke versammeln, rückt die Polizei mit Hundertschaften an.«

Als junger Student hatte sich Tanju an den Demonstrationen gegen das Regime beteiligt, die sich im Jahre 2013 vom Gezi-Park in Istanbul über das gesamte Land ausbreiteten, bevor sie brutal niedergeschlagen wurden. Seitdem waren viele Mitglieder der sogenannten Gezi-Generation ausgewandert oder hatten sich in ein inneres Exil zurückgezogen – ein Trend, der sich seit dem Putschversuch von 2016 noch verstärkte, weil die Regierung darauf mit massenhaften Verhaftungen wirklicher und vermeintlicher Gegner reagierte. Dies betraf auch Freunde von Tanju, von denen viele links gesinnt oder freigeistig waren: »Einige sind bereits mit Booten auf griechische Inseln geflüchtet, wie die syrischen Kriegsflüchtlinge.«

Gerade das liberale Izmir galt Erdoğan-Anhängern als *Giaur*, eine Stadt der Ungläubigen, wie vor 100 Jahren. Für Menschen wie Tanju war diese Schmähung allerdings eher ein Kompliment: »Izmir ist eine freie Stadt, vielleicht die letzte freie Stadt im ganzen Land.«

Es war schon spät, als ich zum Hotel zurücklief, doch der Kordon war noch immer belebt. Mir fiel ein Müllsammler auf, der seinen Karren an der Kaimauer geparkt hatte und eine Pause machte. Er hatte seinen kleinen Sohn dabei, der ihm vielleicht bereits bei der harten Arbeit half. Im Schneidersitz saßen sich Vater und Sohn auf dem Rasen gegenüber und spielten Abklatschen mit den Händen. Dabei stellte sich der Vater bewusst etwas trottelig an, was den Jungen immer wieder hell auflachen ließ. Er kringelte sich buchstäblich vor Lachen. Wie der Kellner, der dem alten Mann die Schnürsenkel gebunden hatte, berührte mich dieser Vater, der seinem Kind voller Liebe zugewandt war und mit dem Spiel einen Kokon um ihn spann, der ihn die ungerechte Welt um sie herum vergessen ließ.

OSMANISCHE KOSMOPOLIS III

Es war ausgerechnet ein Karfreitag, als im Jahre 1907 der deutsche Pastor Otto Stahl in Smyrna eintraf.

Hinter dem jungen Geistlichen lag eine wochenlange Reise über den Balkan, zunächst mit der Eisenbahn von Stuttgart über Belgrad nach Konstantinopel, dann von dort mit dem Dampfschiff weiter nach Smyrna. In seiner Manteltasche trug der 31-Jährige ein Telegramm des Preußischen Oberkirchenrats in Berlin, das ihn zum neuen Pastor der evangelischen Gemeinde von Smyrna ernannte. Als Junggeselle war Otto, ein empfindsamer Mann mit Kaiser-Wilhelm-Bart und Seitenscheitel, für den Posten eigentlich nicht infrage gekommen. In seiner Bewerbung hatte er jedoch angeboten, als Pfarrfrau anstatt einer Ehefrau seine Schwester Emma mitzunehmen, was die Kirchenoberen überzeugte.

Voller Vorfreude auf ihre neuen Aufgaben standen Otto und Emma nun an der Reling, während das Schiff in die Bucht von Smyrna einlief. Die Geschwister waren das gemeinsame Umherziehen gewohnt. Schon als Kinder hatten ihre Eltern sie in mehrere schwäbische Städte mitgenommen, von Horb am Neckar über Aalen nach Stuttgart, wo der Vater als Oberamtmann arbeitete. Später studierte Otto in Tübingen evangelische Theologie und wollte eigentlich eine Laufbahn beim Militär einschlagen, wurde aber wegen eines Herzfehlers ausgemustert. Stattdessen reiste er im Jahre 1900 das erste Mal in den Orient, um als Hilfsprediger an der Erlöserkirche in Jerusalem zu dienen. Die Stelle behielt er vier Jahre, das Leben in der Levante gefiel ihm. Nach Zwischenstationen in London und Bad Cannstatt zog es den abenteuerlustigen Otto wieder ins Morgenland. Das vielgerühmte Smyrna war schon lange sein Traumziel gewesen.

Erwartungsfroh ging Otto mit seiner Schwester von Bord. An der Mole erwartete sie der Direktor der deutschen Schule von Smyrna und brachte sie zum Pfarrhaus in der *Rue des Roses*, der Rosenstraße. Die evangelische Kirche lag gleich um die Ecke, beim Ostergottesdienst stellte ihn der bisherige Pastor als Nachfolger vor. Schon in der ersten Woche kauften sich Otto und Emma neue Möbel, um sich häuslich einzurichten. Dabei halfen ihnen der griechische Hausdiener Georgji und die armenische Dienstbotin Rosa, die Otto mit ihren blonden Haaren und blauen Augen an Mädchen aus seiner Heimat erinnerte. Nach der Abreise des alten Pastors begann die seelsorgerische Arbeit mit ihren sonntäglichen Predigten, den Hochzeiten und Begräbnissen. Während Otto nebenbei Literatur an der deutschen Schule unterrichtete, wirkte Emma in der Kirche als Organistin und unterstützte die Kaiserswerther Diakonissen, die in der Rosenstraße ein Heim für armenische Waisenkinder führten. Bald lernte sie noch andere deutsche Frauen in Smyrna kennen, die in wohlhabenden Familien als Gouvernanten oder Gesellschafterinnen angestellt waren.

Verglichen mit den Franzosen und Engländern in Smyrna war die deutsche Gemeinde der Stadt mit 400 Personen relativ klein, aber wirtschaftlich kaum weniger aktiv. Die meisten waren Kaufleute aus norddeutschen Hansestädten, die Industriewaren aus Deutschland importierten und Feigen ausführten, oder kaufmännische Angestellte in großen europäischen Handelsfirmen. Eine kuriose Gruppe waren die sogenannten Otto-Griechen, deren Vorfahren im Jahre 1832 mit dem bayerischen Prinzen und ersten griechischen König Otto nach Griechenland gekommen und später nach Smyrna gezogen waren, wo bessere Geschäfte als in Athen lockten.

Seit dem Jahre 1889 lief die Deutsche Levante Linie den Hafen von Smyrna an, um vor allem Stahl, aber auch Porzellan, Öllampen und Klaviere zu verschiffen. Bereits ein Jahr später gab es vier deutsche Handelshäuser in Smyrna, bald darauf kam die Deutsche Orient-Bank hinzu. Bis zum Ausbruch des Ersten Weltkriegs sollten sich die deutschen Importe ins Osmanische Reich verzehnfachen. Im Jahre 1892 vereinbarten das deutsche Kaiserreich und die Hohe Pforte, eine Eisenbahnlinie quer durch das Osmanische Reich zu bauen. Die Berlin-Bagdad-Bahn sollte Deutschland mit dem Persischen Golf verbinden. Als Kaiser Wilhelm II. das verbündete Reich im Jahre 1898 besuchte, waren bereits etwa tausend Kilometer Gleise gelegt. Auf seiner Reise von Konstantinopel nach Jerusalem besichtigte der Kaiser auch Smyrna, um wenig später auf einem Bankett in Damaskus zu erklären: »Der Sultan Abdülhamid und die 300 Millionen Muslime, die ihren Kalifen verehren, können sicher sein, dass der deutsche Kaiser immer ihr Freund sein wird.«

Beliebter Treffpunkt der Deutschen war das Café Hoffmann, dessen Kellner deutsch sprachen und wo man deutschsprachige Zeitungen lesen konnte. Ebenfalls direkt am Quai lag das Grand Hôtel Kraemer, das beste Hotel der Stadt, von dem jüdischen Österreicher Arié Kraemer geführt. Dort bekam man, so lobte der *Baedeker*-Reiseführer seinerzeit, zu Sauerbraten eiskaltes Paulaner-Bier aus München serviert. Zudem gab es im Kraemer durchgehend elektrisches Licht, einen Fahrstuhl, hauseigene Dolmetscher für alle europäischen Sprachen und in jedem Zimmer eine Badewanne. Eine weitere gute Adresse war das Grand Hôtel Huck, das einer gewissen Frau Huck aus Berlin gehörte.

»Der Hauptfesttag für uns Deutsche war alljährlich Kaisers Geburtstag«, sollte sich Pastor Otto viele Jahre später in seinen privaten Memoiren erinnern, auf die ich in meinen Recherchen zu Smyrna stieß. »An den Gottesdienst in unserer Kirche schloss sich der große Empfang in dem an beherrschender Stelle auf dem Kai gelegenen Konsulat an.«[15]

Deutscher Generalkonsul zu jener Zeit war Johannes Heinrich Mordtmann, ein in Konstantinopel aufgewachsener Orientalist, der in Ottos Augen »ein etwas schrulliger Mann, aber voll tiefsten Wissens und Erfahrung und vor allem von einem liebevollen, warmen Herzen« war. Auch mit dem konsularischen Dragomanen, dem Dolmetscher, namens Hoffmann, »ein alter Wandervogel voll fröhlichen Humors, in allen Sätteln geschickt«, freundete sich der Pastor an, ebenso mit dem Leiter der Deutschen Post in Smyrna, den er bereits aus Jerusalemer Zeiten kannte. Schon bald begann der weltoffene Schwabe, soziale Kontakte auch außerhalb der deutschen Gemeinde zu pflegen. Besonders die Liebe zur Hausmusik verband den Violinisten mit gleichgesinnten Menschen.

Es gelang ihm, ein Streichquartett zusammenzustellen, dessen Mitglieder verschiedene Konfessionen, nationale Zugehörigkeiten und soziale Stellungen besaßen: Erster Geiger war ein katholischer Musiklehrer namens Maestro Fuesco aus Italien, die Bratsche spielte ein jüdischer Bankbeamter aus Budapest, und als Cellist fungierte Herr Martini, ein griechischer Schneider. »Klavierspielende Damen« aus weiteren Ländern ergänzten das Herren-Quartett: »Wir versammelten uns abwechselnd bei den verschiedenen Teilnehmern, am liebsten aber in unserem Haus, das im ersten Stock in einem großen saalartigen Zimmer einen Musizierraum von beneidenswerter Akustik bot.«

Die internationale Zusammensetzung der Musikgruppe war, anders als auf Ottos Posten in Jerusalem, nicht ungewöhnlich in der Vielvölkerstadt Smyrna. Europäer führten im Osmanischen Reich ein privilegiertes Dasein, denn sie zahlten keine Steuern und unterstanden nur der Gerichtsbarkeit ihrer Konsulate. »Verkehrssprache auf der Straße und in den Geschäften war griechisch, in der Gesellschaft wurde hauptsächlich französisch gesprochen«, erinnerte sich Otto später. »Die eigentlichen Beherrscher des Landes, die Türken, lebten abseits von der eigentlichen Stadt im Türkenviertel am

Abhang des Pagos, spielten aber, abgesehen von Polizei und Verwaltung, in der Öffentlichkeit keine Rolle.«

Zu Beginn des 20. Jahrhunderts bestand das Osmanische Reich seit mehr als 700 Jahren, aber es war schon lange im Niedergang begriffen. Seinen Höhepunkt hatte es mit der Eroberung des Byzantinischen Reichs und der Einnahme von Konstantinopel im Jahre 1453 erreicht. Seit der Niederlage vor Wien im Jahre 1683 befanden sich die Osmanen auf einem stetigen militärisch-machtpolitischen Rückzug, spätestens seit dem 19. Jahrhundert galt der Sultan als der »kranke Mann vom Bosporus«. Sein Reich geriet zunehmend unter den Einfluss der europäischen Großmächte und erwies sich trotz der Bemühungen einiger Großwesire als weitgehend unfähig zu politischen Reformen. Der Staat blieb starr dynastisch und mittelalterlich.

Ideologische Grundlage für die Herrschaft der Sultane war der Islam. Die Osmanen folgten der Hanafi-Schule der Sunni, einer moderaten zentralasiatischen Form des Islam. Christen und Juden galten zwar als Bürger zweiter Klasse, wurden aber geduldet. Viele Sultane hatten sogar christliche Ehefrauen aus Serbien oder Griechenland. Anders als im christlich-inquisitorischen Europa blieb der Staat tolerant bis gleichgültig gegenüber privatem Glauben und seiner öffentlichen Ausübung in Kirchen und Synagogen. Im sogenannten Millet-System galten nicht-muslimische Religionsgemeinschaften als *Dhimmis* (Schutzbefohlene), die sich selbst verwalteten und deren Anführer zugleich Ansprechpartner und Steuereintreiber für den Staat waren. Von dieser osmanischen Ökumene profitierten besonders wohlhabende Griechen und die Orthodoxe Kirche, deren Patriarch weiterhin in Konstantinopel residierte und eng mit den Machthabern kooperierte.

Smyrna war eine Stadt der Derwische, Priester und Rabbis. Wie im mittelalterlichen Sizilien und Andalusien lebten Menschen aller drei großen Religionen im Osmanischen Reich zusammen – was in Europa jenseits des Balkans zu jener Zeit undenkbar war. Auch die

Übergänge zwischen den Religionen waren fließender als anderswo. Die mächtigen Sufi-Brüderschaften wie die Nakschibendi oder der Derwisch-Orden der Bektaschi waren, wie der osmanische Staat an sich, gegenüber dem Christentum relativ tolerant. Der Legende nach war der Ordensgründer Haji Bektasch ein konvertierter Christ und sah den Bektaschismus als Brücke zwischen beiden Religionen. Auch Juden konvertierten zum Islam. Muslimen war es allerdings bei Todesstrafe verboten, eine andere Religion anzunehmen.

Ab dem 19. Jahrhundert gelangten die Ideen der westlichen Aufklärung auch ins Osmanische Reich. Sie führten dazu, dass die Bedeutung der Religionen allmählich abnahm und die Bevölkerung eher in nationale Gruppen unterteilt wurde. Im Jahre 1908 kam es zur Jungtürken-Revolution, deren Anführer eine osmanische Verfassung forderten, um die Macht des Sultans zu beschneiden und alle Bürger gleichzustellen, unabhängig von ihrem Glauben und der ethnischen Herkunft. Die Revolution wurde von den christlichen Volksgruppen enthusiastisch unterstützt, weckte aber zugleich ihre nationalistischen Bestrebungen. Als Reaktion darauf setzten sich auch unter den Jungtürken bald türkische Nationalisten durch. Bei Ausbruch des Ersten Weltkriegs war die osmanische Gesellschaft zwar weiterhin nach Religionen, aber hauptsächlich nach ihren Ethnien und Klassen getrennt.

Zu Beginn des 20. Jahrhunderts kamen in Smyrna auf jeden Muslim zwei Christen, aber die genaue Aufteilung der Volksgruppen war damals wie heute umstritten, da keine verlässlichen Daten einer ethnisch differenzierten Volkszählung vorlagen. Grob gesagt, waren die etwa 300 000 Einwohner im Jahre 1914 mehrheitlich Griechen, gefolgt von Türken, Armeniern, Juden, Europäern und Levantinern. Jede Volksgruppe hatte ihre eigenen Stadtteile: die Türken und Juden am Pagos-Berg, die Griechen im Zentrum und am Ufer, dazwischen die Armenier, in Hafennähe die Europäer und Levantiner. Wie überall im Osmanischen Reich, kontrollierten die Türken das

Militär und die Verwaltung, die Griechen hingegen den Handel und das Bankwesen. Als Handwerker und Kleinhändler verdingten sich die Armenier, während die Juden vom Hafenarbeiter zum Großhändler alle möglichen Berufe ausübten. Internationale Geschäfte machten die Levantiner, die die reichste Gemeinde bildeten.

Hinzu kamen kleinere Gruppen wie die Albaner oder die Tataren und nach der Russischen Revolution von 1917 sicher auch einige Exilanten aus St. Petersburg oder Odessa, die es auf der Flucht vor den Bolschewisten nach Kleinasien verschlagen hatte. Ob russische Aristokraten oder schwäbische Pastoren, was Neuankömmlinge in Smyrna erstaunen musste, wie die französischen Historiker Joseph Michaud und Jean Poujoulat bereits im Jahre 1830 schrieben, war »die Vielfalt der Völker, die dieselbe Stadt bewohnen. Ihre Religion, ihre Sprache, ihre Kleidung, ihre Bräuche, alles ist anders. Jede Volksgruppe hat ihre Feierlichkeiten, ihre Feste und sogar ihren Kalender. (...) Freitags machen die Türken ihre Geschäfte dicht, samstags die Juden ihre, und sonntags sind die Griechen, die Armenier und die Europäer an der Reihe.«[16]

Die beiden Franzosen, die für Recherchen zu den mittelalterlichen Kreuzzügen jahrelang das Osmanische Reich bereisten, vermieden es allerdings, die multiethnische Koexistenz in der Stadt zu idealisieren. Sie funktioniere vielmehr, so schrieben sie lange vor dem Aufkommen nationalistischer Konflikte in Smyrna, fast ausschließlich zu kommerziellen Zwecken: »Alle diese Volksgruppen vereinen sich niemals zu irgendeinem Anlass, nur auf dem Basar finden sie zusammen. Die Liebe zum Geld oder die Liebe zum Gewinn ist die einzige gemeinsame Bande, das einzige Gefühl, das sie einander näherbringt.«[17]

Einige Jahre später schickte Poujoulat seinen jüngeren Bruder Baptistin in den Orient, um weitere Details zu den Kreuzzügen zu recherchieren. Er stellte fest, dass Smyrna zu jener Zeit nur zwei gepflasterte Straßen hatte: die Rue des Roses, an der später Otto und Emma leben sollten, und die Rue des Francs, wo die meisten Europäer wohnten, die im Orient seit den Kreuzzügen als Franken bezeichnet wurden. Ansonsten sah Poujoulat nur dunkle, enge Gassen voller Kamele, Hunde, Packesel sowie Menschen aller Provenienz: »Die Bevölkerung, die sich in dieser Art Labyrinth bewegt, bietet einen kuriosen und bizarren Anblick. Jede Volksgruppe erscheint dort mit dem Gebaren und der Kleidung, die ihr eigen ist: Der Türke trägt grüne oder weiße Turbane, in sein wehendes Gewand gehüllt, langsam und ehrwürdig gehend; der Grieche mit seinem roten Käppchen mit einer Troddel aus blauer Seide, die Taille schlank und der Gesichtsausdruck spirituell und mobil; der Armenier ganz in schwarz gekleidet; der Jude armselig und zerlumpt, und der Europäer, der seine Gewohnheiten behält inmitten dieser Melange von Menschen, die in ihren Bräuchen und Ansichten derart gegensätzlich sind.«[18]

Anders als in den Reiseberichten über Chios, die ich in der Inselbibliothek gefunden hatte, ließen sich nicht einmal die Franzosen unter den Smyrna-Besuchern zu jener Zeit über die weiblichen Bewohnerinnen der Stadt aus. Dies mochte daran liegen, dass Frauen auf den Straßen von Smyrna insgesamt weniger präsent waren als auf Chios. Nur die Europäerinnen und Griechinnen zeigten sich mit freiem Gesicht, während die Jüdinnen und Armenierinnen zur Hälfte und die Türkinnen ganz verschleiert waren. Besonders die muslimischen Frauen verließen selten ihre Häuser. Von ihnen erhaschten europäische Besucher, wenn sie überhaupt ins türkische Viertel gingen, höchstens mal einen Blick durch vergitterte Fenster.

Auch ich schaute gerade durch ein solches Fenster, allerdings von innen nach außen. Wieder saß ich in einer Bibliothek, von Büchern umgeben. Mir schwirrte etwas der Kopf, ich brauchte eine Pause.

Auf der Suche nach Material über das alte Smyrna hatte ich zunächst online geforscht, doch für Recherchezwecke war das Internet in der Türkei nur begrenzt nutzbar, denn das Erdoğan-Regime ließ informative Webseiten seit Jahren sperren. Betroffen waren auch Google-Dienste und Wikipedia, was damit begründet wurde, dass einige Autoren der Seite »Terror unterstützen« würden. Tatsächlich waren es wohl eher regimekritische Inhalte, die den staatlichen Zensoren nicht gefielen. Dass die Regierung nur aufgrund einiger ärgerlicher Artikel allen türkischen Bürgern die Bildungsmöglichkeiten bei Wikipedia verwehrte, fand ich einfach unglaublich. Wäre dies in Europa jemals denkbar? Gewiefte Türken kannten natürlich Wege, die Sperren über ausländische Server zu umgehen, aber die Zensoren lieferten sich ein Katz-und-Maus-Spiel mit ihnen. Da wollte ich nicht einsteigen, zumal ich das Wissen, das ich über Smyrna suchte, vermutlich noch immer eher in Büchern als im Internet finden würde.

So hatte ich die städtische und die universitäre Bibliothek aufgesucht, doch in ihren Beständen gab es nur wenige Werke in den Sprachen, die ich beherrschte. Ich versuchte es im Goethe-Institut, in dessen Bücherei allerdings vor allem Lesematerial über Deutschland zu finden war. Auf einem Regal standen die gesammelten Romane von Heinz Konsalik. Mehr Glück hatte ich im Institut français, das über eine exzellente kleine Bibliothek verfügte. Sie enthielt viele Sachbücher über Smyrna, die zumeist in französischer Sprache geschrieben waren. Allein hierin zeigte sich, dass Frankreich schon immer besonders eng mit der Stadt verbunden war. Das Institut war in einer prächtigen Villa, der ehemaligen Residenz des französischen Konsuls, untergebracht. Wie ich inzwischen erfahren hatte, waren Konsulat und Residenz nach dem Feuer von 1922 originalgetreu wiederaufgebaut worden. Das Institut lag idealerweise gegenüber vom Izmir Palas Hotel und direkt neben dem La Cigale, einem französischen Restaurant, das Quiche Lorraine und Coq au Vin zum Lunch anbot – in diesem kultivierten Dreieck würde ich in den kommenden Wochen wohl viel Zeit verbringen.

Es war Zeit für einen kleinen Gang. Nach so vielen Informationen über die verschiedenen Gemeinden von Smyrna wollte ich wissen, was von den fast 50 christlichen Kirchen übrig geblieben war, die es einst in dieser Stadt gegeben hatte. Das Institut befand sich mitten in der damaligen Feuerzone, nur wenige Häuserblöcke von dem großen Park entfernt, der vom Pagos-Berg aus wie ein Brandloch ausgesehen hatte. Das Viertel war heute eine der besten Wohngegenden der Stadt. Es strahlte den entspannten Charme eines Ferienorts aus, mit baumbestandenen Straßen, modernen Etagenhäusern und Boutiquen, die sich nur wenige Türken leisten konnten. Inmitten all dieser modernen Gebäude versuchte ich die Kirchen zu finden, die hier schon vor hundert Jahren gestanden hatten.

Ich hatte mir eine alte Karte der Stadt besorgt, auf der ihre Lage eingezeichnet war, aber es war schwierig, mich zu orientieren. Die neuen Straßen verliefen nicht mehr dort, wo ihre Vorgängerinnen gewesen waren. Wo vorher ein spätmittelalterliches Gassengewirr geherrscht hatte, waren die Straßen nun gerade und rechtwinklig. Auch ihre Namen waren neu, oder sie waren einfach nur nummeriert. Wo verlief heute die Rue des Francs, an der die großen Geschäfte gelegen hatten, wo die Rue des Roses, wo das Pfarrhaus von Pastor Stahl gewesen war? Es gab keinerlei Orientierungspunkte, nicht ein altes Gebäude stand hier noch.

Erst nach einer Stunde des Umherirrens entdeckte ich fast zufällig die katholische Kathedrale St. Johannes. Vielmehr erspähte ich das kleine Kreuz auf dem turmlosen Giebel, denn die Kirche lag hinter einer hohen Mauer verborgen, die zudem mit Stacheldraht bewehrt war. Durch eine kleine Tür gelangte ich auf den Kirchhof und zu der Basilika, einem neoklassizistischen Bau aus dem späten 19. Jahrhundert. Davor stand eine Statue des Evangelisten Johannes, der in der neutestamentarlichen Offenbarung eigens die antike Urchristengemeinde von Smyrna genannt hatte. Izmir war noch heute offiziell Sitz eines katholischen Erzbischofs.

Aus einem Holzhäuschen kam ein Wachmann, ließ sich meinen Ausweis zeigen und wies mir den Weg ins kürzlich restaurierte Innere der Kirche. Sie war hell und in nüchternem Neobarock eingerichtet. Aus der Zeit vor dem Brand stammten einige alte Gemälde vom Kreuzgang Jesu, die französische Inschriften trugen. Auch ein buntes Kirchenfenster aus dem Jahre 1901, das der reiche levantinische Kaufmann Paul Gaudin damals spendiert hatte, war noch erhalten. Neueren Datums waren die hölzernen Kirchenbänke und ein Porträt von Papst Johannes Paul II.

Ein Mann begrüßte mich, der sich als Vikar Mesut Domenico vorstellte. Er war türkischer Katholik mit familiären Wurzeln in Mosul, das nach Ende des Osmanischen Reichs dem neuen irakischen Staat zugeschlagen wurde und seit langem von einer christlichen Minderheit bewohnt war. Der 40-Jährige war in Izmir aufgewachsen und hatte Theologie in Rom studiert. Er berichtete, dass die Kathedrale nach dem Brand von 1922 bereits unter Atatürk wiederaufgebaut worden war, auch um gegenüber dem christlichen Europa religiöse Toleranz zu demonstrieren. Damals habe die Gemeinde mehrheitlich aus Franzosen und Italienern bestanden, die später durch ausländische Soldaten des nahegelegenen NATO-Stützpunkts ersetzt wurden.

»Und heute?«, fragte ich.

»Viele sind wir nicht«, antwortete Domenico. »Ein paar Italiener, einige Türken, zwei philippinische Kindermädchen, das war es eigentlich.«

»Und was ist mit den Mauern und dem Stacheldraht?«

»Das hat die Regierung veranlasst, zum Schutz gegen Einbrecher.«

»Einbrecher?«

»Naja, eher islamistische Terroristen. Oder auch ganz normale Muslime, die etwas gegen Christen haben – davon gibt es im Moment ja sehr viele.«

Auch die nahegelegenen katholischen Kirchen St. Polykarp und

Santa Anna, die ich in den folgenden Tagen besichtigen wollte, verbargen sich hinter stacheldrahtbewehrten Mauern. Die Religionsfreiheit bestand in der von Erdoğans AKP dominierten Türkei zwar offiziell fort, doch das Klima für Christen hatte sich merklich verschlechtert. Wenige Monate nach dem Putsch im Juli 2016 wurde in Izmir ein amerikanischer Pastor einer evangelikalen Gemeinde verhaftet, nachdem er Bibeln an Straßenpassanten verteilt hatte. Die Justiz warf dem US-Bürger, der seit Jahren in der Türkei lebte, Spionage und Unterstützung von Terroristen vor. Vergeblich versuchte das Erdoğan-Regime, den Pastor gegen den in den USA lebenden Geistlichen Fethullah Gülen auszutauschen, den man hinter dem Putsch vermutete. Erst nachdem US-Präsident Trump der Türkei mit einem Wirtschaftskrieg gedroht und die türkische Lira zum Absturz gebracht hatte, wurde der Pastor im Oktober 2018 wieder freigelassen und kehrte in die USA zurück.

Immerhin standen die katholischen Kirchen noch. Die orthodoxen Gotteshäuser wurden 1922 fast alle niedergebrannt oder danach abgerissen. Eine Ausnahme war die Kirche St. Voukolos nahe dem Basmane-Bahnhof, die ich bereits auf meinem Weg auf den Pagos-Berg gesehen hatte. Im Jahre 1886 von orthodoxen Armeniern erbaut, hatte das Gotteshaus nach dem Brand lange Zeit als Lagerhalle gedient und wurde seit einer Renovierung für kulturelle Veranstaltungen genutzt. Bedeutender war die Agia Fotini gewesen, die große Kathedrale der griechischen Gemeinde aus dem 17. Jahrhundert, deren verkohlte Überreste in den 1920er Jahren komplett abgetragen wurden. Später bauten griechische Smyrna-Flüchtlinge die Kirche in ihrem Athener Stadtteil Nea Smyrni originalgetreu nach und ließen sogar die vor dem Feuer gerettete Ikonostasis aus der Türkei überführen.

Heute versammelten sich die wenigen in Izmir verbliebenen Orthodoxen in der ehemaligen Kirche der holländisch-calvinistischen Gemeinde, die gleich um die Ecke von der katholischen Kathedrale stand. Nach kurzem Suchen inmitten moderner Apartmentblöcke fand ich das hübsche Gebäude, das eher einer Kapelle glich. Amsterdamer Kaufleute hatten die Kirche im Jahre 1793 erbaut. Sie war von einem kleinen, leicht verwilderten Friedhof umgeben. Es war ein stiller romantischer Ort. Eigentümer ist noch heute der niederländische Staat, der das Gotteshaus auf 100 Jahre an die Griechisch-Orthodoxen vermietet hatte. Die neue Agia Fotini war ein Kirchenasyl der anderen Art. In das Kreuz über dem Gittertor hatte man den orthodoxen Diagonalbalken geschweißt, dahinter erinnerten marmorne Plaketten an lange verstorbene holländische Konsuln. Das Kircheninnere war eine kuriose Mischung aus calvinistischer Nüchternheit und orthodoxer Pracht: An den weißgetünchten Wänden hingen nun byzantinische Doppeladler und Heiligenbilder, in den Altarraum war eine Ikonostasis gezimmert worden.

Ein Mann, der ganz in Schwarz gekleidet war, trat auf mich zu. Er war ein Grieche, dessen Familie nach dem Brand von 1922 auf eine türkische Insel bei Istanbul geflüchtet und später nach Izmir zurückgekehrt war. Heute bestand die orthodoxe Gemeinde in Izmir aus nur noch etwa zwanzig Personen, von denen die meisten am griechischen Konsulat arbeiteten. »Hinzu kommen einige Russen«, ergänzte der Mann, resigniert lächelnd. Er wirkte merkwürdig aus der Zeit gefallen, zurückgelassen. Seine Augen leuchteten erst auf, als er mir auf seinem Handy ein kurzes Video vom Besuch einiger Bischöfe aus Athen zeigte, die eine Knochenreliquie eines orthodoxen Heiligen überbracht hatten. »Für die Übergabe ist sogar Patriarch Bartholomäus aus Istanbul angereist«, erzählte er. Die Feier zog so viele Menschen an, dass sie von der kleinen Agia Fotini in die ehemalige Kirche St. Voukolos verlegt werden musste, wo sie von türkischen Sicherheitskräften streng überwacht wurde. »Für Christen gibt es immer wieder Probleme hier«, sagte der Grieche. »Man braucht Mut, um zu einem Gottesdienst zu kommen.«

Nach der Kirche sah ich mir den alten Friedhof an. Keines der

Gräber trug eine kyrillische Inschrift – vermutlich wollten die Gemeindemitglieder ihre letzte Ruhe lieber in Griechenland oder Russland finden. Die meisten Grabsteine stammten aus dem 19. Jahrhundert, waren zerbrochen oder überwachsen und gedachten zu meiner Überraschung nicht nur verstorbener Holländer, sondern auch diverser anderer Europäer. Neben einem englischen Pastorensohn lag ein deutscher Aristokrat, auf dessen Stein es hieß: »Hier ruhet bis zu seiner seligen Auferstehung Herr Bogdan Graf Reichenbach-Goschütz«. Ein Gutsbesitzer aus altem schlesischem Adel, im Jahre 1827 bei Kattowitz geboren und vierzig Jahre später in Smyrna gestorben – was diesen Herrn wohl damals in die Ägäis verschlagen hatte?

Der romantische Friedhof war ein Abbild des kosmopolitischen Smyrna von einst. Selbst einige calvinistische Schweizer lagen hier begraben, darunter ein gewisser Carlo Benvenuto Freytag, der als 20-Jähriger nur fünf Tage nach seiner Ankunft in Smyrna gestorben war, wie die Grabinschrift vermerkte. »Ein anständiger Kaufmann«, pries ein anderer Stein den Zürcher Jacob Cramer, der bis zum Jahre 1876 in Smyrna gelebt hatte. Besonders erstaunte mich das Grab eines offenbar jüdischen Händlers namens Isaac Keun, dessen Mutter Sarah ihn im Jahre 1782 in Smyrna zur Welt gebracht hatte. Hatte sich Isaac etwa mit den Rabbinern überworfen und war vom sinnlichen Judaismus zum verkopften Calvinismus konvertiert? Spirituell war kaum ein weiterer Sprung denkbar, aber vielleicht war im fluiden Smyrna selbst dies möglich.

Fasziniert und voller Fragen ging ich nach dieser kleinen Kirchentour zurück in die Bibliothek des Instituts, wo ich mich wieder den Büchern über das alte Smyrna widmete – und seinen einstigen Bewohnern.

Eine aufschlussreiche Quelle über das ethnische Mosaik der Stadt war ein Werk, das der österreichische Generalkonsul Karl von Scherzer im Jahre 1873 veröffentlicht hatte. Damals blickte der Diplomat aus Wien bereits auf ein abenteuerliches Leben als Entdecker zurück. Er hatte auf einer naturwissenschaftlichen Expedition die Welt umsegelt und dabei aus den Anden so zahlreiche Coca-Blätter nach Wien zurückgebracht, dass daraus erstmalig Kokain gewonnen werden konnte. Für diese Verdienste wurde der bürgerliche Scherzer zum Ritter geschlagen und mit dem diplomatischen Posten in Smyrna belohnt. Während seiner Amtszeit, so schätzte er, lebten etwa 155 000 Menschen in der Stadt. Diese Zahl setzte sich aus 75 000 Griechen, 45 000 Türken, 15 000 Juden, 10 000 Europäern, 6000 Armeniern und 4000 anderen Ausländern zusammen. Wie in so vielen Städten jener Zeit, sollte sich die Bevölkerung von Smyrna bis zum Ersten Weltkrieg rasant verdoppeln. Der erzkatholische und antisemitische Scherzer war mit der Annahme nach Smyrna gekommen, dass die muslimischen Herrscher andere Religionen unterdrücken würden, doch er revidierte sein Urteil schon bald: »Die Türken sind ehrlich, gut, offenherzig und gastfreundlich; was die Religion angeht, so sind sie, anders als ihr Ruf, die tolerantesten Menschen des Orients.«[19]

In geschäftlichen Dingen hingegen waren die Türken laut Scherzer wenig erfolgreich. Schon aus islamischer Abneigung gegenüber dem Handel waren viele von ihnen entweder hohe Funktionäre in Staat und Armee oder einfache Arbeiter und Handwerker wie Färber oder Steinmetze. Als einzige Volksgruppe mussten die Türken einen Militärdienst leisten, von dem alle Nicht-Muslime ausgenommen waren. Eine türkische Mittelschicht aus kleinen Kaufleuten und Lehrern existierte kaum. Es gab allerdings auch einige wohlhabende Landbesitzer und Betreiber von Tabakfabriken wie etwa Muammer Uşaklıgil, der zudem mehrere Teppich-Manufakturen und 2000 Kamele besaß. Wie viele reiche Smyrnioten, lebte er mit seiner Familie im neuen Stadtviertel Göztepe, wo er eine prächtige Villa mit Blick aufs Meer erbaut hatte, die in der Tragödie von Smyrna noch eine zentrale Rolle spielen sollte.

Den Hauptgrund für den kommerziellen Misserfolg vieler Türken sah Scherzer in einem Mangel an Sprachbegabung: »Im Allgemeinen sprechen die Türken nur ihre eigene Sprache, während die anderen Volksgruppen des Osmanischen Reichs mindestens zwei sprechen. (…) Deswegen sind sie so schlechte Geschäftsleute. Der gesamte Handel der Provinz, besonders der Großhandel, liegt in den Händen der anderen Volksgruppen.«[20]

Ganz anders beschrieb Scherzer die Griechen in Smyrna. Sie waren bekannt für ihre laute Fröhlichkeit und großen Feste, bei denen sich religiöse mit nationalen Anlässen mischten. Griechen stellten die meisten Händler, waren Ärzte, Anwälte, Banker und Buchhalter. Griechisch war die Lingua Franca in allen Geschäften, es gab aber auch griechische Mechaniker und Barbiere. Einige griechische Smyrnioten hatten es zu großem Wohlstand gebracht, wie die Familie Onassis, die damals noch Onassoglou hieß und aus der später der berühmte Reeder hervorgehen sollte. »Die Griechen sind betriebsam, Tag und Nacht mit ihren Geschäften befasst. Sie sind hervorragende Händler, mutige und erprobte Seeleute, eifrige Bauern, schlaue Arbeiter, die es verstehen, das Werk anderer zu imitieren, und schnell und gut lernen. Sie haben die besten Schulen und können fast alle lesen und schreiben.«[21]

Die meisten Griechen in Smyrna waren keine Nachfahren der antiken griechischen Gemeinden Kleinasiens, die nach Ende des Byzantinischen Reichs immer türkischere Züge angenommen hatten, sondern wanderten erst im 19. Jahrhundert aus dem ägäischen Raum ein. Darin unterschieden sie sich von den Pontosgriechen am Schwarzen Meer, die tatsächlich auf eine kontinuierliche Besiedlung seit der Antike zurückblickten. Jene sprachen sogar noch einen altertümlich byzantinischen Dialekt, während die Sprache der griechischen Smyrnioten eher dem ägäischen Archipel-Dialekt glich. Sie waren überwiegend Wirtschaftsmigranten, die dem Chaos im verarmten Königreich Griechenland entfliehen wollten. Dies war nicht ungewöhnlich für Griechen, die schon immer sehr flexibel gewesen waren, um mit hohen Geburtenraten und kargen Böden klarzukommen. Die griechischen Rückkehrer nach Kleinasien waren somit keine osmanischen Untertanen (*Rumi*), sondern Hellenen (*Yunan*), deren Loyalität eher dem griechischen Herkunftsland als dem Gastland galt.

Eine kleine, aber wirtschaftlich sehr dynamische Volksgruppe in Smyrna waren die Armenier, die seit dem 18. Jahrhundert aus dem Osten zugewandert waren. Besonders nach den anti-armenischen Massakern der Jahre 1894–96 und 1909 kamen viele Armenier als Flüchtlinge in die als sicher geltende Stadt, die die Armenier wie die Türken Izmir nannten. Aufgrund des Völkermords während des Ersten Weltkriegs sollte ihre Zahl bis zum Jahre 1922 auf fast 30 000 steigen. Das armenische Viertel mit seinen engen Gassen lag dort, wo bis ins 19. Jahrhundert die Kamelkarawanen aus Persien ankamen, mit denen armenische Händler kostbare persische Seide nach Smyrna bringen und von dort verschiffen ließen.

Dank ihrer weltweiten Diaspora waren die Armenier gut mit den Märkten in Indien, Nordafrika und Europa vernetzt. Wer nicht im Handel arbeitete, wurde Anwalt, Apotheker oder Arzt. Spezielle Handwerker wie Uhrmacher und Modeschneider waren oft Armenier, ebenso die Dolmetscher in den Konsulaten, da sie türkisch sprachen. Auch die Druckereien, in denen die Zeitungen der Stadt produziert wurden, waren in armenischer Hand. Die Armenier waren keine geeinte Gemeinde, sondern hatten unterschiedliche Glaubensrichtungen. Die meisten gehörten zur orthodoxen Kirche, aber es gab auch katholische Armenier, die Persaner genannt wurden und in Smyrna die Nähe zu Franzosen und Österreichern suchten. Sie beherrschten das Spiel der multiplen Identitäten und wussten bündnisförderlich in levantinische Familien einzuheiraten, um somit trotz wachsamer Konsuln europäische Pässe zu erhalten – wie etwa die armenische Familie Balladur, deren berühmtester Sohn Édouard später französischer Politiker wurde.

Eine weitere polyglotte Volksgruppe Smyrnas waren die sephardischen Juden, die oft als Tuchhändler oder Schneider arbeiteten. Ihre Vorfahren waren nach der Vertreibung aus Spanien und Portugal im frühen 16. Jahrhundert ins tolerante Osmanische Reich eingewandert, wo sie dank ihrer beruflichen Fähigkeiten freundliche Aufnahme fanden. Anders als in Europa mussten Juden nicht in Ghettos ziehen, sondern gründeten, von den Sultanen für ihre wirtschaftliche Dynamik geschätzt, viele prosperierende Gemeinden auf dem Balkan und in Kleinasien, von denen Smyrna nach Salonica und Konstantinopel zu den wichtigsten gehörte. Vier Jahrhunderte später pflegten die Sepharden noch immer eine iberisch geprägte Kultur und sprachen neben den lokalen Idiomen nach wie vor den spanischen Ladino-Dialekt. Moderne Juden lernten zudem Französisch und schickten ihre Kinder auf die Schulen der liberal-säkularen Alliance Israélite Universelle. Der Zionismus war in Smyrna nie stark verbreitet, schon aus Dankbarkeit gegenüber den Osmanen, die ihre Vorfahren aufgenommen und ihnen erlaubt hatten, ihre Bräuche und Sprache zu erhalten. Traditionell standen die Juden über den konkurrierenden Nationalismen in der Stadt, wenngleich sie eher mit den Türken als mit den oft antisemitischen Griechen sympathisierten.

Eines hatten sämtliche Volksgruppen in Smyrna gemein: Alle waren sie in den vorausgegangenen Jahrhunderten von anderswo in die Stadt eingewandert. Es gab keine Ureinwohner von Smyrna, auch keine post-antiken Griechen. Selbst die nomadischen Turkvölker, die später Türken genannt werden sollten, hatten erst mit der Eroberung des Byzantinischen Reichs durch die Seldschuken und die Osmanen ab dem 11. Jahrhundert die ägäische Küste erreicht. Smyrna war eine Stadt der Einwanderer.

Bei aller ethnischen und kulturellen Vielfalt war das Zusammenleben in Smyrna mitnichten immer harmonisch. Besonders in der Osterzeit kam es oft zu pogromartigen Übergriffen griechischer

Christen auf das jüdische Viertel, die durch Vorwürfe rituellen Kindermords ausgelöst wurden, wie etwa im Frühjahr 1901, nachdem ein zehnjähriger griechischer Junge beim Spielen verschwunden war. Daraufhin stürmten türkische Mobs die griechischen Viertel, um ihre jüdischen Nachbarn zu rächen. Mit Kirchglockengeläut und Hetzreden von Minaretten aus stachelten Muezzins und orthodoxe Priester die Gruppen gegeneinander auf, bis die osmanische Polizei einschritt und die Gewalt unterband. Anfang des 20. Jahrhunderts begann zudem der moderne Antisemitismus nach Kleinasien überzuschwappen, auch durch Europäer wie Konsul Scherzer, die oft verächtlich über die Juden der Stadt schrieben.

Smyrna war kein ethnischer Schmelztiegel. Gemischte Ehen gab es nur unter den Christen, vor allem mit Europäern, aber fast nie zwischen Muslimen und Christen. Die Beziehungen der Smyrnioten untereinander waren hauptsächlich professioneller Natur. Man arbeitete und betrieb Handel miteinander, aber man lebte eher nebeneinander als zusammen.

Jede Ethnie hatte nicht nur ihre eigenen Gotteshäuser, sondern auch ihr jeweils eigenes Krankenhaus und ihre Schulen. Dies galt selbst für die einzelnen europäischen Nationen. So gab es französische, englische und sogar österreichisch-ungarische Hospitäler und Schulen mit klar getrennten Zuständigkeiten. Einige Juden und westlich orientierte Griechen schickten ihre Kinder auch auf europäische Schulen. Nur unter den Reichen der Stadt, die sich beim Segeln oder auf der Jagd in den Edelvororten Bornova oder Cordelio trafen, lösten sich ethnisch-kulturelle Gegensätze auf. Die meisten von ihnen gehörten zur Gemeinde der Levantiner.

Diese Europäer waren keine von ihren Ursprungsländern entsandten Kolonialisten, sondern meist beruflich motivierte Siedler und Auswanderer, die sich in ihrer Lebensweise inzwischen der orientalischen Kultur angepasst hatten. Die ältesten Familien waren genuesische und venezianische Kaufleute, die oft über Konstantinopel oder Chios nach Smyrna gekommen waren, gefolgt von Franzosen, Holländern und später Engländern. Die bekanntesten levantinischen Familien hießen Aliotti, d'Andria, Baltazzi, Marcopoli, Giraud, Paterson, Forbes und Whittal. Viele waren Händler und exportierten Feigen, Oliven, Baumwolle, Tabak, Wein, Opium und Aprikosen. Sie profitierten von speziellen Handelsprivilegien und Steuerfreiheiten, den sogenannten »Kapitulationen«, die der osmanische Staat den Europäern eingeräumt hatte.

Vor allem die Levantiner machten Smyrna zu einer westlichen Stadt in der orientalischen Welt, doch zugleich heirateten sie, oft geschäftsfördernd, in griechische und armenische Familien ein. Der Levantiner war der Inbegriff der kosmopolitischen Synthese multipler Kulturen, was ihn zu einem Prototypen der heute so zahlreichen Menschen mit gemischten Wurzeln und Identitäten machte. Vor den nationalistischen Säuberungen des 20. Jahrhunderts gab es viele kosmopolitische Städte auf der Welt, doch nirgendwo vermischten sich die Bewohner so stark wie die Levantiner, die sich in Smyrna niedergelassen hatten. Sie faszinierten mich am meisten.

Wie aber sollte man heute über das alte Smyrna und seine Bewohner schreiben? Wie stellte man es an, jene lange verschwundene Stadt auf dem Papier wieder zum Leben zu erwecken? Antworten auf diese Fragen erhoffte ich mir von einem Krimiautor, mit dem ich mich für den Abend verabredet hatte: Suphi Varim. Er war einer der bekanntesten Schriftsteller von Izmir, dessen Werke in der gesamten Türkei gelesen wurden. Anders als die meisten türkischen Bücher waren sie allerdings nicht in Istanbul angesiedelt, sondern in Izmir. Genauer gesagt: im alten Smyrna, bevor es abbrannte. Besonders erfolgreich war seine Sokrates-Krimireihe, die im europäisch-levantinischen Stadtmilieu vor dem Ersten Weltkrieg spielte und deren Held ein griechisch-smyrniotischer Mordkommissar war. Dieser Stoff war eine gewagte Wahl in der heutigen Türkei, wo die Existenz der osmanischen Griechen so beharrlich totgeschwiegen wurde, dass sie inzwischen kaum noch bekannt war. Ich fragte mich, warum sich Varim für jene Epoche entschieden hatte.

»Für einen Krimi braucht man einen guten Mord«, sagte der 60-Jährige, ein schmaler Mann mit Lederjacke, nachdem wir uns im Cigale getroffen und eine Flasche Rotwein bestellt hatten. »Türken sind leider eher langweilige Mörder. Sie töten im Affekt, aus Leidenschaft oder Zorn. Dann gehen sie zur Polizei und stellen sich. Um ihre Ehre zu wahren, versuchen sie gar nicht erst, ihr Verbrechen zu vertuschen, sondern wandern lieber gleich ins Gefängnis. Die Zeitungen sind voll von solchen Tätern, aber damit können Sie keinen spannenden Krimi schreiben.« Wie um seine Worte eine Weile wirken zu lassen, nahm Varim einen Schluck Rotwein, steckte sich eine Zigarette an und inhalierte genüsslich. Er nahm seine Brille ab und sah sich im Lokal um, wie auf der Suche nach interessanten Figuren. Sein Blick blieb an einem Tisch hängen, um den sich die französischen Mitarbeiter des Instituts auf ein Feierabendgetränk versammelt hatten.

»Europäische Mörder sind ganz anders«, sprach Varim, wie zu sich selbst, die Franzosen fixierend. Sie würden ihre Tat gründlich planen, führten sie gewissenhaft aus und täten auch danach alles, um nicht erwischt zu werden. Engländer oder Franzosen würden nur selten aus Leidenschaft töten, ihre Motive seien psychologisch komplex und interessant. »Und nur ein griechischer Kommissar kann sie annähernd verstehen«, fuhr Varim fort. »Türkische Polizisten sind damit geistig wie moralisch überfordert.« Selbst Kommissar Sokrates benötige oft die Hilfe von Privatdetektiven, natürlich englische Aristokraten, die in Oxford studiert hatten und dann auf die schiefe Bahn geraten waren. »Das ist dann der Stoff für ein gutes Buch.«

Der Sinn für das Andere ergab sich bereits aus Varims Biographie: Seine Großeltern stammten aus entlegenen Ecken des Osmanischen Reichs – aus Bosnien, Rhodos und von der Krim – und waren erst Anfang des 20. Jahrhunderts nach Izmir gekommen. Die Familie wohnte in einem Haus nahe dem Konak-Platz, in dem einst Griechen gelebt hatten. Während sein Vater als wohlhabender Plastikfabrikant ganz Europa bereiste, promovierte Varim als Ökonom und lebte einige Jahre in Hamburg und Frankfurt. Auch ideologische Widersprüche gab es bei Varim, die sich nur die türkische Oberschicht erlauben konnte: Obwohl er seit Jahrzehnten aktives Mitglied der Kommunistischen Partei war, hatte Varim zugleich als Generalsekretär der Izmirer Handelskammer fungiert, bevor er sich dem Schreiben widmete. Mit dem milden Gesichtsausdruck eines Mannes, der nichts mehr beweisen musste, zündete sich Varim eine weitere Zigarette an und bestellte zum Rotwein noch einen Kaffee.

Inzwischen waren seine Krimis so populär, dass sie sogar in Griechenland verlegt wurden. Die griechischen Leser konnten sich mit Kommissar Sokrates identifizieren und interessierten sich für das alte Smyrna. So war es auch Varim ergangen, als er für sein erstes Buch zu recherchieren begann, auf dem Basar alte Postkarten kaufte und im Internet nach griechischen und armenischen Familienmemoiren aus Smyrna suchte. Auch in seinen eigenen Kindheitserinnerungen wurde er fündig: »Als ich in den 1960er Jahren in Izmir aufwuchs, konnte man auf den Straßen noch mehrere Sprachen hören: Englisch von den hiergebliebenen Europäern und Ladino von den Juden, sogar Griechisch von alten Griechen, die mit Levantinern verheiratet waren. Als Kind bin ich zu Hochzeiten in Kirchen und Synagogen gewesen, viele meiner Spielkameraden waren christlich und jüdisch.«

Seine Romanfiguren schuf Varim aus der Erinnerung an seine Kindheitsfreunde, bevor sie nach Europa oder Israel ausgewandert waren. Inzwischen waren die letzten kosmopolitischen Kontinuitäten zwischen den beiden Städten Smyrna und Izmir zerbrochen, beklagte Varim: »Das Bunte fehlt mir heute, jetzt ist die Stadt nur noch türkisch – darum wollte ich das alte Smyrna wieder auferstehen lassen. Die Griechen, Armenier und Levantiner haben die Identität der Stadt geprägt. Deswegen sind wir Izmirer noch heute anders als die übrigen Türken.«

So schrieb Varim seine Krimis auch als Geschichtsbücher, in denen Leser viel über die multiethnische Vergangenheit der Stadt erfahren konnten. Auf seinen Lesungen zeigten sich einige Leute überrascht darüber, welcher Wohlstand in Smyrna vor dem Ersten Weltkrieg geherrscht habe. »Andere wundern sich über die in den Büchern beschriebenen Handküsse«, berichtete der Krimiautor, denn unter Türken wurde die Hand zum Gruß traditionell an die Stirn geführt. »Viele meiner Leser können auch nicht glauben, dass es in Smyrna damals so viele Armenier gegeben hat«, fuhr Varim fort, der in seinen Büchern mehrmals den lange verdrängten Genozid an den Armeniern von 1915 behandelt hat. Mit dem Thema habe er sich selbst erst befasst, nachdem ihm ein Hamburger Taxifahrer »Die vierzig Tage von Musa Dagh« von Franz Werfel empfohlen hatte. »Viele historische Ereignisse sind bis heute nicht Teil unserer offiziellen Geschichte.«

Auch über den großen Brand von Smyrna schrieb Varim in seinen Büchern, ohne sich allerdings der Schulbuch-Version anzuschließen, dass die Griechen das Feuer gelegt hätten. Dafür habe er bereits viel Kritik geerntet und sei im Internet als griechischer Propagandist bezeichnet worden. Seine Gegner tat Varim als »anatolische Zugezogene« ab, doch zugleich hütete er sich davor, in unserem Gespräch das Feuer-Thema von 1922 weiter zu vertiefen. Da gebe es viele widersprüchliche Quellen, sagte er ausweichend. »Wer damals für den Brand verantwortlich war, ist bis heute eine sehr gefährliche Frage – daran kann man sich buchstäblich die Finger verbrennen.«

Wir tranken noch eine zweite Flasche Rotwein, doch ich konnte Varims Worte nicht vergessen. Sie klangen wie eine Warnung.

IV FLUIDE LEVANTE

Eines Morgens ging ich zum *Kemeraltı*, dem Basarviertel von Izmir.

Es war der Teil der Stadt, in dem schon immer Türken gelebt hatten und der im Brand von 1922 unzerstört geblieben war.

Am Eingang zum Basar stieß ich auf eine archäologische Ausgrabungsstätte, wo die Agora, der antike Marktplatz von Smyrna, freigelegt worden war. Durch den Metallzaun sah ich marmorne Säulen und Statuen von Poseidon und Demeter, dem Gott des Meeres und der Erntegöttin, die über den wichtigen Seehandel und die Landwirtschaft gewacht hatten. Doch die hellenischen Trümmer interessierten mich wenig. Dies war nicht das Smyrna, das ich suchte. Allerdings war hier das alte Stadtzentrum, das vor zweitausend Jahren noch an einem Hafenbecken gelegen hatte. Als es im Mittelalter versandet war, hatte man es mit Gestein aufgefüllt und darauf das Basarviertel errichtet. Es war gewissermaßen die neue Agora.

Seit mehr als zweitausend Jahren war die Lage des Marktplatzes somit fast unverändert, doch verglichen mit der antiken Vorgängerin, konnte seine heutige Gestalt nicht anders sein: Ich betrat keinen großen Platz, sondern ein dichtes Gewirr aus engen Basargassen, in denen ich mich augenblicklich verlor.

Lautstarke Händler boten ihre Ware feil, Kunden feilschten mit ihnen, es roch nach Fisch, schwarzem Tee und gerösteten Mandeln. Jede Gasse schien auf eine Produktart spezialisiert zu sein: erst Obst und Gemüse, dann Fleisch und Meeresfrüchte, etwas weiter Nüsse und Gewürze, in großen Säcken verstaut. Dann war es mit Lebensmitteln auf einmal vorbei, nun gab es Haushaltswaren, um die Ecke kleine Möbel, dahinter Klamotten und Schuhe, dann schneeweiße Brautkleider, derart dramatisch geschneiderte und mit Perlen verzierte Kreationen, dass selbst die glatzköpfigen Schaufensterpuppen darin erotisch wirkten. Als nächstes kam ich in die Haustiergasse, wo kleine Kaninchen, Papageien und Wellensittiche verkauft wurden. In einem Laden standen Dutzende Aquarien mit bunten Zierfischen.

»Jeder Beruf und jede Art Ware sind in einer bestimmten Gasse vereint zusammengepfercht«, schrieb der französische Archäologe und Reiseschriftsteller Léon de Laborde bereits im Jahre 1838 über den Basar, der damals von allen Bewohnern der Stadt aufgesucht wurde. »Den ganzen Tag über sind die Basare voller Menschen. Die besonderen Eigenheiten jeder Volksgruppe bilden einen scharfen Kontrast. Hier hockt ein Türke vor seinem Laden und raucht schweigsam seine Wasserpfeife. (…) Man erkennt die Armenier an ihrer schwarzen, mit vier roten Punkten gespickten Mütze; sie verkaufen Seide und Teppiche. Die Juden sind die Makler des Handels. Die kleine Haarlocke, die unter ihrem Turban hervorragt, macht sie leicht erkennbar. Sie sind üblicherweise die Dolmetscher für alle Ausländer, die ihre Einkäufe machen möchten, wobei sie sich eines Italienischen bedienen, das mit Hebräisch und Spanisch gemischt ist.«[22]

Die ethnische Vielfalt war im heutigen Izmir stark vereinheitlicht, aber die Auswahl der Waren auf diesem labyrinthischen Basar, zu dem auch eine große ehemalige Karawanserei gehörte, war noch immer riesig. Hier entsprach die Türkei noch dem Orient-Klischee, zumal über den Geschäften prächtige Moscheen aufragten. Sie stammten aus dem 16. und 17. Jahrhundert, so dass sie zu den ältesten Gebäuden der Stadt gehörten.

Leider waren die Lautsprecher an den Minaretten kaum neuer, so dass die Tonband-Aufnahmen der Gebetsrufe grässlich krächzend über den Basar schallten. Wie viel attraktiver wäre doch der Islam, dachte ich, wenn die Moscheebetreiber endlich mal in moderne Sound-Anlagen investieren und für die Aufnahmen professionelle Sprecherinnen engagieren würden – oder wieder echte Muezzins, die wie früher auf die Minarette stiegen. Gleichwohl zog ich vor einer besonders hübschen Moschee meine Schuhe aus, wusch mir die Hände, ging durchs Tor hinein, hockte mich auf den Teppich und bewunderte die reich ornamentierte Mihrab-Wandnische und die hohe Kuppel über mir. Vielleicht sprach ich ein kurzes Gebet. Es gab keinen Gott außer Gott, egal, welchen Namen man ihr gab.

Auch einige alte Synagogen standen im Basarviertel. Sephardische Juden hatten sie bereits im 17. Jahrhundert im Stil ihrer spanischen oder portugiesischen Heimat erbaut. Die äußerlich unauffälligen Gebäude lagen in abseitigen Gassen verborgen. Erst nach einigem Suchen stieß ich auf ein Portal mit Davidstern und hebräischen Inschriften, doch das Eingangstor war verschlossen. Zwei andere Synagogen befanden sich hinter hohen Mauern und waren ebenfalls unzugänglich. Erkennen konnte ich nur die Dächer, die allerdings arg verfallen wirkten. Auch Gläubige waren nicht anzutreffen. Angeblich, so hatte ich gelesen, war die einst so große jüdische Gemeinde von Izmir inzwischen auf unter tausend Mitglieder geschrumpft. Heute belegten die Gotteshäuser allein, dass Muslime und Juden in diesem Stadtviertel schon vor Jahrhunderten eng zusammengelebt hatten.

Historisch am interessantesten war die Portugiesische Synagoge, die an einem kleinen Platz lag und offenbar kürzlich renoviert worden war. Erbaut hatten sie vermutlich Marranen, iberische Juden, die unter den katholischen Königen Ende des 15. Jahrhunderts zu Neuchristen zwangskonvertiert wurden, bevor sie vor der Inquisition ins Reich des Sultans flüchteten. Während ich vor dem Gebäude stand, fand ich es auf einmal unglaublich, dass man vor 500 Jahren vom westlichen ganz bis ans östliche Ende des Mittelmeers gezogen war. Damals war das *Mare Nostrum* offenbar noch ein gemeinsamer und offener Kulturraum für alle Menschen, die an seinen Küsten lebten.

Wie weit würden die Sepharden heute kommen, in einer Zeit, in der das Mittelmeer für Flüchtlinge weitgehend geschlossen war?

In der Synagoge hatte einst Schabbatai Zwi gepredigt, eine der erstaunlichsten Figuren der osmanischen Geschichte. Geboren und aufgewachsen in Smyrna, verkündete der jüdische Religionsgelehrte in der Mitte des 17. Jahrhunderts das Ende der Welt und rief sich selbst zum Messias aus. In seiner Heimatstadt und auf Reisen bis nach Jerusalem gelang es Schabbatai, Tausende ekstatisch begeisterter Anhänger um sich zu scharen. Zum großen Ärger etablierter Rabbiner besetzte der Emporkömmling sogar die Portugiesische Synagoge, hob eherne religiöse Gebote auf und erlaubte Frauen, im Gottesdienst aus der Tora zu lesen.

Auf dem Höhepunkt seines Ruhms, der bis ins ferne Europa reichte, wanderte Schabbatai mit seinen Getreuen gen Konstantinopel. Dort ließ ihn der Sultan verhaften und vor die Wahl stellen, entweder zum Islam zu konvertieren oder zum Tode verurteilt zu werden. Nach kurzem Überlegen entschied sich der selbsternannte Messias dafür, fortan als frommer Muslim zu leben. Während Schabbatai bald darauf nach Albanien verbannt wurde und dort starb, traten viele seiner jüdischen Anhänger ebenfalls zum Islam über. Sie wurden als *Dönme* (dt. Wendehälse) bezeichnet und von Muslimen oft als vertrauensunwürdige Kryptojuden betrachtet. (Tatsächlich existiert in Thessaloniki noch heute eine ehemalige Moschee der *Dönme*-Gemeinde, in deren Wandornamentik man diskret eingefügte Davidsterne entdecken kann.) Zahlreiche *Dönme* gelangten an der Hohen Pforte und später in der Türkischen Republik in einflussreiche Positionen, so dass sich viele Legenden um sie rankten. Auch in der Jungtürken-Revolution von 1908 spielten sie eine große Rolle. Als Konvertiten waren sie Vorreiter des Laizismus. Ein Gerücht, wonach Atatürk ein verkappter *Dönme* war, hält sich bis heute beharrlich.

Von der Synagoge ging ich in eine Teestuben-Gasse, wo sich alte Männer zum Tavla-Spiel versammelten – wie in den Hafencafés von Chios. Auch Frauen, die vom Basareinkauf ermattet waren, erholten sich hier. Junge Kellner flitzten von Tisch zu Tisch, auf ihren Tabletts kleine Teegläser oder Kaffeetassen balancierend. Hier hieß der Mokka einfach nur Kaffee – dass er türkisch war, musste nicht hinzugefügt werden. Eine bunt gekleidete, runzlige Frau erschien und bot den Kaffeetrinkern an, für kleines Geld ihre Zukunft vorherzusagen. Willigte jemand ein und hatte seine Tasse ausgetrunken, kippte sie den Kaffeesud auf den Untersetzer und begann darin Zeichen für zukünftiges Leid und denkbare Freud zu lesen. Dabei achtete sie darauf, ihren Kunden nicht zu viele Sorgen zu bereiten, damit sie nicht womöglich auf die Idee kämen, ihr den Lohn vorzuenthalten, um das Geld lieber für schwere Zeiten zu sparen. Ein Imam kam vorbei und bemerkte die Wahrsagerin. Missbilligend schüttelte er den Kopf über das abergläubische Treiben, ging aber wortlos weiter. Leben und leben lassen.

Etwas weiter entdeckte ich einen ruhigen Innenhof, auf dem sich unter einer Platane ein bosnisches Lokal befand. An den Wänden hingen alte Fotos aus Sarajevo, auf der Speisekarte standen *Ćevapčići,* gefüllte Weinblätter und Bohnensuppe. Der Besitzer war ein großgewachsener blonder Mann, dessen Vorfahren einst als Flüchtlinge aus Bosnien nach Izmir gekommen waren. »*Dobar dan*«, sagte ich zu ihm, was er freudig überrascht erwiderte. Seine Großmutter hatte noch die Sprache der alten Heimat gesprochen, so dass er als Kind einige Brocken aufgeschnappt und bis heute behalten hatte. Ich bestellte einen Kaffee mit einigen *Baklava*-Süßigkeiten. Während ich den bosnisch-türkischen Mokka trank, wurde mir schlagartig etwas bewusst: Es waren nicht nur die Europäer und die verschiedenen Ethnien, die Smyrna damals so kosmopolitisch machten, sondern auch die vielen muslimischen Zuwanderer aus den verlorenen osmanischen Provinzen, wie etwa die Großeltern des Krimiautoren Suphi Varim.

Diese als *mouhadjir* bezeichneten Flüchtlinge wurden zwar wegen der gemeinsamen Religion unter dem Begriff »Türken« zusammengefasst, aber sie konnten in ihrer kulturellen Herkunft oft unterschiedlicher nicht sein. Bereits nach der militärischen Niederlage des Osmanischen Reichs im Krieg gegen Russland im Jahre 1774 kamen die ersten muslimischen Tartaren vom Schwarzen Meer ins Zentrum des Reichs. Der Exodus der Muslime aus der osmanischen Peripherie setzte sich mit den Tscherkessen und den etwa 200 000 Krimtataren fort, die infolge der russischen Eroberung des Kaukasus im 19. Jahrhundert und insbesondere des Krim-Kriegs der Jahre 1853–56 vertrieben wurden.

Auch ein dritter Krieg gegen das Zarenreich in den Jahren 1877–78 endete mit einer Niederlage, so dass die von den Russen protegierten osmanischen Balkan-Provinzen Serbien, Rumänien, Bulgarien und Montenegro unabhängig wurden, und eine halbe Million dort lebender Muslime vor Racheakten flüchten mussten. Etwa 30 000 davon kamen nach Smyrna und brachten ihre balkanische Lebensweise mit. Drei Jahre später waren Muslime aus den inzwischen von Griechenland annektierten Provinzen Thessalien und Epirus an der Reihe. Nach den Balkankriegen der Jahre 1912–13 folgte eine vierte große Flüchtlingswelle aus Albanien, Thrakien, Kreta sowie Lesbos und Chios. Schon immer an der Kreuzung großer Völkerwanderungen gelegen, wurde Smyrna damals zu einer Stadt der Migranten und Flüchtlinge.

Trotz aller muslimischen Zuwanderer war Smyrna vor dem Ersten Weltkrieg eine abendländisch geprägte Stadt, die nach wie vor von den Griechen dominiert wurde. Sie war weitaus internationaler als Konstantinopel, wo zwar die Diplomaten, aber kaum Kaufleute und Händler lebten. Für die Entstehung und den Fortbestand der levantinischen Metropolen wie Smyrna waren die Häfen und der Seehandel entscheidend, oder wie es der englische Autor Philip Mansel treffend ausgedrückt hat: »Die Levante war ein geographischer Begriff, frei von nationalen und religiösen Konnotationen. Sie wurde nicht von Regierungen oder Staaten definiert, sondern vom Meer.« Mit anderen großen Hafenstädten wie Salonica, Beirut und Alexandria hatte Smyrna die Corniche mit dem Quai gemein, wo große Handelsschiffe anlegen konnten. Mit dem Seehandel kamen stets neue Menschen mit frischen Ideen in die Stadt, wodurch sie immer progressiver und weltoffener wurde.

In dieser maritimen Prägung spielten die Türken keine große Rolle. Als nomadisches Reitervolk waren sie bis vor die Tore Wiens gelangt, aber eine Seefahrernation waren sie nicht. Meerwasser war nicht ihr Element, der Seehandel ging ihnen ab. Auch die osmanische Kriegsflotte verließ selten die eigenen Gewässer und wurde selbst dort von feindlicher Marine versenkt, etwa in den Seeschlachten von Lepanto oder Navarino. Die meisten Kommandeure der Flotte waren ohnehin keine Türken, sondern kamen aus einem Volk, das weitaus mehr von der Seefahrt verstand: dem der Griechen. Auch die meisten Handelsschiffe im östlichen Mittelmeer wurden von griechischen Reedern kontrolliert und von griechischen Kapitänen gefahren. Beladen wurden sie von griechischen und europäischen Kaufleuten. Sie machten Smyrna zu einer großen Stadt, der Perle der Ägäis.

Ich trank meinen Kaffee aus und ging vom Basar in die Viertel zurück, wo einst die Griechen und Europäer gelebt hatten. Dort hatte das wirtschaftliche Herz der Stadt geschlagen, das freie und frivole Leben am stärksten pulsiert. Vor hundert Jahren war dieser Übergang vom türkischen in die europäischen Stadtteile wie eine Passage in eine andere Welt, wie sich der in Smyrna aufgewachsene Schriftsteller Naci Gündem in den 1950er Jahren erinnert hat: »Die europäischen Viertel: die ausländische Gemeinde und ihre Lebensweisen dominierten diesen wichtigen Teil der Stadt, wo sich alle Sprachen und Menschen mischten. Man musste ihre Lebensart sehen, die Europa in nichts nachstand. Der junge Türke (der ich war), der aus seinem Viertel kam, glaubte sich nach Europa versetzt, wenn er seinen

Fuß in dieses Quartier setzte. In diesem Stadtteil voller Legenden konnte man nicht die Hauptstraße entlang gehen, ohne vor jedem Schaufenster anzuhalten. Trotz meines jungen Alters hatte ich oft das Bedürfnis, in dieses Viertel zu gehen und seine Luft zu atmen.«[23]

Die griechische Kultur war Gündem, dessen Eltern aus Kreta und aus Thessalien stammten, keineswegs fremd. In den von Griechen geführten Kaufhäusern »Xenopoulo« und »Sivrihisarli« kam der junge Mann aus dem Staunen nicht heraus. Ihr modernes Warenangebot war auf dem gesamten Balkan so einmalig, dass Kunden sogar aus Konstantinopel anreisten. Auch in die Cafés entlang der Corniche ging der junge Gündem gerne: das Café Moka, das Café Costi und das Café de Paris, das über eine offene Terrasse verfügte.

Neben den mondänen Lokalen standen am Quai die großen Handelshäuser, Reedereien und Banken. Sie waren die sichtbarsten Zeichen des merkantilen Erfolgs, der aus Smyrna eine derart hedonistische Metropole machte. Auch diverse Postämter gab es in der Stadt. Wer einen Brief nach Europa aufgeben wollte, hatte die Wahl zwischen der osmanischen Post und deutschen, englischen, österreichischen, russischen, französischen und italienischen Postdiensten. Man klapperte sie ab und erkundigte sich, wessen Postschiff als nächstes wohin ablegen würde. Bis eine Stunde vor Abfahrt konnte der Brief abgegeben werden und ging sogleich auf die Reise. Auch die Banken Smyrnas entstammten verschiedenen Ländern: Die französische Bank Crédit Lyonnais konkurrierte mit der Deutschen Orient-Bank, der Banque de Salonique, der Banque Ottoman, der Banque d'Orient und der Banque d'Athènes. Alle Banken waren größtenteils mit europäischem Kapital ausgestattet.

Ein winziges Zeugnis jener Blütezeit entdeckte ich, als ich den Fährhafen Pasaport erreichte. Die verglasten Gebäude direkt gegenüber der Abfertigungshalle waren nur scheinbar modern. Tatsächlich hatte man alte Häuser, die das große Feuer offenbar überstanden hatten, einfach um mehrere Stockwerke erhöht. Das Ergebnis war eine Bausünde der übelsten Sorte, aber immerhin hatte man die alten Gebäude nicht abgerissen. Als ich mich ihnen näherte, erkannte ich über einem Eingangstor, von Stuckkringeln umgeben, ein geschnörkeltes »R«. Der Buchstabe stand für die niederländische Reederei Rees, der das Gebäude einst gehört hatte.

Die Reedereien versorgten die Stadt mit ausländischen Waren aller Art, wie der französische Schriftsteller Gaston Deschamps während eines Besuchs kurz vor der Jahrhundertwende beschrieb: »Die Einwohner von Smyrna möblieren ihre Häuser mit Mahagoni aus Anvers und Paris, prüfen die Zeit mit schweizerischen Uhren, machen Licht mit Erdöl aus Baku, backen ihr Brot mit Weizen aus Odessa und Sebastopol, trinken Cognac aus Hamburg und stellen ihre Mahlzeiten zusammen aus russischem Kaviar, Fetten aus Marseille, englischem Kabeljau, französischen Kartoffeln, Rauchfleisch aus Österreich, Tee aus Persien, Käsesorten aus Italien und Zwiebeln aus Ägypten.«[24]

Selbst die türkischen Fez-Hüte wurden damals nicht im Osmanischen Reich, sondern im Ausland produziert, nämlich von der Manufaktur Stakonitz in Böhmen, wie Deschamps spöttisch anmerkte. Der Reisebericht des Franzosen, der viele Jahre in Athen lebte und auf Chios archäologische Ausgrabungen leitete, gewährte auch anschauliche Einblicke in die abendlichen Amüsements der Smyrnioten. Der elitärste Ort hierfür war das Casino, in dem nicht nur Glücksspiel betrieben wurde, sondern das auch über eine Bibliothek mit Billardtischen und aktuellen europäischen Zeitungen verfügte. Hier wurden außerdem Tanzbälle veranstaltet, Geschäfte besprochen und Jagdausflüge geplant. Zum Nachtleben von Smyrna trugen allerdings auch, wie es sich für eine Hafenstadt gehörte, einfachere Lokale und zwielichtige Spelunken bei. Die berühmtesten Bordelle der Stadt waren das Maison Dorée und das Madame Aimée. Deschamps spazierte gerne im Schein der Gaslaternen durch die Straßen, um diese wilde Seite der Stadt zu erkunden.

In seinem Reisebericht beschrieb er die diversen Nachtgestalten, die er auf seinen Touren traf. Darunter war eine griechische Cabaret-Truppe, in der ein Afrikaner, ein schlaksiger ehemaliger Sklave, zu trauriger Gitarrenmusik tanzte. Auf ähnliche Weise schlug sich auch ein gewisser Capitano Paolo durch, der einst ein Segelschiff kommandiert hatte und jetzt ein Tanzcafé betrieb, aus dem allabendlich Geigenmusik erklang. Das Publikum bestand aus griechischen Fährleuten und türkischen Unteroffizieren. Paolo war eigens nach Europa gereist, um dort Tänzerinnen zu rekrutieren, die allerdings von den Smyrnioten, besonders den türkischen Gästen, für zu dünn befunden wurden. So war der Italiener erneut losgefahren und mit beleibteren Damen zurückgekommen, die nun aber nicht den Geschmack von Deschamps zu treffen schienen: »In einem verrauchten Saal, zu den Klängen eines Orchesters, war eine dicke Deutsche, lächerlich mit ihrem roten Gesicht und blauen, mit ihrem blonden Schopf verknoteten Hutbändern, die ihre Augen weit aufriss und schlüpfrige Dinge sang.«[25]

Deutschen Rubensfrauen zog Deschamps die »charmante Frivolität« der Levantinerinnen von Smyrna vor. Sie hätten sich offenbar bereits der islamischen Kultur angepasst, in der sich Frauen wie »liebe Vögel« amüsieren und langweilen würden: »Ihre nonchalante Anmut ist ein wenig dick aufgetragen, ihre Bewegungen scheinen beschwert durch eine matte Faulheit. Aber in der Blässe ihrer Gesichter sind die Lippen rot, der Bogen ihrer Augenbrauen ist kühn nachgezeichnet; und manchmal, unter dem Schleier langer Wimpern, blitzen die braunen, frechen Augen feurig auf.«[26]

Verwundert zeigte sich Deschamps über die Sprache der Levantiner, in die sich viele griechische Begriffe eingeschlichen hatten. Zu jener Zeit war das Griechische die Lingua Franca des Handels, wenngleich Europäer es oft in lateinischer Schrift schrieben und mit eigenen Begriffen vermengten. Das Ergebnis war offenbar selbst unter den französischstämmigen Levantinern ein sprachlicher

Mischmasch: »Im Vorbeigehen schnappt man Fetzen der Unterhaltung auf, Fragen und Antworten, in einem bizarren Französisch, in dem sich Neologismen und modische Wörter mit den überkommenen Ausdrücken der alten Händler mischen, die einst aus Marseille oder Toulon übers Meer gekommen sind.«[27]

Die Levantiner waren die Hauptträger des smyrniotischen Kosmopolitismus. Etwa 20000 lebten vor dem Ersten Weltkrieg in Smyrna, mehr als in jeder anderen Stadt des Orients. Kurzzeitig ließen osmanische Staatsreformen sogar die Idee einer levantinischen Stadtrepublik entstehen, die aber ein Traum blieb. Anders als im damaligen Europa war Multiethnizität in Vorderasien schon lange die Norm, doch den täglichen Dialog zwischen westlichen und östlichen Kulturen praktizierten die Levantiner wie niemand sonst. Wer damals die Nation als geistiges Gefängnis betrachtete, dem bot die Levante eine Chance, daraus existenziell auszubrechen.

In Smyrna konnten die zumeist männlichen Europäer die lokale Kultur übernehmen und neue Identitäten ausbilden, indem sie in griechische oder armenische Familien einheirateten. Schon die Kinder solcher Ehen hatten keine klare ethnische Zugehörigkeit mehr, sondern wurden von den Türken augenzwinkernd als *Tatli su Firengi* bezeichnet, als Süßwasser-Europäer, die nicht übers salzige Meer nach Smyrna gekommen waren. Die Levantiner selbst definierten sich eher konfessionell und verstanden sich oft als »Smyrnioten«, denen die erworbene hybride und städtische Identität wichtiger als ihre nationale Herkunft war. Jede levantinische Familie hatte eine einzigartige Genealogie. Sie konnte um die Welt reisen, ohne sich von ihrem Heimatort zu entfernen.

Darin waren die Levantiner gewissermaßen Vorreiter der vielen Menschen heutzutage, deren Herkunft und Identität ebenso gemischt und eher urban als national geprägt war – doch um die Jahrhundertwende, zur Hochzeit des Nationalismus, wurde das levantinische Phänomen generell mit großer Skepsis gesehen. Besonders europäische Reisende verpassten den Levantinern einen schlechten Ruf voller negativer Stereotype, wie etwa der französische Schriftsteller Marius Bernard, der nach einem Besuch in Smyrna schrieb: »Der Levantiner ist prahlerisch wie einige Marseiller, faul wie ein Lazzarone aus Neapel, hinterlistig wie einige Griechen, verdorben wie die meisten Türken, aufschneiderisch und eitel wie viele Spanier, schlau wie die meisten Juden, zu nichts anderem fähig als dem einfachen Handel, und er ergänzt die schlechten Eigenschaften seiner ihn adoptierten Länder durch alle Schwächen seines Herkunftslandes, alle Laster der mediterranen Länder.«[28]

Natürlich waren unter den Levantinern nicht nur große Kaufleute, sondern auch viele einfache Handwerker, Arbeiter und Seeleute. Die neuen Fabriken am Stadtrand lockten besonders viele italienische Einwanderer nach Smyrna. Mit der Emigration umgingen viele Levantiner oft den Militärdienst und andere Pflichten in ihren Ursprungsländern. Etliche von ihnen verlernten sogar ihre Muttersprache. So stellte das italienische Konsulat in Smyrna Anfang des 20. Jahrhunderts fest, dass ein Drittel der Stadtbewohner mit einem italienischen Pass kein Wort Italienisch mehr verstand. Als bei Ausbruch des Tripolitanien-Kriegs zwischen dem Osmanischen Reich und Italien im Jahre 1911 sämtliche italienische Bürger des Landes verwiesen wurden, nahmen viele von ihnen die osmanische Staatsbürgerschaft an, um weiter in Smyrna bleiben zu dürfen. Der italienische Konsul beschimpfte sie als Landesverräter, doch sie kannten Italien kaum und wären in Neapel womöglich als Türken begrüßt worden.

Auf einer Reise nach Smyrna im Jahre 1894 fällte Rupprecht Kronprinz von Bayern ein wenig schmeichelhaftes Urteil über die Levantiner: »Sie sind eine Mischung aus allen mediterranen Rassen, orientalisch in Mentalität, aber mit europäischer Politur versehen, staatenlos, frivol, geschwätzig und leichtsinnig.«[29]

Auch der schwäbische Pastor Otto Stahl, der der deutsch-evangelischen Gemeinde in Smyrna vorstand, hatte offenbar keine hohe Meinung von den Levantinern. In seinen Memoiren sollte er sie später so beschreiben: »Menschen ohne Wurzel in einer bestimmten Kultur, Nutznießer des Europäertums, gewandt und listig, auf möglichst leichten Erwerb bedacht und mit allen Wassern gewaschen.« Der Deutsche warf den Levantinern vor, sich wegen ihres Sprachtalents den alteingesessenen Einheimischen überlegen zu fühlen, obwohl sie selbst längst zu ihnen gehören würden und keinen europäischen »Wurzelboden« mehr hätten.

Stark im nationalen Denken jener Zeit verhaftet, hatte Otto kein Problem damit, mit anderen Europäern zu verkehren und zu musizieren, solange sie eine eindeutige nationale Herkunft und Identität hatten. Ethnische Mischlinge hingegen betrachtete der Pastor argwöhnisch. Er war ein deutscher Patriot, der sich nicht nur dem Dienst an der Religion, sondern auch am kulturellen Deutschtum verpflichtet sah. Es bereitete ihm großes Unbehagen, Ehen zwischen Deutschen und levantinischen Frauen zu schließen. Sicher wird der Pastor die Bräutigame eindringlich ermahnt haben, ihre deutschen Wurzeln nicht zu vergessen: »Jeder junge Mann, der sich mit einer Levantinerin verheiratete, betrat damit die Bahn der Levantinisierung, und es bedurfte in solchen Ehen eines starken Bewusstseins nationaler Verpflichtung, um gegen den Einfluss von Umgebung und Verwandtschaft den deutschen Charakter seines Hauses zu sichern.«

Bei der Wahl seiner eigenen Ehefrau nahm es Otto mit dem treudeutschen Charakter allerdings selbst nicht so genau. Schon bald nach seiner Ankunft in Smyrna stellte sich im Pfarrhaus, das er mit seiner Schwester Emma führte, eine junge Dame namens Gertrud vor. Sie war Norwegerin und nach Smyrna gekommen, um als Gesellschafterin oder Lehrerin zu arbeiten. Die abenteuerlustige 25-Jährige fiel dem jungen Pastor gleich ins Auge, zumindest mehr als die deutschen Diakonissen am Ende der Straße. Im August 1909, nachdem er seine Schwester in die schwäbische Heimat zurückgebracht hatte, heirateten Otto und Gertrud, trotz einer völligen Gegensätzlichkeit in »Temperament, Anlage und Herkunft«, wie er rückblickend schreiben sollte.

Gleich in den ersten beiden Ehejahren bekamen sie zwei Kinder, Helmut und Else. Da Gertrud nicht ausreichend stillfähig war, besorgte sie für Else eine griechische und eine armenische Amme, die dem Kind so lange die Brust gaben, bis es auf Büchsenmilch umsteigen konnte. Auch als die Kinder sprechen lernten, sogen sie nicht nur deutsche Wörter auf. In ihrem Tagebuch, das Ottos Memoiren beigefügt war, schrieb Gertrud über die kleine Else: »Sie spricht jetzt schon alles und kann recht nett mit Helmut spielen. Die zwei sprechen dann gern Griechisch miteinander, obwohl sie nur wenige Worte können. Auch wird jetzt zu Freunden nur ›merci‹ gesagt. (...) Griechische, englische und französische Brocken schnappen beide eifrig auf.«

So unwiderstehlich war das levantinische Fluidum von Smyrna, dass die von Otto so gefürchtete Levantisierung auch vor seinem eigenen Haus nicht haltmachte. Es schien ihm in seinem privaten Glück nichts auszumachen, solange die deutsche Ordnung nach außen hin gewahrt blieb, wie er später schreiben sollte: »Wir aber, jungverheiratet und im selbstsüchtigen Genuss unseres Glücks gefangen, nahmen mit kindlichen Händen, was unser Leben an Freuden bot, hielten die durch Bismarck geschaffene Ordnung der Dinge für endgültig und unverrückbar und waren der Größe und Unüberwindbarkeit deutschen Geistes und deutscher Macht gewiss.«

Was war aus den Levantinern geworden?, fragte ich mich. Waren sie wie die Griechen und Armenier aus der Stadt verschwunden? Sie ließen mich nicht los, ich begann mich zu erkundigen. Im Institut erfuhr ich, dass noch immer einige Nachfahren levantinischer Familien in Izmir lebten. Darunter waren, damals wie heute, offenbar einige schwerreiche Geschäftsleute. Über gemeinsame Bekannte streckte ich die Fühler für ein Treffen aus. Nach einer Reihe von Absagen, die unverhohlen mit Öffentlichkeitsscheu begründet wurden, rief mich ein Mann namens Rodney Simes zurück. Wir verabredeten uns auf einen Kaffee in der Cigale, deren Kellner mich allmählich kannten. Ein Erkennungszeichen brauchte Simes nicht, allein sein heller Leinenanzug hob ihn von den übrigen Gästen ab. Fester Händedruck, teure Armbanduhr, ein Lächeln wie aus der Werbung und eine gepflegte Erscheinung: Simes wirkte wie ein Gentleman alter Schule, eine weltmännische Mischung aus Graham Greene und James Stewart.

»Sie interessieren sich bestimmt für meinen Stammbaum«, leitete Simes das Gespräch ein. Ich nickte gefügig und zückte mein Notizbuch.

Er war Jahrgang 1944 und vertrat die vierte Generation einer alteingesessenen Levantiner-Familie in Smyrna und Izmir. Seine Großeltern waren ein bunter Mix gewesen: ein schottischer Eisenbahn-Ingenieur und eine griechische Chiotin sowie eine smyrniotische Italienerin und ein armenischer Katholik namens Balladur. Letzterer war ein Cousin des ehemaligen französischen Premierministers Édouard Balladur, der im Jahre 1929 in Izmir auf die Welt kam und später auswanderte. Zugleich war Simes ein Nachfahre einer Bierbrauerin aus Stuttgart, die im 19. Jahrhundert eine Brauerei in Smyrna aufgebaut hatte und über die er wiederum mit dem ehemaligen VW-Chef Bernd Pischetsrieder verwandt war.

Als wäre dieser Stammbaum nicht schon imposant genug, war sein Großonkel der bekannte BBC-Journalist Frank Simes, der im Jahre 1905 in Smyrna geboren wurde und erst 111 Jahre später, als der damals älteste Brite, in London verstarb. In der schottisch-griechisch-italienisch-armenischen Familie Simes hatten sich offenbar gute Gene gemischt, denn auch der Vater Alfred war erst kürzlich mit 102 Jahren verstorben. Er war ein Tabakhändler und bekannter Fotograf gewesen, der in seiner Laufbahn berühmte Menschen wie

Kemal Atatürk, Winston Churchill, Aristoteles Onassis und T.E. Lawrence von Arabien porträtiert hatte. Als Berichterstatter der Royal Air Force im Zweiten Weltkrieg war es Simes gelungen, die Versenkung des deutschen Schlachtschiffs Tirpitz vor der norwegischen Küste zu fotografieren.

»Das ist also meine Familie«, sagte Simes, als mir vor lauter Ländern und Namen schon leicht schwindlig wurde. Wir sprachen Englisch, doch wie der Konsul Argenti auf Chios wechselte der Levantiner nahtlos ins Französische. Mit dem Kellner sprach er Türkisch, danach ebenso fließend Griechisch, als ihn ein Geschäftspartner aus Athen anrief. In Hamburg, wo er zwei Jahre für einen Tabakkonzern gearbeitet hatte, hatte er Deutsch gelernt. Nur sein Italienisch sei etwas rostig geworden, entschuldigte er sich. Die Großeltern aus vier verschiedenen Herkunftsländern hatten allerdings nicht nur ihre Sprachen in die Familie mitgebracht, sondern auch das Problem gemischter Konfessionen. Seine italienisch-armenischen Großeltern gingen in eine katholische Kirche, die Großmutter aus Chios in die griechisch-orthodoxe Agia Fotini. Simes entschied sich irgendwann für die anglikanische Kirche am Punto-Bahnhof in Alsancak, deren Ritus dem katholischen am nächsten war: »Aber ich bin ohnehin kein großer Kirchgänger.«

Meine Hoffnung, dass Simes in einer alten Villa voller staubiger Möbel und Memorabilien aus der Zeit vor 1922 leben würde, zerschlug er mit einer wegwerfenden Geste: »Das ging damals alles im großen Feuer verloren. Ich wohne heute in einem ganz normalen Apartment mit modernen Möbeln.« Seine einzige Erinnerung an frühere Zeiten war ein Fotoalbum, das er aus einer ledernen Aktentasche hervorholte. Die meisten der Aufnahmen hatte eine Tante gemacht, die natürlich auch 105 Jahre alt geworden. Langsam blätterte Simes die Seiten um. Die ersten Fotos stammten aus den Jahren vor dem Feuer und zeigten Ausflüge aufs Land, Familienfeste und Picknicks am Meer. Die letzten Seiten zeigten Aufnahmen aus den späten 1920er Jahren, als Simes Vater Alfred durch die Izmirer Bucht schwamm, in der es damals noch vor Delphinen wimmelte. »Ein verlorenes Paradies«, murmelte Simes.

Der Vater habe oft aus seiner Kindheit vor dem Brand erzählt. Er wuchs als Halbwaise auf, denn sein schottischer Vater hatte sich im Ersten Weltkrieg als Freiwilliger gemeldet und war in der Schlacht an der Somme gefallen. Nach Kriegsende ging der zehnjährige Alfred, so wurde es in einer später oft wiederholten Anekdote berichtet, bei der Invasion der Griechen in Smyrna im Chaos verloren, bis ihn ein türkischer Polizist heil nach Hause brachte. Schon im Mai 1919 hätten viele Levantiner in der Stadt geahnt, dass es mit der griechischen Besatzung nicht gut ausgehen würde. Auch in der Familie von Simes stellte der Brand von 1922 einen großen Bruch dar, den sie nur vorübergehend kitten konnte. Während ihr Wohnhaus in Alsancak komplett ausbrannte, flüchtete der damals dreizehnjährige Alfred mit seiner Mutter und den Großmüttern auf einem britischen Kriegsschiff nach Malta. Als die Familie vom türkischen Staat eine Entschädigung für das Haus erhielt, kehrte sie fünf Jahre später in ihre Heimatstadt zurück. Auch die griechischen Großtanten, die italienische Levantiner geheiratet hatten, durften mitkommen. Nur der Balladur-Familienzweig der Mutter zog in den 1930er Jahren endgültig nach Frankreich um.

»Viele Levantiner gingen aus Izmir fort, denn ohne die Griechen und die Armenier war alles anders«, erzählte Simes, seine Stimme leicht senkend. Er schien nun aus der Tiefe des 20. Jahrhunderts zu sprechen. »Sie waren entscheidend für die Entstehung der levantinischen Kultur. Alle großen Levantiner-Familien hatten griechische oder armenische Mitglieder. Man heiratete da rein und integrierte sich kulturell. Das ist der Unterschied zwischen Levantinern und den heutigen *Expatriates*, die nur vorübergehend im Ausland leben. Wir waren auch keine Kolonialisten, sondern wurden Teil der lokalen Kultur und blieben zugleich kosmopolitisch. Gewissermaßen waren wir Pioniere des wahren Weltbürgertums.« Nach dem Brand sei Izmir zu einer Provinzstadt verkommen, denn Türken würden von Handelsgeschäften nicht genug verstehen. Eine Weile habe der neue türkische Nationalstaat die Levantiner noch gebraucht, um die anspruchsvollen Jobs der Griechen und Armenier zu machen, aber dann seien sie oft als Sündenböcke benutzt worden. »Wenn wieder mal was schief lief in der Türkei, dann waren immer die Levantiner schuld, die Ausländer«, sagte Simes. »Das ist das Wesen von Nationalismus – er hat alles kaputtgemacht.«

Der junge Rodney siedelte, um der kleinstädtischen Provinzialität zu entfliehen, ins wilde London der 1960er Jahre um, wo er Handel studierte und abends als Kellner im legendären Jazz-Club Ronnie Scotts jobbte. Nach einer Ausbildung bei der American Tobacco Company in Izmir stieg er wie sein Vater in das Geschäft mit türkischem Tabak ein. Es war eine der wenigen Branchen, die den Hafen von Izmir noch am Laufen hielten. Als Vertreter eines multinationalen Tabakkonzerns wurde Simes wegen seines Sprachtalents geschätzt und in Hamburg, Daressalam, Thessaloniki und Triest stationiert. Später wurde er Buschpilot in Afrika, um dann als wohlhabender Rentner wieder in seine gehasst-geliebte Geburtsstadt zurückzukehren.

»Heute ist das alte Izmir nur noch im Alsancak-Viertel zu finden«, sagte Simes mit einem Seufzen. »Der Rest der Stadt ist heruntergekommen, kulturell ist hier nichts mehr los. Es gibt nur noch etwa 300 Levantiner in Izmir, alle anderen sind ausgewandert. Wir werden wie Ausländer behandelt, die levantinische Kultur stirbt aus.« Die Türken hätten eine verschlossene Mentalität, meinte Simes, was man allein daran sehe, dass neugebaute Häuser kaum Balkone hätten. Das hinge mit der nomadischen Zeltmentalität zusammen. Erst seit den 1970er Jahren würden Levantiner auch Türken heiraten, weil es schlicht keine anderen potenziellen Partner mehr gebe. Auch seine heutige Frau war eine Türkin, die ehemalige Direktorin der italienischen Schule. »Also sehr weltoffen«, wie Simes betonte. Aus einer früheren Ehe mit einer levantinischen Italienerin hatte er zwei inzwischen erwachsene Kinder, die im Gegensatz zu ihren polyglotten Eltern allerdings nur noch Türkisch und Englisch sprachen.

Während er seinen Kaffee austrank, sinnierte Simes darüber nach, wie seine levantinische Biographie in die turbulente Gegenwart passte, in der neue Nationalismen die von ihm gelebte Globalisierung infrage stellten. Der Levantiner war sich nicht sicher, ob er ein Mann von gestern war oder seiner Zeit vielmehr weit voraus: »Meine Identität ist nicht an ein Land gebunden, sie ist nicht staatlich, sondern geographisch definiert. Ich liebe die Ägäis, aber man kann mich überall mit dem Fallschirm abwerfen, und ich werde mich zurechtfinden. Wir Levantiner von Smyrna waren die ersten Weltbürger, mit uns ging die Globalisierung los. Nur der Nationalstaat ist schlecht für uns – wir brauchen tolerante Imperien oder Stadtstaaten.«

Zurück auf meinem Balkon im Izmir Palas Hotel, mit dem Blick über das große Amphitheater aus Bucht und Bergen, dachte ich noch lange über das Gespräch mit Simes nach. Die Levantiner als kosmopolitische Pioniere und Avantgarde der Globalisierung, das klang nach steilen Thesen, aber sie trafen einen Nerv bei mir. Wie Simes und viele meiner internationalen Freunde, hatte auch ich mich als junger Mann einer solchen zeitgeistigen Fronttruppe zugehörig gefühlt. Ich hatte an der London School of Economics (LSE) studiert, die nach dem Ende des Kalten Kriegs und des sozialistischen Ostblocks ihren linkspolitischen Ruf abschüttelte und in den 1990er Jahren zu einer Kaderschmiede der neuen liberalen Weltordnung wurde.

Unser Rektor war der Soziologe Anthony Giddens, ein Vordenker des sogenannten Dritten Weges, der zum Aufstieg von New Labour führte und in Deutschland bald Neue Mitte genannt wurde. Deren Anführer Tony Blair und Gerhard Schröder läuteten das Ende der alten Sozialdemokratie ein und propagierten, wie Bill Clinton in den USA, eine ungebremste kapitalistische Globalisierung, die von einem Rückzug des regulativen Staats und einer ökonomischen Liberalisierung getrieben wurde. Zugleich befürworteten jene Politiker ein individuell-unternehmerisches Profitstreben, im Vertrauen auf die Voraussagen des US-Ökonomen Milton Friedman, dass der Reichtum der Systemgewinner irgendwann nach unten durchsickern würde. Dieser marktliberale Radikalumbau wurde durch einige sozialliberale Reformen ergänzt, die etwa die Rechte von Minderheiten ausweiteten, aber zugleich als medienwirksame Trostpflaster für den Fall dienten, dass es mit dem Reichtum für alle noch etwas dauern sollte. Auch außenpolitisch gab sich der Dritte Weg ein menschliches Antlitz, wie sogenannte »humanitäre Interventionen« etwa im Kosovo zeigen sollten.

Es war eine optimistische und hedonistische Zeit, gerade in Cool Britannia. Das 20. Jahrhundert hatte doch noch ein glückliches Ende gefunden, und viele von uns LSE-Studenten sahen sich als Pioniere einer postmodernen Globalisierung. Die Studentenschaft kam aus allen Ländern der Erde, inzwischen sogar aus dem ehemaligen Ostblock, während die Briten kaum noch vertreten waren. Anders als im steifen Oxford oder Cambridge war die Atmosphäre auf dem LSE-Campus locker und kosmopolitisch. Im Wohnheim teilte ich mir die Küche mit Studenten aus Brasilien, Japan, Ghana, Frankreich und den USA. Mein Studium widmete ich der Geschichte des Kalten Krieges, bei dem alle froh waren, dass er mit dem Fall der Berliner Mauer so glimpflich ausgegangen war. Wir lasen Bücher wie »Das Ende der Geschichte« von Francis Fukuyama, der ein weltumspannendes Zeitalter der liberalen Demokratie anbrechen sah. Im Nebenstudium politischer Ideengeschichte besuchte ich die Vorlesungen von Anthony Smith über Nationalismus, einer Ideologie, die trotz eines scheinbar letzten Aufflammens in Jugoslawien in der neuen post-nationalen Weltordnung ebenso endgültig an Bedeutung verlieren sollte wie Nationalstaaten selbst.

Nach unserem Studium, das uns intellektuell wie ideologisch gerüstet hatte, gingen die meisten meiner Kommilitonen entweder direkt in die boomende Londoner City, wo lukrative Börsenjobs lockten, oder arbeiteten für die Regierungen ihrer Herkunftsstaaten, um deren neoliberalen Umbau voranzutreiben. Ich versuchte mich im Journalismus und berichtete als Reporter für englische und deutsche Zeitungen vom Balkan, der ehemaligen Sowjetunion, aus Afrika und dem Nahen Osten. Ständig reiste ich umher und wohnte an diversen Orten, von New York über Hanoi bis Buenos Aires. In jeder neuen Stadt gelang es mir, schnell Fuß zu fassen und gleichgesinnte Leute kennenzulernen. Die Welt erschien mir als globales Dorf, ein einziges großes Zuhause. Mein Idol war Bruce Chatwin, ein nomadischer Kosmopolit, der ähnlich rastlos gewesen war und dessen Bücher ich aufsog. Zurück nach Deutschland fuhr ich fast nur noch zu Weihnachten, der Mutter zuliebe.

Seit jener bewegten Anfangszeit waren inzwischen fast zwanzig Jahre vergangen, und ich war etwas ruhiger geworden. Neben einigen persönlichen Aha-Erlebnissen hatte sich herausgestellt, dass die ungebremste kapitalistische Globalisierung nicht der allheilende Segen war, wie man uns im LSE-Studium in London weisgemacht hatte. Sie verschwendete lebenswichtige Ressourcen, verursachte ein massenhaftes Artensterben und führte die Erde geradewegs in eine Klimakatastrophe. Das neoliberale System produzierte zwar immensen materiellen Reichtum, der gerade in China viele Menschen aus der Armut geholt hatte, aber anderswo kaum nach unten durchsickerte, sondern immer ungleicher verteilt wurde, besonders zwischen dem globalen Süden und Norden. Kein Wunder, dass sich immer mehr Menschen auf den Weg in den reichen und klimatisch weniger lebensbedrohlichen Norden machten.

Aber auch in den wohlhabenden Ländern machte unsere Wirtschaftsweise wenige Reiche immer reicher und viele Arme ärmer. Auch die sozialliberalen Reform-Feigenblätter konnten die ökonomischen Ungerechtigkeiten nicht länger kaschieren. Das derzeitige System spaltete Gesellschaften, so dass populistische Politiker wie Trump, Johnson und Erdoğan weltweit auf dem Vormarsch waren.

Die *Somewheres* und die *Anywheres* hat der britische Publizist David Goodhart die Verlierer und Gewinner der neoliberalen Globalisierung genannt, auf der einen Seite sesshafte Lohnarbeiter und Kleinunternehmer, und auf der anderen Seite mobile Akteure der Finanz- und Informationsökonomie. Ich gehörte vermutlich – auch wenn ich noch wusste, woher ich kam – eher zu den *Anywheres*. Jedenfalls war ich wie die meisten meiner Freunde ein Mitglied der privilegierten Konsumklasse, die zwar großen Wert auf emanzipatorische Politik etwa zu LGBT-Rechten legte, aber im Gegenzug gerne willens war, die Folgen marktliberaler Politik weitgehend zu ignorieren. Wir mochten uns weiter als geschmeidige Kosmopoliten sehen, doch dieses positive Selbstbild begann inzwischen zu bröckeln, wie Goodhart schrieb: »Kosmopolitismus hat eine negative Assoziation mit neoliberaler Globalisierung bekommen, die als Vorrecht einer gebildeten globalen Elite gesehen wird.«[30]

Die Globalisierung hatte natürlich nicht erst nach dem Kalten Krieg begonnen, sondern bereits im späten 19. Jahrhundert, als mit der Industrialisierung auch der Welthandel stark zu wachsen anfing. Smyrna war damals eine der großen Handelsstädte, die lange vor London oder Berlin nicht nur Waren, sondern auch Menschen aus aller Welt anzog. Viele ließen sich dort dauerhaft nieder, heirateten untereinander und wurden zu den levantinischen Weltbürgern, die Rodney Simes mir beschrieben hatte und die Smyrna zu einer frühen globalen Stadt im modernen Sinne machten. »Mit ihrer Diversität an Rassen, Religionen und Sprachen sind London, Paris und New York heute die neuen levantinischen Städte«, hat Philip Mansel geschrieben. »Der Nationalstaat war ein Zwischenspiel des 20. Jahrhunderts. Heute sind wir alle Levantiner.«[31]

Das Zitat stammt aus dem Jahre 2011. Damals hätte ich Mansel wohl noch uneingeschränkt zugestimmt, aber inzwischen war ich mir nicht mehr so sicher. Sollte man den Nationalstaat wirklich abschreiben? Gewiss waren die Bewohner der heutigen Metropolen mit ihren meta-nationalen Identitäten gewissermaßen die Nachfolger der levantinischen Smyrnioten, aber sie waren schließlich nicht allein auf der Welt. Ihre Städte waren umgeben von einem Hinterland, in dem trotz aller Landflucht noch immer viele *Somewheres* lebten, die weiterhin an die Nation glaubten und privilegierte *Anywhere*-Städter nicht leiden konnten. Schon die kosmopolitischen Levantiner in Smyrna hatten in einem Umfeld provinzieller Feindseligkeit gelebt, die damals wie heute durch wirtschaftliche Ungerechtigkeiten befeuert wurde. Jedenfalls gab es zwischen dem alten Smyrna und den globalen Städten von heute interessante Parallelen, die es genauer zu untersuchen lohnte.

So glamourös das Leben der kosmopolitischen Levantiner in Smyrna zu Beginn des 20. Jahrhunderts gewesen sein mochte – die meisten Türken waren davon ausgeschlossen. Für sie stellten die europäischen Stadtviertel buchstäblich eine andere Welt dar. Dies sorgte für einigen Frust, wie sich der in Smyrna aufgewachsene Intellektuelle Bezmi Nusret Kaygusuz in seinen Memoiren erinnern sollte: »Im großen türkischen Viertel gab es kein Theater. Es gab nie ein Konzert oder eine literarische Veranstaltung … Die Muslime, die nur unweit der Linie lebten, die sie von den Christen trennte, konnten von der geringen Entfernung profitieren und an einigen Abenden zum Kordon gehen, dem schicksten Viertel von Smyrna … Leider waren Wohlstand und Glück den Christen vorbehalten. Sie organisierten unter sich private Veranstaltungen. Sie hatten literarische Clubs und sogar einen Jagdclub.«[32]

Nur eine kleine türkische Bourgeoisie entstand in jenen Jahren, die vom Aufschwung der Stadt profitierte. Zu ihr gehörte der Verleger Tevfik Nevzat, dessen Zeitung *Hizmet* (Dienst) im europäischen Quartier produziert wurde. Als Sprachrohr der türkischen Modernisierer, und der staatlichen Zensur trotzend, informierte das Blatt über Politik und Wirtschaft in Smyrna wie im fernen Europa. Nevzat selbst war ein fortschrittlicher Mann, der sich in den Cafés am Quai gerne mit seiner unverschleierten Frau zeigte, ein Verhalten, das die traditionellen Türken der Stadt schockierte. Sein schärfster Konkurrent und Kritiker war der türkische Verleger Biçakcizade Hakki, dessen Zeitung *Izmir* traditionelle Werte des Islam verfocht. In seitenlangen Kolumnen lieferten sich Hakki und Nevzat wüste Gefechte, in denen Hakki seinen Rivalen als Ungläubigen beschimpfte, der den Ramadan missachte und sich mit dem Westen gegen den osmanischen Staat verschworen habe. Daraufhin ging Nevzat kurzzeitig ins französische Exil, um jedoch im Jahr darauf zurückzukehren und die konservativere Zeitung *Ahenk* (Harmonie) zu gründen, die bis zum Jahre 1930 bestehen blieb – bezeichnenderweise demselben Jahr, in dem Atatürk das arabische Alphabet abschaffen sollte.

Konflikte zwischen Tradition und Moderne gab es auch in der jüdischen Gemeinde von Smyrna. Die meisten Juden lebten in krasser Armut und hielten nichts von westlichen Werten. Sie kleideten sich auf türkische Weise mit Kaftan und Tunika, außer den wenigen eingewanderten Aschkenasim, die europäische Kleidung trugen. Sie waren dem sephardischen Großrabbiner ein derartiger Dorn im Auge, dass er die osmanischen Behörden aufforderte, jüdischen Mädchen das Spazierengehen mit jungen Männern zu verbieten, weil der Brauch aus Europa stamme und gegen die Religion verstoße. So berichtete es die konservative jüdische Zeitung *Üstat* (Alte Hand), die in türkischer Sprache mit hebräischen Lettern gedruckt wurde.

Die sephardische Mehrheit in der Stadt grenzte ihre europäischen Glaubensbrüder derart aus, dass der Wiener Baron Rothschild eigens ein Krankenhaus für die Aschkenasim in Smyrna finanzierte, um ihre medizinische Versorgung sicherzustellen. Aber auch unter den Sepharden existierte eine eher säkulare Elite, die sich am Westen orientierte und ihre Kinder auf die europäischen Schulen der Stadt schickte. An diese Leserschaft wandte sich der französischsprachige *Le Nouvelliste* des jüdischen Verlegers Jacob Algranti, der seine Zeitung unter dem Druck der Traditionalisten allerdings bald in *El Novelisté* umtaufte und sie fortan zur Hälfte auf Ladino erscheinen ließ – ein klassisch smyrniotischer Kompromiss.

Von unfrommen Mitgliedern der eigenen Gemeinden abgesehen, werden sich die Rabbiner und Muftis vor allem an den liberalen Europäern und Levantinern der Stadt gestört haben. Sie galten ohnehin als Ungläubige, doch mit ihrer geschäftsorientierten Moral und dem Treiben in den hafennahen Vierteln schienen sie ihren gottlosen Ruf nur bestätigen zu wollen. Selbst der lebensfrohe Franzose Gaston Deschamps beklagte das allgegenwärtige Angebot an schlüpfriger Literatur, die von Frankreich nach Smyrna exportiert wurde: »Die Buchhandlungen des europäischen Viertels quellen über vor etwas veralteten Neuheiten, die die kosmopolitischen Händler mit vollen Händen aus dem riesigen Lager unserer boulevardesken Pornographie schöpfen. All der Abfall der französischen Literatur, ein Haufen schlechter Romane in kurzen Röcken, wird in den Schaufenstern aufbewahrt.«[33]

Die Ressentiments der traditionellen Türken zeigten sich in den verächtlichen Schimpfwörtern, die sie für andere Volksgruppen der Stadt ersonnen hatten: Die Franzosen nannte man *Ainegi*, listige Heuchler; die Holländer *Peinirgi*, Käsehändler; die Bulgaren und Serben *Haihud*, Diebe; die Deutschen *Gurùr-Kiafr*, stolze Gotteslästerer, weil ihre Sprache so unangenehm klang; die Italiener *Firengh Hezarrengh*, Menschen von tausend Farben, weil sie sich so bunt kleideten; die Engländer *Sciokagi*, Tuchfabrikanten; die Spanier *Tembel*, Faulpelze; die Armenier *Bogh-gi*, Entleerer von Klärgruben; die Georgier *Beit-gi*, Lausfresser; die Araber *Sicciàn-Yeigi*, Rattenfresser, und die Griechen *Boinuzsiz Coyùm*, Ziegenböcke mit gebrochenen Hörnern, weil sie so leicht von den Osmanen unterworfen worden waren. Nur für die Juden war kein stereotypes Schimpfwort überliefert.[34]

Beim Lesen der blumigen Schmähungen konnte ich nicht umhin zu schmunzeln. Sie waren natürlich oft ehrenrührig, wobei die Adressaten sicher auch einige gepfefferte Entgegnungen für die Türken parat hielten, aber mitunter doch recht amüsant. Jedenfalls wirkten die Beschreibungen noch nicht übertrieben feindselig. Erst die großen Ereignisse außerhalb der Stadttore, die Balkankriege von 1912/13 und der Erste Weltkrieg, sollten Hassgefühle und Mordlust in das bislang so verspielte Smyrna bringen.

V JUNGE TÜRKEN

Mit der kosmopolitischen Routine in Smyrna zu Beginn des 20. Jahrhunderts war es im Juli 1908 vorbei.

Erstaunliche Berichte und Bilder erreichten die Stadt aus Salonica, der Hauptstadt der europäischen Reichsprovinzen, wo offenbar eine Revolution ausgebrochen war. Mehrere Offiziere der in Mazedonien stationierten Dritten Armee hatten Sultan Abdülhamid II. für entmachtet erklärt. Begeistert strömte die Bevölkerung vor die Präfektur. Die Menschen schwenkten eine große osmanische Flagge, die mit den Idealen der Französischen Revolution und den Worten »Lang lebe die Verfassung!« bedruckt war. Der griechische Erzbischof, der türkische Mufti und der Chef der bulgarischen Gemeinde traten gemeinsam auf den Balkon der Präfektur, umarmten sich und forderten ihre Volksgruppen auf, es ihnen im Geiste der Brüderlichkeit nachzutun. Allgemeiner Jubel brach aus, auf den Straßen von Salonica lagen sich Griechen, Türken und Bulgaren in den Armen. Dabei hatten die verschiedenen Ethnien, anders als in Smyrna, seit Jahren einen blutigen Kleinkrieg um die Vorherrschaft in der Provinz geführt. Nun aber sollten Volkshass und Attentate für immer vergessen sein.

»Wir sind alle Brüder«, verkündete Ismail Enver, der attraktive Anführer der Revolutionäre, die man Jungtürken nannte. Auf dem Hauptplatz der Stadt, der sogleich in den Platz der Freiheit umbenannt wurde, versprach der 26-jährige Armeeoffizier den Massen: »Von nun an gibt es keine Bulgaren mehr, keine Rumänen, keine

Griechen, keine Juden oder Muslime. Unter einem blauen Himmel sind wir alle gleich, und stolz, Osmanen zu sein.« Die willkürliche Herrschaft des Sultans sei zu Ende, fortan gehöre der Staat nicht mehr dem Monarchen, sondern allen Bürgern. Aber auch gegen die europäischen Großmächte richtete sich Enver in seiner Rede. Sie müssten anerkennen, dass ein revolutionär wiedergeborenes Osmanisches Reich die jahrzehntelange Bevormundung durch Europa beenden werde.

Die Jungtürken-Revolution war die erste große politische Umwälzung des neuen Jahrhunderts, lange vor den großen Revolutionen in St. Petersburg, Berlin und Wien zum Ende des Ersten Weltkriegs. Während jene Umstürze den Untergang der europäischen Kaiserreiche besiegeln sollten, zielte der Aufstand der Jungtürken noch nicht darauf ab, die Herrschaft der Sultane komplett zu beenden, sondern ihre Macht lediglich zu beschneiden. Die Revolutionäre forderten vor allem eine osmanische Verfassung, die Bürgerrechte garantierte und liberale Reformen ermöglichte. Bereits im Jahre 1876, auf dem Höhepunkt einer als *Tanzimat* (Reorganisation) bezeichneten Epoche westlich beeinflusster politischer Reformen, hatte sich der osmanische Staat erstmals eine Konstitution gegeben. Sie sollte den frühen nationalistischen Bewegungen im Reich entgegenwirken, indem sie die Rechte nicht-muslimischer Minderheiten erweiterte. Zwei Jahre später hatte der junge Sultan Abdülhamid II. die Verfassung jedoch außer Kraft gesetzt und seitdem absolutistisch geherrscht.

Die Tyrannei weckte den Widerstand besonders der Griechen und Bulgaren in den europäischen Reichsprovinzen. Ihre Anführer strebten danach, die Provinz Mazedonien mit der florierenden Hafenstadt Salonica vom Reich abzuspalten. Dieses Treiben alarmierte osmanische Militärs, die seit dem Verlust von Griechenland, Serbien, Bosnien und Bulgarien zunehmend unzufrieden mit der Regierung des Sultans waren. Auch die Einmischung europäischer Mächte in die inneren Angelegenheiten des Reichs beunruhigte sie. So verschworen sich die Offiziere, unter denen sich auch der in Salonica aufgewachsene Mustafa Kemal befand, gegen den tyrannischen Sultan, um Mazedonien dem Reich zu erhalten. Sie schlossen sich dem exilierten »Komitee für Einheit und Fortschritt« (KEF) an, das konstitutionelle Reformen sowie eine imperiale Renaissance forderte. Auch prominente Zivilisten aller osmanischen Volksgruppen, besonders Juden und Armenier, versammelten sich hinter dem KEF-Motto »*Hürriyet, Müsavat, Adalet*« – Freiheit, Gleichheit, Gerechtigkeit.

Als sich die Dritte Armee im Juli 1908 mehrheitlich hinter die revolutionären Forderungen stellte, entsandte der Sultan zunächst loyale Truppen aus Smyrna nach Salonica, die sich allerdings den Aufständischen anschlossen. So gab Abdülhamid schließlich nach, stimmte einer Verfassung zu und kündigte Parlamentswahlen an. Seine Tage an der Macht waren gezählt: Im April 1909 sollten die Jungtürken einen konterrevolutionären Aufstand niederschlagen und Abdülhamid zwingen, den Thron seinem jüngeren Bruder Mehmed zu überlassen, der als Sultan kaum mehr als eine KEF-Marionette war.

Wie in Salonica unterstützten die Menschen in Smyrna die Jungtürken-Revolution enthusiastisch. Ihre Vision von sozialer Harmonie begeisterte besonders die christlichen Volksgruppen. An der Corniche feierten sie tagelang, unbehelligt von der Polizei, und hielten Umzüge zu Ehren der Verfassung ab. Straßenmusiker spielten die Nationalhymnen Griechenlands, Frankreichs und Englands. Im Café de Paris, das sich eilfertig in Café de la Constitution umbenannte, befahlen osmanische Offiziere der Kapelle, neben dem *Hamidiye*-Marsch, der imperialen Nationalhymne zu Ehren des Sultans, auch die Marseillaise und die griechische Nationalhymne zu spielen. In den Straßen hingen Fahnen vieler Länder.

Das Versprechen der Jungtürken, allen osmanischen Bürgern unabhängig von ihrer Religion und ethnischen Herkunft die gleichen

Rechte zu geben, erleichterte besonders die Armenier, gegen die unter Sultan Abdülhamid immer wieder Metzeleien verübt worden waren. Die armenische Gemeinde von Smyrna gab im Hotel Kraemer zu Ehren eines lokalen KEF-Politikers ein großes Bankett. Ebenso herzlich begrüßten die Jungtürken in Smyrna den griechischen Kronprinz Andreas, der auf der Rückreise von Russland einen Zwischenstopp in der Stadt machte und von Tausenden Griechen jubelnd empfangen wurde. Im Herbst wurden im Osmanischen Reich erstmals Parlamentswahlen abgehalten, die die jungtürkische KEF-Partei haushoch gewann. Unter den 260 Abgeordneten waren 213 Muslime (119 Türken, 71 Araber, 15 Albaner, acht Kurden), 43 Christen (23 Griechen, zehn Albaner, vier Bulgaren, drei Serben, zwei Wallachen und ein katholischer Araber) und vier Juden. Einer der Parlamentarier aus Smyrna war der Grieche Karoldidi Effendi, ein Geschichtsprofessor an der Universität in Athen, der sich als Vertreter des Hellenismus und zugleich als guter Osmane verstand.

Im ersten revolutionären Schwung setzten die Jungtürken viele liberale Reformen durch: sie schafften die Sklaverei ab und lösten den kaiserlichen Harem auf, woraufhin die Damen in ihre Familien zurückkehren durften. Sie beendeten polizeiliche Willkür und die staatliche Zensur, was sogleich zu einem Aufschwung der Presse führte. Dann führten sie Alphabetisierungs-Kampagnen sowie eine Schulpflicht für die Grundschule ein. Damit begannen allerdings auch schon die Probleme. Der Unterricht erfolgte zunächst in der Muttersprache der Schüler, aber ab der Mittelschule sollte Türkisch zu einem Pflichtfach gemacht werden, worin die Griechen eine kulturelle Kampagne gegen sie witterten. Die größte Veränderung für die ethnischen Minderheiten bestand darin, dass der jahrelange Militärdienst fortan auch für christliche und jüdische Männer galt. Gleiche Rechte bedeuteten eben auch gleiche Pflichten. Die Aussicht, als einfache Soldaten unter türkischen Offizieren dienen zu müssen, trieb viele Christen und Juden in die Emigration. Andere nutzten die Möglichkeit, sich vom gefürchteten Wehrdienst freizukaufen.

»Ich kenne kein anderes Land, wo die Minderheiten über Jahrhunderte so sicher und wohlhabend waren, bevor sie sogenannte gleiche Rechte bekamen«, hat die türkische Schriftstellerin Halide Edib einmal das Paradox der bürgerlichen Emanzipation im späten Osmanischen Reich beschrieben. Trotz ihres hehren Ziels der Brüderlichkeit verstärkte die Jungtürken-Revolution schon bald die nationalistischen Bestrebungen aller Volksgruppen. Auch in Smyrna entstanden zahllose nationale Clubs und Vereine, die von den Behörden zunächst zugelassen und dann wieder verboten wurden. Mehr als die bürgerliche Gleichheit, die der neue supranationale Osmanismus der Jungtürken versprach, interessierte besonders die Griechen eher ein Ausbau ihrer nationalen Privilegien. Als Reaktion darauf setzten sich auch unter den türkischen KEF-Politikern bald die Nationalisten durch und drängten die Vertreter pan-osmanischer Ideen zurück.

Dieser Trend verstärkte sich noch, weil die Revolution von 1908 außenpolitisch mehrere negative Folgen hatte: während Österreich-Ungarn das osmanische Chaos nutzte, um Bosnien zu annektieren, erklärte sich Bulgarien endgültig für unabhängig. Auf Kreta brach eine weitere Rebellion der griechischen Bewohner aus, die *Enosis* (Einheit) mit Griechenland forderten. Darin wurden die Kreter auch von den griechischen Smyrnioten unterstützt, die in einigen Fällen sogar als freiwillige Kämpfer auf die Insel reisten. Empört organisierten türkische KEF-Politiker einen Boykott griechischer Geschäfte in der Stadt. Besonders betroffen waren die *Bakalis*, griechische Gewürzhändler, aber auch griechische Reeder, deren Schiffe die türkischen Hafenarbeiter nicht mehr beluden oder löschten. Erst nach heftigem Protest der um den Seehandel besorgten europäischen Konsuln wurde der Boykott beendet.

So kehrten die Smyrnioten zum *business as usual* zurück. Wieder füllten sich Läden und Cafés, im Jahre 1909 wurde das erste Kino der Stadt eröffnet. Eine Weile waren das Geschäft und das Amüsement wieder wichtiger als die Politik, aber schon bald verschlechterten sich die ethnischen Beziehungen in Smyrna weiter. Der Tripolitanien-Krieg des Reichs gegen Italien, der im Oktober 1912 mit der ersten großen Niederlage der Jungtürken endete, führte zur Ausweisung aller Italiener, sofern sie nicht die osmanische Staatsbürgerschaft annahmen. In einer anti-westlichen Kampagne hob der osmanische Staat zudem einige der alten Steuerprivilegien für Europäer auf, was ein erster Schlag für den internationalen Handelsstandort Smyrna war.

Das Ende der kosmopolitischen Levante läuteten die Balkankriege der Jahre 1912/13 ein, in denen Griechenland, Bulgarien, Serbien und Montenegro das Osmanische Reich besiegten und den Großteil der osmanischen Restprovinzen in Europa unter sich aufteilten. Das südliche Mazedonien wurde ebenso griechisch wie die Inseln Kreta, Chios und Lesbos. Anders als die politischen Kriege des 19. Jahrhunderts waren die Balkankriege von ethnischer Gewalt geprägt. Von allen Seiten wurden Zivilisten anderer Volksgruppen massenhaft umgebracht und vertrieben, was wiederum den Völkerhass innerhalb des Osmanischen Reichs verschlimmerte.

In Smyrna praktizierten die Türken und Juden einen erneuten Boykott gegen Griechen, die sich diesmal allerdings wehrten, indem sie ihrerseits türkische und jüdische Geschäfte boykottierten. Als sich die Armenier den Griechen anschlossen, verliefen gleich mehrere Fronten durch die Stadt. Da die griechische Regierung im ersten Balkankrieg kurzzeitig eine militärische Invasion Smyrnas erwog, blockierten die Türken die Hafeneinfahrt mit Minen. Fortan kam es trotz Lotsen zu schlimmen Schiffsunfällen: So lief im Dezember 1912 das unter US-Flagge fahrende Passagierschiff *Texas* auf eine Mine und sank mit 300 Menschen an Bord, von denen die meisten ertranken. Daraufhin blieben viele Schiffe der Stadt fern, der Seehandel brach ein.

Ein anderes Problem für die Stadt waren die Flüchtlinge. Während der Balkankriege flohen etwa 200 000 zumeist mazedonische Muslime vor Massakern, die von serbischen, griechischen und bulgarischen Truppen verübt wurden. Das siegreiche Königreich Griechenland bezahlte griechische Reeder für den Abtransport der Muslime. Mit jedem Schiff aus Salonica oder Kavala kamen bis zu 1500 Balkan-Flüchtlinge im Hafen von Smyrna an. Ein russisches Schiff brachte im Juli 1913 zudem 750 Juden, die lieber unter den Türken als unter den neuen griechischen Machthabern leben wollten. Im Februar 1913 gab es geschätzte 10 000 Obdachlose in der Stadt, die in Moscheen und türkischen Schulen schliefen. Das englische Konsulat sammelte und spendete 2000 Wolldecken für die Flüchtlinge, unter denen bald Seuchen ausbrachen.

Trotz der angespannten Lage nahm Smyrna weitere 20 000 muslimische Flüchtlinge aus Kreta auf. Auf den ersten Blick passten sie gut in die von Griechen dominierte Stadt, denn sie waren mit der griechischen Kultur und Sprache vertraut. Allerdings hatten sie auf ihrer Heimatinsel etliche von hellenischen Freischärlern verübte Massaker erlebt und wollten von multiethnischem Zusammenleben nichts mehr wissen. Der Zuzug der Kreta-Muslime vergiftete die einst tolerante Atmosphäre in Smyrna weiter, zumal sie wegen ihrer griechischen Sprachkenntnisse oft gute Posten in der Verwaltung bekamen und den Griechen das Leben schwer machen konnten.

Die Folgen der Balkankriege für das Osmanische Reich waren katastrophal. Sie brachten den Staat an den Rand des Bankrotts, tödliche Seuchen und Hunger grassierten überall. Das Reich verlor nicht nur seine europäischen Territorien, in denen mehr als ein Fünftel seiner 24 Millionen Einwohner gelebt hatten, sondern vor allem die Hafenstadt Salonica als Machtbasis und intellektuelles Zentrum. Dieser traumatische Verlust stürzte das Reich in eine Identitätskrise, in dessen Folge sich das politisch-kulturelle Gewicht vom Balkan nach Anatolien verlagerte, wo statt Osmanismus verstärkt pan-türkische Werte und Islamismus betont wurden. Viele Jungtürken empfanden es als eine Demütigung, von den einstigen Untertanen-Völkern besiegt zu werden. Damit endete die alte osmanische Toleranz für die Christen, und der neue Schlachtruf hieß: Türkei für die Türken!

Mit einem Putsch im Januar 1913 errichtete ein Jungtürken-Triumvirat aus Mehmed Talaat, Ahmed Cemal und Ismail Enver eine Diktatur, die bis Ende des Ersten Weltkriegs bestehen sollte. Dieselben Männer, die als Revolutionäre von 1908 noch die brüderliche Gleichheit aller osmanischen Volksgruppen verkündet hatten, waren zu extremen türkischen Nationalisten geworden. Für die Vertreibungen auf dem Balkan revanchierten sie sich, indem sie Griechen und Bulgaren aus ihren Wohngebieten deportierten und dort muslimische Flüchtlinge ansiedelten. An den Bahnhöfen von Smyrna kamen Züge aus griechischen Siedlungen an, deren Passagiere vor dem Terror der *Chettes*, türkischer Milizen, in die bislang noch sichere Stadt flohen. Deren Bevölkerung schätzte das deutsche Konsulat inzwischen auf knapp 300000 Einwohner, darunter 150000 Griechen, 90000 Muslime, 30000 Juden, 15000 Armenier sowie 13000 Europäer und Levantiner.

Im November 1913 schlossen die Jungtürken mit Bulgarien ein Abkommen über den freiwilligen Austausch der Bevölkerungen. Auch mit Griechenland liefen ähnliche Verhandlungen. In der ersten Hälfte des Jahres 1914 verließen etwa 250000 Griechen ihre kleinasiatische Heimat, darunter 80000 allein aus der Region Smyrna. Zugleich schloss Enver, der als Militärattaché in Berlin gedient hatte und die deutsche Kultur bewunderte, ein Bündnis mit Deutschland, dessen Kaiser Wilhelm II. dem Osmanischen Reich bereits unter Sultan Abdülhamid II. zugetan gewesen war.

Im November 1913 entsandte Berlin eine Gruppe von preußischen Offizieren um General Liman v. Sanders ins Jungtürken-Reich, um die osmanischen Streitkräfte zu modernisieren und auszubilden. Nun liefen deutsche Kriegsschiffe wie die *Breslau* und die *Göben* den Hafen von Smyrna an. Aus militärischen Gründen unterstützten die deutschen Verbündeten die Vertreibungen der christlichen Minderheiten, da sie im Kriegsfall eine fünfte Kolonne bilden könnten. Als General v. Sanders im März 1914, wenige Monate vor Ausbruch des Ersten Weltkriegs, die griechisch dominierte Stadt Ayvalik nördlich von Smyrna besuchte, wunderte er sich gegenüber dem lokalen Behördenchef, einem Türken, dass die Griechen noch immer in ihren Häusern lebten: »Sie waren also bislang noch nicht in der Lage, diese Ungläubigen ins Meer zu werfen?«

Historiker haben die Spirale der Gewalt jener Jahre gut dokumentiert. Die Lektüre ihrer Werke in der Institutsbibliothek war aufschlussreich, aber zugleich ziemlich deprimierend. Jedes historische Ereignis schien im Rückblick auf eine unvermeidliche Eskalation hinzuführen. In dieser Geschichtsschreibung, die stets das Negative und Trennende betonte, war jedes Massaker und selbst jeder Geschäftsboykott nur ein Vorspiel für das große Blutvergießen, das im Brand von Smyrna 1922 gipfeln sollte. War diese schreckliche Entwicklung wirklich zwangsläufig, fragte ich mich, oder hätte es nicht auch anders kommen können? Waren das Osmanische Reich und das kosmopolitische Smyrna unweigerlich dem Untergang geweiht gewesen?

Bei allem Mord und Totschlag wollte ich mich von der rein konfliktbezogenen Erzählung lösen und den Blick auf das richten, was die Menschen damals über alle ethnisch-kulturellen Grenzen hinweg miteinander verbunden hatte. Da war vor allem die wirtschaftliche Zusammenarbeit zwischen Ländern und innerhalb Smyrnas zu nennen. Der internationale Handel, so glaubte man zu Beginn des 20. Jahrhunderts, würde den damals seit Jahrzehnten währenden Frieden in Europa erhalten. Kommerziell so eng verflochten waren die europäischen Länder inzwischen, dass allein das wirtschaftliche Risiko sie davon abhalten würde, gegeneinander Krieg zu führen. Auch in Smyrna waren es die wirtschaftlichen Vorzüge und Arbeitsplätze einer großen Hafenstadt, die die verschiedenen Ethnien überhaupt erst zusammenbrachten. Wenn sie auch getrennt lebten, so arbeiteten sie doch miteinander und waren aufeinander angewiesen.

Smyrna war die größte Hafenstadt des gesamten östlichen Mittelmeers. Sie exportierte mehr Waren als jede andere Stadt des Nahen Ostens, einschließlich Konstantinopel und Alexandria. Kein Exportprodukt versinnbildlichte den gemeinsamen wirtschaftlichen Erfolg der Smyrnioten deutlicher als Teppiche, die in bürgerlichen Wohnungen Europas seit Mitte des 19. Jahrhunderts immer beliebter wurden. Die Produktionskette involvierte alle osmanischen Volksgruppen: Im anatolischen Hinterland pflückten Türken die Baumwolle und verwoben sie zu Teppichen, Armenier ließen sie sodann auf Kamelen nach Smyrna transportieren, von wo aus Griechen, Juden und Levantiner sie nach Europa verkauften.

Der wichtigste Teppichfabrikant zu Beginn des 20. Jahrhunderts war die Firma der armenischen Familie Spartali, die sich durch Heirat mit der levantinischen Familie Aliotti zusammengetan hatte. Weitere prominente Familien im Teppichhandel waren die italienisch levantinischen d'Andrias, die englischen Bakers und die ursprünglich französischen La Fontaines, die sich auf Design und Färben spezialisiert hatten. Zudem gab es einige türkische Exporteure wie etwa Muammer Uşaklıgil, den reichen Kaufmann mit der Villa in Göztepe, dessen Firmen allerdings kleiner waren.

Im Jahre 1907 war die Konkurrenz unter den levantinischen Familien um Baumwolle und Absatzmärkte so intensiv geworden, dass sie sich entschieden, ihre Firmen zu einem Kartell zu fusionieren. Sie gründeten die *Oriental Carpet Manufacturers* (OCM), die in Smyrna als ausländische Firma unter englischem Recht eingetragen wurde. Auch ein Amerikaner namens Charles B. Fritz wurde mit an Bord geholt, der in Konstantinopel mal einem osmanischen Wesir das Leben gerettet hatte und dafür mit einer riesigen Konzession anatolischer Baumwolle belohnt worden war.

Mit dem Monopol auf Wolle, Webmühlen und Färbereien stieg OCM nun innerhalb weniger Jahre zu einem der größten Konzerne im gesamten Reich auf. Ähnlich wie Smyrnas Kartell für den Feigenexport, kontrollierte OCM bald 90 Prozent aller türkischen Teppichexporte und hatte Verkaufsstellen in Alexandria, Wien, Moskau, London, Paris, Sydney und Buenos Aires. Sogar ein Drittel des persischen Teppichhandels lief über die OCM-Zentrale in Smyrna. Internationale Banken buhlten um den Konzern, dessen Profite in astronomische Höhen stiegen.

Probleme gab es nur mit den Arbeitern. Im Jahre 1910 beschäftigte OCM etwa 100000 Weber, zumeist türkische Frauen, die in Hausarbeit an 20000 Webstühlen im ganzen Land arbeiteten. Allein in der Weberstadt Uşak stieg die Teppichproduktion innerhalb von zehn Jahren von 75000 auf 250000 Quadratmeter pro Jahr. Obwohl sie rund um die Uhr schufteten, konnten die Weberinnen mit ihrer Handarbeit den rasant steigenden Bedarf bald nicht mehr decken. Für Ärger sorgte zudem die Angewohnheit der muslimischen Weberinnen, in jeden Teppich einen kleinen Webfehler einzufügen, weil in ihren Augen nur Allah vollkommen sein durfte und ein makelloser Teppich blasphemisch gewesen wäre.

Als die OCM deshalb neuartige industrielle Webmühlen erbauen ließ, die viele Frauen arbeitslos machten, randalierten die Weberinnen und zerstörten die Anlagen. Der Konzern reagierte hart, ließ die Mühlen anderswo errichten und stellte als Handweberinnen nur noch Griechinnen oder Armenierinnen ein. Dies hatte neben den gottgefälligen Webfehlern den Grund, dass OCM rigide Qualitätskontrollen einführte und die männlichen Inspekteure nicht in muslimische, wohl aber in christliche Haushalte eintreten durften. So spielte der große Konzern die Frauen gegeneinander aus. Er verdrängte nicht nur anatolische Weberinnen, sondern auch kleinere türkische Teppichfirmen, die dem Preisdruck nicht mehr standhalten konnten. Deren Eigentümer, wie etwa der reiche Kaufmann Uşaklıgil, beschwerten sich darüber bei den staatlichen Behörden. Die Jungtürken-Politiker nahmen sich der Sache an und schürten zunehmend Ressentiments gegen die OCM und andere nicht-türkische Händler. Deren rechtliche Privilegien, so wurde immer lauter gefordert, gehörten endlich abgeschafft. Besorgt tauschten viele levantinische Geschäftsleute in der Folge ihre osmanische Staatsbürgerschaft gegen einen Pass ihrer ursprünglichen Herkunftsländer ein, um vor staatlichen Repressalien sicher zu sein. Selbst die Kosmopoliten Smyrnas begannen nun, Zuflucht in nationalstaatlichen Zugehörigkeiten zu suchen.

Im Rückblick erschien die *Oriental Carpet Manufacturers* wie der Prototyp eines multinationalen Konzerns, der in einem neoliberal globalisierten Markt ungebremst expandieren konnte. Aber auch Branchen, deren Geschäftsmodell weniger rücksichtslos war, wurden zunehmend ethnischer geordnet, wie die häufigen Geschäftsboykotte zeigten. Materielle Anreize reichten nicht mehr aus, um den Eifer konkurrierender Nationalismen zu besänftigen. Gute wirtschaftliche Beziehungen schützten nicht vor politischer Torheit. Selbst in Smyrna waren Deals nicht mehr stärker als Ideale.

Wieder stellte ich mir die Frage, so naiv sie vielleicht klingen mochte: Wenn schon nicht Handel, was gab es dann noch, das die Bewohner der Stadt damals miteinander vereinte? Konnte sie denn nichts in dem Wunsch bestärken, mit allen ihren Nachbarn harmonisch verbunden zu bleiben? Die Religionen hätten dieses Bindemittel sein können, wenn sich Menschen doch nur auf ihren gemeinsamen Glauben an einen Gott gleich welchen Namens besinnen würden, anstatt sich ständig über den korrekten Zugang zum Göttlichen zu streiten oder sich selbst als einzig auserwählte Gläubige zu sehen.

Wenn sogar spirituelles Empfinden die Menschen eher trennte als vereinte – was blieb ihnen dann noch?

»Die Musik!«, rief Mehmet Özbilgin aus, über das ganze Gesicht strahlend. »Nur die Musik kann die Menschen verbinden.« Der quirlige Mittfünfziger war Ethnologe an der Ägäischen Universität und galt landesweit als der beste Kenner balkanischer Volkslieder und Tänze. Ich hatte ihn aufgesucht, um mehr darüber zu erfahren, wie man im alten Smyrna zusammen gefeiert hatte. In elegantes Schwarz gekleidet, empfing mich Özbilgin im ethnologischen Museum der Universität, dessen Direktor er war. In der Ausstellung würden mich einmalige Exponate erwarten, verkündete er augenzwinkernd. Wie ein Zirkusdirektor hielt er einen Moment inne, um die Spannung zu erhöhen, bevor er die Tür öffnete und das Licht anknipste. Der Anblick, der sich mir bot, ließ meine Augenbrauen unwillkürlich nach oben schießen. In einem Raum, der einem kleinen Theater glich, standen über zwei Stockwerke unzählige Schaufensterpuppen, die mit traditionellen Volkstrachten bekleidet waren. Eigentlich machte ich mir nicht viel aus solchen Dingen, aber diese Sammlung war wirklich erstaunlich.

»Sie stammen aus dem gesamten ehemaligen Osmanischen Reich«, erklärte Özbilgin stolz. »Vom Kaukasus bis zum Balkan, in jahrzehntelanger Arbeit aufgespürt und zusammengetragen.« Die meisten Trachten – ein Feuerwerk aus Kleidern, Pluderhosen, Schärpen, Weißhemden, Stickwesten, Schleiern, Silbergürteln und Fezen – stammten aus dem 19. Jahrhundert, wurden aber in einigen ländlichen Regionen noch bis vor wenigen Jahrzehnten getragen. Auf kleinen Schildern waren die Orte vermerkt, wo der Ethnologe sie gefunden hatte: Die Kleinstadt Prizren im Kosovo stand da ebenso wie das Dorf Gora in Bosnien. Auch griechische Bauerntrachten aus Epidaurus und Kastoria waren dabei. Viele der Puppen wirkten wie Tänzer, der ganze Raum wie ein Ballsaal, in dem sich die Völker des Osmanischen Reichs noch einmal zum gemeinsamen Tanz versammelt hatten.

Auf seinen Reisen im post-osmanischen Raum suchte Özbilgin

auch nach alten Bauerntänzen und Liedern. Dafür fuhr er oft nach Griechenland und die türkische Westküste entlang. Beiderseits der Ägäis finde er dieselben Rhythmen und Melodien wieder, sagte er. »Es gibt große Ähnlichkeiten zwischen Türken und Griechen. Wir sind wie getrennte Geschwister, in unserer Musik, der Körpersprache, dem gegenseitigen Berühren.« Der Bevölkerungsaustausch in den 1920er Jahren habe die Dinge paradoxerweise nicht klarer getrennt, sondern erstmal noch bunter gemischt. Mit den Vertriebenen kam griechische Festlandmusik nach Izmir, während in Thessaloniki auf einmal anatolische Lieder zu hören waren. In Griechenland seien noch heute türkische Weisen und Tänze zu finden.

»Schon vor hundert Jahren hat die Musik die Menschen in Izmir verbunden«, sagte der Ethnologe. Während das Theater und die Literatur der Stadt sehr von Europa beeinflusst wurden, sei die Musik immer authentisch lokal geblieben und habe ethnische Grenzen überschritten. Fernab vom europäischen Quai trafen sich Bürger aller Couleur in den einfachen Teehäusern am Ufer des Meles-Flusses, wo nächtelange Tanzbälle veranstaltet wurden. Nahe der alten Karawanen-Brücke lauschte man Geschichtenerzählern und konnte Schattentheater sehen. »Dieses Theater wird *Karagöz* (Schwarzauge) genannt und existiert heute noch«, erläuterte der Ethnologe. »Auch in Griechenland, wo es *Karaglozis* heißt und als osmanisches Kulturerbe anerkannt wird.«

Gerade griechische Musiker waren kulturelle Vermittler, denn ihre Lieder mussten allen Gästen gefallen. Daher spielten sie an der Corniche wie in den Teehäusern eine große Vielfalt an Rhythmen: Der griechische *Syrtos* der Attika und der Inseln mischte sich mit dem kleinasiatischen *Karsilamas*, dem balkanischen *Hassaposervikos*, dem pan-orientalischen *Tsifteteli*, der Sufi-Musik der Derwische sowie europäischen Klängen aus Mazurka, Polka, Walzer und Marschmusik. Es war ein wahrer musikalischer Mischmasch. Sogar westliche Tonalmusik mit ihren regelmäßigen Intervallen und östliche

Modalmusik mit variablen Intervallen wurden kombiniert wie nirgendwo sonst. Späte Erben dieser gegenseitigen Befruchtung waren die bekannte Musik des *Rébétiko* und seine smyrniotische Sonderform, die *Smyrnaika.* »Nur in Izmir kann man diese Musik leider nicht mehr hören«, sagte Özbilgin bedauernd. »Dafür muss ich heute nach Thessaloniki oder Piräus fahren.«

Als ich mich von dem Ethnologen verabschiedete, hatte ich gelernt, dass das alte Smyrna mehr als ein kleines Paris gewesen war. Französische Reisende mochten die Stadt so empfunden haben, doch sie hatten selten hinter die Fassaden an der Corniche geblickt. Auch in den vermeintlich krassen Gegensätzen zwischen europäischer Moderne und orientalischer Tradition, die sie zwischen dem Quai und dem Basarviertel festgestellt hatten, hatte es tatsächlich viele fluide Übergänge gegeben. Schließlich war multikultureller Kosmopolitismus keine Erfindung des Westens, sondern im Nahen Osten schon lange alltäglich gewesen. Die Essenz des polyethnischen Smyrnas hatte in den einfachen Liedern und Tänzen gelegen. Allein, auch die Musik konnte die Stadt nicht retten.

Der Ausbruch des Ersten Weltkriegs im Sommer 1914 veränderte alles. Auf Druck des deutschfreundlichen Enver schlug sich das Jungtürken-Triumvirat auf die Seite der Mittelmächte und befahl der osmanischen Marine im Oktober, die russische Stadt Odessa anzugreifen. Nach dem Kriegseintritt galten die meisten der im Reich lebenden Europäer als feindliche Ausländer. Für Smyrna bedeutete dies, dass die bislang so mächtigen Konsuln Frankreichs und Großbritanniens ausgewiesen und die Levantiner generell als Staatsfeinde betrachtet wurden. Man beschlagnahmte ihr Vermögen und verstaatlichte ihre Fabriken, damit sie fortan für die Streitkräfte produzierten. So musste sich der englische Teppichkonzern *Oriental Carpet Manufacturers* nun als osmanische Firma registrieren lassen, um fortan hauptsächlich Armeeuniformen herzustellen.

Die jahrhundertealten Handelsprivilegien für Europäer, die sogenannten Kapitulationen, hob der Staat auf und stellte Ausländer unter osmanisches Recht. Die privaten Eisenbahngesellschaften wurden verstaatlicht, der Export von Trockenfrüchten kam ebenso zum Erliegen wie das private Postwesen. Per Gesetz wurden Firmen dazu verpflichtet, ihre Bücher und Korrespondenz statt wie bisher auf Französisch und Griechisch fortan auf Türkisch zu führen und Türken einzustellen. Die großen Handelshäuser mussten ihre Arbeiter entlassen, die französischsprachigen Zeitungen, wie das seit 1884 bestehende *Journal de Smyrne*, schlossen aus Mangel an Lesern und Papier.

Innerhalb von Wochen wurden alle wehrfähigen Männer Smyrnas mobilisiert, die Türken kamen in die Armee und die aus Sicht des Regimes vertrauensunwürdigen Christen in sogenannte Arbeiter-Bataillone. Dahinter verbargen sich anatolische Arbeitslager, in die alle kleinasiatischen Griechen, die nicht auf die Inseln fliehen konnten, in langen Marschkolonnen deportiert wurden, und wo viele an Unterernährung, Misshandlung und Typhus starben. Auch die deutschen Verbündeten unter General v. Sanders, der oft nach Smyrna kam, hielten die Deportationen wegen des Spionagerisikos für militärisch notwendig. So war es kein Wunder, dass die Einwohner der Stadt mehrheitlich mit den westlichen Alliierten sympathisierten. Im innergriechischen Streit zwischen dem pro-deutschen König Konstantin und dem pro-englischen Premierminister Venizelos über einen Kriegseintritt gegen die Mittelmächte, der erst im Juli 1917 erfolgen sollte, waren die Griechen Smyrnas eher auf Venizelos' Seite.

Während der furchtbaren Schlachten an den Dardanellen, bei denen vor Gallipoli mehr als 330 000 alliierte und türkische Soldaten umkamen, tauchte Anfang März 1915 eine alliierte Flotte in der Bucht von Smyrna auf. In letzter Minute konnten die Levantiner Eric Whittall und Charles Carabiber zwischen dem osmanischen Gouverneur Rahmi Bey und dem englischen Flottenadmiral vermitteln, um ein Bombardement der Stadt zu verhindern. »*Yakarim, vermem!*«, hatte Rahmi Bey in den Verhandlungen gedroht – eher brenne er die Stadt nieder als sie zu übergeben. Dabei hegte der aus Salonica stammende Statthalter insgeheim Sympathien für die Entente und stand dem Jungtürken-Regime kritisch gegenüber. Bis auf einen begrenzten Beschuss durch die Royal Air Force blieb Smyrna auch aufgrund der Präsenz vieler Ausländer vom Kampfgeschehen weitgehend verschont. Die Deutschen, deren Armeeangehörige im Reich türkische Uniformen trugen, richteten ein Etappenlazarett und ein Soldatenheim in Smyrna ein. Die Luftwaffe verlegte zudem einige Flugzeuge in die Nähe der Stadt. Den Piloten gelang es, zwei britische Flieger abzuschießen, wofür sie von den Türken tagelang als Helden gefeiert wurden.

Die Seelsorge der deutschen Offiziere und Soldaten in Smyrna wurde dem evangelischen Pfarrer Otto Stahl übertragen, der inzwischen seit fast zehn Jahren in der Stadt lebte und mit seiner norwegischen Frau Gertrud kurz vor dem Krieg ein weiteres Kind bekommen hatte. Gleich zu Beginn seiner neuen Rolle als Militärpfarrer hatte General v. Sanders ihm den osmanischen Eisernen Halbmond überreicht: »Zum Zeichen, dass Sie nun zu uns gehören.« Es handelte sich dabei um eine vom Sultan gestiftete Kriegsmedaille, auch Gallipoli-Stern genannt, die dem Eisernen Kreuz der deutschen Armee entsprach.

Wider Erwarten wurde Ottos Jugendtraum, zum Militär zu gehen, plötzlich wahr. Eine seiner ersten Aufgaben bestand darin, auf dem Konak-Platz in Smyrna einen gemeinsamen christlich-mohammedanischen Feldgottesdienst für deutsche und türkische Soldaten abzuhalten. Der Alltag in seiner evangelischen Gemeinde änderte sich hingegen kaum, wie Otto in seinen Memoiren schreiben sollte: »Ich kann leider nicht sagen, dass der Zuwachs an deutschen Offizieren die Zahl meiner sonntäglichen Kirchenbesucher wesentlich vermehrt hätte.«

Allerdings litten die geliebten Musikabende unter dem Krieg. Die aufbrechenden nationalen Gegensätze bereiteten dem von Otto mitgegründeten Orchester, der *Societé philharmonique de Smyrne*, ein abruptes Ende. Einige Mitglieder, wie sein bester Freund Lampe, wurden zum Militärdienst eingezogen, andere lehnten es ab, weiterhin mit Angehörigen nunmehr feindlicher Länder zu musizieren. Auch Ottos Streichquartett, das vor 1914 noch sehr international besetzt gewesen war, traf sich nun seltener und nahm einen eher deutschen Charakter an. Neues Mitglied wurde General Bruno v. Trommer, der seit Kriegsausbruch in einer großen Villa am Wasser residierte und über eine Limousine mit Fahrer verfügte. Der General war ein anderes Kaliber als seine bisherigen Mitspieler, wie Otto bald erkannte: »Er spielte selber Cello, führte aber ein vollständiges Streichquartett guter italienischer Instrumente mit sich. Wenn er uns dann mit seinem Wagen abholen ließ zum Musizieren, dann brauchte man nicht einmal sein Instrument mitzubringen, sondern durfte auf den seinigen spielen.«

Wie gemischte Musikgruppen belastete der Krieg auch viele binationale Familien in Smyrna. So wusste Otto von einer Ehe zweier Engländer zu berichten, von denen der Mann deutsche Wurzeln hatte, was bis 1914 niemandem aufgefallen war. »Sein Verkehr war ausschließlich englisch. Aber in der patriotischen Welle des Kriegsausbruches erwachte sein deutsches Herz.« Der Mann begann sich bei Otto die deutschen Heeresberichte zu besorgen, während ihm seine Frau englische Quellen über den Verlauf des Kriegs entgegenhielt. »Beide Ehegatten waren tief fromm, aber auch ihr Christentum hatte kaum die Kraft, ihre Gemeinschaft gegen die Trennung durch den nationalen Gegensatz zu schützen.« Als der Mann bald darauf an Flecktyphus starb, verfügte er zum zusätzlichen Kummer seiner Frau, dass er nicht von ihrem anglikanischen Pastor auf dem englischen, sondern von Otto auf dem deutschen Friedhof bestattet werden wollte.

Während der Krieg am kosmopolitischen Gewebe der Stadt zerrte, bot Smyrna unter seinem eigenwilligen Gouverneur zugleich eine sichere Zuflucht für christliche Minderheiten. Dies galt für Griechen aus dem Umland, die vor dem Terror türkischer Milizen flohen, sowie für armenische Flüchtlinge des Völkermords in Ostanatolien. Das Jungtürken-Triumvirat hatte die Deportationen der und Metzeleien an den Armeniern im Jahre 1915 unter dem Vorwand angeordnet, dass sie sich mit der russischen Armee, die im Osten des Reichs einmarschiert war, verbünden könnten, was in Einzelfällen auch geschah. Tatsächlich aber nutzten die Jungtürken den Weltkrieg gezielt dazu, um die ungeliebte christliche Minderheit zu beseitigen, ohne eine diplomatische Einmischung des Auslands fürchten zu müssen.

Den deutschen Verbündeten blieb das verbrecherische Vorgehen der Jungtürken, das die Nationalsozialisten beim Judenmord während des Zweiten Weltkriegs kopieren sollten, keineswegs verborgen. Der deutsche Botschafter in Konstantinopel, Hans v. Wangenheim, berichtete dem deutschen Reichskanzler Theobald v. Bethmann Hollweg über die türkischen Gräueltaten. Selbst ein einfacher Militärpfarrer wie Otto bekam die Verbrechen mit: »Jetzt, unter Enver, wurde die Ausrottung zum Programm gemacht und unter unsäglichen Grausamkeiten und hinterlistiger Missachtung aller Proteste und diplomatischen Schritte systematisch durchgeführt.« Immer wieder, so schrieb Otto später, hätten General v. Sanders und andere deutsche Offiziere in Berlin versucht, für die Armenier einzutreten, doch weder die Heeresführung noch der Kaiser hätten ihnen Gehör geschenkt.

Aus Bündnistreue intervenierte die deutsche Regierung nicht. Auch die Deutschen zogen für ihre militärischen Pläne eine Türkei ohne Minderheiten vor. In der Folge wurde etwa die Hälfte der 2,1 Millionen osmanischen Armenier umgebracht. Diesen ersten nationalistisch motivierten Genozid der Weltgeschichte überlebten nur die armenischen Einwohner der großen Städte, vor allem Konstantinopel und Smyrna. Zwar hatte Gouverneur Rahmi Bey einen Befehl erhalten, die 15000 Armenier der Stadt deportieren zu lassen, ihn aber nicht ausgeführt. Als ihn das Triumvirat deshalb in die Hauptstadt zitierte, begründete er seine Weigerung damit, dass viele Armenier in Smyrna kriegswichtige Aufgaben erfüllen würden. Damit setzte sich der Gouverneur durch, so dass die armenischen Bewohner der Stadt gerettet wurden.

Mitten im Krieg gingen in Smyrna einige der gewohnten Vergnügungen weiter: Im Herbst 1917 feierte Verdis *Rigoletto* eine glanzvolle Premiere im Opernhaus. Es war ein gesellschaftliches Großereignis, noch einmal erschien das Publikum in Smokings und prächtigen Abendkleidern. Kaum ein Jahr später zeichnete sich die Niederlage der Mittelmächte und des Osmanischen Reichs ab. Fast eine halbe Million türkischer Soldaten waren im Kampf gefallen, an Krankheiten gestorben oder verhungert. Smyrnas Gouverneur schickte den Levantiner Edmond Giraud nach Athen, um den dortigen britischen Botschafter um eine Waffenruhe zu ersuchen. Als im Oktober 1918 das Jungtürken-Triumvirat auf einem deutschen Kriegsschiff ins Exil floh, wo alle drei Diktatoren bald gewaltsame Tode sterben sollten, wurde auch Rahmi Bey entlassen, der auf seinem Posten viel unternommen hatte, um die Stadt und ihre Einwohner vor Unheil zu bewahren.

Am 30. Oktober 1918 wurde ein Waffenstillstand für das Reich unterzeichnet, der die osmanische Souveränität beendete. Alle deutschen Heeresangehörigen und Lazarettärzte verließen Smyrna in einem Sonderzug nach Konstantinopel, um der Gefangennahme zu entgehen. Zum Abschied kamen Pastor Otto, der nun wieder Zivilist war, und einige andere Deutsche zum Bahnhof und sahen dem Zug hinterher. Sie hatten das »Gefühl, schutzlos den Feinden ausgeliefert zu sein. Wir wussten, dass wir uns nun nicht mehr in einer befreundeten, sondern in einer feindlichen Stadt befanden, wo wir noch bis vor kurzem gefürchtete Machthaber gewesen waren.«

Die alliierte Besatzung begann wenige Tage später, als ihre Kriegsschiffe in die Häfen von Konstantinopel und Smyrna einliefen. Sie brachten englische, französische, italienische und amerikanische Truppen. Anders als in der alten Reichshauptstadt am Bosporus wurden die Schiffe in Smyrna begeistert empfangen. Zu Kirchengeläut und Fabriksirenen versammelten sich Tausende jubelnde und fahnenschwenkende Menschen am Quai. Verwundert verfolgte Otto das Geschehen: »Während es unter türkischer Herrschaft strengstens verboten war, eine griechische blau-weiße Fahne auch nur zu besitzen, geschweige denn zu zeigen, wallte jetzt auf einmal die ganze Stadt – abgesehen natürlich von dem abseits am Pagos gelegenen Türkenviertel – von blau-weißen Fahnen, und auf den Straßen fielen sich die Griechen in die Arme.«

Auch Poster des griechischen Premiers Venizelos schwenkten die Griechen, im Café de Paris am Quai stimmte die Sängerin Madame Galinéa die griechische Nationalhymne an. Griechen warfen ihren Fez zu Boden und zertraten ihn zum Zeichen, dass das osmanische Joch nun auch für sie ein Ende haben würde. Schon bald schlug die nationale Hochstimmung in Gewalt um. Griechische Banden begannen damit, türkische Zivilisten zu verprügeln. Als der österreichisch-jüdische Direktor des Hotel Kraemer es ablehnte, am Hoteleingang eine griechische Fahne aufzuhängen, hätte ein aufgebrachter Mob ihn beinahe gelyncht, wenn nicht englische Matrosen eingeschritten wären. Auch das Kino Pathé wurde von Griechen zertrümmert, weil der italienische Besitzer keine griechischen Fahnen hissen wollte.

Schon am ersten Tag der alliierten Besatzung ahnte Otto, dass seine Zeit in Smyrna abgelaufen war. Wie fast alle Deutschen und Österreicher wurde er von den britischen Verwaltern des Landes verwiesen und reiste Anfang 1919 per Schiff aus Konstantinopel nach Venedig aus. Seine Frau Gertrud wurde als norwegische Staatsbürgerin zwar weiterhin in Smyrna geduldet, folgte ihm aber bald mit den Kindern nach. Nach einer langen Reise im Frachtraum eines türkischen Kohlendampfers wurde die Familie mit Otto in dessen schwäbischer Heimat wiedervereint. Von dort aus sollten sie den Untergang ihres geliebten Smyrna verfolgen und nie wieder in den Orient zurückkehren.

Schon bald nach Kriegsende begannen sich Griechenland und Italien um die Kontrolle über Smyrna zu streiten. Zu Weihnachten 1918 lief ein griechischer Zerstörer im Hafen der Stadt ein, dessen Kapitän in einer Ansprache vor dem lokalen Hellenischen Zirkel vollmundig verkündete: »Smyrna wird fortan griechisch sein.« Die Entscheidung hierüber sollte jedoch nicht in Clubzimmern der Stadt, sondern auf der großen Pariser Friedenskonferenz fallen. Dort forderte Venizelos von den Alliierten alle von Griechen bewohnten Gebiete entlang der türkischen Westküste, einschließlich Smyrna. Er berief sich dabei auf das vom US-Präsidenten Wilson postulierte nationale Selbstbestimmungsrecht der Völker. Tatsächlich kehrten im Krieg deportierte Griechen inzwischen in ihre kleinasiatischen Heimatorte zurück, wo sie ihre Häuser oft zerstört oder von muslimischen Flüchtlingen besetzt vorfanden, die sie nun ihrerseits wieder zu vertreiben begannen.

Die italienische Delegation auf der Konferenz forderte Smyrna mit der Begründung, dass Genuesen und Venezianer schon im Mittelalter dort gesiedelt hätten und dass die Türken die Italiener den Griechen vorziehen würden. Um vollendete Tatsachen zu schaffen, besetzten italienische Truppen, die seit einigen Jahren bereits die dodekanischen Inseln um Rhodos kontrollierten, im März 1919 den Südwesten der Türkei, während die Griechen in einer Machtdemonstration einen Panzerkreuzer in der Bucht von Smyrna positionierten. Zugleich versuchten sich auch die Osmanen wieder Gehör zu verschaffen, indem der Kronprinz Abdürrahim Efendi im April 1919 mit dem Zug nach Smyrna reiste. Der Besuch sollte die Jungtürken-Diktatur vergessen lassen und dynastische Kontinuität demonstrieren. In der Stadt wurde der Sultan *in spe* von enthusiastischen Massen begrüßt, unter denen sich nicht nur Türken, sondern auch viele Griechen, Armenier, Juden und Levantiner befanden. Es war, als ob sich viele Smyrnioten aller Ethnien noch immer dessen bewusst waren, dass nur eine tolerante imperiale Herrschaft ihr friedliches Zusammenleben gegen aggressive Nationalismen schützen konnte.

Am Ende waren es die Briten, die den Griechen den Zuschlag gaben. Deren Premierminister David Lloyd George betrachtete Griechenland als christliches Bollwerk gegen die Türken, die er als muslimische Barbaren verabscheute. Obwohl das osmanische System die zivilisatorische Blüte Smyrnas erst ermöglicht hatte, behauptete der Brite in typischer Kolonialmanier, eine griechische Besatzung komme einer zivilisierenden Mission gleich. Als ein Verehrer der antiken Hellenen bewunderte Lloyd George den eloquenten Venizelos als modernen Wiedergänger von Perikles. Hinzu kam die Sorge der britischen Regierung, die alliierten Großmächte könnten mit der militärischen Besatzung des Osmanischen Reichs überfordert sein. Daher schlug Lloyd George dem griechischen Premier vor, Smyrna und seine Umgebung zu besetzen, was Venizelos bereitwillig annahm. Am Vorabend der Invasion ließen die englischen Verwalter die Entscheidung in griechischen Zeitungen Smyrnas verkünden. Die türkische Bevölkerung reagierte geschockt und versammelte sich auf dem Konak-Platz. Aus Protest wurden große Feuer entzündet, Menschen weinten und schimpften. Auch die Levantiner und Juden lehnten eine griechische Besatzung ab; nur die Armenier waren dafür.

Am Morgen des 15. Mai 1919 liefen 16 griechische Kriegsschiffe, von britischen Kreuzern begleitet, in die Bucht von Smyrna ein und legten am Quai an. Unter großem Jubel der griechischen Einwohner gingen 13 000 Soldaten an Land. Der griechisch-orthodoxe Metropolit Chrysostomos erschien in voller priesterlicher Montur, um die Truppen zu segnen und ihnen Gottes Beistand zu wünschen. Mit Tränen in den Augen ging der Geistliche, der wenige Jahre zuvor aus Mazedonien nach Smyrna gekommen war und oft rhetorisches Öl ins Feuer der Nationalisten goss, auf die Knie und küsste die Fahnen der griechischen Regimenter. Dann führte er die Truppen in einer spontanen Parade die Corniche entlang, während Blumen flogen und Kirchenglocken läuteten.

Es kam, wie es kommen musste. In der Nähe der osmanischen Kaserne am Konak-Platz fiel ein Schuss. Wer ihn abgab, wurde nie geklärt. Daraufhin griffen die griechischen Truppen die Kaserne und das Rathaus an. Sie nahmen mehrere türkische Soldaten gefangen, die sie am Quai öffentlich erniedrigten, malträtierten und umbrachten. Im Laufe des Tages verübten griechische Soldaten und Stadtbewohner weitere gewalttätige Übergriffe und Plünderungen im türkischen Viertel, bei denen etwa 400 türkische Zivilisten getötet wurden. Unter den Toten befanden sich auch etliche Griechen, die von den griechischen Soldaten wegen ihrer osmanischen Feze für Türken gehalten worden waren. Die Briten beobachteten die Geschehnisse von ihren Schiffen aus, schritten aber nicht ein.

In den folgenden Tagen rückten die griechischen Truppen in das Hinterland von Smyrna vor, wo sie türkische Dörfer niederbrannten und viele Zivilisten töteten. Die Gräueltaten empörten die Türken und verursachten einen nationalistischen Aufschrei im ganzen Reich. In Konstantinopel versammelten sich 200 000 Menschen zu einem Protestmarsch, auf dem die türkische Schriftstellerin Edib die griechischen Besatzer als Mörder brandmarkte und zur Befreiung Smyrnas aufrief. Wenige Tage später landete Kemal, der Kriegsheld von Gallipoli, in der Schwarzmeerstadt Samsun und begann damit, in Anatolien türkische Truppen für eine nationale militärische Gegenwehr aufzustellen. Zwar bestraften die neueingesetzten Besatzungsbehörden die zivilen Rädelsführer des anti-türkischen Pogroms und bemühten sich auch in den folgenden drei Jahren um eine allseits faire Verwaltung, doch der entstandene Schaden war nicht wiedergutzumachen. Die multikulturelle Harmonie in Smyrna war endgültig vergiftet und für die Zukunft unmöglich gemacht worden.

Die Risse gingen durch alle Gesellschaftsschichten, wie auch ein pikanter Society-Skandal jener Tage deutlich machte. Er betraf den Teppichhändler Uşaklıgil, den reichsten türkischen Geschäftsmann der Stadt, der die prächtige Villa in Göztepe besaß. Als Bürgermeister hatte er sich einen Ruf als Lebemann erworben, der sich, ganz im permissiven Geiste Smyrnas, gerne in den Etablissements des Hafenviertels vergnügte. Dort verliebte sich der Türke in eine griechische Tänzerin namens Despina, die in einem billigen Kabarett für Matrosen auftrat. Schon bald wurde Despina seine Geliebte, doch mit dem Sturz der Jungtürken, die Uşaklıgil aktiv unterstützt hatte, begann seine Macht in Smyrna zu schmelzen. Beim Einmarsch der Griechen ließ Despina ihn, ob aus patriotischen Gefühlen oder opportunistischem Gespür, für einen griechischen Marineoffizier fallen. Schon bald erfuhr die gesamte High Society Smyrnas von den Skandalgerüchten, die sogar den türkischen Dichter Atilla Ilhan zu einem Poem inspirierten: »Die Invasion brachte in Izmir alles durcheinander, aber Despina wusste die schändliche Nacht dafür zu nutzen, um mit dem Oberst Zafiru im Splendid zu schlafen, vor den griechischen Kriegsschiffen in der Bucht.« Die stadtbekannte Schmach trieb Uşaklıgil schließlich ins Exil nach Frankreich, wo er ein Sommerhaus in Biarritz besaß. Seine Tochter Latife hingegen sollte in Smyrna noch von sich reden machen.

Im August 1920 schlossen die Alliierten mit der Hohen Pforte den Vertrag von Sèvres, einen Diktatfrieden, in dem die Sieger das Osmanische Reich zu zerschlagen versuchten, um Kontrolle über den Nahen Osten zu erlangen. Wie vom Habsburgerreich nur Österreich übrig geblieben war, so sollte vom Reich der Sultane nur ein anatolischer Rumpf bestehen bleiben, während die Alliierten alle übrigen Territorien unter sich aufteilten. Die Armenier und Kurden sollten eigene Staaten erhalten. Smyrna wurde unter griechische Verwaltung gestellt und sollte nach fünf Jahren über einen Anschluss an Griechenland entscheiden. Die aufständische Nationalbewegung unter Kemal lehnte den Vertrag empört ab, so dass Lloyd George die griechische Regierung ermutigte, tiefer nach Anat lien einzumarschieren, um militärischen Druck auf Kemal auszu n. Die Griechen, die weitere hellenische Siedlungsgebiete siche wollten, ließen sich nicht zweimal bitten und schoben ihre Trup weit über die Grenzen des ursprünglichen Besatzungsgebiets hin

Dabei verübten sie zahlreiche Kriegsverbrechen an r muslimischen Zivilbevölkerung, die zu einer Massenflucht Türken führten und die der britische Historiker Arnold J. Toynb ls Teil eines systematischen Ausrottungskriegs bezeichnete. Als K skorrespondent des *Guardian* berichtete Toynbee über zahlrei von der griechischen Armee verübte Massaker, deren Augenze er wurde. In der Stadt Ismid ließen die Truppen im Juni 1921 das türkische Viertel plündern und niederbrennen, wie der Brite r Ort feststellte: »Die Moscheen waren nicht nur ihrer Teppiche u Möbel beraubt, sondern bewusst geschändet worden. Im Innenho und selbst in den Räumen der Hauptmoschee, der Pertev Mehmed Jamy'sy, hatte man Schweine geschlachtet und liegen gelassen. (…) Die männlichen Bewohner der zwei türkischen Viertel Baghcheshme und Tepekhane in der Oberstadt, fern der See, waren zum Friedhof gezerrt und in Gruppen erschossen worden.«[35]

Im selben Monat erhielt Smyrna einen Besuch des griechischen Königs Konstantin, der nach dem Tod seines Sohnes Alexander durch einen Affenbiss und der Wahlniederlage von Venizelos aus dem Exil auf den Thron zurückgekehrt war. Konstantin war der erste christliche Monarch seit den Kreuzzügen, der seinen Fuß auf anatolischen Boden setzte. In einer Rede vor griechischen Truppen rief er ihnen zu: »Ich bin stolz auf Euch, ob der Entschiedenheit, mit der Ihr den Befreiungskampf unserer Rasse hier führt, wo der Hellenismus seit zwei Jahrhunderten blüht ... Ihr kämpft für die Hellenische Idee, die an diesem Ort eine unvergleichliche Zivilisation geboren hat ... Möge Gott unseren gerechten Kampf segnen!«[36]

Als ihr König seine Rede beendet hatte, sangen die griechischen Truppen, dass sie nun selbst Konstantinopel und die Hagia Sophia zurückerobern würden. Von London angespornt und ungeachtet der Kritik aus Paris oder Rom, marschierte die Armee noch weiter nach Osten und stand schon bald nur noch wenige Kilometer von Ankara entfernt. Dort kam ihr Vormarsch allerdings zum Erliegen, die Kampflinien verfestigten sich.

Die Motivation für ihren gewagten Feldzug fernab der Heimat bezogen die Griechen aus der sogenannten *Megali Idea* – der großen Idee, alle von Hellenen besiedelten Gebiete an das Königreich Griechenland anzuschließen und quasi das Byzantinische Reich mit der alten Hauptstadt Konstantinopel wieder auferstehen zu lassen. Seit den erfolgreichen Balkankriegen war die irredentistisch-nationalistische *Megali Idea* in Athen parteiübergreifend populär, doch ihre ideellen Ursprünge reichten ins frühe 19. Jahrhundert zurück, als die ersten Griechen ihre Unabhängigkeit von den Osmanen erkämpften. Jener nationale Befreiungskrieg, der fast genau ein Jahrhundert zuvor im Jahre 1821 ausgebrochen war, war das eigentliche Vorspiel zur Tragödie von Smyrna.

Wie diese Ereignisse zusammenhingen, ließ sich besser in Griechenland selbst herausfinden. Daher beschloss ich, Izmir für eine Weile zu verlassen und erneut auf die Insel Chios zurückzukehren.

MASSAKRIERTES CHIOS VI

Seit einer Woche war ich zurück auf Chios.

Diesmal war ich nicht in Theodores Kyma Hotel am Hafen abgestiegen, sondern in den ruhigen Vorort Vrodadho gezogen und hatte ein kleines Haus gemietet. Es lag nahe dem Stein des Homer in der sogenannten Perlenbucht, an deren Kieselstrand ich nach der Arbeit schwimmen ging. Der Sommer kam, langsam wurde mir Chios vertraut, und nach dem urbanen Izmir begann ich das Inselleben zu genießen. Ich hatte mir einen Scooter geliehen, eine knallrote Honda, mit der ich jeden Morgen die Küste entlang in die Stadt fuhr.

Die Straße war frisch geteert, aber im Vergleich zu Izmir wirkte Chios etwas abgetakelt. Die Häuser waren alt, die Bürgersteige holprig, die Strandliegen rostig. Ich blickte zur türkischen Küste hinüber, wo viele neue Siedlungen entstanden und sich zahllose Windräder drehten. »Noch vor fünfzehn Jahren war es da drüben nachts immer dunkel«, hatte mir ein Bekannter auf Chios erzählt. »Dann gingen da plötzlich überall Lichter an, weil die türkische Wirtschaft boomte, während Griechenland tief in der Krise steckte. Wir wurden ärmer und die Türken reicher. Für uns war das ein echter Schock.«

Ein Mann, der sich immer dafür engagiert hatte, dass sich Türken und Griechen aussöhnten, war Mikis Theodorakis, der berühmteste Sohn der Insel. Im Jahre 1925 als Sohn kleinasiatischer Flüchtlinge geboren, schrieb der Komponist in den 1960er Jahren die Musik für *Alexis Sorbas*, die Verfilmung des Romans von Nikos Kazantzakis. Auch die legendäre Szene, in der Sorbas alias Anthony Quinn am Strand tanzt, stammt aus der Feder von Theodorakis. Da dem amerikanischen Schauspieler die Schrittfolge griechischer Volkstänze zu kompliziert war, musste der Komponist eigens einen langsameren neuen Tanz erfinden: den Sirtaki. Er galt inzwischen, auch dank dem Erfolg des Films, als Inbegriff des griechischen Brauchtums – dabei war der Tanz nichts anderes als eine erfundene Tradition.

Ich erreichte die Festungsmauern des Kastro und fuhr an der Hafenpromenade entlang, wo gerade ein rumänisches Frontex-Schiff ablegte und auf die Meerenge hinausfuhr. Zugleich näherte sich unter kurzem Horndröhnen die Fähre aus Piräus. Der Anblick des blauweißen Schiffs wirkte erhebend. Für Chios und die anderen Inseln, die fernab vom griechischen Festland lagen, waren die Fähren lebensnotwendig. Sie brachten alles, was man hier brauchte: Lebensmittel, Medikamente, Ärzte, Wanderarbeiter, Soldaten, Touristen und mit Geschenken beladene Besuchsverwandte. Zugleich erlaubten die Schiffe den Insulanern, gerade auf isolierten Eilanden ohne Flugplatz, von ihren trockenen Felsen fortzukommen, um bessere Jobs oder Krankenhäuser zu erreichen. Letztlich markierten die täglichen Fähren – nicht weniger als die Fregatten der griechischen Marine, die vor der türkischen Küste kreuzten – den griechischen Besitzanspruch auf die grenznahen Inseln. Die Schiffe waren es, die Griechenland zusammenhielten.

Wie jeden Morgen, parkte ich vor der Kathedrale und ging zur Bibliothek. Sie war nach ihrem Gründer Adamantios Korais (1748–1833) benannt, dem griechischen Aufklärer und Nationalisten, der enormen Einfluss auf die moderne griechische Kultur gehabt hatte. Als Sohn einer chiotischen Kaufmannsfamilie war Korais in Smyrna und auf Chios aufgewachsen. Als junger Mann zog er nach Amsterdam, um die dortige Niederlassung der väterlichen Firma zu leiten. Danach studierte er Medizin in Montpellier, bevor er nach Paris umsiedelte, wo er die Französische Revolution erlebte und bis an sein Lebensende blieb.

Aus dem Pariser Exil baute Korais im Jahre 1792 die Bibliothek von Chios auf, die damals die beste Büchersammlung der hellenischen Welt und zudem die erste Druckerpresse im Osmanischen Reich besaß. Sie gehörte zum kurz zuvor eröffneten Gymnasium von Chios, wo mit Duldung der Sultane erstmals seit der Spätantike wieder klassische Fächer wie Altgriechisch, Philosophie, Geschichte, Physik, Mathematik und Rhetorik unterrichtet wurden. An keinem anderen Ort im Osmanischen Reich war dies damals möglich, so dass Schüler aus allen Provinzen nach Chios strömten und die Insel zu einer Brutstätte der hellenistischen Renaissance machten.

Vor der Bibliothek, diesem unerwarteten Außenposten westlicher Aufklärung, stand ein marmornes Denkmal von Korais. Für seine Gestaltung war offenbar die Totenmaske benutzt worden, so dass der glatzköpfige Gelehrte etwas einem Vampir ähnelte. Mit eingezogenem Kopf lief ich an der Statue vorbei und die Stufen zur Bibliothek hinauf. Im holzgetäfelten Lesesaal, umgeben von marmornen Poetenbüsten, trank die Bibliothekarin Anna ihren ersten Kaffee. Sie hatte nur noch wenige Jahre bis zur Rente, und es war ihr anzusehen, dass sie auch an diesem Morgen lieber im Bett geblieben wäre. Wie immer bestand sie darauf, dass ich alle möglichen Formulare ausfüllte, bevor sie mir Bücher herausgab. Mein Interesse an der Geschichte von Chios und der griechischen *Megali Idea* schien ihr wohl suspekt.

Über die Jahre hatte ich viele Bibliothekare kennengelernt. Sie waren meine stillen Helden, ihre Arbeit von unschätzbarem Wert für mich. Was ich suchte, das fanden sie, egal, wie obskur die Bücher waren. Oft empfahlen sie mir weitere Quellen, von denen ich noch nicht gehört hatte. Den meisten von ihnen machte diese Detektivarbeit sichtlich Freude. Bei Anna war das anders. Eigentlich wollte sie nur in Ruhe gelassen werden. Dabei war ich oft der einzige Leser in ihrer Bibliothek. Wenn ich nach einem Buch fragte, sah sie mich erst vorwurfsvoll an, bevor sie in ihrem Computer widerwillig den

Bestand durchforstete. War das Buch nicht vorhanden, schüttelte sie zufrieden lächelnd den Kopf. Falls doch, verdrehte sie die Augen und stöhnte auf, denn dieses Resultat bedeutete Aufwand: Sie musste aufstehen und das Buch hervorholen. Sie hätte auch in einer sowjetischen Behörde arbeiten können.

Heute allerdings überraschte Anna mich. Vielleicht lag es am Kaffee. Jedenfalls stand sie plötzlich auf und sagte: »Komm mal mit, ich will dir was zeigen; das hast du noch nicht gesehen.« Sie führte mich in den hintersten Bereich der Bibliothek und knipste das Licht an. Vor uns standen deckenhohe Bücherschränke, der Raum war fensterlos. Anna zog eine Schublade auf und holte ein Buch hervor, das auf den ersten Blick an einen alten Atlas erinnerte. Es war sicher einen Meter hoch, fast ebenso breit und mehrere Daumen dick. In einer langsamen, weit ausholenden Bewegung schlug Anna den hartledernen Umschlag auf. Auf der ersten Seite prangte der Titel: *Description de l'Égypte*. Fragend sah ich Anna an, die zur nächsten Seite umblätterte, wo auf Französisch geschrieben stand: »Bericht der Beobachtungen und Recherchen, die während des Feldzugs der französischen Armee in Ägypten gemacht wurden, veröffentlicht auf Befehl Seiner Majestät des Kaisers Napoleon Le Grand«. Es war der erste Band, so las ich weiter unten, hergestellt im Jahre 1812 in der kaiserlichen Druckerei in Paris.

Ich traute meinen Augen kaum: Dieses Buch war eine Legende! Es war der früheste Versuch, eine umfassende Enzyklopädie über ein Land zu erstellen. Nach der militärischen Eroberung Ägyptens im Jahre 1798 hatte Napoleon mehr als 150 zivile Gelehrte und Wissenschaftler – Archäologen, Geographen, Kartographen, Architekten, Sprachforscher, Völkerkundler und Botaniker – aus Frankreich nachgeholt, die das damals zum Osmanischen Reich gehörende Land am Nil eingehend erkundeten. Ihre Forschungsberichte und Zeichnungen füllten vierzehn riesige Bände. Von der Erstausgabe wurden nur etwa hundert Exemplare gedruckt, von denen die meisten die Zeit der Napoleonischen Kriege und alliierten Besatzung von Paris nicht überstanden. Heute galt das Werk als praktisch verschollen. Angeblich existierten nur noch zwei vollständige Exemplare, eins im Louvre und das andere im Ägyptischen Museum in Kairo. »Und dies hier in unserer Bibliothek«, sagte Anna fast beiläufig, während sie weitere Schubladen aufzog. »Die komplette Erstausgabe, mit allen vierzehn Bänden, sehr gut erhalten. Sie ist unser wertvollster Schatz hier.«

»Wie ist dieses Werk hierher gelangt?«, fragte ich fassungslos.

»Nun, der gute Napoleon war mit Korais befreundet, der ja damals im Pariser Exil lebte, und hat ihm wohl ein Exemplar geschenkt. Das hat Korais später hierher nach Chios bringen lassen.«

»Anna, dieses Buch ist doch eine Attraktion, sogar eine Sensation – das müsst Ihr doch stärker publik machen!«

»Um Gottes Willen, nicht dass Touristen hierher kommen und wir am Ende keine ruhige Minute mehr haben«, rief Anna abwehrend aus. »Du kannst dir gerne alles angucken, aber erzähl es nicht weiter!«

Mit einem Augenzwinkern ging Anna in ihr Büro zurück und ließ mich mit Napoleons Meisterwerk allein. Anders als im Louvre war es nicht durch Panzerglas geschützt, sondern lag direkt vor mir. Andächtig ließ ich meine Finger über das 200 Jahre alte Buch gleiten und begann vorsichtig umzublättern. Zwischen den Seiten war Pergamentpapier eingefügt, um die gestochen scharfe Typographie des Texts, die Zeichnungen und Landkarten zu schützen. Fast 2000 der besten Pariser Künstler und Graveure hatten daran gearbeitet, und die Bilder waren noch immer von höchster Qualität. Die ersten stellten die Pyramiden und die antiken Ruinen Thebens dar, die im frühen 19. Jahrhundert noch häufig von Nilwasser überschwemmt wurden. Im Kontrast dazu standen Zeichnungen zeitgenössischer Architektur in Kairo, die aus einem modernen Bildband hätten stammen können. Ich holte den nächsten Band hervor, weiter ging es mit Baumarten und Pflanzen des Niltals, gefolgt von Krebsen, Libellen und anderen Insekten. Sie waren vermutlich von dem

Pariser Naturforscher Geoffroy Saint-Hilaire und dem bekannten Blumenmaler Redouté gezeichnet worden, die Napoleon für die Expedition rekrutieren konnte.

Die Darstellungen waren exquisit. In ihrer Detailtreue würden sie auch in heutige Naturkunde-Bücher passen. Ein völkerkundlicher Band zeigte Bewohner der ägyptischen Städte und der Oasendörfer sowie Beduinen vom Berg Sinai. Dargestellt waren ein Emir, ein Scheich, ein Barbier, Musiker und Tänzer sowie Zugereiste aus Abessinien und Konstantinopel, alle in ihrer oftmals osmanisch geprägten Kleidung porträtiert. Und natürlich war auch der berühmte Stein von Rosette abgebildet, auf dem es französischen Sprachwissenschaftlern erstmals gelungen war, ägyptische Hieroglyphen zu entziffern und somit Licht in die bislang völlig rätselhafte Geschichte des Landes zu bringen. Napoleon selbst widmete sich, nachdem ihm die englische Flotte Admiral Nelsons den Rückweg nach Europa blockiert hatte, dem wissenschaftlichen Studium des Kanals, der in der Antike das Mittelmeer mit dem Roten Meer verbunden hatte.

Das Buch war eine Kostbarkeit. Ehe ich mich versah, hatte ich mehrere Stunden darin geblättert und noch nicht einmal die Hälfte aller Bände angesehen. Das Wissen und die Kenntnisse jener Zeit waren tief beeindruckend. Hier zeigte sich Napoleon nicht als Feldherr, sondern als Aufklärer und Erbe von Denis Diderot, dem Herausgeber der berühmten französischen *Encyclopédie*.

Was hatte dieses Buch mit Chios zu tun? Stand seine weite Reise aus Paris sinnbildlich dafür, wie die Ideen der westlichen Aufklärung damals ins Osmanische Reich gelangt waren? Korais war ein liberaler Aufklärer, der fest daran glaubte, dass man die Menschen durch Bildung von der Herrschaft der Monarchen und Popen befreien könne. Als Zeuge der Französischen Revolution in Paris hoffte er, dass auch seine griechischen Landsleute die Tyrannei des Sultans abschütteln könnten. Als Voraussetzung hierfür forderte Korais eine schulische Bildung, mit der sich Griechen auf ihr antikes Kulturerbe besinnen und eine nationale Identität ausbilden würden. Der chiotische Aufklärer im Pariser Exil war zugleich ein Wegbereiter der griechischen Nationalbewegung, der die Ideale der Französischen Revolution in seine alte Heimat brachte.

Darunter war eine neuartige Idee, die als liberal-republikanisches Befreiungsrecht der Völker begann, aber schon bald zu einer ethnisch definierten Machtideologie wurde: der Nationalismus. Der Haken daran war, dass sich nationalistische Ambitionen im bereits relativ homogenen Frankreich leichter umsetzen ließen als auf dem ethnisch wild durchmischten Balkan. Dort sollte der Nationalismus in den folgenden 200 Jahren für viel Leid und Blutvergießen sorgen. Den Auftakt hierzu bildete der griechische Volksaufstand im Jahre 1821, der in seinem zehnjährigen Verlauf zu einem blutigen Befreiungskrieg eskalierte. Der nationale Kampf bestimmte das Schicksal von Chios und bildete zugleich den Prolog zur großen Katastrophe von Smyrna einhundert Jahre später.

Als Napoleons Truppen in Alexandria landeten, was die dort lebenden Griechen als Befreiung von der osmanischen Mameluken-Herrschaft begrüßten, verfasste Korais ein »Kriegslied der in Ägypten für die Freiheit kämpfenden Griechen«. Fünf Jahre später veröffentlichte er eine einflussreiche politische »Abhandlung über den aktuellen Zustand der Zivilisation in Griechenland«, in der er die kulturelle Renaissance und nationale Unabhängigkeit der Griechen forderte. Im Rückgriff auf die antike Zivilisation bezeichnete Korais seine orthodoxen Landsleute erstmals als »Hellenen«, was eine völlige Umdeutung dieses Begriffs darstellte, der jahrhundertelang als Synonym für »Heiden« gebraucht worden war. Die Griechen im Osmanischen Reich hatten sich bis dahin *Romaioi*, ehemalige Bewohner des Oströmischen Reichs, Byzantiner oder schlicht Christen genannt. Auch von den Osmanen wurden sie als *Rumi* bezeichnet.

Zu diesem Zeitpunkt war der Nationalismus von Korais noch nicht völkisch definiert, sondern schloss als »Hellenen« auch slawische und albanische Christen mit ein. Als Gelehrtensprache und Amtssprache der Orthodoxen Kirche war Griechisch über den gesamten Balkan verbreitet und diente als Vehikel für die Einführung aufklärerischen Gedankenguts. Auch international agierende griechische Kaufleute brachten viele der neuen Ideen aus Westeuropa ins Osmanische Reich. Hierzu gehörte paradoxerweise seit dem 18. Jahrhundert die Begeisterung vieler Europäer für die griechische Antike, die sich von Wien bis London in klassizistischer Architektur ausdrückte. Die ersten Philhellenen gingen einen Schritt weiter und forderten, dass die Griechen als vermeintlich direkte Nachfolger der antiken Hellenen nicht nur kulturell wie Phönix auferstehen, sondern auch politisch von der Herrschaft der »unzivilisierten« Osmanen befreit werden müssten.

Weitere Unterstützung erhielten die Griechen aus Russland, dessen Zaren seit Peter dem Großen verlautbarten, dass sie ihre orthodoxen Glaubensbrüder eines Tages vom türkischen Joch befreien und Konstantinopel wieder zur Hauptstadt eines neu-byzantinischen Imperiums machen würden. Vieles davon war reine Rhetorik, wenngleich Katharina die Große mehrere Kriege gegen das Osmanische Reich führte. Als die russische Flotte dabei im Jahre 1770 nahe Chios die Seeschlacht von Çeşme gegen die Osmanen gewann, erhoben sich mehrere griechische Gemeinden auf der Peloponnes und in Mittelgriechenland erstmals gegen ihre Herrscher. Die Revolten wurden niedergeschlagen, blieben aber im griechischen Gedächtnis verankert, bis im März 1821 an denselben Orten ein erneuter Aufstand losbrach.

Er traf auf ein Reich, das sich bereits in einer tiefgreifenden staatlichen und militärischen Krise befand. Die imperialen Truppen reagierten langsam und ineffektiv. Vor allem auf der Peloponnes waren die Aufständischen erfolgreich und vertrieben die osmanischen Verwalter sowie die muslimischen Bewohner. Dabei gingen sie extrem gewaltsam vor. In der arkadischen Stadt Tripolis verübten die Rebellen im September 1821 ein Massaker an Muslimen (und Juden) mit fast 10 000 Toten. Immer wieder hatte es hinter der multikulturellen Fassade der osmanischen Gesellschaft auch Spannungen und Gewalt gegeben, doch in Tripolis waren die Opfer erstmals muslimische Zivilisten. Dies war für den Sultan und seine Minister nicht hinnehmbar. Die Spirale der Gewalt begann sich zu drehen, der Konflikt weitete sich aus.

In dieser Lage beschlossen die Rebellen, unter denen sich viele Seefahrer und Kaufleute der festlandnahen Inseln Hydra und Spetses befanden, den Kampf bis auf die ostägäischen Inseln zu tragen. Alle Warnungen, dass die militärischen Versorgungslinien über eine so weite Entfernung nicht zu halten wären, schlugen sie in den Wind. So segelten die Aufständischen im März 1822 mit mehreren Schiffen in Richtung Chios, um die reiche Insel unter ihre Kontrolle zu bringen. Unter den etwa 1500 bewaffneten Männern an Bord befanden sich nicht nur national beseelte Freiheitskämpfer, sondern auch viele beutegierige Freischärler und Banditen.

Das friedliche Chios galt bislang als sicher, so dass etliche Griechen aus umkämpften Gebieten hierher geflüchtet waren. Auch die europäischen Konsuln und Kaufleute sahen keinen Grund, die Insel zu verlassen. Die meisten Chioten zeigten wenig Begeisterung für den Befreiungskrieg. Man zögerte, sich den Aufständischen anzuschließen und zog eine neutrale Haltung vor, denn die Risiken lagen auf der Hand: Militärisch befand sich die Insel gefährlich nah am anatolischen Festland, fernab von den Hochburgen der Rebellion. Wirtschaftlich ging es den chiotischen Kaufleuten im Osmanischen Reich hervorragend. Sie fürchteten den Verlust ihrer Absatzmärkte, steuerlichen Privilegien und Besitztümer in Smyrna, Salonica und Konstantinopel. Auch gefühlsmäßig standen die meisten Chioten dem nationalistischen Projekt zwiespältig gegenüber, zumal in der altgenuesischen Oberschicht, die ihre Kinder weiterhin auf die Universitäten in Padua oder Bologna schickte.

Auch Chioten ohne italienische Wurzeln empfanden sich nicht als Griechen, sondern als reichstreue *Romaioi*, die nach Osten orientiert waren. Dies galt besonders für die griechische Elite im Osmanischen Reich, etwa den oberen orthodoxen Klerus oder die Phanarioten in Konstantinopel, die hohe imperiale Ämter wie das des Großdragomanen oder des Statthalters in der Walachei bekleideten. Von einem unabhängigen Griechenland hatte diese griechische Aristokratie keinerlei Vorteile zu erwarten.

Wie formidabel es den Chioten unter den Osmanen vor 1822 erging, war auch den Reiseberichten jener Jahre zu entnehmen, die ich bereits auf meiner ersten Reise in der Anthologie von Philip Argenti entdeckt hatte. Viele Beschreibungen aus dem 18. Jahrhundert handelten vom weitgehend harmonischen Verhältnis zwischen Griechen und Türken auf der Insel. So schrieb ein gewisser Julien Galland aus Frankreich im Jahre 1747: »Es gibt 7000 Türken in der Stadt, von denen die meisten ebenso Griechisch sprechen wie Türkisch … entweder weil sie Renegaten oder Nachfahren von griechischen Renegaten sind, oder weil die Türken dieser Regionen oft griechische Frauen heiraten, die die türkische Sprache nicht beherrschen, so dass die Kinder von klein auf die Sprache der Mutter lernen.«[37]

In einer Mischehe nahmen griechische Frauen, so berichtete es Galland, die islamische Religion ihrer türkischen Männer an. Nur die Orthodoxen und Katholiken der Insel würden sich gegenseitig als Ungläubige verabscheuen, zumal die katholischen Herrscher ihre orthodoxen Glaubensbrüder schlechter als die osmanischen Nachfolger behandelt hatten. Wie im Reich des Sultans zu jener Zeit üblich, waren im Kastro keine Christen mehr zugelassen, nur Muslime und etwa 200 mittellose Juden, die dort eine Synagoge betrieben.

Ich blätterte weiter und stieß auf einen besonders überschäumenden Reisebericht: »Ich habe auf keiner Insel des Archipels und in keiner anderen Gegend der Türkei derart gut kultiviertes Land, derart aktiven Handel und derart große Industrie gesehen wie auf

Chios.« So schrieb der französische Insektenforscher Guillaume-Antoine Olivier im Jahre 1794, als er eine Forschungsreise durch Kleinasien unternahm.[38] Während seine Heimat in den blutigen Wirren der jakobinischen Revolution versank, schwärmte Olivier von Chios: »Keine andere Stadt in der Levante verfügt über eine solche Masse an Bildung, keine andere ist von derart vielen Menschen bewohnt, die keinerlei Vorurteile haben, voll Vernunft und Menschenverstand sind und mit klarem Kopf ausgestattet sind.«[39]

Im selben Jahr kam James Dallaway, ein Arzt an der britischen Botschaft in Konstantinopel, nach Chios und notierte: »Unter dem gegenwärtigen Regime, so streng es sein mag, kann Chios das Paradies der Griechen genannt werden ... Hier kann sich ihr nationaler Charakter ohne Einschränkung entfalten, und sie können ihren Wohlstand in größter Sicherheit genießen.«[40]

Die Beziehungen zwischen den osmanischen Herrschern und den Chioten um die Jahrhundertwende hätten nicht besser sein können. Inzwischen zahlten die Inselbewohner ihren Mastix-Tribut direkt an die Mütter der Sultane, die alten Königinnen des Serails. Für die wenigen übrigen Steuern konnten die Griechen, wie jede Volksgruppe im Reich, ihre eigenen Steuereintreiber nominieren. Auch viele Smyrnioten und internationale Kaufleute ließen sich auf Chios nieder, und bald hatte jede europäische Nation einen Konsul vor Ort.

Der französisch-britische Gelehrte Peter Edmund Laurent, der im Jahre 1818 aus Oxford ins Osmanische Reich reiste, war erstaunt über den multiethnischen Frieden auf Chios: »Die Stadt selbst ist sehr groß und bevölkerungsreich; sie hat viele Kaffeehäuser, in denen Griechen und Türken zusammen Kaffee trinken und ihre Pfeifen rauchen, mit Gesichtern der größten Gleichgültigkeit und Inaktivität; viele spielen Schach und das orientalische Spiel des Mancala.«[41] Laurent berichtete auch über das klassische Gymnasium von Chios, wo fast alle Fächer – einmalig im Osmanischen Reich – auf Griechisch unterrichtet wurden: »Wie nirgendwo sonst in Griechenland wird die Literatur auf Chios gepflegt. Wir sahen hier eine große Schule mit fast 200 Schülern und daran angeschlossen eine Bibliothek mit etwa 2000 Büchern. Sieben oder acht Professoren lehren die Schönen Künste und Wissenschaften, einer von ihnen hält seine Vorlesungen auf Arabisch.«[42]

Staunend blickte ich auf. In jener von Laurent beschriebenen Bibliothek saß ich heute, genau zweihundert Jahre später. Von ehemals 2000 Büchern war ihr Bestand inzwischen auf 150 000 angewachsen, von denen ich ein besonders imposantes Werk in den Händen hielt. Darin fand ich nun den Bericht des schottischen Schriftstellers John Galt, der im Jahre 1810 nach Chios reiste. Er besuchte den Salon eines türkischen Barbiers sowie den Garten eines Türkenhauses. Dort traf Galt zufällig auf den Pascha, den Gouverneur der Insel, dessen orientalische Höflichkeit ihn sehr beeindruckte: »Da die Türken sich mit den Einheimischen verheiratet haben, gilt die Gesellschaft als freier auf dieser Insel als irgendwo sonst im Osmanischen Reich .... Der Türke hier ist tatsächlich anders als in Tripolis und Athen. Dort wird er in seiner legitimen militärischen Eigenschaft gesehen, aber in Chios ist er vergleichsweise ein Weltbürger. In seinem Aussehen und Auftreten, sowie in seiner Art, Fremde zu behandeln, selbst Griechen gegenüber, ist er freundlich und höflich.«[43]

Die Freundlichkeit der Türken ließ auch den griechischen Frauen auf Chios viel Freiraum. Der französische Schriftsteller J. M. Tancoigne war zwar einer der wenigen Reisenden, der die Chiotinnen im Jahre 1811 als unattraktiv und aufdringlich kokett beschrieb, doch für Tancoigne war ihr Lebenswandel ohnehin eher politisch interessant: »Die Freiheit, die die Frauen von Chios genießen, ist eigentlich unfassbar in einem Land unter türkischer Herrschaft. Sie kommen und gehen, wie es ihnen beliebt, zu jeder Tageszeit, in den Straßen, auf den Plätzen und Promenaden, in Gruppen von zehn oder zwölf, sich an den Armen oder Händen haltend, lachend, singend und alles kritisierend, was ihnen unterwegs begegnet, ohne dass die Muslime ihnen die geringste Aufmerksamkeit schenken.«[44]

Das Bild einer harmonischen Insel, auf der Türken und Griechen gut miteinander auskamen, zeichnete auch der Bericht des französischen Diplomaten Marie-Louis Comte de Marcellus, der im Jahre 1820 als einer der letzten Reisenden das friedliche Chios besuchte. Darin schrieb er: »Ich war an das Schweigen der Griechen gewöhnt, an ihre angespannten Gesichter, an ihre Angst. Bislang hatte ich sie nur im Schatten der Palasttürme gesehen. In Chios hingegen herrschten nur Freude und Freiheit: nirgendwo sonst ist das osmanische Joch leichter; hier haben selbst die Türken die Bräuche und die Sprache ihrer Untertanen angenommen. Ich sah Soldaten der Garnison, wie sie ihre Pfeifen in Gruppen junger Griechen rauchten, die mit ihnen dieses ernste Vergnügen teilten; und ich erkannte die Söhne Osmans nur an ihren weißen Turbanen.«[45]

Kaum zwei Jahre später war es mit dem Frieden auf der Insel, wo Griechen und Türken in Kaffeehäusern zusammen Pfeifen rauchten, plötzlich vorbei. In der Nacht vom 22. März 1822 setzten die griechischen Rebellen mit mehreren Schiffen von Samos auf Chios über. Die etwa 300 osmanischen Soldaten in der Stadt leisteten nur schwache Gegenwehr und verschanzten sich bald in der Zitadelle. Bevor sie die Tore verrammelten, ließ der Gouverneur Vahid Pascha noch 80 chiotische Würdenträger als Geiseln verhaften und ins Kastro bringen. Darunter waren der Erzbischof Plato und viele Mitglieder prominenter Familien: Schilizzis, Negropontes, Mavrogordatos, Scaramangas und gleich mehrere Argentis.

Die Angreifer drangen in die Stadt ein, errichteten Barrikaden und eine Kanone, mit der sie das Kastro beschossen. Die Verteidiger erwiderten das Feuer, woraufhin die Rebellen türkische Geschäfte plünderten und ihre Besitzer drangsalierten oder umbrachten. Auch die städtische Moschee verwüsteten sie und rissen ihr metallenes Dach ein. Während die Invasoren die Schiffe mit Kriegsbeute beluden, befahl ihr Anführer, ein ehemaliger Gemüsehändler aus Smyrna, den entgeisterten Stadtbürgern von Chios, sich als befreit zu betrachten und ihn fortan mit »Prinz« anzureden.

Historiker sollten sich später darüber streiten, wie viele Chioten sich den Aufständischen anschlossen. Während die städtischen Kaufleute wohl generell ablehnend auf die Revolte reagierten, wurde sie in den Dörfern von vielen Bauern unterstützt. In der Bibliothek standen mehrere Bücher über die Ereignisse, die die reichsloyale Haltung der chiotischen Elite betonten, um die folgende militärische Reaktion der Osmanen als ungerechtfertigt darzustellen. Doch das war nicht die ganze Wahrheit, wie mehrere Augenzeugenberichte belegten. So schrieb die in Smyrna veröffentlichte, französischsprachige Zeitung *Spectateur Oriental* bereits wenige Tage nach der Landung der Aufständischen, dass sich ihnen bis zu 50 000 chiotische Dorfbewohner angeschlossen hätten.

Auch mehrere europäische Konsuln auf Chios konstatierten einen Volksaufstand. Ihre Depeschen waren in einem verstaubten Quellenband zusammengetragen, den Anna hervorgesucht und mir kommentarlos auf den Tisch gelegt hatte. Darin berichtete der österreichisch-ungarische Konsul, ein gewisser Franz Stiepovich, seinen Vorgesetzten in Wien von einem allgemeinen Aufstand auf Chios, in dem sich »beinahe alle Ortschaften der Insel für die Insurgenten erklärten«.[46] Auch Bartolomeo de Bogliaco, der Konsul des Königreichs Neapel, schrieb am 26. März 1822 von Chios an seinen Kollegen in Smyrna: »Derzeit hat sich die gesamte Bevölkerung gegen die Türken erhoben. Sobald sie von der Invasion hörten, quollen aus allen Dörfern bewaffnete Menschenmengen hervor, die sich zusammenschlossen und gemeinsame Sache machten.«[47] Oft wurden sie von orthodoxen Dorfpopen angeführt, die die Insel vom Islam zu befreien trachteten. *Zito i ellephtheria!* schallte der Kampfruf von den Berghängen – es lebe die Freiheit!

Als die Kunde vom Aufstand die Hohe Pforte in Konstantinopel erreichte, sah der Sultan den Moment für eine Strafexpedition und die Vergeltung des Massakers von Tripolis gekommen. Von »exzessiver Verärgerung des Sultans und seiner Minister, die sich in derart alarmierender Weise geäußert hat, dass wir alle Gründe hatten, eine überstürzte Entscheidung des Diwans und zugleich eine Reaktion der Bevölkerung gegen alle Griechen zu befürchten«, berichtete der preußische Botschafter in Konstantinopel, Baron v. Miltitz, in einer Depesche an den Außenminister in Berlin.[48]

Aus dem gesamten Reich wurden bereits Übergriffe von Muslimen auf christliche Zivilisten gemeldet, besonders aus Smyrna, wo die Griechen ihre Läden abschlossen und sich nicht mehr auf die Straßen trauten. In einem besorgten Lagebericht an die Botschaft in Konstantinopel schrieb der spanische Konsul in Smyrna, Francesco Soler: »Die blutigen Vorfälle haben sich fortgesetzt, es vergeht nicht ein Tag, an dem nicht irgendein neuer Horror geschieht. Alles hat dicht, der Markt scheint verlassen, die Geschäfte in den europäischen Straßen sind verwaist und verrammelt, und ein jeder hat sich in sein Haus zurückgezogen.«[49] Der österreichisch-ungarische Botschafter, Graf Rudolph v. Lützow, schrieb derweil an seinen Amtschef in Wien, Klemens v. Metternich, einen kritischen Bericht über die Revolte von Chios: »Jeder denkende, mit den Lokalitäten dieser so schönen als reichen Insel bekannte Beobachter beklagt dieses Ereignis, welches nichts weiter als die Folge des thörichten Wahnes der griechischen Freiheitsmänner ist, unendlich – man befürchtet die Schreckensszenen, welche der verbrecherische und gewissenlose Leichtsinn dieser Menschen herbeyführen wird.«[50]

Die Befürchtungen des Diplomaten sollten sich bewahrheiten. Der Sultan entsandte die gesamte türkische Flotte nach Chios. Ihr Kommandeur war der berüchtigte Admiral Kapitán Pascha Ali Bey, Träger des imperialen Ehrenpelzes und nicht für Nachsicht gegenüber Feinden bekannt. Als die osmanischen Geschwader, darunter zehn mit 4000 Soldaten bemannte Fregatten und Korvetten, wenige

Tage später die Meerenge von Chios erreichten, flohen die griechischen Rebellen auf ihre Schiffe, kappten hastig die Ankertaue und segelten von dannen, ohne einen Schuss abzugeben. Zurück ließen sie die Chioten, die der Rache der osmanischen Truppen nun wehrlos ausgeliefert waren.

Was dann folgte, war nicht nur die Zerstörung einer paradiesischen Insel, sondern ein Massaker an ihren Bewohnern, das zu den schlimmsten Kriegsverbrechen der Neuzeit gehörte. Es sollte nicht nur den Verlauf des griechischen Freiheitskrieges wenden, sondern Schockwellen bis nach Europa auslösen und die dortigen Nationalbewegungen stark beeinflussen. Somit müsste das lange vergessene Massaker von Chios als ein Schlüsselereignis der europäischen Geschichte gelten.

Zunächst ließ der Kapitán Pascha seine Schiffe vor Çeşme ankern, wo sich etwa 15 000 Milizionäre aus Smyrna zusammengerottet hatten. Sie wurden an Bord genommen und über die Meerenge gebracht. Am Tag darauf, dem orthodoxen Ostersonntag, landeten die Kämpfer auf Chios und begannen, seine entsetzten Bewohner wahllos niederzumetzeln. Aus dem Kastro lobte Gouverneur Vahid Pascha 250 Piaster für jede Zunge eines Getöteten aus und befahl: »Schuldig oder unschuldig, alle müssen getötet werden, das ist mein Wille.« Männer wurden gnadenlos umgebracht, viele Frauen und Kinder vergewaltigt. Traditionell gaben osmanische Kommandeure ihren Truppen nach einer Eroberung drei Tage lang freie Hand, doch dieses Massaker erstreckte sich in mehreren Wellen der Gewalt bis in den Sommer hinein.

In seinen Memoiren sollte der osmanische Gouverneur später schreiben: »Als Augenzeuge gebe ich zu … dass die erlittene Strafe, das geflossene Blut, die vergossenen Tränen, die zerstörten Häuser, die komplett niedergebrannten Stadtteile höchstgradige Bestrafungen waren … um ein Exempel zu statuieren für andere aufständische Städte und Inseln.«[51]

Die monatelangen Massaker verliefen derart grausam und gründlich, dass von den 120 000 Chioten am Ende des Sommers 1822 nur schätzungsweise 5000 auf der Insel überlebten. Die männliche Bevölkerung wurde fast vollständig umgebracht, während man die Frauen und Kinder in die Sklaverei verschleppte. Nur die Katholiken der Insel, die unter dem Schutz der französischen Krone standen, wurden verschont. Etwa 10 000 anderen Chioten gelang die Flucht über die Ägäis.

In der Bibliothek von Chios fanden sich zahlreiche Augenzeugenberichte, die den Leser erschaudern ließen. Die Verfasser waren europäische Konsuln und philhellenische Söldner, zu denen ein französischer Marineoffizier namens Jourdain gehörte, der sich den Aufständischen von Hydra angeschlossen hatte. Mit seiner militärischen Erfahrung aus den napoleonischen Kriegen hatte er seinen griechischen Kampfgenossen davon abgeraten, den Aufstand verfrüht auf die ostägäischen Inseln zu tragen – vergeblich. Im Mai 1822 segelte Jourdain auf eigene Faust nach Chios, um Flüchtlinge vor ihren türkischen Verfolgern zu retten. Der Franzose beschrieb den Leichengeruch in den gebrandschatzten Dörfern, in deren Häusern er sogar erschlagene Kleinkinder vorfand: »Das Geschehen, von dem ich Zeuge war, gehört nicht zu denen, die das Gedächtnis leicht löscht. Ich habe es noch immer vor Augen, in allen Einzelheiten, mit all seinem Schrecken. Noch immer sehe ich die Berge von Leichen, halbnackt, die sterbenden Frauen, die ihre getöteten Kinder an ihre Brüste drücken; noch immer höre ich die Schreie jener Alten, von den türkischen Dolchen und Säbeln verstümmelt.«[52]

Der Diplomat und Schriftsteller François Pouqueville war auf die Nachbarinsel Psara gereist, um die Geschehnisse auf Chios von dort zu verfolgen. Mit Anfang 50 blickte der Franzose bereits auf ein abenteuerliches Leben zurück: als junger Mann hatte er an der Revolution von 1789 teilgenommen und später Napoleon nach Ägypten begleitet, um an der enzyklopädischen Mission mitzuwirken. Auf der Rückfahrt nach Europa geriet er in osmanische Gefangenschaft, war als persönliche Geisel des Sultans zwei Jahre in Konstantinopel eingekerkert und schrieb nach seiner Freilassung ein europaweit gefeiertes Buch darüber. Als Nächstes wurde er französischer Konsul am Hof des legendären Ali Pascha in Ioannina und später in Patras, wo er als enthusiastischer Philhellene den griechischen Aufstand von 1821 erlebte.

Ein Jahr darauf befand sich Pouqueville wieder einmal am richtigen Ort zur richtigen Zeit und notierte sich, was ihm chiotische Überlebende erzählten, die sich nach Psara hatte retten können. Später gab er das Gehörte sehr anschaulich wieder: »Die Flammen beleuchten Szenen der Ausschweifung und der Wut, wie sie die Geschichte noch nicht gehört hat. Während Frauen, an ihren Haaren herbeigezogen, inmitten der Toten und Sterbenden vergewaltigt werden, tanzen Derwische, trunken von Wein, um die Leichenberge, die sie wie Getreidehocken zur Erntezeit auf einem Feld aufgehäuft haben. Um Lagerfeuer sitzende Soldaten vertreiben sich die Zeit damit, Pyramiden aus Köpfen zu errichten, auf deren Spitzen sie ihre Standarten stecken. Andere basteln Girlanden aus Ohren, die die Masten der osmanischen Schiffe krönen sollen.«[53]

Selbst mit dem zeitlichen Abstand von 200 Jahren war der Bericht von Pouqueville erschütternd, zumal ich mich am Ort des damaligen Geschehens befand. Er war mitfühlend geschrieben, und obwohl der Franzose in seinem Leben und den zwanzig Jahren auf dem Balkan einiges an Gewalt erlebt hatte, war sein Entsetzen über das auch für damalige Verhältnisse unfassbar grausame Massaker deutlich herauszulesen. Natürlich war Pouqueville als Philhellene kein neutraler Beobachter und schrieb voller Abscheu vor den Türken, aber ich fand seinen Bericht glaubhaft, zumal er auch die levantinischen Kaufleute und Reeder aus Smyrna verurteilte, die von den Verbrechen profitierten, indem sie mit ihren Schiffen den Abtransport der Sklavinnen von Chios organisierten. Ebenso scharf kritisierte Pouqueville seine französischen Amtskollegen und andere ausländische Konsuln, die Verständnis für das brutale Vorgehen der Osmanen zeigten und sich in einem Fall sogar zu ihren Gehilfen machten.

Dies geschah, nachdem viele Chioten in die Mastix-Dörfer geflohen waren, die der Schwester des Sultans unterstanden und daher von den Plünderern zunächst verschont wurden. Daraufhin rief der Gouverneur Vahid Pascha die ausländischen Konsuln in das Kastro und gab ihnen sein Wort, dass alle Rückkehrer begnadigt und nicht weiter verfolgt würden. Gutgläubig und in der Hoffnung, im Gegenzug für ihren Dienst die Katholiken der Insel schützen zu können, ritten die Konsuln in die Bergdörfer und überredeten die Flüchtlinge, in ihre Häuser zurückzukehren. Kaum kamen sie wieder in die Stadt, brach der Statthalter des Sultans sein Wort und ließ sie allesamt ermorden. Auch fast alle der 80 prominenten Geiseln im Kastro, mit Ausnahme von fünf Katholiken, ließ der Pascha hinrichten, obwohl sie dem Reich treu geblieben waren. Sie wurden auf den Marktplatz geschleppt und öffentlich gehenkt. Tagelang ließ man ihre Leichen an den Galgen hängen.

Die Depeschen der europäischen Konsuln erwähnten ihre fehlgeleitete Vermittlungsmission nur selten. Eher bekräftigten ihre Autoren, dass die Strafgerichte der Osmanen gerechtfertigt gewesen seien, weil sich die Mehrheit der Chioten dem Aufstand bereitwillig angeschlossen habe. Der französische Konsul, ein gewisser Céleste Étienne David, räumte ein, vom »perfiden Pascha« getäuscht worden zu sein. Zugleich rechtfertigte der Konsul sich damit, dass er Hunderten katholischen Chioten sichere Zuflucht im Konsulat gewährt habe. Diese kühne, wenngleich selektive Heldentat bestätigte ein Journalist des *Spectateur Oriental* in Smyrna in einem Bericht aus Chios: »Er öffnete die Tore des Konsulats und nahm sie alle auf … und brachte sie in die Kirche, nachdem er ihnen absolute Stille verordnet hatte. Er werde sie retten oder sterben, schwor er bei der Ehre Frankreichs, höchster Schwur.«[54]

Berichte des russischen Konsuls, der sicher eine weniger protürkische Haltung eingenommen hätte, suchte ich vergebens, denn er war zu jener Zeit offenbar auf Heimaturlaub. Einzig der österreichisch-ungarische Konsul zeichnete ein ungeschönt entsetzliches Bild von den Geschehnissen auf Chios, bevor er selbst nach Smyrna floh. Von »barbarischer Wuth der anstürmenden Muselmänner« berichtete Stiepovich derart erschüttert an die Botschaft in Konstantinopel, dass er nicht imstande war, die Gräueltaten detaillierter zu beschreiben: »Hier versagt mir die Feder den Dienst.«[55]

Der niederländische Botschafter in Konstantinopel, Gaspar Testa, beschrieb seinem Außenminister im Mai 1822 ein Bild des Grauens auf Chios: »Die Stadt wurde von den Türken völlig verwüstet, niedergebrannt und geplündert … Überall massakrierte Menschen. Überall Frauen und Kinder, die in den Zustand der Sklaverei degradiert wurden.«[56] Sein humanitäres Entsetzen verband Testa zugleich mit dem Einsatz für holländische Kaufleute in Smyrna. Sie forderten vom Sultan, dass er ihnen eine Million Piaster an Schulden erstatte, die chiotische Tuchhändler nicht mehr bezahlt hätten.

Die Rebellen auf dem griechischen Festland unternahmen indes wenig, um den Chioten zu helfen. Lediglich der legendäre Kapitän Konstantin Kanaris wagte es Mitte Juni, zwei mit Schwarzpulver und Salpeter beladene Schiffe zwischen die osmanische Flotte zu steuern und in Brand zu setzen. Diese sogenannten Feuerschiffe waren das effektivste Kriegsmittel der Griechen, denen es in den ersten Jahren des Aufstands chronisch an Waffen mangelte. Der Zeitpunkt, die letzte Nacht des Ramadan, war gut gewählt, denn die osmanischen Truppen befanden sich zum Fastenbrechen auf ihren Schiffen. Die gewaltige Explosion tötete viele Matrosen und deren Kommandeur Kapitán Pascha Ali Bey sowie einige chiotische Frauen, die er auf sein Schiff geholt hatte.

Kanaris gelang es zu entkommen, doch die Folge seines Bravourstücks war eine weitere Massaker-Welle, in der die osmanischen

Truppen auch die Mastix-Dörfer vernichteten und ihre Bewohner massakrierten. Von Imamen und Derwischen angespornt, setzten türkische Milizen-Mobs während des gesamten Sommers mit Booten nach Chios über, um ihren Blutdurst zu stillen und die verbliebenen Häuser zu plündern. Aus Smyrna wurde eigens ein Trupp mittelloser Juden nach Chios gebracht, die die Leichen zu begraben oder ins Meer zu werfen hatten, was nach dem Koran eine für Muslime verbotene Aufgabe war. Zum Beweis seiner Unbarmherzigkeit schickte der Gouverneur Vahid Pascha zwei Säcke voller Köpfe und Ohren, die man den Opfern abgeschnitten hatte, an die Hohe Pforte nach Konstantinopel, wo der Sultan sie an den Palastmauern ausstellen ließ. Erst im Herbst, nach sechs Monaten Chaos und Gewalt, setzte der Herrscher dem grausigen Treiben ein Ende und zog seine Truppen ab. Auf Drängen seiner Schwester wurde auch der brutale Gouverneur versetzt. Was eine elysische Insel gewesen war, blieb als blutgetränktes Trümmerfeld zurück.

Nur wenige Chioten hatten das Massaker überlebt, indem sie an die Westküste flüchteten und dort Bootseignern horrende Summen für eine Überfahrt auf die Nachbarinsel Psara bezahlten. Man schätzte ihre Zahl auf maximal 10 000, von denen sich viele zunächst auf Syros niederließen. Da die zykladische Insel, die sich dem griechischen Aufstand angeschlossen hatte, wegen ihrer vielen katholischen Bewohner unter besonderem Schutz Frankreichs stand, waren die Flüchtlinge dort vor den Türken sicher und machten Syros bald zu einem florierenden Handelszentrum. Die meisten Chios-Flüchtlinge wanderten allerdings nach Europa und später nach Amerika aus, wo sie etwa in London und New York wohlhabende Diaspora-Gemeinden gründeten. Aus ihnen gingen international erfolgreiche Geschäftsleute und Schiffsreeder hervor, deren Familien noch im 21. Jahrhundert die griechische Handelsflotte weltweit kontrollieren sollten.

Zu den prominenten Chios-Flüchtlingen gehörten auch die davongekommenen Mitglieder der Familie Argenti, die über Syros nach Triest, Marseille und London auswanderten. Mit ihrem einzigen Nachfahren, der nach Chios zurückkehrte, war ich an diesem Nachmittag in der Bibliothek verabredet. Seit ich Lorenzo Argenti auf meiner ersten Reise kennengelernt hatte, waren wir in lockerem Kontakt geblieben. Ganz der italienische Konsul alter Schule, formulierte er seine E-Mails in mehreren Sprachen und versah sie wie klassische Briefe stets mit Ortsangabe und Datum.

Früher als erwartet betrat Argenti den Lesesaal. Er trug einen breitkrempigen Sonnenhut und einen hellen Leinenanzug. Wieder erinnerte er mich an Louis de Funès, diesmal im sommerlichen Monte Carlo. Als Argenti die vielen Bücher und Notizblöcke sah, die auf meinem Lesetisch verteilt lagen, blickte er mich leicht entgeistert an: »Junger Freund, Sie wissen schon, dass da draußen schönes Wetter ist, oder? Die Leute sitzen in der Sonne oder fahren an den Strand.« Kopfschüttelnd sah er zur Bibliothekarin Anna herüber, die mit einem bedeutungsvollen Blick ihre Augenbrauen hochzog, als wollte sie sagen: Ich habe es Ihnen doch erzählt, Herr Argenti, dieser Deutsche ist ein komischer Typ, ein Bücherwurm.

Zugegeben, ganz unrecht hatte sie nicht. Zudem fiel es mir gerade schwer, mich von den Augenzeugenberichten der Geschehnisse von 1822 zu lösen und ins 21. Jahrhundert zurückzufinden. Stammelnd stieß ich hervor: »Was meinen Sie, Signor Argenti, war es klug von Kanaris, die osmanische Flotte anzugreifen?«

Der Konsul sah mich verständnislos an.

»Und hatten sich die Chioten dem griechischen Aufstand mehrheitlich angeschlossen oder nicht, was glauben Sie?«

Den Kopf zur Seite legend, betrachtete mich Argenti wie ein Psychiater seinen Patienten und sagte: »Was weiß ich, vielleicht ja, vielleicht auch nicht – *mais ce n'est pas important*. Es gibt immer irgendwelche Idioten, die gerne Krach machen. Leute, die nichts zu verlieren haben. Merken Sie sich eins, junger Freund: Geschichte wird nicht von großen Männern gemacht, das ist ein verbreiteter Irrtum, sondern vom Mob.«

»Meinen Sie wirklich?«

»Ja natürlich, das war 1789 so, auch 1917 war es so, und 1989 war es wieder so. Kommen Sie, ich zeige Ihnen was.«

Während sich Anna ein Grinsen über diese zwei ungleichen Männer nicht verkneifen konnte, führte Argenti mich aus dem Lesesaal in einen Anbau, wo sein Vater Philip in den 1960er Jahren ein kleines ethnographisches Museum über Chios eingerichtet hatte. Ausgestellt waren historische Hauseinrichtungen und originale Trachten aus dem 19. Jahrhundert, ornamentierte Brautkleider der Chiotinnen und goldverzierte Schals. Die Männerpuppen in den Vitrinen trugen enge Hosen, lange helle Hemden, dunkle Wollwesten und einen roten Fez. Ich musste an das Trachten-Museum von Mehmet Özbilgin denken, dem Volkslieder-Experten in Izmir, der bestimmt auch auf Chios geforscht hatte.

In einem anderen Raum befand sich die Kunstsammlung der Familie Argenti – alte Bücher, Gemälde und andere wertvolle Kunstwerke –, die nach einer fast 200 Jahre langen Exilreise quer durch Europa wieder nach Chios zurückgefunden hatte. Zur Sammlung gehörte eine Ahnengalerie mit Gemälden männlicher Argentis seit dem 15. Jahrhundert. An ihrer Kleidung ließ sich der Übergang von genuesischer zu osmanischer Herrschaft erkennen, wobei die Argentis als wohlhabende Kaufleute auch unter den Türken den *Kalpáki* trugen, einen konischen Schwarzfell-Hut aus Phanar, dem griechisch dominierten Stadtteil Konstantinopels. Auf dem Familienwappen prangten die goldenen Greife von Genua, ein Falke und das Motto der Argentis – *Festina lente.*

»Vor der Invasion der Wehrmacht ließ mein Vater das bronzene Wappen am Argentikon, unserem Familiensitz, abmontieren und in einem italienischen Kloster verstecken«, erzählte Argenti. »Nach dem Krieg hat es die britische Royal Navy nach Chios zurückgebracht.«

Mit leichtem Zögern wies Argenti auf ein Porträt, das ihn als Jugendlichen zeigte, im Anzug vor einer Ahnenbüste stehend. »Da war ich 15 Jahre alt«, sagte der Konsul, der schon als junger Mann eher melancholisch gelächelt hatte. Er musste sehr im Schatten seines berühmten Vaters gestanden haben, der in mehreren großen Gemälden porträtiert war, mal als junger Leutnant im Jahre 1914 und zuletzt als ergrauter Diplomat und Gentleman. Verblüfft stellte ich fest, dass er exakt dieselben Lebensdaten – von der Geburt 1891 bis zum Tode 1974 – wie mein Großvater hatte, der ebenfalls im Ersten Weltkrieg bereits Leutnant gewesen war. Beide waren im selben Jahr gestorben, in dem ich auf die Welt kam.

Nach kurzem Suchen steuerte Argenti ein Bild an, das einen gewissen Joannis Argenti zeigte. Geboren im Jahre 1770, war er ein reicher Kaufmann in Konstantinopel gewesen. Als der griechische Aufstand von 1821 ausbrach, wurde jener Argenti auf Geheiß des Sultans hingerichtet und seine Leiche in den Bosporus geworfen. Die Geschichte seines Martyriums stand in heller Handschrift über dem Kopf geschrieben, was wie ein Ikonen-Heiligenschein wirkte. Sein Schicksal teilte Argenti mit dem orthodoxen Patriarchen Gregorius, den osmanische Polizisten am Ostersonntag 1821 direkt nach der Messe aus der Kathedrale in Phanar zerrten und vor dem Eingangstor aufhängten. Der Sultan warf dem Patriarchen vor, den Volksaufstand auf der Peloponnes nicht verhindert zu haben. Dabei hatte Gregorius, der zugleich Ethnarch der griechischen Volksgruppe im Reich war, die Revolte öffentlich verurteilt und die Rädelsführer exkommuniziert, auch um die Griechen in Konstantinopel vor Racheakten zu schützen.

Als die Aufständischen sich von den kirchlichen Appellen nicht aufhalten ließen, gab der Palast den Befehl für die Ermordung des Patriarchen und prominenter Griechen wie Argenti. Der Leichnam von Gregorius wurde zwei Tage in vollem bischöflichem Gewand vor der Kathedrale hängen gelassen. Daraufhin übergaben ihn die

Türken angeblich einigen Juden, die ihn durch die Straßen schleiften und in den Bosporus warfen. Dort fischten ihn griechische Seeleute wieder heraus und brachten ihn zur Bestattung ins russische Odessa, wo ein griechischer Mob als Vergeltung ein Pogrom gegen die Juden der Stadt verübte. Der brutale Mord an ihrem Patriarchen und die Leichenschändung erbitterte Griechen überall. Auch in den aufständischen Regionen kam es zu Racheakten an Juden, die sich wiederum mit den Türken gegen griechische Christen verbündeten.

»Die Juden haben immer die Türken unterstützt«, sagte Argenti. »Sie stellen sich auf die Seite der Mächtigen, das war schon immer so.«

»Moment mal, sind Sie etwa Antisemit?!«, rief ich aus.

»Keineswegs, aber es gibt schließlich Gründe, warum Juden so unbeliebt sind«, parierte Argenti nahtlos. »Deswegen muss man sie ja nicht gleich umbringen. Nur die Deutschen konnten auf die Idee kommen, so etwas Fürchterliches zu tun, die übertreiben ja immer alles.«

Ich musste unwillkürlich an den Schriftsteller Gregor v. Rezzori denken, der wie Argenti einer italienischen Adelsfamilie entstammte. Aus seinen »Memoiren eines Antisemiten« über die Kindheit in der jüdisch geprägten habsburgischen Bukowina sprach ebenfalls eher der moderate traditionelle Antisemitismus eines sizilianischen Altadligen als der mörderische rassistische Judenhass des 20. Jahrhunderts – doch ich behielt meine Gedanken für mich. Es war besser, dieses Thema nicht zu vertiefen, sondern schnell zu wechseln. Argenti schien dies zum Glück ähnlich zu sehen.

»Wie war denn dieser Joannis Argenti eigentlich nach Konstantinopel gekommen?«, fragte ich.

»Nun, meine Familie zog ja nicht direkt aus Genua nach Chios«, sagte Argenti. »Ein früher Vorfahr nahm bereits am ersten Kreuzzug von 1096 teil und ließ sich in Konstantinopel nieder, um dort einen Clan zu gründen.«

Mehrere Generationen lang lebten die Argentis auf der östlichen Seite des Goldenen Horns in Pera, dem heutigen Stadtteil Beyoğlu, wo damals viele genuesische und andere europäische Kaufleute wohnten. Der Falke im Familienwappen der Argentis erinnerte daran, dass ein Vorfahr einst Falkner am kaiserlichen Hof gewesen war. Im Kampf zwischen Byzantinern und Osmanen um das Reich unterstützten die Genuesen den christlichen Kaiser bis zum letztlichen Machtwechsel im Jahre 1453 – der von Christen bis heute als der Untergang von Konstantinopel und von Muslimen als die Befreiung der Stadt bezeichnet wird. Mit den neuen Herrschern, die auf Kontinuität bedacht waren und viele byzantinische Strukturen übernahmen, arrangierten sich die Genuesen wie die griechische Oberschicht recht bald.

»Wir sind also im Grunde uralte Byzantiner«, sagte Argenti. »Irgendwann sind wir auch vom römischen Katholizismus zur Orthodoxie konvertiert.«

Weiter gingen wir an den Bildern entlang, dieser Nekropolis aus Kunst, bis der Konsul vor einem Porträt von Leonidas Pandely Argenti stehen blieb, seinem Ururgroßvater. »Gehängt von den Türken 1822«, stand auf einem kleinen Schild darunter. »Er und sein Bruder Nicolas gehörten zu den 80 Geiseln, die der Pascha von Chios im Kastro einsperren und später exekutieren ließ«, erläuterte Lorenzo und ging zum nächsten Bild. Es zeigte den Sohn des Gehängten, Augustus Leonidas Argenti, dem die Flucht nach Europa gelang und der später sogar die Kunstsammlung der Familie mit den früheren Ahnenporträts ins Exil nachholen ließ. Auf dem Gemälde sah er bereits steinalt aus und trug einen europäischen Anzug mit griechischem Fez. Die charakteristisch gebogene Nase, die allen Argentis eigen schien, hatte der Maler besonders betont.

»Das ist alles lange her«, murmelte Argenti, wobei er betont gleichgültig klang.

»Bedeutet es Ihnen denn gar nichts mehr?«

»Nun, damals ging das Umherziehen meiner Familie los, diese kosmopolitische Wurzellosigkeit. Triest, Marseille, London, Rom … in Neapel habe ich auch mal gelebt, in einem herrlichen großen Haus.«

»Und immer diese Ahnengalerie dabei?«

»*Mais oui*, immer und überall«, rief Argenti aus. »Es war wie in einem Wander-Mausoleum. Wir Lebenden liefen im Haus umher, während die Toten an den Wänden hingen und uns zusahen.«

Ich nickte verständnisvoll, diese Szenerie kannte ich gut. Auch in meinem Elternhaus hatten etliche Gemälde lange verstorbener Vorfahren gehangen. Sogar ein sogenanntes Ahnenzimmer gab es, in dem mein Großvater alte Uniformen, rostige Säbel und andere Memorabilien gesammelt hatte, die ich als Kind ziemlich gruselig fand.

»Als mein Vater starb, vermachte er mir diese ganze verdammte Sammlung – von da an war mein Zuhause in Neapel ein einziges Museum. Also habe ich das Haus verkauft und das Zeug ins Argentikon nach Chios gebracht und schließlich hierher in die Bibliothek.«

Die Erleichterung darüber, das familiäre Erbe und die Erinnerungen endlich ausgelagert zu haben, war Lorenzo Argenti deutlich anzusehen. Aber immerhin hatten seine Vorfahren ihre Besitztümer behalten können.

Für die meisten Flüchtlinge galt dies nicht.

Interludium

Erst war es einer, dann noch einer, dann auf einmal ein ganzer Schwarm. Schmetterlinge – Dutzende, Hunderte, Tausende!

Sie flogen über mir, neben mir, hinter mir, jagten dicht an meinem Gesicht vorbei. Eigentlich flogen sie gar nicht, sondern ließen sich im Winde treiben. Schlugen dabei heftig mit den Flügeln, um einen halbwegs geraden Kurs zu halten. Einige schafften es, im Oleanderbusch auf meiner Terrasse zu pausieren. Sie mussten gegen die Böen anflattern, um auf den Blüten landen zu können. Es waren zwei Arten: Kleine Füchse und die zauberhaften Schwalbenschwänze, die in Europa so selten geworden waren.

Ein großes Spektakel war die frühsommerliche Wanderung der Schmetterlinge, wenn sie von den Brutplätzen im Süden der Insel in die blütenreichen Berge des Nordens zogen. Oder bis zur Nachbarinsel Lesbos, denn sogar übers Meer wussten die Flatterwesen zu fliegen. Auch wenn ich in der Perlenbucht von Vrodadho weit rausschwamm, jagten sie rechts und links an meinem Kopf vorbei. Einmal hielt sich ein Schmetterling kurz an meiner Schwimmbrille fest, bevor der Wind ihn wieder fortriss.

Seit Tagen blies der Wind unablässig und peitschte die Wellen hoch. Es war ein veritabler Sturm, doch ohne die anderswo damit verbundenen Regenwolken, sondern bei strahlend blauem Himmel. Die Sonne schien, und doch stürmte es, mit Windstärken wie bei den Herbstorkanen an der Nordseeküste.

»Das ist der *Meltémi*, unser Sommerwind«, klärte mich die Kellnerin im Strandcafé auf. Von dem Wind hatte ich schon gehört, denn jeder Segler in der Ägäis fürchtete ihn.

»Aber kommt der *Meltémi* nicht normalerweise aus dem Norden?«, fragte ich.

»Eigentlich ja, aber im Frühsommer kollidiert er manchmal noch mit dem *Sorókos* aus dem Süden, unserem Winterwind«, erläuterte die Kellnerin, während sie die Tischdecke mit kleinen Steinen fixierte. »Hier auf Chios ist sowieso alles anders, wegen der Berge hier – die wirbeln den *Meltémi* oft durcheinander. Deswegen ist die Meerenge auch so unberechenbar für Segler. Es sind zwar nur wenige Kilometer bis zur türkischen Küste, aber es ist immer gefährlich.«

Auch in Izmir, so erinnerte ich mich, kannte man einen trockenen Nordwind, dessen türkischer Name fast identisch mit dem griechischen war: *Meltem*. Beide Namen hatten ihre Wurzel vermutlich im italienischen *mal tempo*, Schlechtwetter, was vielleicht auf Flüche mittelalterlicher Seefahrer aus Genua und Venedig zurückging. Anders als auf den griechischen Inseln blies der *Meltem* in Izmir allerdings sanft vom Meer herein und brachte im Sommer kühle Erfrischung. Westtürken liebten ihn dafür und nannten ihre Töchter oft Meltem. In der Türkei, wo fast jeder Vorname eine poetische Bedeutung hatte, war dies eine besonders zärtliche Wahl.

Von allen Winden war der *Meltem* der einzige, der im Türkischen ein feminines Geschlecht hatte. Selbst der *Kible*, die nach der großen Göttermutter Kybele benannte leichte Sommerbrise, war maskulin oder neutral. Das männliche Pendant zu *Meltem* war der *Bora* oder *Poyraz*, der heftige kalte Nordwind im Winter. Auch auf dem Balkan und entlang der gesamten Adriaküste kannte man diesen Wind, der auf Italienisch ebenfalls *Bora* hieß. In Triest ließ er jeden Winter unaufhörlich die Fensterläden klappern, und in den Gassen der Altstadt spannte man Seile, damit sich Fußgänger festhalten konnten und nicht fortgerissen wurden. Hier wie dort ging der Name auf Boreas zurück, einen der vier *Anemoi*, der Windgötter in der griechischen Mythologie.

Alles hing zusammen am Mittelmeer, Winde kannten keine Grenzen. So entsprach der *Sorókos*, der winterliche Südwind in Griechenland, natürlich dem *Scirocco*, wie ihn die Italiener und Spanier nannten. Aus der Sahara kommend, überzog er parkende Autos von Athen bis Madrid mit rotem Wüstensand. In der Ägäis konnte der *Sorókos* wie der *Bora* für so hohen Seegang sorgen, dass die Fähren eingestellt wurden und die Inseln manchmal tagelang von der Außenwelt abgeschnitten waren.

Wer einmal die Erfahrung gemacht hat, auf einer Insel festzusitzen und für alles Geld der Welt nicht fortzukommen, weil ein Sturm selbst nach einer Woche partout nicht nachließ, der konnte etwas über Höhere Gewalt lernen. Griechische Inselbewohner jedenfalls nahmen die allwinterliche Isolation mit der achselzuckenden

Geduld von Menschen hin, die seit der Antike wussten, dass es gottgelenkte Dinge gab, die nun mal nicht zu ändern waren und denen der Mensch sich besser fügte. Mit Hegels philosophischem Diktum, dass Freiheit vor allem Einsicht in Notwendigkeit war, brauchte man ihnen jedenfalls nicht mehr zu kommen.

Bei allem heiteren Fatalismus wussten die Inselgriechen jedoch gerne darüber Bescheid, welche Naturgewalten auf sie zukamen und von wo Rettung zu erwarten war. Ein jeder hatte auf seinem Handy eine App installiert, die ständige Updates über das Wetter und den Fährverkehr in der Ägäis lieferte – welches Schiff wo abgelegt hatte, wo auf dem Meer es sich jetzt befand und wann seine Ankunft in welchen Inselhäfen zu erwarten war. Von Rhodos bis Limnos war es das beliebteste Gesprächsthema: weniger das Wetter an sich, sondern dessen Einfluss auf den Schiffsverkehr. Trafen sich zwei Chioten, guckten sie alle fünf Minuten auf ihre App-Bildschirme und tauschten sich darüber aus. Das ging dann in etwa so:

»*Yassu* Costas, hast du schon gesehen, die Fähre aus Piräus hat gerade Samos verlassen, pünktlich um 6:30 Uhr.«

»*Kali mera* Yannis, so ist es, habe ich auch gesehen.«

»Aber die Kavala-Fähre wird Syros wohl verspätet erreichen, da bläst gerade ein ziemlicher Wind.«

Dann beugten sich Costas und Yannis wieder über ihre Handys, um die detaillierte Seekarte der App zu studieren, auf der kleine, langsam vorrückende Schiffchen jede einzelne Fähre darstellten, die gerade irgendwo in der Ägäis unterwegs war – mit genauen Angaben über ihren Kurs und Fortschritt sowie die Wetterbedingungen. Dabei verfolgten die App-Zuschauer kurioserweise nicht nur die Schiffe, die Chios anliefen, sondern auch weit entfernte Verbindungen, etwa von Kreta nach Santorini.

Falls irgendwo ein Sturm vorhergesagt war, wechselten sie das Gesprächslevel nahtlos von Smalltalk auf hitzige Diskussion darüber, welche Konsequenzen für den Fährverkehr zu gewärtigen waren.

Würde er eingestellt werden, und wenn ja, wann genau und für wie lange, mit welchen Schutzhäfen für welche Schiffe? Wer aus dem Bekanntenkreis war gerade unterwegs und würde möglicherweise auf einer fremden Insel stranden? Und mit welchen Engpässen in der Versorgung – Sprit, Medikamente, etc. – war zu rechnen, falls der Sturm länger anhielt? Würde die Regierung bald Cessnas oder Helikopter schicken, oder würden sie nicht fliegen können? Zur Klärung all dieser Fragen leerten Costas und Yannis stets mehrere Kaffeetassen, auch wenn bislang noch völlige Windstille herrschte.

Es gab nur ein Thema, das die Menschen auf Chios in diesem Sommer häufiger diskutierten als Stürme und Schiffe – die Flüchtlingskrise.

Drei Jahre waren seit dem großen Drama von 2015 vergangen, als mehr als eine Million Menschen, mehrheitlich Kriegsflüchtlinge aus Syrien, über die griechischen Inseln und die Balkanroute nach Europa gelangt waren. Damals zeigten sich die meisten Griechen, deren Großeltern oft selbst Fluchterfahrungen gemacht hatten, sehr gastfreundlich und hilfsbereit. Wo der griechische Staat überfordert war, wurden viele Bürger in privaten Initiativen aktiv: Fischer holten Bootsflüchtlinge an Bord ihrer Kutter, Handwerker errichteten Zelte, Schulklassen sammelten gespendete Kleidung, und Hausfrauen taten sich zusammen, um für die Gestrandeten zu kochen. Obwohl die Griechen seit sieben Jahren selbst in einer bitteren Finanz- und Wirtschaftskrise steckten, war ihre Solidarität mit den hilfsbedürftigen Menschen groß. Sie basierte allerdings auch auf der Erwartung, dass die Flüchtlinge nicht in Griechenland bleiben, sondern schnell in wohlhabendere Länder Europas weiterziehen würden.

Dies änderte sich im Jahr 2016, als die Staaten entlang der Balkanroute ihre Grenzen verriegelten und die Europäische Union ein Migrationsabkommen mit der Türkei schloss. Im Gegenzug für Milliardenzahlungen aus Brüssel war darin vorgesehen, dass die türkische

Küstenwache möglichst viele Migranten und Flüchtlinge abfangen würde. Diejenigen, die es trotzdem über die Meerenge schafften, sollten schnelle Asylanhörungen erhalten, um dann entweder in der EU verteilt oder in die Türkei zurückgebracht zu werden.

Die Realität sah allerdings anders aus: Zwar stoppte der türkische Grenzschutz etliche Schlepperboote, aber noch immer gelangten viele Menschen auf die griechischen Inseln, wo sie dann monatelang auf ihre Asylanhörungen und Entscheidungen warten mussten. In der Zwischenzeit wurden sie weder auf das Festland noch in andere EU-Länder gebracht, sondern saßen auf den Inseln fest. Abgelehnte Asylsuchende ließen sich nicht abschieben, weil Ankara sie nun doch nicht wieder aufnehmen wollte und weil griechische Gerichte die Türkei ohnehin für nicht ausreichend sicher hielten. So waren die Lager bald maßlos überfüllt.

Solche sogenannten Hotspots gab es auf den fünf küstennahen Inseln Kos, Leros, Lesbos, Samos und Chios. Die vom griechischen Militär und Hilfsorganisationen geführten Lager waren keine Gefängnisse. Die Bewohner durften sie tagsüber verlassen, um mit Bussen oder zu Fuß in umliegende Ortschaften zu gelangen. Auch in der Stadt Chios gehörten sie zum Straßenbild, kauften im Kastro günstige Lebensmittel ein oder gingen am Hafen spazieren. So waren die Migranten und Flüchtlinge, für die die Inseln anfangs nur Zwischenstationen auf dem Weg nach Europa sein sollten, unfreiwillig zu dauerhaften Mitbewohnern der Inselgriechen geworden. Jede Woche wuchs ihre Zahl, während gleichzeitig die Touristen wegblieben.

Vielen Einheimischen gefiel dies nicht, die Stimmung drehte sich. Die anfängliche Solidarität schlug in Unverständnis und Wut um. Sie richtete sich hauptsächlich, wie aus vielen Gesprächen herauszuhören war, gegen untätige Politiker in Athen und Brüssel, aber zunehmend auch gegen die Flüchtlinge selbst. Besonders Afrikaner, deren Anteil gegenüber Syrern oder Afghanen inzwischen stark gestiegen war, wurden als Wirtschaftsmigranten gesehen. Auf allen Inseln häuften sich die Berichte über Konflikte zwischen den Einheimischen und ihren neuen Nachbarn.

Bei vielen Chioten kam hinzu, dass sie im Unterschied etwa zu den Bewohnern der Touristeninsel Kos wenig Erfahrung mit Fremden hatten und ihnen daher besonders argwöhnisch begegneten. Auch ich erlebte während meines Aufenthalts oft, dass selbst junge Leute abweisend auf Außenseiter reagierten. In Bars und Diskotheken verhielten sie sich cliquenhaft und verschlossen. Entweder man kam von Chios oder nicht. Weltoffenere und non-konforme Studenten waren auch nur selten anzutreffen. Zwar hatte die weit verzweigte Ägäische Universität auch auf Chios einige kleine Fakultäten, wo man aber nur Fächer wie Schifffahrtsrecht oder Seehandel studieren konnte. Jedenfalls hatte ich auf Chios bislang nicht einen Griechen getroffen, der dem Klischee des freiheitsliebenden Alexis Sorbas auch nur nahegekommen wäre.

Eine Rolle spielte sicher auch, dass ein Großteil der Griechen die wirtschaftliche Misere des Landes nicht mehr ertrug und nur noch auswandern wollte. Wie bei der Armutsabwanderung der 1950er Jahre, war die Folge ein fataler Brain Drain, der gerade den Inseln viele ihrer talentierten und intelligenten Bewohner raubte. Der Frust der Zurückgebliebenen über ihre Lage ließ wenig Sympathie mit den Neuankömmlingen aufkommen.

»Denn als leidgeprüfter Fremder komme ich hierher, weither aus fernem Land, drum kenne ich keinen der Menschen, die hier diese Stadt und diese Fluren bewohnen.« Mit diesen Worten bat Odysseus im siebten Gesang der *Odyssee* auf der Insel der Phaiaken die verkleidete Göttin Athene, ihn zum Inselkönig Alkinoos zu führen. Die Angesprochene willigte ein, doch zugleich warnte sie Odysseus vor den fremdenfeindlichen Inselbewohnern, denen viele der Chioten von heute ähnelten: »Geh nur schweigend hin, ich will den Weg dir vorangehn, blick aber keinen Menschen an und befrage auch keinen!

Denn diese dulden gar nicht gern unter sich fremde Menschen, heißen auch keinen gastlich willkommen, der anderswoher kommt. Auf ihre eilenden, schnellen Schiffe vertrauend, durchfahren sie den großen Schlund, da es ihnen Poseidon gewährte.«[57]

Bislang hatte ich das Flüchtlingsthema auf Chios nur am Rande wahrgenommen, so sehr war ich auf meine Recherchen zum Massaker von 1822 konzentriert. Eines Abends aber fuhr ich noch auf einen Drink in das Kubrick, die einzige halbwegs unkonventionelle Bar der Stadt. Zu meiner Überraschung traf ich dort auf eine Gruppe junger nicht-griechischer Gäste, die zusammen Bier tranken und mich sogleich an ihren Tisch einluden. Kurze Vorstellungsrunde, die Frauen kamen aus England und Holland, die Männer aus Syrien und Ägypten. Offenbar waren sie keine Touristen, wollten aber zunächst nicht verraten, was sie auf Chios machten.

»Eine geheime Mission«, scherzte Isabel aus Amsterdam. »Darüber dürfen wir nicht reden.« Sie war Ende 20, sprach akzentfrei Englisch und gab vor, direkt am Flughafen Schiphol zu wohnen, weil sie beruflich so viel unterwegs sei.

»Und ich in Heathrow«, rief die Engländerin aus, die Elisabeth hieß und schon ordentlich einen sitzen hatte. Eine feste Wohnung in London zu haben, lohne sich für sie nicht mehr.

»So sieht's aus«, nickte Isabel. »So viel fliegt die Firma uns durch die Gegend.«

»Die Firma?«, fragte ich.

»Die ruhmreiche EU«, rief Elisabeth so laut, dass Isabel ihr den Mund zuzuhalten versuchte. Aber auch sie hatte das Bier so vertrauensselig gemacht, dass sie ihre geheime Tätigkeit nun ausplauderte. Die jungen Frauen waren im EU-Auftrag auf Chios, um die überforderte griechische Ausländer-Behörde bei den zahlreichen Asylverfahren zu unterstützen. Es war ihr erster richtiger Job, beide hatten kürzlich ihr Jura-Studium abgeschlossen. Was ihre Aufgabe denn genau sei, fragte ich nach.

»Wir sind die Asylentscheider«, erklärte Isabel. »Also diejenigen, die darüber befinden, ob jemand ein Anrecht auf Asyl hat oder nicht.«

»Eine ziemlich verantwortungsvolle Aufgabe«, sagte ich, woraufhin Elisabeth mit den Achseln zuckte.

»Irgendwer muss es ja machen«, sagte sie. »Und wir Uni-Absolventen sind billiger als richtige EU-Beamte.«

»Billiger und williger«, fügte Isabel hinzu.

Beide Frauen klagten darüber, dass die griechische Ausländerbehörde extrem unterbesetzt sei, woran auch die Amtshilfe aus der EU nicht viel ändere. Mit der Flut von Asylanträgen seien die Entscheider völlig überlastet, so dass die Verfahren manchmal länger als ein Jahr dauern würden. Elisabeth und Isabel waren in einem Ferienhaus untergebracht und fuhren jeden Morgen in das Lager, das fernab von Chios-Stadt in der Inselmitte lag, um die Asylsuchenden zu interviewen.

Begleitet wurden sie dabei, wie an diesem Abend, von ihren arabischen Dolmetschern: Ahmed aus Kairo und Saif aus Damaskus. Ähnlich jung wie ihre Kolleginnen, waren beide selbst als Flüchtlinge nach Griechenland gekommen, Saif bereits im Jahre 2013, um der Einberufung in die syrische Armee mitten im Bürgerkrieg zu entgehen. Er war ausgebildeter Programmierer und wollte eigentlich in die USA gelangen, wo ihm eine IT-Firma einen Job angeboten hatte. Dann erhielt er kein Visum und blieb in Griechenland hängen, doch das Leben auf Chios gefiel ihm.

»Bei den Griechen gibt es keine Regeln, das mag ich sehr.«

»Ja, das ist ein wenig wie zu Hause«, stimmte Ahmed ihm zu. Auch er habe Ägypten aus politischen Gründen verlassen, sagte er. Dabei blieb unklar, ob er vor der Militärdiktatur oder dem vorherigen Regime der Muslimischen Bruderschaft geflohen war. Für letzteres sprach, dass auch Ahmed schon reichlich betrunken war. Mehrfach versuchte er, seinen Arm um Elisabeth zu legen, die ihn mit leicht tadelndem Blick wieder abstreifte.

Richtig fröhlich wurde die Runde, als das Gespräch auf die Asyl-Interviews der vergangenen Woche kam. Dabei amüsierten sich die jungen Frauen und ihre Dolmetscher unverhohlen über die Geschichten, mit denen Asylsuchende versuchen würden, eine angebliche politische oder religiöse Verfolgung in ihren Heimatländern zu belegen.

»Am besten war ja dieser geschniegelte Typ aus Alexandria«, sagte Ahmed kopfschüttelnd.

»Der angeblich strenggläubige Muslim, der aber mit sauber rasiertem Gesicht erschien?«, fragte Isabel, die offenbar die Anhörung geleitet hatte.

»Ja genau«, nickte Ahmed eifrig. »Und der behauptete, von der Armee verfolgt zu werden. Das war alles gelogen, der will einfach nur nach Europa auswandern. Das war kein Flüchtling, sondern ein Migrant.«

Es verblüffte mich, dass Ahmed einen Landsmann so in die Pfanne haute. Versuchte er, sich von seiner Herkunft loszusagen und sich bei den Kolleginnen einzuschmeicheln? In seinen Worten war keinerlei Solidarität zu spüren, sondern die Überlegenheit des bereits Angekommenen gegenüber Nachzüglern, deren Schicksal er mitentscheiden konnte. Saif aus Syrien war weniger zynisch als Ahmed, aber auch seinen Kommentaren war anzumerken, dass er die Macht und Aufwertung durch seinen EU-Job genoss. Psychologisch schienen die Beziehungen zwischen den westlichen Asylentscheidern und ihren arabischen Dolmetschern ziemlich abgründig zu sein.

»Wir werden den ganzen Tag angelogen«, sagte Isabel trocken. »Beim Interview glaube ich erstmal alles, bei der Entscheidung glaube ich dann nichts mehr.«

»Ich lehne eigentlich auch fast alle ab«, pflichtete Elisabeth ihr bei.

Stolz waren sie nicht auf ihre Tätigkeit, das war ihnen anzumerken. Es klang eher nach Drecksarbeit, die niemand sonst erledigen wollte. Als ich nochmal auf die Dauer der Verfahren und die Lebensbedingungen in den überfüllten Lagern zu sprechen kam, sahen mich Isabel und Elisabeth leicht spöttisch an, als ob ich für mein Alter doch reichlich naiv sei.

»Wir sollten darüber eigentlich nicht reden«, sagte Elisabeth, während sie ihre Augenbrauen vielsagend hochzog. »Aber das ist doch alles politisch so gewollt.«

»Die schlimmen Bilder aus den Lagern sollen potenzielle Flüchtlinge im Nahen Osten und Afrika abschrecken und sie davon abhalten, sich auch noch auf den Weg zu machen«, erläuterte Isabel.

»Auf Chios geht es ja noch«, fügte Elisabeth hinzu. »Auf Samos und Lesbos ist die Lage noch viel schlimmer.«

Da leerte Ahmed sein Bier und schlug vor, in einer Hafenbar tanzen zu gehen. Seine Kollegen willigten dankbar ein. Während die fröhliche Fronttruppe der EU-Flüchtlingspolitik weiterzog, fiel mir wieder auf, wie unglaublich jung diese Asylentscheider waren, gemessen an der Aufgabe, die sie zu verantworten hatten. Dann sah ich in meinem Handy nach, wann die nächste Fähre aus Chios ablegen würde.

Tags darauf war ich an Bord der Blue Star nach Samos. Die Passage zur südlichen Nachbarinsel dauerte drei Stunden. Es tat gut, mal wieder auf einem großen Schiff übers Meer zu fahren. Ich stand auf dem Oberdeck, eine leichte Brise im Gesicht und umgeben von Blau – blauem Himmel, blauem Wasser, blauer Luft. Für ein Kind der Norddeutschen Tiefebene, in der selbst im Winter die grünbraunen Farben dominierten, war diese blaue Zone der Ägäis verstörend und heilsam zugleich. Das limpide Licht und die völlig unvertraute Umwelt – knochentrockene Felseninseln ohne Wald und Wiesen – schienen lange verkeilte Synapsen aufzubrechen. Das ägäische Meer kalibrierte die Sinne, das Hirn wurde neu verdrahtet, mein Liebeskummer verflog, die Seele begann sich zu entspannen. Alte Prägungen des Gemüts ließen nach, vererbte Ängste lösten sich auf. Vermutlich stammten sie noch aus der dunklen Vorzeit, als man in den tiefen deutschen Wäldern stets mit einem Angriff großer Wölfe und Bären rechnen musste. Dies war am Mittelmeer seit jeher anders. Mochten griechische Sagen auch voller Seeungeheuer sein, so gab es außer Poseidon und vereinzelten Haien eigentlich nichts zu befürchten. »In der Ägäis«, so hatte es der wundervolle griechische Dichter und Nobelpreisträger Odysseus Elytis einmal formuliert, »hängt das Geheimnisvolle nicht mit unserer Beziehung zur Dunkelheit zusammen, wie in Nordeuropa, sondern mit unserer Beziehung zum Licht.« Hierher konnte man ausziehen, um die Furchtlosigkeit zu lernen.

Die Insel Samos lag an ihrem östlichen Ende nicht mal zwei Kilometer von der türkischen Küste entfernt. Ähnlich groß wie Chios, mit hohen Bergen und etwa 40 000 Einwohnern, war die Insel ungewöhnlich üppig bewachsen. Dank vieler Wasserquellen galt Samos als das grünste Eiland der Ägäis, mit dichten Wäldern, in denen zu meiner Freude zahlreiche Laubbäume gediehen, die ich von zu Hause kannte. Als Geburtsort von Aesop und Pythagoras bekannt, war das antike Samos im Jahre 32 v. Chr. auch Hauptquartier und Liebesnest von Marcus Antonius und Cleopatra, wo die beiden Herrscher vor ihrem tragischen Ende einen Sommer lang ausschweifende Feste feierten, die als die größte Party der Antike in die Geschichte eingingen.

Die heutige Hauptstadt Vathi schmiegte sich idyllisch um eine Bucht und in Hügel hinein, an deren Hängen helle Häuser mit roten Ziegeldächern standen. Was in diesem mediterranen Postkartenmotiv fehlte, waren die Yachten und Touristenboote. Stattdessen lag an der Hafenmole, abgesehen von einigen alten Fischkuttern, nur ein graues Streifenboot der deutschen Küstenwache, das unter der Flagge der EU-Grenzschutzagentur Frontex fuhr. Der Heimathafen der *Uckermark* war Rostock. Erfreut grüßte ich die zwei Matrosen, die das Deck schrubbten: »Moin zusammen!«

»Moin!«, kam es zurück. Ein einziges Wort, weich und nachklingend gesprochen – das war der Sound vertrauter Lande. Er klang so wohltuend, dass ich für einen kurzen Moment die Augen schloss. Vielleicht war es nicht schlecht, dachte ich, wenn einige der alten Synapsen verknüpft blieben.

Zwei Jahre zuvor war die *Uckermark* aus Rostock nach Samos gekommen, allerdings nicht unter eigenem Dampf, sondern im Bauch eines Frachters. »Für unsern lütten Pott wäre die Reise dann doch etwas weit gewesen«, sagte einer der Matrosen, während er ein Tau aufrollte.

»Aber hier verrottet uns das Schiff«, meinte der andere.

Ich sah die beiden fragend an.

»Es wurde ja für die Ostsee gebaut, und die hat lange nicht so einen hohen Salzgehalt wie das Mittelmeer. Hier frisst das Salz die Bordwände weg.«

»Naja, nützt ja nix«, sagte der erste Matrose, woraufhin beide wieder unter Deck verschwanden.

Das Hotspot-Lager von Vathi zu finden war nicht schwer. Es lag, vom Hafen aus deutlich sichtbar, an einem Hang direkt oberhalb der Stadt: ein eingezäuntes Areal, das mit weißen Wohncontainern und Zelten vollgestellt war. Das sah von weitem noch ganz ordentlich aus, doch in dem Kiefernwald außerhalb des Zaunes standen unzählige weitere Zelte. Nach allen Seiten dehnte sich das Lager über den Hügel aus, wie ein Krebsgeschwür. In jenem Dschungel aus Containern und Zelten hausten angeblich 7000 Menschen, was ziemlich genau der alten Einwohnerzahl von Vathi entsprach. Die Stadt war quasi verdoppelt worden und hatte einen sehr ungleichen Zwilling erhalten.

Ich stieg die Gassen hinauf, bis ich zum Eingangstor des Lagers gelangte, das von Polizisten bewacht wurde. Da kam ich nicht rein, zugelassen wurden nur Bewohner und NGO-Mitarbeiter. So ging ich außen an der Absperrung entlang, die aus zwei übermannshohen Zäunen mit gerolltem NATO-Klingendraht bestand. Nach wenigen Minuten kam ich in den Dschungel, das Lager neben dem Lager. Einige der Zelte waren Spenden des UNHCR-Flüchtlingshilfswerks, die das blaue Logo der Vereinten Nationen trugen. Bei den meisten Behausungen aber handelte es sich um privat organisierte Campingzelte, zusammengezimmerte Bretterbuden oder Wellblechhütten, über die Plastikplanen gespannt waren.

Der erste Eindruck war nicht nur optisch, sondern olfaktorisch. Es stank nach verrottendem Abfall und Urin, der in Rinnsalen den Hang hinunterfloss. Zwischen den Kiefern und Olivenbäumen lagen unzählige Plastikflaschen und anderer Müll. Das Innere der Zelte versuchten die Bewohner sauber zu halten, vor den Eingängen standen Straßenschuhe und Sandalen. Es ging auf Mittag zu, das Klappern von Geschirr war zu hören, auf Campingbrennern kochten Frauen dünne Suppen oder Reis. Vor einem Zelt stand ein Mann auf Krücken und sah mich wortlos an – auf einmal fühlte ich mich wie ein Eindringling, der die Grenze zum privaten Bereich der Lagerbewohner übertreten hatte. Ich schämte mich für ihr Elend. Mit einer entschuldigenden Geste grüßte ich den Mann und ging schnell weiter.

Wie konnte man diese Menschen nur so hausen lassen? Ob sie nun asylberechtigte Flüchtlinge oder Armutsmigranten waren, war doch erstmal egal. Ob man sie in die EU lassen sollte oder nicht, war eine politische Frage, die ich nicht beurteilen wollte und die ohnehin im Einzelfall zu entscheiden war. Was ich allerdings nicht verstand oder hinnehmen wollte: warum es die wohlhabende EU nicht einmal fertigbrachte, in diesen Lagern menschenwürdige Lebensbedingungen zu schaffen. Das konnte doch so schwer nicht sein. Oder war dieses Elend tatsächlich politische Absicht?

Der Anblick weckte Erinnerungen an das wilde Flüchtlingslager von Idomeni an der griechisch-nordmazedonischen Grenze, das ich im März 2016 besucht hatte. Wenige Tage zuvor hatte Nordmazedonien auf Drängen der österreichischen Regierung und mit stillschweigendem Einverständnis Berlins seine südliche Grenze geschlossen, um den monatelangen Zustrom Hunderttausender Menschen über die sogenannte Balkanroute nach Mitteleuropa zu stoppen. Quasi über Nacht errichteten nordmazedonische Truppen am Eisenbahn-Grenzübergang Idomeni einen neuen Grenzzaun, der mit unüberwindlichem NATO-Klingendraht verstärkt war. Zur Unterstützung der Grenzschützer schickte Österreich eine Militäreinheit, von der es in der Wiener Presse hieß, dass sie viel Erfahrung »in der Niederschlagung von Volksaufständen« habe, wobei unklar blieb, wo und wann die Einheit diese Erfahrung nach 1849 gesammelt haben sollte. Allerdings sahen die schwerbewaffneten Soldaten, die sogar mit gepanzerten Fahrzeugen ausgerüstet waren, zweifelsohne furchteinflößend aus.

Auch die griechische Regierung, die noch immer viel Geld von der EU benötigte, zeigte sich kooperativ. Griechische Grenzschützer holten alle Ausländer ohne gültige Visa aus den nach Norden fahrenden Zügen und ließen sie nicht weiterreisen. Binnen weniger Tage stauten sich mehr als 10000 Menschen am Zaun, die entlang des Bahndamms ein riesiges notdürftiges Zeltlager errichteten und zunehmend verzweifelt auf eine erneute Öffnung der Grenze warteten. Drei Tage verbrachte ich in Idomeni, sprach mit vielen Menschen und schrieb ihre Geschichten auf. Einmal rief mich ein befreundeter Journalist an, der sich auf der nördlichen Seite der Grenze befand: »Komm rüber auf diese Seite, hier sind jetzt die guten Stories – wir gehen nachts mit Sonderkommandos auf Patrouille und spüren illegale Grenzübertreter auf.« Ich wünschte ihm viel Spaß dabei und entschied, weiterhin auf der südlichen Seite der Grenze zu bleiben.

Am Morgen des zweiten Tags traf ich Nisreen, als ich im Mietwagen von Thessaloniki nach Idomeni fuhr. Sie ging an der Landstraße entlang, einen Kinderwagen schiebend. Ich bremste und bot ihr an, sie und ihr Kind bis zur Grenze mitzunehmen. Wir hievten den Kinderwagen in den Kofferraum und fuhren los. Während der

Fahrt erzählte Nisreen mir in gutem Englisch, dass sie Lehrerin sei und aus Aleppo komme. Die 26-jährige Syrerin war auf dem Weg zu ihrem Mann, der bereits im Jahr zuvor nach Deutschland geflüchtet war. Wenn er es nach Europa schaffen sollte, so hatte die Familie gehofft, würden sie und ihr zweijähriger Sohn Basel bald nachkommen können. »Er ist auch Lehrer«, erzählte Nisreen, während sie aus dem Fenster blickte. »Wir haben uns an der Schule kennengelernt, es war Liebe auf den ersten Blick. Jedes Mal, wenn wir telefonieren, fängt er an zu weinen. Er fehlt mir so sehr.«

Ihr Mann hatte sie in der Obhut der Eltern gelassen, doch als die russische Luftwaffe ihre Heimatstadt fast jede Nacht angriff und ihre Brüder zum Kämpfen rekrutiert wurden, war sie mit dem Jungen geflüchtet. Für 700 Dollar hatten Schleuser sie über die Türkei auf eine griechische Insel gebracht. Von dort hatte sie eine Fähre nach Athen und dann den Zug nach Thessaloniki genommen. »Am schlimmsten war die Überfahrt von der türkischen Küste nach Griechenland«, berichtete sie. »Wir legten nachts ab, es war total dunkel. Ich kann nicht schwimmen, mein Junge auch nicht. Drei Stunden lang hatte ich solche Angst, dass wir sinken und ertrinken würden.« Die Erschöpfung war ihr anzusehen, auch der Junge war in ihrem Schoß eingeschlafen. Beide trugen noch immer dieselbe Kleidung, mit der sie Aleppo verlassen hatten.

Ich brachte Nisreen und Basel ins Lager von Idomeni und half ihnen, einen Platz in einem der großen Zelte zu bekommen, die die Hilfsorganisation »Ärzte ohne Grenzen« errichtet hatte. In den Zelten herrschte ein heilloses Durcheinander, doch immerhin gab es Feldbetten für alle. Am nächsten Tag kaufte ich in Thessaloniki einige Klamotten und Kinderstiefel für den Jungen. Als ich Idomeni verließ, hielten Nisreen und ich Kontakt über Facebook. Die Grenze blieb geschlossen, aber wenige Monate später durften Mutter und Sohn im Zuge einer Familienzusammenführung mit dem Flugzeug nach Deutschland reisen, wo sie seitdem lebten.

Eine Woche nach meinem Besuch in Idomeni hatte ich an der Karls-Universität in Prag einen Vortrag über die Zukunft Europas zu halten. Darin ging es um die Fragen, die die Flüchtlingskrise aufwarf: Wie wollten wir leben – in einem »Europa der Vaterländer« mit kulturell wie politisch voneinander getrennten Nationen, die sich gegen Einwanderung abgrenzten? Oder in einem postnationalen Europa, das von der EU geführt wurde und für Einwanderung offen blieb? Anstatt eindeutige Antworten anzubieten, berichtete ich den etwa 300 Studenten im Hörsaal von meinen frischen Eindrücken aus Idomeni und zeigte einige Fotos, auch von Nisreen und Basel. Es gab die Politik – und es gab Menschen.

In der nachfolgenden Diskussion wurde deutlich, dass die meisten der Prager Studenten auf die Schließung der Balkanroute erleichtert reagierten. Dies galt für viele Menschen in Europa. Auch liberale Berliner Freunde waren inzwischen überzeugt, dass die Politik der offenen Grenzen und der unterschiedslosen Willkommenskultur nicht weiter aufrechtzuerhalten sei. Im Oktober 2015 waren meine Partnerin und ich nach Budapest gezogen, dem anfänglichen Epizentrum der Flüchtlingskrise, von wo der ungarische Regierungschef Viktor Orbán gegen muslimische Einwanderer hetzte und die ungarischen Grenzen mit Zäunen verstärken ließ. Das gehässige Auftreten Orbáns war mir zuwider, aber auch ich war in der Flüchtlingsfrage gespalten. Als Journalist hatte ich die Herkunftsländer der Menschen gut kennengelernt – besonders Afghanistan, Irak und Syrien – und sah eine ungebremste Einwanderung von kulturell völlig anders geprägten Menschen gerade aus dem Nahen Osten skeptisch. Da würde es Probleme geben, fürchtete ich, denn leicht war eine Integration nicht, so schön die Vision auch klang und so sehr Europa wirtschaftlich-demographisch auf Zuwanderung angewiesen sein mochte.

Andererseits bewunderte ich, dass diese Menschen ihr Schicksal nach jahrelangem Abwarten selbst in die Hand nahmen. Sie stimmten buchstäblich mit den Füßen ab. Mit ihrem Marsch auf Europa lenkten sie die öffentliche Aufmerksamkeit auf Kriege und Konflikte, über die ich als Journalist oft berichtet hatte und die man in europäischen Ländern gerne ignorierte. Auch für die riesigen Flüchtlingslager, die als Folge des syrischen Bürgerkriegs in Jordanien und im Libanon entstanden waren, hatte sich niemand so recht interessiert. Daher erfüllte es mich mit einer gewissen Genugtuung, dass die Massenwanderung der Flüchtlinge uns Europäer mit den Fluchtursachen vor unserer Haustür direkt konfrontierte.

Inzwischen waren drei Jahre vergangen. Das Migrationsabkommen mit der Türkei hatte dazu geführt, dass Europa die entsetzlichen Zustände gerade in Syrien abermals verdrängte. Sie bestanden unvermindert fort, ebenso wie die Zustände in den griechischen Lagern.

Etwas unterhalb des Lagers von Samos war eine sandige Fläche, die als Bolzplatz genutzt wurde. Dort standen zwei kleine Tore. Etwa zehn junge Spieler kickten im Sand, wirbelten ihn kräftig auf. Einige trugen Alltagskleidung, andere blitzsaubere Trikots und Sportschuhe. Am Spielfeldrand standen Zuschauer und feuerten die Mannschaften an. Ich gesellte mich zu ihnen.

»Wie steht's?«, fragte ich einige junge Männer in Flipflops, die an einem rostigen Frachtcontainer lehnten.

»Vier zu eins für den Kongo«, sagte einer von ihnen.

»Nigeria verliert«, meinte ein anderer, nicht ohne Genugtuung.

Mit ihm kam ich ins Gespräch. Er hieß Duncan und kam aus Kinshasa, der kongolesischen Hauptstadt. Alter Ende 20, schätzte ich, athletisch gebaut, gepflegt. Mit seinen brandneuen Klamotten, der Baseball-Kappe und der schwarzen Sonnenbrille sah er wie ein amerikanischer Rap-Sänger aus. Dazu passte, dass er eine vergoldete Halskette und an jedem Handgelenk eine Armbanduhr trug. In seiner Jeans steckte ein teures Smartphone.

Seit mehr als einem Jahr war Duncan auf Samos. Wie er vom Kongo hierher gelangt sei, fragte ich ihn – etwa quer durch die

Sahara? Grinsend schüttelte er den Kopf und sagte: »Nee, das wäre mir zu gefährlich. Ich bin ganz normal in die Türkei geflogen, da brauchte man kein Visum, und dann von dort mit dem Schlauchboot hierher.«

»Hört sich entspannt an.«

»Das war es auch, aber nun sitze ich hier fest.«

Fast ein halbes Jahr habe er auf seine Anhörung gewartet, sagte Duncan, und seitdem keinen Bescheid erhalten. Am schlimmsten sei die Langeweile im Lager. Fußball würde ihn eigentlich gar nicht interessieren, aber so vertreibe man sich eben die Zeit, veranstalte manchmal sogar Turniere mit mehreren Mannschaften. Allerdings nur aus afrikanischen Ländern, denn mit Lagerbewohnern aus anderen Regionen gebe es häufig Stress. Vor allem die Araber und Afghanen im Lager könnten sich untereinander nicht leiden: »Zwischen denen kommt es oft zu Gewalt, zu Messerstechereien.« Manchmal würden auch Frauen vergewaltigt. Andere prostituierten sich, um das Taschengeld von monatlich 90 Euro aufzubessern.

Am Wochenende ging Duncan mit seinen Freunden manchmal auf den Marktplatz von Vathi oder spazierte am Hafen entlang. Viele Gelegenheiten zum Geldausgeben gab es allerdings nicht. In manche Tavernen und Bars würde man sie nicht reinlassen, sagte er, auch mit griechischen Männern gebe es mitunter Probleme: »Die wollen uns hier nicht haben.«

»Ist es Rassismus?«

»Keine Ahnung, wahrscheinlich sind sie einfach nur eifersüchtig, weil ihre Frauen uns hinterhergucken.«

In Gesprächen mit Inselbewohnern war mir aufgefallen, dass sie mehr Vorbehalte gegen afrikanische Flüchtlinge und Migranten hatten als gegen muslimische Nahostler. Lag es an der anderen Hautfarbe oder daran, dass die Griechen unter den Osmanen vierhundert Jahre lang Erfahrung im Zusammenleben mit Muslimen sammeln konnten, so dass sie ihnen kulturell näherstanden?

Eine historische Postkarte zeigt den Hafen von Smyrna um die Jahrhundertwende: dank dem Seehandel wurde die Stadt zu einer reichen und kosmopolitischen Metropole. Osmanische Steuerprivilegien lockten viele europäische Kaufleute an. Sie handelten mit Baumwolle und Feigen, später auch mit Tabak, Teppichen, Opium und Rosinen. Der Bau der modernen Kaianlagen in den 1870er Jahren ermöglichte es großen Schiffen, den Hafen direkt anzulaufen, und sorgte für einen starken Aufschwung der Stadt.

Bereits in der bürgerlichen Belle Époque im späten 19. Jahrhundert war Smyrna eine moderne und lebensfrohe Metropole, die sich nach Europa orientierte und unter den fernen Sultanen fast wie ein autonomer Stadtstaat agieren konnte. An der Uferpromenade, dem Quai, standen die mächtigen ausländischen Konsulate sowie große internationale Handelshäuser, Reedereien und Banken. Sie waren die sichtbarsten Zeichen des merkantilen Erfolgs, der aus Smyrna eine blühende Stadt machte.

In Smyrna lebten Menschen verschiedener Kulturen zusammen: Griechen, Türken, Juden, Armenier, Europäer und Levantiner. Die vielen Einwanderer machten Smyrna zur ersten Global City im modernen Sinne. Es herrschte religiöse Toleranz – die Skyline bestimmten byzantinische Kirchtürme ebenso wie Minarette und die Dächer prächtiger Synagogen. Ihre Bewohner schufen in Smyrna eine freie Stadt, in der man es mit der Moral nicht so genau nahm und Deals vor Idealen kamen.

Das Grand Hôtel Kraemer, das beste Hotel der Stadt, wurde im Jahre 1908 eingeweiht und von einem Österreicher geführt. Dort bekam man, so lobte der Baedeker-Reiseführer seinerzeit, zu Sauerbraten eiskaltes Paulaner-Bier aus München serviert. Zudem gab es im Kraemer durchgehend elektrisches Licht, einen Fahrstuhl, hauseigene Dolmetscher für alle europäischen Sprachen und in jedem Zimmer eine Badewanne. Im Hotelrestaurant konnten Gäste die wichtigen internationalen Zeitungen lesen.

Wichtiger als die Religion waren vielen Smyrnioten der lukrative Handel, der Wein und lockere Sitten. Sie brachten Smyrna bei strengen Muslimen den Ruf als *Giaur* ein, als ungläubige Stadt, doch dies war den fortschrittlichen Einwohnern gleichgültig. Sie genossen das Leben in den glamourösen Hotels und Vergnügungsorten am Quai. Darunter waren der Sporting Club, das Grand Hôtel Kraemer, das Café de Paris, das American Theater und der Hunting Club.

Am 9. September 1922, nach drei Jahren griechisch-türkischen Kriegs, nahm Mustafa Kemal die Stadt weitgehend kampflos ein. Mit gezückten Säbeln ritt seine Kavallerie den Quai entlang, von den Gästen der Ufercafés nervös beobachtet. Obwohl die türkischen Soldaten »Habt keine Angst!« riefen, versuchten viele Griechen und Armenier, in die ausländischen Konsulate zu flüchten. Bald darauf brach Gewalt aus, die Soldaten begannen in der Stadt zu marodieren.

In der Nacht zum 13. September 1922 brachten türkische Soldaten mehrere Benzinfässer in das armenische Viertel und legten Feuer. Schnell griffen die Flammen auf die griechischen Wohngebiete über und breiteten sich zum Quai aus. Durch den Funkenflug entwickelte sich der Brand zu einer rasenden Feuersbrunst, die Straße um Straße verschlang und die Bewohner in Panik zum Wasser fliehen ließ. Schon bald drängten sich am Quai Zehntausende verzweifelter Menschen und versuchten sich auf Boote zu retten. Unter dem Ansturm kenterten einige.

Hinter dem Quai ragte eine kilometerlange Feuerwand mit dreißig Meter hohen Flammen empor. Soldaten schossen in die Menschenmenge, viele verbrannten oder ertranken. Die Kommandeure der westlichen Kriegsschiffe, die vor Smyrna ankerten, beobachteten das dramatische Geschehen, ließen aber nur Zivilisten der eigenen Nationalität evakuieren. Einige Schiffe fuhren sogar weiter hinaus, damit sie für schwimmende Flüchtlinge schwerer zu erreichen waren. Die Bordkapellen spielten schwungvolle Musik, um die Schreie vom Quai zu übertönen.

Die unzähligen Menschen, die nach dem Brand von Smyrna verzweifelt auf Rettung warteten, hatten kaum Lebensmittel oder Trinkwasser. Medizinische Versorgung gab es nicht. Trotzdem blieben die Westmächte aus politischen Gründen untätig, bis ein amerikanischer Pastor die Evakuierung auf eigene Faust organisierte. Nach Kriegsende und dem Frieden von Lausanne wurden fast zwei Millionen Griechen und Türken gewaltsam aus ihrer Heimat vertrieben und zwangsumgesiedelt. Der Bevölkerungsaustausch sollte als Blaupause für alle ethnischen Säuberungen des 20. Jahrhunderts dienen.

Die Flammen ließen von Smyrna ein gigantisches Trümmerfeld übrig, in dem die skelettierten Überreste der Gebäude lange wie Grabsteine in den Himmel ragten. Auf der Asche von Smyrna errichtete Mustafa Kemal die moderne Türkei. Er beseitigte die osmanische Monarchie und das Kalifat, um einen Nationalstaat mit säkularer Republik zu gründen. Aus dem kosmopolitischen Smyrna wurde das heutige Izmir, eine türkische Stadt.

Duncan interessierte sich nicht für Griechenland, sondern wollte einfach nur weiter. Selbst eine Abschiebung in die Türkei wäre ihm lieber als der derzeitige Schwebezustand, aber die türkischen Behörden hatten ihm den Weg zurück versperrt. Wie im Niemandsland fühle er sich, sagte der Kongolese, sein Leben eine einzige Hängepartie. Auch Monate nach seiner Anhörung war sein Status noch immer offen. Als Asylgrund habe er angegeben, als oppositioneller Journalist im Kongo politisch verfolgt zu werden.

»Aber natürlich will ich auch mein Leben verbessern«, fügte Duncan hinzu. »Das ist doch klar, auch wenn man das nicht sagen darf.«

Er sah mich direkt und ein wenig herausfordernd an. Ja, auch der Armut und Misswirtschaft in seinem Heimatland versuche er zu entkommen. Und ja, in Europa wolle er vor allem einen guten Job finden und viel Geld verdienen. Warum solle er etwas anderes vorheucheln? Er sei kein Opfer, das auf Almosen hoffe. Er versuche sein Glück, nicht mehr und nicht weniger. Schließlich dürften Europäer ja auch in Afrika arbeiten; dasselbe Recht fordere er jetzt für sich.

Sein Ziel war London, dort seien schon Freunde von ihm. Er war sich sicher, dass er England eines Tages erreichen werde: »Ich schaffe das.«

Daran hatte ich keine Zweifel und wünschte ihm viel Glück.

Duncan sprach offen aus, was viele verschwiegen. Solange die EU-Länder keine liberalen Einwanderungsgesetze schufen, war für Menschen wie Duncan das Asylrecht der einzige Weg, um legal nach Europa zu gelangen. Dafür zählte nicht, wie talentiert jemand in seinem Beruf war und was er zur europäischen Gesellschaft beitragen könnte, sondern allein, ob jemand in seinem Heimatland politisch oder religiös verfolgt wurde. Alle Einwanderungswilligen, auch sogenannte Wirtschaftsmigranten, wurden durch diesen Kanal gezwängt. Das Asylsystem war dadurch völlig überlastet, zum Nachteil der tatsächlichen Kriegsflüchtlinge und Verfolgten, für die das

Asylrecht eigentlich geschaffen worden war und die beiseitegedrängt wurden.

Duncan war kein Kriegsflüchtling, sondern ein Migrant, ein Glückssucher – na und? Waren Menschen nicht schon immer, seit den Völkerwanderungen, um den Globus gezogen, um ihr wirtschaftliches Los zu verbessern und das Überleben ihrer Kinder zu sichern? Aus diesen Gründen allein sind aus der norddeutschen Region, wo ich aufgewachsen bin, in den vergangenen 200 Jahren unzählige junge Menschen in die USA ausgewandert. Warum gab es im alternden und wirtschaftlich ziemlich erschlafften Europa noch immer keine massentauglichen Regeln für die Einwanderung talentierter Menschen? Warum blieb ihnen nur die Methode einer oft lebensgefährlichen Bootsfahrt, um nach Europa zu gelangen? Um dann in menschenunwürdigen Lagern hausen zu müssen? Das konnte es doch nicht sein, dachte ich, nicht in einer Zeit, in der Weltwirtschaft und Internet alle Menschen der Erde verband und in der Bürger reicher Länder wie ich grenzenlos umherreisen konnten.

Eine Woche blieb ich auf Samos. Die grüne Insel gefiel mir, und ich nutzte das schöne Wetter für ausgedehnte Bergwanderungen. Nachmittags kehrte ich nach Vathi zurück, setzte mich in ein Café am Marktplatz und hielt die Augen offen. Es passierte nicht viel, über der Stadt lag eine schleierhafte Lethargie. Obwohl es auf die Hauptsaison zuging, waren kaum Touristen zu sehen – stattdessen kleine Gruppen afrikanischer und griechischer Männer, die sich gegenseitig beäugten oder komplett ignorierten. Frauen verweilten auf dem Marktplatz nur selten.

Nahe der Hafenmole hatten Lagerbewohner einen Stromverteilerkasten aufgebrochen und versuchten, darin ihre Handys aufzuladen. Niemand hielt sie davon ab, auch die Polizei ließ sich nicht blicken.

Eines Abends ging ich in die Bar Lodgers, direkt am Hafen. Gute Rockmusik, gute Drinks, nicht nur Ouzo oder Raki. Ich bestellte ein Bier, ein Fischer-Pils aus dem Elsass, das aus irgendeinem Grund in Griechenland sehr populär war. Der Vertrieb der Brauerei leistete offenbar ganze Arbeit, denn jede gute Bar des Landes hatte die grünen Flaschen im Kühlschrank. Während der Barkeeper mein Glas füllte, stellte er mir die unvermeidliche Frage:

»*Apó pou eísai*?«

»*Apó ti Germanía*«, antwortete ich, unwillkürlich den Kopf einziehend.

»Ah, aus Europa«, sagte der Barkeeper nickend.

Wie für viele Griechen gerade auf den historisch nach Osten orientierten Inseln, schien Europa für ihn irgendwo weit jenseits des Balkans zu liegen. Die Schuldenkrise, in der sich Griechen von der EU oft im Stich gelassen oder bevormundet fühlten, hatte dieses Empfinden nur noch verstärkt. Das ferne Brüssel galt, wie einst das osmanische Konstantinopel, als Hauptstadt eines neuen Imperiums, gegenüber dem Griechenland seine Unabhängigkeit zu bewahren versuchte.

»Ja, aus Europa, so wie die Griechen«, sagte ich dennoch.

»Nee, lass mal, Europa ist woanders«, erwiderte der Barkeeper ernst. »Wir gehören schon zum Orient.«

»Eher zu Afrika«, warf mein Thekennachbar ein. Er stellte sich als Panos vor, wir schüttelten Hände. Er trank wie ich ein Fischer-Bier.

»Immerhin habt ihr hier französisches Bier!«, rief ich.

»Wirklich?« sagte Panos verwundert. Ich wies auf das Etikett der grünen Flasche, auf dem die Kathedrale von Straßburg abgebildet war.

»Was soll das sein, eine Kirche?« fragte Panos.

Für einen Moment dachte ich, dass er scherze. Immerhin war das Straßburger Münster eine der berühmtesten Kathedralen Europas, ein gotisches Meisterwerk. Bis weit ins 19. Jahrhundert hinein war es das höchste Gebäude der Welt gewesen. Das musste man wissen als Europäer, nahm ich an, zumal Straßburg schließlich eine der EU-Hauptstädte war.

»Wie die aussieht, ist es wahrscheinlich eine katholische Kirche«, bemerkte der Barkeeper gleichgültig. »Jedenfalls keine orthodoxe.«

»Habe ich noch nie gesehen«, sagte Panos achselzuckend. »Aber unsere Hagia Sophia kennt in Europa sicher auch nicht jeder, oder?«

»Vielleicht nicht jeder«, räumte ich ein.

»Naja, ist ja auch egal«, sagte er, sein Glas zum Anstoßen anbietend. »Immerhin werden die Grenzen Europas hier geschützt.«

Wie sarkastisch Panos dabei klang, war nicht zu überhören. Er trank sein Glas aus und bestellte ein neues. Dafür reichte ein kurzes Nicken, der Barkeeper verstand. Eine Weile starrte Panos in das leere Glas. Als das neue Bier kam, trank er es in einem Zug halb leer. Dann wandte er sich wieder mir zu.

»Weißt du, ich komme von der Insel Evia«, sagte er. »Ich liebe das Meer, ich liebe die Inseln, deswegen bin ich zur Marine. Ich bin 34 Jahre alt, mein Rang ist Erster Maat, für mein Alter nicht schlecht. Aber das bringt mir gerade auch nichts. Ich wurde nämlich zur Küstenwache versetzt.«

Panos fluchte und fuhr sich mit dem Finger über den Kehlkopf. Dann nahm er wieder einen tiefen Schluck von seinem Bier. Ich fragte ihn, was denn an der Küstenwache so schlimm sei. Er sah mich an und holte Luft. Mit der Größe der Schiffe gehe es los. Bei der Marine sei er auf imposanten Zerstörern und Fregatten gefahren, bei der Küstenwache nur noch auf lächerlichen Patrouillenbooten.

»Aber das ist es nicht.«

»Was denn dann?« fragte ich vorsichtig.

»Die Mission ist sicher wichtig. Frontex hilft uns ja auch, hier auf Samos die Deutschen, auf Chios die Franzosen, auf Lesbos die Briten.«

»Und die Italiener, Rumänen und Bulgaren«, sagte ich.

»Genau, aber die Arbeit ist nicht schön, verstehst Du? Diese Flüchtlingsboote, das ist nicht das, wofür ich zur Marine gegangen bin, dafür bin ich nicht ausgebildet. Die türkische Küstenwache tut nicht genug, die fangen nur jedes dritte Boot ab. Vielleicht haben sie keine Wärmekameras wie wir, damit kann man im Dunkeln bis zu fünf Kilometer weit gucken. Oder sie lassen die Boote absichtlich durch, ich weiß es nicht. Das ist Politik, das geht mich nichts an. Aber wir müssen die Boote dann davon abhalten, in griechische Gewässer zu gelangen.«

»Und wie macht ihr das?«

»Tja, erst fordern wir die Leute in den Booten zur Umkehr an die türkische Küste auf. Wenn sie nicht umkehren, dann versuchen wir ihnen mit unserem Schiff den Weg zu versperren. Manchmal drängen wir sie auch ab. Aber jetzt kommt es: Plötzlich zerstören die ihre eigenen Schlauchboote, holen Messer raus und zerstechen sie. Jetzt treiben die Menschen im Wasser, und wir müssen sie an Bord holen. Aber viele können gar nicht schwimmen, die ertrinken vor unseren Augen.«

Bevor er weitersprach, musste Panos tief durchatmen.

»Die schreien auch nicht rum, das tun nur die, die sich noch über Wasser halten können. Nein, die gehen einfach still unter und sind weg. Später kommen die Leichen wieder hoch und treiben im Wasser. Dann sammeln wir sie ein und ziehen sie an Bord. Sie kommen hier auf einen eigenen Friedhof – mit namenlosen Gräbern.«

Panos sah mich an, sichtlich mitgenommen. Trank sein Bier aus, bestellte noch eins. Er schien niemand zu sein, der sich wichtig tun wollte oder gerne übertrieb. Ich überlegte, ob ich die Hand auf seine Schulter legen sollte, traute mich aber nicht. Eine Weile schwiegen wir.

»Wie oft passiert das?« fragte ich.

»Jede Woche«, sagte er. »Es kommen wieder so viele Boote, manchmal mehrere gleichzeitig. Es ist hart für uns alle. Einige Kameraden haben bereits den Dienst quittiert und sich versetzen lassen.«

Er sah auf seine Armbanduhr, leerte sein Glas, legte Geld auf den Tresen und stand auf. Er schwankte etwas.

Ob er es weit nach Hause habe, fragte ich.

»Ich gehe nicht nach Hause, sondern zum Schiff«, sagte er. »In einer halben Stunde beginnt meine Schicht.«

Zwei Tage später nahm ich eine Fähre von Samos nach Lesbos. Sie fuhr auch den Hafen von Chios an, doch dieses Mal blieb ich an Bord. Vom Oberdeck blickte ich auf das Kyma Hotel, die Kathedrale, das Minarett der ehemaligen Moschee, die Mauern des Kastros, die Olivenhaine, die gewaltigen Berge. Es war seltsam, nicht an Land zu gehen, denn ich fühlte mich zu Chios gleich wieder hingezogen. Das Sehnen verstärkte sich, als die Fähre an der Perlenbucht von Vrodadho vorbeiglitt und ich mein kleines Haus sah.

Jede griechische Insel ist anders, sagte man, hat etwas anderes zu bieten. Für jeden gab es eine Insel, die zu ihm passte, warum auch immer – für mich war es Chios.

Knapp drei Stunden später erreichten wir Mytilene, die Hauptstadt von Lesbos. Auch sie war nach Osten ausgerichtet, wie Chios-Stadt, und vom griechischen Festland abgewandt. Alle drei Inseln – Chios, Samos und Lesbos – lagen im äquidistanten Halbkreis um Izmir. Quasi als ihren Vorgarten hatten die wohlhabenden Bürger des alten Smyrna die Inseln betrachtet und gerne Ausflüge dorthin unternommen. Gäbe es keine staatlichen Grenzen, würden die Bewohner des heutigen Izmir ihre Sommerhäuser auf allen drei Inseln bauen. Schon im sechsten vorchristlichen Jahrhundert zog es vor allem junge Frauen vom Festland nach Lesbos, wo die einheimische Dichterin Sappho sie als Musen und Schülerinnen um sich scharte. Wie es Homer mit jungen Männern tat, so unterrichtete Sappho die Mädchen in Poesie und besang deren Anmut in vielen Gedichten. Sie schrieb mit kraftvoll sinnlicher Sprache, weshalb man die Erotik unter Frauen dank dem Inselnamen fortan lesbische Liebe nannte. Noch heute war der Anteil homosexueller Touristinnen auf Lesbos angeblich höher als anderswo.

Die Altstadt von Mytilene erstreckte sich über einen Hügel, auf dessen höchstem Punkt die grauen Ruinen einer Festung zu erkennen waren. Sie stammte noch aus byzantinischer Zeit und war leer, seit die letzten osmanischen Soldaten im Jahre 1912 abgezogen waren. Die Fähre legte neben einem britischen Frontex-Patrouillenboot an, das allerdings weitaus größer und wehrhafter als die *Uckermark* aus Samos wirkte. Wie in Chios, war die Altstadt rings um das hübsche Hafenbecken noch wie zur Zeit der Türkenherrschaft angelegt. Im Giebel eines neoklassischen Gebäudes an der Mole ließ sich noch der Schriftzug »Banque Imperiale Ottomane« lesen.

Durch den einstigen Basar führten enge Gassen, an denen viele kleine Läden und Brunnen lagen. Es roch nach Gewürzen und Meeresfrüchten, vor einem Fischgeschäft türmten sich Oktopoden und Garnelen. An einem kleinen Platz stand eine ehemalige Moschee, über deren Eingangstor noch der osmanische Halbmond hing. Hohe Säulen und schön gemauerte Bögen trugen das Vordach über der Terrasse, doch das Hauptdach der Moschee war eingestürzt und vom Minarett nur noch der Sockel übrig. Etwas weiter stieß ich auf ein türkisches Hamam-Badehaus, das halbwegs restauriert war und als Ausstellungsraum für Kunst diente.

Bemerkenswert waren die vielen Kneipen und Cafés, die von jungen Leuten bevölkert waren. Fast alle geisteswissenschaftlichen Fakultäten der Ägäischen Universität waren auf Lesbos angesiedelt, was Mytilene zu einer lebendigen Studentenstadt machte. Zum Straßenbild gehörten zudem kleine Gruppen von arabischen Teenagern aus dem Hotspot-Lager, die mit den stündlich verkehrenden Bussen in die Stadt kamen und am Hafen rumalberten. Auffällig waren auch die jungen westlichen Frauen, die stets mit Rucksack, Wasserflasche und entschlossenem Gesichtsausdruck unterwegs waren – die untrüglichen Erkennungsmerkmale von NGO-Mitarbeiterinnen. So viele wohnten und arbeiteten auf Lesbos, dass es nicht einfach war, eine bezahlbare Unterkunft in Mytilene zu finden.

Das Hotspot-Lager Moria lag etwa zehn Kilometer außerhalb der Stadt, direkt an einer Landstraße. Der Taxifahrer ließ mich am Eingangstor raus, das von griechischen Soldaten bewacht wurde. Mehrere dunkle Mannschaftsbusse der Bereitschaftspolizei waren am Straßenrand aufgereiht, davor standen Polizisten und rauchten. Sie kamen vom Festland und trugen volle Kampfmontur mit Helmen und Schlagstöcken. »Welcome to Hell!« hatte jemand an die Mauer gesprüht. Wie auf Samos erstreckte sich in den Olivenhainen um das eigentliche Lager ein wilder Dschungel aus provisorischen Behausungen. Nur war das Lager noch viel größer als auf Samos: geschätzte 10 000 Menschen lebten mittlerweile in Moria, ein Vielfaches seiner eigentlichen Kapazität. Angeblich gab es nur 34 Dixi-Toiletten für alle. Oft fielen Strom und Wasser aus, medizinische Versorgung gab es kaum. Aus Protest gegen die Zustände im Lager hatte die Organisation »Ärzte ohne Grenzen« ihr Zelt auf die andere Straßenseite verlegt.

Wie auf Samos ging ich am Lagerzaun entlang, über den Bewohner beider Seiten ihre Wäsche zum Trocknen gehängt hatten. Der Olivenhain war ein einziges gigantisches Zeltlager, der Gestank von Müll und Fäkalien war stechend. Weiter hinten entdeckte ich ein Loch im Zaun. Ich sah mich kurz um und schlüpfte hindurch. Drinnen war es wie in einem Slum: einige UNHCR-Container, ansonsten Zelte, Plastikplanen, zahllose Menschen auf engstem Raum, viele Kinder, Geschrei und Palaver. Wie musste es hier erst im Winter aussehen? Ich ging vorbei an selbstgebauten Marktständen und Männern, die auf Plastikhockern saßen und Bridge mit Kronkorken spielten. Etwas weiter stieß ich auf eine größere Menschenmenge, die sich vor der zentralen Essensausgabe gebildet hatte. Ich machte einige Fotos, doch dann sah ich, wie sich eine Polizeipatrouille näherte. Eilig schlich ich zur Zaunlücke zurück und schlüpfte wieder nach draußen.

Wieder am Eingangstor, lernte ich drei Frauen kennen. Sie waren mittleren Alters und kamen wie Grundschullehrerinnen rüber. Tatsächlich waren sie freikirchliche Aktivistinnen aus Holland, die seit einer Woche auf Lesbos verweilten und täglich zum Lager kamen. »Diese Zustände, entsetzlich, und das mitten in Europa«, sagten die Holländerinnen immer wieder. Sie waren am Tor mit einer arabischen Familie verabredet, berichteten sie mir, die sie am Vortag kennengelernt hatten. Sie hatte sich offenbar verspätet. »Arabische Zeitrechnung«, kommentierte eine der Frauen genervt. Sie hieß Carin und versuchte den Vater der Familie anzurufen. Als niemand abhob, hinterließ sie eine Nachricht, in der sie auf Englisch sagte: »Wir sind extra einen weiten Weg gekommen und nun das – wir sind sehr enttäuscht.«

Carin und ihre Glaubensschwestern hatten einen Plan: Auf dem Feld vor dem Lager wollten sie ein Zelt errichten, um dort mit Bewohnern zu musizieren. Der griechische Eigentümer der Weide verlangte allerdings eine Jahrespacht von 6000 Euro, was für die kleine Fläche, auf der sonst nur einige Ziegen liefen, eine ziemlich horrende Summe war. Offenbar versuchte hier ein Einheimischer, von der Flüchtlingskrise finanziell zu profitieren, doch die holländischen Christinnen ließen sich nicht abschrecken und planten, die Pacht über Spendengelder einzutreiben. Um Spender von ihrer Sache zu überzeugen, hatten sie an diesem Nachmittag vor, ein kleines Handy-Video zu drehen. Darin wollten sie mit Flüchtlingskindern Musik machen.

Ob ich sie vielleicht zu ihrer Sicherheit begleiten könne, fragte Carin mich. Ich willigte ein, und wir gingen den Olivenhain hinauf. Vor den Zelten holte Carin eine Geige hervor und begann ein Lied zu fiedeln, während ihre Freundinnen dazu rhythmisch klatschten und sangen: »*The joy in our heart is our strength*«. Nach wenigen Minuten kamen neugierige Kinder angerannt. Eine der Holländerinnen holte ihr Handy hervor und begann die Szene zu filmen. Dabei ermahnte sie die Kinder immer wieder, Carin auf keinen Fall anzufassen: »*No touching!*« Den Kindern müssen die europäischen

Frauen ziemlich überdreht vorgekommen sein, wie sie immer lauter sangen, lachten und klatschten. Zunehmend gelangweilt standen die Jungs und Mädchen umher oder gingen weiter – sie schienen eher an Süßigkeiten als an christlichen Liedern interessiert zu sein.

»Das müsste reichen«, befand Carin plötzlich, hörte abrupt zu spielen auf und packte die Geige wieder ein. Die Holländerinnen winkten den Kindern und gingen sichtlich zufrieden zur Hauptstraße zurück. Sie hatten ein Auto gemietet, denn ihr Hotel lag an einem entfernten Strand, wo es keine Flüchtlinge gab. »Wir brauchen schließlich auch mal unsere Ruhe«, sagte Carin, als wir uns verabschiedeten.

Eine ähnliche Art christlicher Nächstenliebe motivierte auch die Mitarbeiter der Hilfsorganisation, der das griechische Militär die Leitung des Moria-Lagers übertragen hatte. Die NGO »EuroRelief« war in Griechenland registriert, als humanitärer Zweig einer missionarischen Organisation namens »Hellenic Ministries«. Deren Gründer waren keine Griechen, sondern finanzstarke amerikanische Evangelikale, die das orthodoxe Griechenland zu einem evangelischen Land zu konvertieren trachteten. »Unsere Vision ist es, die griechische Nation in ein Volk zu verwandeln, das Gottes Herz ersehnt und das Ihm mit ganzem Herzen dient«, hieß es auf der Website von Hellenic Ministries. Warum die Armee eines Staates, in dem die Orthodoxe Kirche noch immer eine sehr mächtige Rolle spielte, ausgerechnet mit diesem Verein zusammenarbeitete, war schon reichlich rätselhaft. EuroRelief musste eine Menge Geld auszugeben bereit sein. Dabei erhielt Athen bereits von der EU etliche Millionen Euro für den Betrieb der Hotspot-Lager.

Wenig überraschend waren daher Berichte über EuroRelief-Mitarbeiter, die einige Bewohner von Moria zum Christentum zu konvertieren versucht hatten. Angeblich wurden dabei sogar Bibeln verteilt, was bei den überwiegend muslimischen Flüchtlingen und Migranten natürlich nicht gut ankam. Sie beschwerten sich vor allem darüber, dass EuroRelief-Mitarbeiter bei der Vergabe von Zelten und Essen offenbar diejenigen Bewohner bevorzugten, die sich für einen Übertritt zum Christentum offen zeigten. Alle anderen mussten für jede Mahlzeit, in Plastik verpackte Fertigspeisen, drei oder vier Stunden anstehen. Dies bedeutete Schlangestehen den ganzen Tag – daher die große Menschenmenge vor der Essensausgabe, die ich im Lager gesehen hatte. Dabei war es nicht einmal erlaubt, anderen Familienmitgliedern das Essen mitzubringen. Frauen, Kinder und Alte hatten allesamt persönlich anzutreten, wenn sie etwas zu essen haben wollten. Die EuroRelief-Mitarbeiter schienen ziemlich alttestamentarisch inspiriert.

»Das sind fast alles Freiwillige, die meisten von ihnen kaum 20 Jahre alt«, berichtete mir eine Menschenrechtsanwältin, die für eine NGO in Moria aktiv war. »Die bleiben oft nur einige Wochen und sind einfach wahnsinnig unorganisiert. Doch die Ineffizienz ist gewollt, sie ist Teil des ganzen Horrors.« Ich traf Chloé in einem Café in Mytilene. Es war noch früher Morgen, doch die Anwältin war bereits auf dem Weg ins Lager. Die 24-Jährige kam aus Paris und hatte gerade in England ihr Jura-Studium abgeschlossen, mit Schwerpunkt auf internationalem Menschenrecht. Sie entstammte einer prominenten französisch-jüdischen Bankiersfamilie. Einige ihrer Vorfahren waren im Holocaust ermordet worden, doch ihre Großeltern hatten überlebt. Die Familiengeschichte motivierte Chloé, so sagte sie, sich gegen die Ungerechtigkeit auf der Welt zu engagieren.

Trotz ihres jungen Alters war die Französin bei griechischen Staatsanwälten als eine wortgewandte, gewiefte Anwältin gefürchtet, die fast jede Abschiebung von abgelehnten Asylsuchenden kippen konnte. Hierfür reichte es meistens, den Behörden irgendwelche Verfahrensfehler nachzuweisen, berichtete Chloé. Falls dies nicht funktionierte, dann würde sie das Gericht überzeugen, dass die Türkei kein sicheres Aufnahmeland sei: »Dabei muss man nur ein wenig an die Abneigung der Richter gegen die Türkei appellieren. Und es stimmt ja auch, dass Flüchtlinge da drüben oft misshandelt werden.«

Chloé sprach stets von Flüchtlingen, niemals von Migranten. Schließlich konnten nur Flüchtlinge auf Asyl hoffen. Sie kritisierte Medien wie etwa die BBC, die unabhängig von Beweggründen generell von Migranten sprachen. »Damit unterstellt man den Asylsuchenden kriminelle Absichten und zerstört ihr Leben«, schimpfte die Französin. Migrant sei nun mal ein Schimpfwort der Rechten, das man sich nicht zu eigen machen dürfe. Ich entgegnete, dass man die Dinge doch beim Namen nennen müsse: dass es nun mal Migranten aus wirtschaftlichen Gründen gebe, die sich dafür auch nicht zu schämen brauchten. Dabei dachte ich an den Kongolesen Duncan, den ich auf Samos kennengelernt hatte. Chloé schüttelte heftig den Kopf und argumentierte: »Nein, diese Flüchtlinge gibt es nicht und darf es auch nicht geben, schon aus Rücksicht auf die anderen Flüchtlinge, die sonst mit solchen Flüchtlingen in einen Topf geworfen würden. Außerdem flüchten diese Menschen ja auch, nämlich vor der sozial-ökonomischen Ungerechtigkeit in der Welt.«

Reden konnte Chloé, keine Frage. Zugleich war der jungen Juristin auch bewusst, dass ihr Großvater als international agierender Bankier an dieser ungerechten Weltordnung mitgewirkt hatte, deren Benachteiligte aus armen Ländern sie nun anwaltlich vertrat. Vielleicht lagen ihre Motivation und die Leidenschaft, mit der sie ihre Prozesse durchfocht, tatsächlich eher in diesem Teil ihrer Familiengeschichte begründet. Chloé imponierte mir und tat mir zugleich leid. Sie war einer von den vielen jungen Menschen – wie die Asylentscheider Elisabeth und Isabel –, die nun den Schlamassel auszubaden hatten, den die ältere Generation ihnen eingebrockt hatte.

Zu diesen jungen Menschen gehörten auch die Freiwilligen von EuroRelief. Sie waren deutlich an ihren gelben Schutzwesten zu erkennen, wenn sie das Lager verließen und in bereitstehende Minibusse stiegen, die sie in ihre Wohnquartiere brachten. Mir fiel keine unverdächtige Methode ein, mit ihnen ins Gespräch zu kommen, zumal mich die Soldaten am Eingangstor bereits misstrauisch beäugten. Diesmal war ich am falschen Ort zur falschen Zeit und wollte schon aufgeben. Einige Tage später hatte ich jedoch Reporterglück, als ich zu den heißen Quellen von Gera fuhr, die eine halbe Stunde von Mytilene entfernt lagen. Bereits die Osmanen hatten hier ein Thermalbad erbaut, von dem man einen herrlichen Blick über die Lagune hatte. An diesem Nachmittag badete ich im dampfenden Außenbecken fast allein – bis auf eine Gruppe junger Leute, die sich bald als EuroRelief-Freiwillige herausstellten.

Man hätte sie für College-Studenten in der Spring Break halten können, so viele Bierflaschen hatten sie an den Beckenrand gestellt. Wie so oft, war der Alkohol mein bester Assistent; wir machten ein paar Scherze und begannen uns zu unterhalten. Die meisten kamen aus den USA und hatten sich nach dem Schulabschluss für einen Freiwilligendienst bei EuroRelief beworben. Er dauerte in der Regel vier Wochen, Kost und Logis wurden bezahlt. »Es ist wie ein Praktikum im Ausland«, sagte Amy, die direkt neben mir badete. Sie trug einen knappen Bikini und eine Halskette, an der ein silbernes Kreuz hing. Der Pastor ihrer Kirchengemeinde hatte sie zu der Europareise ermutigt, ihre Aufgabe im Lager war die Registrierung von Neuankömmlingen. Die Probleme begännen mit der Quartiersvergabe, sagte Amy, auch die Essensverteilung sei schwierig. Dass Bewohner den ganzen Tag auf Mahlzeiten warten mussten, hatte sie auch schon festgestellt: »Das Lager ist eigentlich längst voll, aber wir tun, was wir können. Mein Glaube hilft mir dabei.«

So empfanden es auch die anderen Freiwilligen im Badebecken. Regelmäßig kämen sie zum Bibelstudium zusammen, erzählte ein anderer Freiwilliger, um Kraft für die Arbeit zu finden. Ich fragte, ob die Missionierung zu ihren Aufgaben gehöre, was mehrfach verneint wurde. Sie geschehe nur durch das Beispiel, das die Euro-

Relief-Mitarbeiter vorleben würden, fügte Amy hinzu: »Gott hat mir das Talent verliehen, mich um Menschen zu kümmern und ihnen meine Liebe zu geben.« Reihum wurde dieses Credo unter eifrigem Nicken bestätigt, wobei auch viel von »Werten« die Rede war. Was damit gemeint sei, fragte ich. Amy überlegte kurz: »Es bedeutet, jeden im Lager gleich zu lieben und niemals jemanden anzuschreien.«

Schön und gut, dachte ich. Aber wenn sich Bewohner darüber beschwerten, dass sie stundenlang auf Essen warten mussten?

»Das kommt vor, die können richtig laut werden«, sagte Amy.

»O.k., und was macht ihr dann?« hakte ich nach.

»Ich schreie sie jedenfalls nicht an.«

Ein paar Tage später war ich zurück in der Perlenbucht auf Chios und schrieb meine Eindrücke der vergangenen zwei Wochen auf.

Die ostägäische Rundreise hatte mir geholfen, das aktuelle Geschehen auf der Insel in einen größeren Kontext zu stellen, aber nun wollte ich natürlich auch das Hotspot-Lager von Chios sehen. So schwang ich mich auf meinen Scooter und fuhr ins Inselinnere, wo das Camp liegen sollte. Da es keine Hinweisschilder gab, hielt ich Ausschau nach den auffälligen Wohncontainern, die ich auch auf Samos und Lesbos gesehen hatte. Ich wusste, dass das Lager kleiner und abgelegener als auf den Nachbarinseln war – dafür hatte allein der politische Druck der chiotischen Schiffsreeder gesorgt.

Eine Stunde lang kurvte ich durch Obstplantagen und kleine Dörfer – vergeblich. Schließlich erspähte ich hinter Hügeln ein ummauertes Areal, auf dem eine große Lagerhalle stand. Ich hielt den Kurs, bis ich zu einer Auffahrt kam, die auf das Grundstück führte. Da das Eingangstor offen war und nicht bewacht schien, gab ich kurzerhand Gas und düste bis zur Halle hoch. Rechts und links standen UNHCR-Wohncontainer und Zelte. Ehe ich mich versah, war ich mitten im Lager gelandet.

Meine Ankunft auf einem lauten, knallroten Scooter blieb natürlich nicht unbemerkt. Ich wollte schon umkehren, als mehrere Wachpolizisten herbeigerannt kamen und mich unmissverständlich aufforderten, den Motor auszumachen und abzusteigen. Ohne viel Federlesens nahmen sie mich fest und brachten mich in die Halle, wo mir meine Papiere und das Handy abgenommen wurden. Ich sah mich um. Auch im Inneren der Halle standen Wohncontainer, vor denen die Bewohner auf Plastikstühlen saßen und zu Mittag aßen. Anders als auf Samos und Lesbos wirkte alles sehr ordentlich und sauber. Dies war ein Vorzeigelager, einen wilden Dschungel aus Zelten gab es hier nicht. Ein Polizeioffizier fragte mich, was zum Teufel ich im Lager zu suchen hätte. Meine Beteuerungen, versehentlich falsch abgebogen zu sein, klangen wenig glaubhaft. Er griff zum Telefon, wählte eine Nummer und raunte: »Kommt mal rüber, wir haben hier jemanden für euch …«

Wenig später erschienen zwei Männer in Zivil, die mich schweigend in ihren Wagen luden und nach Chios-Stadt fuhren. Wir hielten vor einem Etagenhaus. Ich wurde in einen fensterlosen Raum geführt, in dem ein Schreibtisch und mehrere Stühle standen. Dies war offensichtlich keine gewöhnliche Polizeiwache, sondern ein Gebäude des griechischen Staatsschutzes. Ich versuchte gelassen zu bleiben, denn schließlich hatte ich nichts verbrochen. Schon als junger Reporter war ich in Afrika und in Russland öfters grundlos festgenommen worden. Nach einer Weile betrat ein großgewachsener Mann den Raum, der sich als Alexis vorstellte und ankündigte, ein wenig mit mir plaudern zu wollen. Ihn begleitete ein unauffälliger älterer Herr, der als Dolmetscher fungierte und die erste Frage übersetzte: »Wer sind Sie und warum sind Sie hier?«

Vier Stunden und viele Zigaretten später waren wir der Antwort auf diese große Frage etwas nähergekommen. Zeitgleich zum Verhör wurde alles ausgedruckt, was man über mich im Internet finden konnte. »Soso, ein Buchautor«, murmelte Alexis. Es machte ihn misstrauisch, dass ich laut meiner Facebook-Seite jüngst bereits die Hotspot-Lager auf Samos und Lesbos besucht hatte. Meine offizielle Tätigkeit konnte ja ein Cover für Aktivismus, Spionage oder gar Terrorismus sein. Allerdings war es eher ungewöhnlich, räumte Alexis ein, dass ein Spion auf einem knallroten Scooter herumfuhr.

Er wollte meine Meinung zur Flüchtlingskrise hören, so dass wir bald über die Lage auf den griechischen Inseln diskutierten. Alexis berichtete, wie der griechische Staatsschutz an zwei verschiedenen Fronten operierte: Zum einen würde man versuchen, unter den Bootsankömmlingen potenzielle türkische Agenten oder islamistische Terroristen zu enttarnen. Schließlich waren etwa die Attentäter des Bataclan-Anschlags in Paris vom November 2015 über die Balkanroute nach Frankreich gekommen – das dürfe sich nicht wiederholen. Zugleich versuchten seine Kollegen und er, die Lagerbewohner vor Angriffen durch griechische Rechtsradikale zu schützen. Anhänger der ultranationalistischen Partei der Goldenen Morgenröte hätten bereits mehrfach versucht, Brandsätze in das Lager von Chios zu werfen. »Auch hier in der Stadt hat es bereits Prügeleien zwischen Rechten und aggressiven Migranten gegeben«, ergänzte der ältere Dolmetscher. »Das bedroht den inneren Frieden auf der Insel.«

Die Verhaftung begann sich zu lohnen, denn ich gewann einen Einblick in die Arbeit der Staatsschutz-Ermittler, der Journalisten normalerweise verborgen blieb. Auch für Alexis und seine Kollegen schien unsere Unterhaltung eine willkommene Abwechslung zu sein. »So einen wie Sie fangen wir nicht oft«, sagte der Dolmetscher, von dem ich inzwischen annahm, dass er der eigentliche Bürochef war. Anders waren die Blicke nicht zu deuten, mit denen sich Alexis während des Verhörs mit ihm verständigt hatte. Der Alte war überzeugt, dass der türkische Geheimdienst hinter dem Ansturm an Flüchtlingen auf griechisches Territorium stecke. »Die Türkei versucht uns zu schwächen, wie sie nur kann. Es ist ja kein Geheimnis, dass Erdoğan die ostägäischen Inseln haben will.«

Schließlich rief Alexis im Athener Innenministerium an und ließ sich grünes Licht für meine Freilassung geben. Dann fuhr er mich zum Lager zurück, wo mein Scooter auf mich wartete.

NATIONALE IDEEN VII

Nach meiner Tour durch die Flüchtlingslager kehrte ich in die Bibliothek von Chios zurück, um mich wieder den historischen Dramen zu widmen.

Wenn ich den Lesesaal nachmittags verließ, ging ich manchmal noch eine Weile in der Stadt spazieren. Dabei waren die Beschreibungen des alten Chios in meinem Kopf so präsent, dass ich mir wie ein Besucher aus der Vergangenheit vorkam. Ich ging mit anderen Augen durch die Straßen, erkannte historische Viertel wieder und nahm Leerstellen wahr. Nur manchmal musste ich mich schütteln, um die Menschen auf den Bürgersteigen als gegenwärtige Zeitgenossen zu erkennen, die sich mit Freunden auf ein Eis trafen oder einkaufen gingen.

Zwischen der modernen Betonarchitektur suchten meine Augen nach alten Häusern. Wie in Deutschland entstanden in griechischen Städten um die Jahrhundertwende viele historizistische Gebäude. Während im wilhelminischen Kaiserreich die wuchtige neogotische Architektur beliebt war, bauten die Griechen fast ausschließlich neoklassizistische Häuser. Der Baustil sollte die Größe der antiken hellenischen Kultur und deren Kontinuität bis in die Neuzeit ausdrücken. Diese Vorstellung war natürlich ebenso fragwürdig wie der germanische Gründungsmythos für das heutige Deutschland. Über die Jahrhunderte hatten sich die Griechen kräftig mit eingewanderten Slawen und Albanern vermischt. Dennoch hielten sich moderne Hellenen gerne für direkte Nachfahren von Perikles und Herodot.

An diesem Tag kam ich an einem Laden für religiöse Kunst vorbei. Im Schaufenster hingen Ikonen und kleine blecherne Votivscheiben, mit denen griechische Kirchgänger bei gesundheitlichen Problemen um den Beistand von Heiligen baten. Wie bei Katholiken erfüllen Schutzpatrone im orthodoxen Glauben eine wichtige Rolle. Dadurch, dass sie zugänglicher als Gott waren, werden sie allerdings nicht nur verehrt, sondern direkt angebetet. Auf den Votivscheiben waren die Körperteile eingestanzt, etwa ein Bein oder ein Arm, die bald gesunden sollten. Auf einigen Amuletten waren auch Babys abgebildet, für Paare mit unerfülltem Kinderwunsch. Ob so etwas funktionierte?

Ich trat ein. Die Wände waren mit vielen Ikonen behängt, vor denen Kerzen brannten, so dass der Laden wie eine Kapelle wirkte. Fasziniert sah ich mich um, als aus der hinteren Werkstatt ein alter Mann kam, mehrere Pinsel in der Hand. Ich berichtete ihm von meinem Knie, das ich bei einer dusseligen Mutprobe verdreht hatte. Der Ikonenmaler holte eine Votivscheibe mit eingestanztem Bein hervor und gab sie mir. Etwas unschlüssig ließ ich meine Finger über das Amulett gleiten, bis der Mann sagte: »Sie sehen nicht aus wie meine üblichen Kunden – haben Sie überhaupt einen Schutzheiligen?«

Als ich den Kopf schüttelte, sah mich der Künstler eine Weile wortlos an und begann dann in einer Schublade zu kramen. Er holte ein Foto einer mittelalterlichen Ikone hervor und reichte es mir mit den Worten: »Das ist der Erzengel Michael, der Kämpfer gegen das Böse und Beschützer der guten Seelen – tragen Sie ihn bei sich, er wird Sie auf Ihrer Reise beschützen. Schaden kann es jedenfalls nicht.«

Ich bedankte mich und besah das Abbild des Erzengels, der mit einer Lanze bewehrt war und mich unter seinem Heiligenschein unverwandt ansah. In der anderen Hand hielt ich noch immer die Votivscheibe.

»Und was mache ich jetzt hiermit?«, fragte ich.

»Ganz ehrlich, diese Dinger sind nur was für abergläubische Menschen. Es wäre sinnvoller, wenn Sie das Knie jeden Abend mit Olivenöl einrieben. Das bringt mehr als Beten, glauben Sie mir.«

»Und wenn das Knie trotzdem noch wehtut?«

»Dann trinken Sie einen Raki!«

Beschwingt von diesem Rat, beschloss ich, mein zielloses Schlendern fortzusetzen. Eine Weile lief ich an der Mauer entlang, die das größte Privatgrundstück von Chios umgrenzte. Es war ein parkähnliches Anwesen, das mitten im Stadtzentrum lag. Nach einem ersten Blick auf Google Maps hatte ich es zunächst für einen öffentlichen Park gehalten, dann aber nirgendwo ein Eingangstor gefunden. Das Anwesen gehörte, wie mir Konsul Argenti verraten hatte, den Choremis, einer alten chiotischen Familie. Nach dem Massaker von 1822 war sie in die ägyptische Hafenstadt Alexandria geflüchtet, in der es bereits eine große griechische Gemeinde gab.

Dort hatte der derzeitige Clanchef, der fast 100-jährige Jean Choremi, mit Nildelta-Baumwolle und gerüchteweise auch Waffen gehandelt. Nach der sozialistischen Nasser-Revolution in den 1950er Jahren, als die meisten Ausländer enteignet und ausgewiesen wurden, gelang es Choremi rechtzeitig, seine Reichtümer außer Landes zu schaffen. Schließlich kehrte er nach Chios zurück und machte es sich in der Stadt gemütlich. Seine jüngste Tochter und ihr französischer Freund führten nahe der Bibliothek einen Bioladen, für den sie sogar Müsli aus der Schweiz importierten. Gerne hätte ich den alten Herrn kennengelernt und ihn aus seinem Leben erzählen lassen, doch seine Gesundheit ließ dies nicht mehr zu.

Alexandria, London, Odessa – die Verbindungen dieser kleinen Insel mit den großen Metropolen waren immer wieder erstaunlich.

Was war noch übrig vom alten Chios? Von jenem verlorenen Paradies, das die Reisenden beschrieben hatten? Was erinnerte heute an seine brutale Zerstörung? Es war sicher nicht leicht, noch Spuren eines 200 Jahre zurückliegenden Ereignisses zu finden. Die vielen

Häuserruinen auf der Insel durften mich nicht täuschen. Sie waren zumeist auf das Erdbeben von 1881 zurückzuführen, das Chios schwer getroffen hatte. Dieser Insel war auch wirklich nichts erspart geblieben.

Meine Spurensuche begann im Kastro, dem historischen Zentrum der Stadt. Vor den hohen Festungsmauern lag der Platz, wo der osmanische Inselgouverneur im Massaker von 1822 die stadtbekannten 80 Geiseln hatte hinrichten lassen. Im Gedenken an sie wurde er *Platz der Märtyrer* genannt. Unter den Platanenbäumen fiel mir zunächst der überdachte alte Brunnen ins Auge, den ich bereits auf historischen Lithographien gesehen hatte. Hier hatten sich einst die Frauen von Chios getroffen, um Wasser zu holen und zu tratschen. Der Brunnen war hübsch restauriert, die arabischen Inschriften auf den Marmorplatten wieder deutlich lesbar. Schließlich entdeckte ich ein kleines schlichtes Denkmal, auf dem die Namen der Geiselopfer aufgeführt waren – darunter auch die zwei erhängten Argentis.

Von dort war es ein kurzer Abstecher in den Stadtpark, wo ein großes Denkmal für Konstantin Kanaris in der heroischen Pose des Freiheitskämpfers stand, der es den Türken gezeigt hatte. Helden eigneten sich für imposante Statuen eindeutig besser als Hingerichtete. In seinen Händen trug Kanaris den Enterhaken, mit dem er sein Feuerschiff an der Korvette des osmanischen Kapitán Pascha Ali Bey festgemacht hatte, um es zur Explosion zu bringen. Aber auch sein prominentes Opfer war nicht spurlos von Chios verschwunden. Nach muslimischem Brauch musste die Leiche des Admirals innerhalb eines Tages begraben werden, so dass er seine letzte Ruhe damals im Kastro fand.

Erstaunlich war, dass man sein Grab auch nach dem Anschluss von Chios an Griechenland im Jahre 1912 unversehrt gelassen hatte. Obwohl Ali Bey einer der Hauptverantwortlichen des Massakers gewesen war, hielten die Chioten ihm offenbar eine gewisse Ritterlichkeit zugute. So hatte er die chiotischen Frauen, die er auf sein Schiff bringen ließ, vor den Sklavenhändlern gerettet und anständig behandelt. Jedenfalls war sein Grabstein, den ich auf dem kleinen türkischen Friedhof hinter der Porta Maggiore fand, noch gut erhalten. Allein die Größe des Grabs zeugte davon, dass der Tote ein wichtiger Mann gewesen war. Die osmanisch-arabische Inschrift, die die Lebensleistung des Admirals rühmte, war noch gut lesbar: »Kommandeur des Meeres, Stolz der heiligen Flotte … ein Held, dessen Ruhm in der Seefahrt unübertroffen war, ein Löwe im Feld der Ritterlichkeit … als sein Schiff nahe Chios ankerte, setzte es ein unreiner Grieche hinterhältig in Brand … so dass Ali Pascha seine Seele übergab und ein Märtyrer wurde, mit seinem Schiff.«[58]

Es war sicher gut, dass wohl kaum ein Mensch auf Chios diese Inschrift heutzutage noch lesen konnte – sonst wäre das Grab vermutlich längst beseitigt worden. Unweit vom Friedhof lagen die Reste des ehemaligen Paschapalasts und der mittelalterliche Kerkerturm, in dem die 80 Geiseln auf ihr Ende gewartet hatten. Hier die Täter, daneben die Opfer – wenn sich Gewalt in Spiralen drehte, lagen sie nicht weit auseinander.

Welche historischen Zeugnisse würde ich auf der Insel noch entdecken, fragte ich mich, als ich abends in die Perlenbucht zurückkehrte.

Am nächsten Morgen fuhr ich in die Berge hinauf. In Serpentinen kroch die Straße die steilen Hänge empor. In einigen Kiefernwäldern, die die Waldbrände überstanden hatten, lagen gut verborgene Kasernen der griechischen Armee. Griechenland gehörte wie die Türkei zu den NATO-Mitgliedern mit den prozentual höchsten Militärausgaben. Jeder junge Grieche musste einen neunmonatigen Wehrdienst leisten. Wen es dabei in einen der Stützpunkte in dieser bergigen Einöde verschlug, war wahrlich nicht zu beneiden. In die Straße selbst waren Metalldeckel eingelassen, unter denen sich Sprengschächte verbargen, die den Bergpass im Falle eines türkischen Überfalls unpassierbar machen sollten. Offenbar hatten die Griechen aus der Tragödie von 1822 ihre Lehren gezogen.

Nach etwa einer Stunde gelangte ich auf den Höhenkamm, der einen Blick auf die gesamte Westküste bot, und bog in eine Seitenstraße ab. Sie führte durch ein Tal zu einem steilen Felsenhügel, auf dem die Ruinen des Bergdorfs Anavatos lagen. Hierher waren hunderte Chioten vor den anstürmenden Türken geflüchtet. Als ihre Verfolger das Dorf belagerten und die Lage aussichtslos wurde, stürzten sich die meisten Bewohner und Flüchtlinge von einer Klippe in den Tod. Seitdem war Anavatos ein Geisterdorf, an dessen Einfahrt ein großes Engelsdenkmal an das Drama erinnerte. Es gab noch weitere Ortschaften auf der Insel, die sich von dem Massaker nie erholt hatten – von den gebrochenen Biographien chiotischer Familien ganz zu schweigen.

Weiter ging die Fahrt zum orthodoxen Kloster Nea Moni, dem bedeutendsten Bauwerk von Chios. In einem Hochtal voller duftender Pinien gelegen, gehörte das Kloster aus dem 11. Jahrhundert zum UNESCO-Weltkulturerbe und wurde für seine kostbaren byzantinischen Mosaike gerühmt. Im Mittelalter war es das mächtigste Kloster der Ägäis gewesen, in dem zu seiner Blütezeit fast 1000 Mönche lebten. In seiner Bedeutung ließ es sich mit der westfälischen Reichsabtei Corvey vergleichen, dem seinerzeit reichsten Kloster nördlich der Alpen. Wie Corvey war Nea Moni eine reichsunmittelbare Abtei und unterstand direkt den Kaisern und später den Patriarchen in Konstantinopel, die ihr viele Privilegien und Ländereien gaben. Die Anlage war durch hohe Festungsmauern gegen Piratenüberfälle geschützt, fast täglich kamen Pilger und Besucher aus aller Welt das Tal hinauf.

Unter ihnen war auch der bereits erwähnte Holländer Johan Aegidius van Egmont, der im Jahre 1757 aus Smyrna anreiste und staunend berichtete: »Das größte Kloster auf der gesamten Insel liegt etwa zwei Stunden von Chios entfernt und heißt Nea Moni, neues

Kloster. Es befindet sich an einem wilden und einsamen Ort, aber zwischen den Berghängen hat man einen Blick aufs Meer und Teile der Stadt … Das Kloster erscheint wie ein großes Dorf mit mehreren Straßen, in denen jeder Mönch seine eigene Zelle hat. Die Kirche ist eine der elegantesten der gesamten Levante, mit einem hübschen Kirchturm, darin eine große Glocke, die ein Kaufmann in England gekauft und dem Kloster gespendet hat.«[59]

An diesem Morgen war ich der einzige Besucher. Von den drei alten Mönchen, die angeblich noch in dem Kloster lebten, war keiner zu sehen, als ich durch den Eingangsturm trat. Ein Pfeil wies auf einen Raum, wo ich eine Frau mit knallroten Haaren vorfand, die ihr Gesicht mit einem Fächer kühlte und in ein Buch vertieft war. Ein Becher Kaffee stand vor ihr und ein Aschenbecher, in dem eine Zigarette qualmte. Der Filter war von Lippenstift gerötet. An der Wand stapelten sich zahllose Bücher, deren Titel auf viele Krimis und Liebesromane schließen ließen.

»Was soll ich machen außer Lesen?«, fragte die Frau, die mir auf Anhieb sympathisch war. »Das Kloster ist das ganze Jahr über geöffnet, und die Winter hier oben sind lang. Manchmal kommt den ganzen Tag über nicht ein Mensch.« Sie hieß Anna und arbeitete seit 28 Jahren in dem Kloster, jeden Tag außer dienstags. Als sie den Job angenommen hatte, war das Kloster noch ein Nonnenkonvent gewesen, erzählte Anna, während sie mir ungefragt einen Kaffee aufbrühte. Mit den alten Nonnen verstand sie sich prächtig, bis die letzte von ihnen mit fast hundert Jahren starb. Danach zogen in das Kloster wiederum Mönche ein, die geduldig den Tod der alten Dame abgewartet hatten. »Wäre es nach ihr gegangen, hätten sie auch schon früher kommen können«, sagte Anna mit diskret gesenkter Stimme. »Sie hätte sich über männliche Gesellschaft sicher gefreut, aber dazu fehlte den Mönchen wohl etwas der Mut.«

Nachdem wir uns mit Kaffee gestärkt hatten, verkaufte Anna mir eine Eintrittskarte und beschloss spontan, mir eine Führung durch das Kloster zu geben: »Bis zur Mittagspause kommt ja sowieso kein anderer Besucher mehr.« Über den Innenhof, vorbei an niedrigen Mönchszellen, gingen wir zum Refektorium, dem ehemaligen Speisesaal. Dort zeugte eine lange marmorne Tafel, in die bunte Edelsteine eingesetzt waren, von dem einstigen Reichtum des Klosters. Dann führte Anna mich in die Hauptkirche. Sie war im Erdbeben von 1881 schwer beschädigt worden, doch nach jahrelanger Restauration konnte man sie nun wieder betreten. Im Katholikon fiel mir zunächst eine Standuhr ins Auge, die laut einer Inschrift ein armenischer Uhrmacher aus Smyrna hergestellt hatte.

Dann ging mein Blick hoch zur Kuppel, unter der byzantinische Mosaike glänzten. Sie waren leicht fragmentiert, aber dennoch absolut exquisit. Zusammengesetzt aus unzähligen kleinen Teilchen – steinern, marmorn, gläsern, keramisch und schimmernd golden – hatten die Bilder eine unfassbar detaillierte und dramatische Ausdruckskraft. Die Darstellungen aus dem Leben Jesu wirkten wie gemalt, so sehr schienen die Mosaikpixel ineinander zu verschwimmen. Über die Jahrhunderte hinweg sahen die Evangelisten und Jünger Jesu mit ihren launischen Gesichtsausdrücken verblüffend modern und menschlich aus. Verglichen mit der klassisch orthodoxen Ikonenkunst jener Zeit, deren stets frontal dargestellten Heilige mit ihren schablonenhaft starren Gesichtern fast abstrakt wirkten, waren diese Mosaike revolutionär.

Sie erinnerten mich an die einzigartigen Mosaiken in Ravenna aus dem 6. Jahrhundert, deren Figuren und Fabelwesen ebenfalls noch individuelle Züge trugen und mit dem Betrachter zu kommunizieren schienen. Die Ravenna-Mosaiken waren neben jenen des Katharinen-Klosters am Berge Sinai die einzigen frühbyzantinischen Darstellungen, die den Ikonoklasmus des 8. und 9. Jahrhunderts unbeschadet überstanden hatten, als orthodoxe Bilderstürmer fast sämtliche Ikonen im Reich zerstörten. Zwar setzte sich am Ende die Ansicht durch, dass religiöse Abbildungen nicht gotteslästerlich seien, doch fortan mussten sich byzantinische Mosaikkünstler und Ikonenmaler an immergleiche darstellerische Vorgaben halten. Die individuellen Mosaiken von Nea Moni hingegen schienen an die frühbyzantinische Kunst anzuknüpfen.

In ihrer Launenhaftigkeit hoben sich die Ikonen zugleich von der katholischen Kirchenkunst ab, deren selig verklärte oder entrückte Figuren oft unwirklich erschienen. Die Mosaiken zeigten, dass die östliche Orthodoxie sich letztlich ehrlicher als der Katholizismus an der menschlichen Natur mit all ihren Schwächen orientierte. Das lange Schisma zwischen beiden Kirchen seit dem Jahre 1054 lag eben nicht nur in theologischen Finessen begründet, sondern in einem grundverschiedenen Menschenbild. Ich musste an das byzantinische Kloster Latomos in Thessaloniki denken, in dessen Kirche ein sehr lebensnahes Fresko Marias mit dem neugeborenen Jesus erhalten war. Anders als auf katholischen Marienbildern, die die Jesusmutter meist als milde lächelnde Heilige darstellten, sah man Maria dort als eine schweißgebadete Frau, die von der Geburt restlos erschöpft war.

Die Mosaikfiguren in Nea Moni waren byzantinische Männer, die uns mit zeitloser Präsenz ansahen. In ihrem Blick lag die unveränderliche Conditio Humana, die ewige menschliche Suche nach Sinn und die Hoffnung auf göttliche Gnade – und zugleich die Einsicht, dass sie dem Menschen nur selten und momenthaft vergönnt war. Heute gemeinhin als Glück bezeichnet, wird diese Gnade inzwischen als ein dauerhafter Zustand missverstanden, dessen Nichtanhalten den postmodernen Menschen, der selbst seine Gefühle materialistisch optimiert und sich mit Zufriedenheit nicht zufriedengeben kann, zwangsläufig in Depressionen stürzt.

Die besten Mosaikkünstler aus Konstantinopel hatten in dieser Kuppel gewirkt und ergreifende Werke geschaffen, wie ich sie bisher nur in Ravenna und in der Hagia Sophia gesehen hatte. Ich spürte, wie mir Tränen aufstiegen.

»Sie sind wunderschön, nicht?«, flüsterte Anna. Auch sie hatte den Kopf in den Nacken gelegt und stand ganz still.

»Ja, das sind sie«, flüsterte ich zurück.

Vielleicht hatte ein solches Schauern sogar die osmanischen Soldaten ergriffen, die am Ostersonntag im April 1822 die Festungsmauer einnahmen und das Kloster stürmten. Zwar brandschatzten sie sämtliche Gebäude, verschonten aber die kostbaren Mosaike, die sie ohnehin nicht plündern konnten. Die eigentliche Wut der Soldaten galt den fast 4000 Inselbewohnern und Mönchen, die sich in den Gemäuern versteckt hatten und die in wenigen Stunden fast alle sterben mussten.

Von der Kirche führte mich Anna in eine kleine Kapelle, wo die Gebeine und Schädel der Opfer noch fast 200 Jahre nach ihrem Tod aufbewahrt wurden. Hinter Vitrinen lagen Hunderte Totenköpfe und Wadenknochen aufgetürmt. Es war ein makabrer Anblick, der mich eher abstieß als berührte. Dabei waren Beinhäuser auf griechischen Friedhöfen nicht selten. In einigen ländlichen Gebieten gruben gläubige Griechen noch heute ihre Toten gemäß einem alten Brauch nach drei Jahren wieder aus, um unzweifelhaft festzustellen, ob sie vollständig verwest waren. Dies galt als Zeichen dafür, dass die Verstorbenen schuldlose Menschen gewesen waren und Aufnahme im Himmelreich gefunden hatten. Die Angehörigen wuschen die Gebeine mit Wein, um sie danach ins Beinhaus zu bringen. Was das Gruselkabinett von Nea Moni allerdings besonders morbide machte, waren die deutlich sichtbaren Spuren der Gewalt, die manche Skelette trugen. Viele Schädel waren offensichtlich mit Schwertern zertrümmert worden, denn sie wiesen tiefe Hiebfurchen auf.

»Nirgendwo haben die Türken so zugeschlagen wie auf Chios«, sagte Anna. »Das haben wir hier bis heute nicht vergessen.«

»Wie reagieren denn türkische Touristen hierauf?«, fragte ich, während wir die Kapelle verließen.

»Ganz unterschiedlich«, antwortete sie. »Viele wissen gar nichts von dem Massaker, andere machen Witze darüber. Aber an eine türkische Frau erinnere ich mich, die hat geweint und mich um Vergebung gebeten. Da haben wir uns lange umarmt.«

Wir gingen zum Ausgang, doch etwas sträubte sich in mir dagegen, das Kloster schon zu verlassen. Vielleicht wollte ich als letzten Anblick nicht die Totenköpfe mitnehmen. In Nea Moni war zu besichtigen, wozu Menschen fähig waren – aber nicht nur im Bösen. Anna schien meine Gefühle zu erraten.

»Wollen wir nochmal zu den Mosaiken zurückgehen?«

Ich nickte dankbar.

Am Tag darauf war ich wieder im kühlen Lesesaal der Bibliothek, um die Auswirkungen des Massakers von Chios auf Europa und den weiteren Gang der Geschichte zu erfahren.

Als die ersten Berichte über das Blutbad die europäischen Länder erreichten, reagierte man dort geschockt und erschüttert. Zeitungen von London bis Wien schrieben über das Massaker, das zum ersten pan-europäischen Medienereignis wurde. So stand in der *Frankfurter Zeitung* vom 19. Mai 1822 von ihrem Korrespondenten in Smyrna zu lesen: »Die Türken haben die Stadt überfallen und alles geplündert; das Massaker war furchtbar; nicht ein Mann wurde verschont, die Frauen und die Kinder sind zu Sklaven gemacht worden. Die Geflohenen verfolgte man bis in die Dörfer.«[60]

Da die meisten europäischen Zeitungen in der restaurativen Epoche nach dem Wiener Kongress strikter staatlicher Zensur unterlagen, spiegelten Berichte über Chios oft die Metternichsche Staatsräson wider, nach der jegliche Volksaufstände gegen eine monarchische Ordnung niederzuschlagen waren. So lastete der Korrespondent des *Österreichischen Beobachters* in Konstantinopel den griechischen Aufständischen die Schuld für das abscheuliche Verbrechen an: »Früher als gedacht, hat das Unternehmen der Griechen ein tragisches Ende genommen. Die Rädelsführer des Aufstands haben bekommen, was sie verdient haben. Das Unglück ist, dass sie eine Bevölkerung von mehr als 100 000 Seelen mit in den Abgrund gerissen haben, die sich niemals aus eigenem Antrieb gegen eine Regierung erhoben hätten, die sie mit besonderen Vorzügen behandelte … Die Schrecknisse auf Chios sind jenseits jeder Vorstellung. Daraus resultieren wird der Ruin vieler französischer, italienischer, deutscher und englischer Kaufleute, die auch in Konstantinopel und Smyrna weitreichende Geschäftsbeziehungen mit den Chioten hatten.«[61]

Das Massaker von Chios inspirierte auch Künstler und Dichter. Der französische Maler Eugène Delacroix schuf ein großes Gemälde, das eine Gruppe chiotischer Zivilisten zeigte, halbtote Männer und versklavte Frauen, die von einem berittenen Soldaten malträtiert wurden. Das düstere und anklagende Werk stellte Delacroix im Jahre 1824 auf dem Pariser Salon aus, der jährlichen Kunstausstellung der Akademie der Schönen Künste, wo es laut dem Schriftsteller Alexandre Dumas jeden Tag viele Zuschauer anzog und empörte Diskussionen darüber auslöste, ob man den Griechen nicht helfen und der osmanischen Tyrannei ein Ende bereiten müsse.

Vier Jahre später schrieb Victor Hugo ein Gedicht namens *L'Enfant* über das Blutbad, das mit den Versen begann: »Die Türken sind dort durchgezogen. Alles ist in Ruinen und Trauer. Chios, die Insel der Weine, ist bloß ein dunkler Sarg.« Hugo schrieb über ein imaginäres chiotisches Kind, das das Morden überlebt hatte und nun verwahrlost inmitten der Trümmer aufwuchs. Das Gedicht schloss mit einer an das Kind gerichteten Frage, womit man es trösten könne: »Was willst du? Eine Blume, eine schöne Frucht oder einen zauberhaften Vogel? / – Freund, sagt das griechische Kind, das Kind mit den blauen Augen, / ich will Schwarzpulver und Kugeln.«[62]

Wie lange die Empörung über die osmanischen Gräueltaten in Europa anhielt, zeigte die Ballade *Chios*, die der deutsch-französische Dichter Adelbert v. Chamisso erst im Jahre 1836 verfasste. Darin erzählte der bekennende Philhellene von den Ereignissen als einem Kampf zivilisierter christlicher Inselgriechen gegen blutrünstige Horden muslimischer Barbaren: »Chios, blüh'nder Friedensgarten,/ Weh'! du unterliegst dem harten,/ Dem entmenschten Blutgericht;/ Deine neunzig tausend Bürger/ Sind erwürgt, es zürnt der Würger,/ Daß an Opfern es gebricht.// Allah! ruft der Moslim, hauet/ Greise nieder, Kinder, Frauen.« Zugleich verurteilte der Dichter europäische Schiffseigner, die den osmanischen Herrschern beim Transport der chiotischen Sklavinnen sowie der Säcke voller Köpfe nach Konstantinopel geholfen hatten: »Die dem Wütherich zu Willen, / Christensklaven hier verladen,/ Schnöden Goldesdurst zu stillen,/ Sich in Blut und Thränen baden,/ Die nach Stambul blut'ge Glieder,/ Liefern der erschlag'nen Brüder.«[63]

Tatsächlich wurden die Sklavenmärkte des Osmanischen Reichs, von Smyrna bis Bagdad und Tripolis, nach 1822 mit so vielen chiotischen Frauen und Kindern beliefert, dass ihre Preise auf Jahre in den Keller fielen. Allein auf dem Sklavenmarkt von Smyrna kamen im April 1822 täglich Hunderte Chiotinnen an, berichtete der dortige britische Konsul Francis Werry in einer Depesche nach London: »Die Frauen von Chios, die für ihre Schönheit gerühmt werden und zumeist höchst ehrenwert sind, sind zum Eigentum des Eroberers geworden, vorgesehen für die Harems oder häusliche Sklaverei.«[64]

Die Zahl der Verschleppten wurde später auf etwa 50 000 geschätzt. Nur wenige hatten das Glück der chiotischen Sklavin, die in eine reiche Familie nach Alexandria verkauft wurde, wo der französische Konsul Graf Vincent Benedetti ein Auge auf sie warf. Gegen alle Konventionen machte der Diplomat der attraktiven Griechin den Hof und heiratete sie. Als Gräfin Benedetti begleitete sie ihren Mann auf diplomatische Posten in Palermo, Konstantinopel und Paris, wo sie als eine der schönsten Frauen des Zweiten Empires galt. Im Jahre 1864 wurde Benedetti Botschafter am preußischen Hof, so dass die einstige Sklavin auf ihrer Lebensreise auch nach Berlin kam und dort sogar Bismarck kennenlernte.

Auch Kindersklaven aus Chios wurden im gesamten Reich verkauft. Aus Konstantinopel schrieb der niederländische Botschafter Gaspar Testa im Mai 1822 von einem herzzerreißenden Anblick, der die Menschheit aufstöhnen lassen müsse: »Kinder beider Geschlechter werden durch die Straßen geschleift, aneinander gekettet, und zu den Sklavenmärkten gebracht.«[65]

Einige der Kinder hatten das Glück, in wohlmeinenden islamischen Familien aufzuwachsen, die sie wie eigenen Nachwuchs behandelten. Wie in der traditionellen Knabenlese der Osmanen, wurden sie zum Islam konvertiert und konnten letztlich in hohe Posten im Reich aufsteigen. Ein Spross der alten chiotischen Familie Calvocoressi wurde unter seinem neuen Namen Selim Pascha ein bekannter osmanischer General, der sich im Krim-Krieg auszeichnen sollte. Wie es das Schicksal wollte, fand er viele Jahre nach dem Massaker seinen Bruder wieder. Auch er war als Kindersklave quer durch den Orient verschleppt, dann aber freigekauft worden und lebte seither als freier christlicher Bürger in Konstantinopel. Einige Male traf sich Selim Pascha heimlich mit dem Bruder und erwog sogar, sich zu seinen chiotischen Wurzeln und zum Christentum zu bekennen, doch dann entschied sich der General endgültig für sein neues Leben.

Das Massaker von Chios war der erste osmanische Stadtmord, die früheste Zerstörung eines kosmopolitischen Zentrums in der Levante. Mit dem gewaltsamen Ende des einzigartigen kulturellen Amalgams auf Chios begann die Entmischung der Völker im Osmanischen Reich, die mit dem Brand von Smyrna ihren Schlussakt erleben sollte. Für den Verlauf des griechischen Freiheitskampfs hatten die Gräueltaten von Chios jedoch eine unerwartete Folge: Die öffentliche Empörung in Europa stärkte die philhellenische Bewegung und internationalisierte einen Krieg, der bis dahin von ziemlich unorganisierten Freischärlern geführt worden war. Prominente Philhellenen wie der deutsche Archäologe Johann Joachim Winckelmann forderten ein militärisches Eingreifen zugunsten der Griechen. Zum ersten Mal in der Geschichte Europas wurde die öffentliche Meinung zu einem politischen Faktor, der spürbaren Druck auf Regierungen ausübte. Obwohl die Großmächte weiter an einer monarchischen Ordnung festhielten, die nationale Befreiungsbewegungen massiv unterdrückte, beschlossen sie, den griechischen Kampf zu unterstützen.

Zwar wollten Großbritannien und Frankreich das Osmanische Reich nicht zu sehr schwächen, um eine russische Expansion auf dem Balkan zu verhindern. Zugleich war die Sorge um den internationalen Handel so groß, dass Großbritannien der Hohen Pforte mit Abbruch der diplomatischen Beziehungen drohte und die griechischen Aufständischen als Kriegspartei anerkannte, woraufhin Londoner Banken ihnen sogar Geld zu leihen begannen. Als die Osmanen im April 1826 ein weiteres Blutbad in der Stadt Messolonghi anrichteten, bei deren Verteidigung zwei Jahre zuvor der philhellenische Dichter Lord Byron an Typhus gestorben war, entschieden sich die Großmächte zu intervenieren. Im Oktober 1827 zerstörten sie in der Seeschlacht von Navarino die osmanische Flotte, bevor die russische Armee im Jahr darauf bis vor die Tore Konstantinopels marschierte. Am Ende dieser militärischen Großmachtdiplomatie entstand im Jahre 1830, nach fast zehn Jahren Krieg, schließlich das unabhängige Königreich Griechenland.

Als Monarchen wählten die europäischen Machthaber den noch minderjährigen Sohn des bayerischen Königs Ludwig I., eines begeisterten Philhellenen, der seine Residenzstadt München seit Jahren nach dem Vorbild des antiken Athens umgestaltete. Das neuzeitliche Athen, das die Bayern als neue griechische Hauptstadt wählten, glich damals allerdings eher einem Dorf, in dem man nur mit Mühe ein geeignetes Gebäude für die Krönung des jungen Otto I. fand. Vom ersten Tag an war sein kleines Königreich finanziell bankrott, so dass es die britischen Geldanleihen nie zurückzahlte.

Obwohl die Großmächte das unabhängige Griechenland in die post-napoleonische Staatenordnung zwängten, hatte der erfolgreiche Freiheitskampf der Griechen einen starken Einfluss auf die nationalistischen Bewegungen in Europa. Viele ihrer Vertreter waren zu begeisterten Philhellenen geworden, weil sie sich aus Frust über staatliche Repression in ihren Ländern mit dem griechischen Leid identifizierten. Solange das eigene Aufbegehren gegen ihre heimischen Herrscher erfolglos blieb, konnte das hellenische Projekt quasi als Ventil dienen. Der letztliche Triumph der Griechen inspirierte europäische Nationalisten, deren Kampf zu den europaweiten Revolutionen von 1848 und letztlich zum Auseinanderbrechen der großen multinationalen Imperien in kleine Nationalstaaten führen sollte. Auf diese Weise kamen die nationalistischen Ideen, die Anfang des 19. Jahrhunderts aus Westeuropa auf den Balkan gelangt waren, nur wenige Jahre später mit verstärkter Wucht von dort nach Europa zurück. In diesem Prozess war das Massaker von Chios ein Schlüsselereignis.

Der griechische Nationalismus selbst entwickelte sich bald von einer optimistischen Befreiungsidee, die auch Slawen und Albaner umfasste, zu einer ethnisch definierten Ideologie, die andere Völker ausgrenzte und als Feinde des eigenen Fortkommens betrachtete. Dies betraf nicht mehr nur osmanische Türken, sondern auch die ebenfalls zunehmend nationalistischen Serben und Bulgaren, mit denen die Griechen um die Region Mazedonien stritten. Die irredentistischen Forderungen nach *Enosis* – dem Anschluss griechisch bevölkerter Territorien wie Thessalien, Kreta, Epirus und Mazedonien an das Königreich – und deren sukzessive Erfüllung im Laufe des späten 19. und frühen 20. Jahrhunderts befeuerten den einst defensiven griechischen Nationalismus. Er wurde zu einer expansiv-imperialen Ideologie, die sich in der *Megali Idea* ausdrückte und die im Anatolien-Feldzug von 1920 umgesetzt werden sollte.

So schloss sich der Kreis zwischen dem Massaker von Chios und dem Brand von Smyrna genau hundert Jahre später – sie waren erster und letzter Akt einer nationalistischen Tragödie.

Einige Tage später war ich wieder mit dem Scooter unterwegs. Die Sonne war gerade erst aufgegangen und die Luft noch frisch. Ich war auf der Suche nach einem speziellen Ort, über den ich in der Bibliothek mehrere Berichte gefunden hatte: eine Lepra-Station. Sie war bereits im Jahre 1378 von den Genuesen gegründet worden und damit die älteste derartige Einrichtung im gesamten ägäischen Raum. Der französische Reisende Julien Galland hatte Mitte des 18. Jahrhunderts das Spital aufgesucht und darüber geschrieben: »Zwei Kilometer außerhalb der Stadt findet man eine Leprastation. Dort sah ich etwa dreißig Männer und Frauen, die meisten waren furchtbar anzuschauen und verursachten mir Schrecken. Das Hospital dient nur den Christen von Chios und des Archipels. Man hat festgestellt, dass die Türken der Insel nicht von dieser Krankheit befallen werden.«[66]

Während des Massakers von 1822 waren die osmanischen Kämpfer nicht davor zurückgeschreckt, auch die Lepra-Station zu zerstören und ihre wehrlosen Insassen zu töten. Vor dem Ersten Weltkrieg war sie mit dem Geld chiotischer Philanthropen neu aufgebaut und dann im Jahre 1958 endgültig geschlossen worden. Aus Aberglauben oder Angst vor Krankheit hatten sich die Bewohner von Chios jedoch weiterhin von dem Ort ferngehalten, so dass er über die Jahrzehnte in Vergessenheit geriet. Eine Stunde suchte ich in den Hügeln oberhalb der Stadt nach einem Hinweis auf das ehemalige Lager. Schließlich stieß ich auf einen mit Platanen bestandenen Feldweg, der in ein schattiges Tal führte. Dort kam ich an ein hohes eisernes Eingangstor, in das die Jahreszahlen 1378 und 1909 geschmiedet waren. Es war totenstill, nicht mal Vögel waren zu hören. Ich ging um das verschlossene Tor herum und gelangte zu einer Kapelle und Gebäuden aus gelbem Sandstein, den ehemaligen Krankenstationen, die zwar zugewachsen, sonst aber erstaunlich gut erhalten waren.

In den Räumen standen alte Schemel, Tische und Bettgestelle, auf denen teils noch Matratzen lagen. An der Wand hing ein kleiner Käfig, in dem ein Patient offenbar einen Kanarienvogel gehalten hatte. Es gab einen gefliesten Waschraum mit einer großen Badewanne. Da leprakranke Männer als impotent galten, waren Geschlechter nicht getrennt worden. Im Gebäude nebenan war die ehemalige Lagerküche, wo ein großer offener Backofen stand. Die Stationsapotheke schien hastig verlassen worden zu sein: in den Schränken lagerten noch alte Medikamente, aus Schubladen quoll Verbandsmaterial hervor. Hier sah alles so aus wie an jenem Tag vor knapp 60 Jahren, als die Lepra-Station geschlossen wurde. Nie hatte hier jemand gewagt aufzuräumen. Wie in einem Dornröschenschloss blieb die Zeit erstarrt. Es war ein vergessener und unheimlicher Ort.

Auf Chios kam man ins Grübeln über die Zeit oder vielmehr das Empfinden von Zeit. Sie fühlte sich hier, anders als in Westeuropa, nicht fortschreitend an. Die Vergangenheit schien noch nicht vergangen, sondern gegenwärtig, das Geschehene stets wiederkehrend. Auf das Massaker von Chios war ein Jahrhundert später der Brand von Smyrna gefolgt. Beide Ereignisse hatten große Flüchtlingskrisen ausgelöst, wie sie die Ägäis nun erneut erlebte. Zugleich war die Schuldenkrise, in der Deutschland und andere EU-Länder die griechische Regierung zum Sparen zwangen, vielen Griechen als eine Wiederauflage der Wehrmachtsbesatzung vorgekommen. Auf Demonstrationen hatte man Plakatbilder von Merkel und Schäuble sogar mit Hitlerbärtchen versehen. Bewegte sich die Zeit hier etwa im Kreis?

Konsul Argenti hatte mir ein Buch gegeben, das sein Neffe Nicolas über Chios geschrieben hatte. Darin beschrieb der weitgereiste Londoner Ethnologe seine Besuche auf der Insel, dem Herkunftsort seiner Familie, und verglich die Finanzkrise mit früheren Krisenerfahrungen, die die Chioten gemacht hatten. Dabei widmete sich Argenti auch dem Thema Zeit: Sie werde im modernen Westeuropa als kontinuierlich dahinfließend dargestellt, was auf das Bild des griechischen Philosophen Heraklit von der Zeit als Fluss zurückgehe. Mit dem berühmten Diktum *Panta rhei* behauptete der Gelehrte aus Ephesus im fünften vorchristlichen Jahrhundert, dass das Leben ständig fließe und dem Wandel unterworfen sei. Damit widersprach Heraklit seinem Zeitgenossen, dem Philosophen Parmenides, der das Dasein als unveränderlich und zeitlos betrachtete. Auf den ägäischen Inseln hatte sich, so glaubte Argenti, die parmenidische Denkweise erhalten. Hier wurde Zeit nicht wie ein Fluss empfunden, sondern wie das Meer, das von Gezeiten und Stürmen bewegt wurde, aber letztlich immer gleich blieb.

Ich sympathisierte mit Parmenides. Schließlich war das Wort *Zeit* etymologisch mit *Tide* verwandt, den mir seit der Kindheit vertrauten Gezeiten aus Ebbe und Flut. Was konnte das Pendel der Menschheitsgeschichte, diesen ständigen Wechsel zwischen Fortschritt und Rückschritt, besser versinnbildlichen? Auch bedeutete das französische Wort für Zeit – *le temps* – sicher nicht ohne Grund zugleich Wetter, das den einen Tag gut und den anderen schlecht, aber im Laufe der Monate doch fast immer gleich war. Selbst der Klimawandel ließ sich, über Jahrmillionen betrachtet, in das ewige Auf und Ab der Erdgeschichte einordnen.

Die chronologische Denkweise war ein Erbe der Aufklärung, ein gewollter Akt der Logik, dem das tatsächliche Zeitempfinden vieler Menschen auf griechischen Inseln widersprach. Gerade auf Chios werde Zeit, so behauptete Argenti, nicht als linear wahrgenommen, allerdings auch nicht als zirkulär, sondern eher als eine Helix, in der historische und aktuelle Ereignisse miteinander verwoben seien. In Bezug auf die Katastrophen von Chios 1822 und Smyrna 1922 schrieb Argenti: »Die Insel ist zu einem Ort zeitlicher Implosion geworden, der doppelten Helix zweier separater Unglücke, die ihre Geister in verlassenen Dörfern, geplünderten Klöstern und überquellenden Katakomben vermengen, sowie in der Stille der tiefen, sie umgebenden Gewässer.«[67]

Die Menschen auf Chios würden diachronisch leben, in mehreren zweizeitlichen Geschichten aus Gegenwart und Vergangenheit zugleich, die wie das Wetter stets wiederkehrten, so dass sich Zeit an sich stückweise aufheben würde. Ziemlich feinsinnig und akademisch klang dies alles, und ich war mir nicht sicher, wie viele Chioten ähnlich wie der Ethnologe Argenti dachten – aber in den Ruinen der Lepra-Station ahnte ich zumindest, was er meinte.

Meine melancholische Stimmung verstärkte sich noch, als ich in den Kambos weiterfuhr. In dieser fruchtbaren Gegend im Südosten der Insel bauten die Chioten bereits im Mittelalter erstmals Zitruspflanzen an, die sie aus China und Persien importiert hatten. Im kalkreichen Boden gediehen die Apfelsinen und Mandarinen so gut, dass sie bis ins russische Zarenreich exportiert wurden. Mit den Profiten bauten die Obstbauern prächtige Herrenhäuser, wie sie in dieser Größe und Dichte auf keiner anderen griechischen Insel zu finden waren. Sie lagen oft, wie die Plantagen selbst, hinter hohen Steinwällen verborgen, so dass man im Kambos wie durch ein gemauertes Labyrinth fuhr.

Nach einigem Suchen fand ich das Argentikon, den einstigen Familiensitz der Argentis. Das Herrenhaus war im ligurischen Stil erbaut und von einem riesigen Park umgeben. Obwohl es heute als Hotel betrieben wurde, waren die mächtigen, in Spanien angefertigten Holztore verschlossen. Über ihnen ragte noch das gemauerte Wappen der Argentis hervor, doch ich konnte gut verstehen, warum der Konsul froh war, die Verantwortung für ein so großes Anwesen los zu sein. Immerhin war es gut erhalten – im Gegensatz zu den vielen Villen im Kambos, die im Massaker von 1822 und im Erdbeben von 1881 zerstört worden waren. Ich verbrachte den Rest des Tages damit, über Mauern zu klettern und die Ruinen verlassener Herrenhäuser zu erkunden.

Die einstige Villa der Casanovas hatten die Türken 1822 geplündert und ihren Eigentümer, den reichen Kaufmann George Casanova, als eine der Geiseln des Paschas gehängt. Die Mauern seines Hauses waren eingestürzt, in den Dächern klafften große Löcher.

Die Gartenterrasse war noch mit aufwändigen Kiesel-Mosaiken ausgelegt, aber aus dem Brunnen hatte schon lange niemand mehr Wasser geschöpft. Wie vergebens das menschliche Streben, wie vergänglich seine Erfolge doch waren. In unmittelbarer Nähe lag das vormalige Anwesen der Familie Giustiniani. Im überwucherten Garten stand eine Zisterne, die mit einer tristen Poseidon-Statue geschmückt war. Der letzte Eigentümer des Hauses, so hatte ich gelesen, war ein gewisser Richard Pojes gewesen, italienischer Konsul in Bagdad zwischen den Weltkriegen, der die einzig verbliebene Giustiniani-Nachfahrin geheiratet hatte. Danach verfiel das Anwesen, bis ihm das Erdbeben von 1881 den Rest gab.

In besserem Zustand war die Villa, die der katholische Bischof Francesco Marcopoli im 19. Jahrhundert hatte erbauen lassen. In der Hoffnung auf einen Besuch des italienischen Königs richtete er sie besonders extravagant ein, doch der König ließ sich dann doch nicht blicken. Ein paar Obstgärten weiter stand die Villa von Alexander Kouvelas, der Bürgermeister von Chios zum Ende der Türkenherrschaft war. Als die Insel im Jahre 1912 schließlich an Griechenland fiel, begrüßte er die griechischen Landungstruppen mit dem lokal berühmt gewordenen Ausspruch: »Wo wart Ihr die ganze Zeit, Jungs? Wir haben 500 Jahre auf Euch gewartet.«

Einige Tage später war ich mit Lorenzo Argenti zum Abendessen verabredet. Er hatte mir das *Chez Jo* genannt, ein Bistro an der Hafenmole, das ich bislang übersehen haben musste. Am Eingang verkündete ein Schild, dass hier ein französischer Koch am Herd stehe, was nach Wochen gewürzarmer griechischer Kost vielversprechend klang. Drinnen erwartete Argenti mich bereits. Spleenig wie immer, hatte er sein eigenes Essen mitgebracht und auf unserem Tisch ausgebreitet: knuspriges Brot, Parmaschinken und Büffelmozzarella aus Neapel.

»Alles frisch aus Italien importiert«, verkündete der Konsul stolz. »Über einen Vertrauensmann in der Altstadt.«

»Aber Signore, wir sind hier in einem Bistro«, wandte ich ein.

»Ach was, der Jo kennt mich«, entgegnete er abwinkend. »Wir können ja etwas Wein bestellen.«

Wenig später trat Jo Cohen, der Inhaber, an unseren Tisch. Ein massiger Mann spätmittleren Alters, mit tiefen Säcken unter den Augen, die sicher schon viel gesehen hatten. Mit einem Tuch wischte er sich den Schweiß aus dem Gesicht, denn er kam direkt aus der Küche. Er war zugleich der Koch.

»Sie sind Franzose?«, fragte ich erstaunt.

»*Mais oui*«, dröhnte Cohen und setzte sich zu uns. »Und Türke. Und Israeli. Drei Nationalitäten habe ich. Naja, drei Reisepässe, sagen wir es mal so.«

Cohen kam vom gegenüberliegenden Ufer, aus Izmir, wo er in den sechziger Jahren als Sohn einer jüdischen Türkin und eines französischen Matrosen aus Marseille aufgewachsen war – ein levantinischer Mix *par excellence*. Er hatte in allen guten Restaurants der Stadt gekocht und einige besessen. Auch die *Cigale*, das Stammlokal der französischen Gemeinde, hatte er aufgebaut. Ein Jahr zuvor war er nach Chios gekommen, um das neue Bistro zu eröffnen.

»Ich will wirtschaftlich ein Standbein in Europa haben«, erläuterte Cohen den Schritt. »Zur Sicherheit, denn wer weiß, wie sich die politische Lage in der Türkei entwickelt, gerade für uns Juden.«

Cohen hatte sich ein Zimmer in Theodores Hotel Kyma gemietet, als Dauergast, und dort bald Argenti kennengelernt. Sie wirkten wie alte Freunde, mit all der jovialen Rivalität, die Männerfreundschaften dieser Generation auszeichnete. Schnell gerieten die beiden in eine gereizte Diskussion über die Situation in der Türkei. Sie schien Cohen große Sorge zu bereiten.

»Es wird immer schlimmer mit den Islamisten. Wenn es so weiter geht, könnte es bald einen Bürgerkrieg geben.«

»Ach was, alles halb so wild«, wiegelte Argenti ab und flüsterte mir diskret zu, dass Cohen vermutlich eher vor dem Finanzamt oder geprellten Geschäftspartnern aus Izmir nach Chios geflohen sei. »Was immer du tust, leih ihm um Gottes Willen kein Geld!«

Während Argenti zur Toilette ging, fiel Cohens Blick auf die italienischen Delikatessen auf dem Tisch: »Was fällt ihm eigentlich ein, hier jedes Mal sein eigenes Picknick mitzubringen?«

Ich nickte verständnisvoll, versuchte jedoch zu beschwichtigen: »Vielleicht verträgt er kein anderes Essen?«

»Unsinn!« zischelte Cohen und lehnte sich zu mir herüber. »Er hat kein Geld, das ist alles. Der werte Herr Konsul ist ein verarmter Aristokrat, der hat keinen Cent mehr in der Tasche!« Die Erlöse aus dem Verkauf des Argentikons, gerüchteweise zehn Millionen Euro, habe er verplempert oder verspielt. In der Türkei lebe er in einer billigen Pension, auf Chios als persönlicher Gast von Theodore im Kyma. Selbst für die Fähren bezahle er nicht: »Er ist ein Schnorrer vor dem Herrn!«

»Das mag ja alles sein«, sagte ich, leicht verlegen über Cohens zutraulichen Tratsch. »Aber er ist immer elegant gekleidet.«

»Ja, das muss man ihm lassen.«

Schon kam Argenti zurück an den Tisch und belegte gutgelaunt eine weitere Brotscheibe mit Parmaschinken und Käse. Dabei fragte er Cohen leicht malizios, wie denn die Geschäfte liefen?

»*Très mal*«, stöhnte Cohen. »Die Chioten kommen einfach nicht. Für die bin ich kein Franzose, sondern ein Türke.«

»Bist du ja auch.«

»Und obendrein ein jüdischer Türke, schlimmer geht es nicht in Griechenland«, konstatierte Cohen mit einem Seufzer.

»Ach was, die Chioten wollen eben nur Souvlaki und Gyros essen«, wandte Argenti ein. »Vielleicht solltest du das mal anbieten.«

»Ich mache die leckerste Pizza und das beste Hühnercurry der Insel«, rief der Koch aus. »Irgendwann will man doch mal was Neues ausprobieren.«

»Nein, nicht die Chioten, die sind da stur.«

Da waren sich Argenti und Cohen endlich über etwas einig. Und da zwei Menschen nichts so sehr verband wie die gemeinsame Abneigung gegen Dritte, schimpften sie nun ausgiebig über das Inselvolk. Ich hörte belustigt zu, musste allerdings gestehen, dass auch ich die kraftmeiernden Griechen etwas leid war. Nach sechs Wochen auf Chios fehlten mir die zurückhaltenderen Türken. Ich war noch immer in die Insel verliebt, aber nicht in das heutige, sondern das alte Chios, das nur noch in Büchern fortlebte. Es war an der Zeit, wieder in die Türkei und nach Izmir zurückzukehren.

Wenige Tage später packte ich meinen Rucksack und nahm ein Taxi zum Hafen, wo die Fähre nach Çeşme wartete. Als ich die Gangway bestieg, musste ich an einen Reisebericht denken, den ich in der Bibliothek gefunden hatte.

Der Verfasser war der französische Diplomat Marie-Louis Comte de Marcellus, der im Jahre 1820 als einer der letzten Besucher das friedliche Chios gesehen hatte. Wie viele Reisende zuvor, erfreute sich der junge Graf besonders an der Freiheitsliebe der freizügigen Chiotinnen, die sich auf der Promenade hinter dem Kastro amüsierten. Als Botschaftssekretär in Konstantinopel sprach Comte de Marcellus fließend Griechisch, so dass er mit den jungen Frauen leicht ins Gespräch kam: »Nichts stört ihre freie und fröhliche Laune, nicht einmal die Gegenwart der Janitscharen, die schweren Schrittes an ihnen vorbeigehen, aber in Chios nur lachen über dieselben Verrücktheiten, die sie in Konstantinopel bestrafen würden.«[68]

Der Reisebericht enthielt eine hübsche Passage darüber, wie einige Chiotinnen den Franzosen bei seiner Abreise zum Hafen begleiteten. An der Kaimauer fragten sie ihn, welche er für die Schönste hielte. Sie gaben ihm eine Blume, die er der Auserwählten überreichen solle. De Marcellus entschied sich für eine langhaarige Blonde und fragte sie nach ihrem Namen.

»Was interessiert es dich, wie ich heiße, wenn du doch abreist?«, entgegnete das Mädchen.

»Ich möchte mich an dich erinnern können.«

Die Chiotin lachte und rief aus: »Die Erinnerungen junger Männer schmelzen so schnell wie der Schnee auf Samos.«

Dann aber stellten die Mädchen sich vor: Eins hieß Sebastitza, das nächste Phroso, ein drittes Smaragdi.

Ob denn die jungen Frauen seiner französischen Heimat so glücklich seien wie die von Chios, fragten sie de Marcellus. Er lächelte vielsagend und wünschte ihnen, dass sie alle bald ihre Hochzeit feiern würden.

Als der junge Graf sein Schiff bestieg, riefen sie ihm nach: »Fremder, vergiss die Mädchen von Chios nicht!«

Er wird sie wohl nie vergessen haben.

VIII BRENNENDES SMYRNA

Am Jahrestag der Befreiung von Izmir, dem 9. September, wehte ein leichter *Meltem* vom Meer herein.

Im Wind flatterten die türkischen Fahnen, mit denen der Platz der Republik geschmückt war. Hier versammelten sich an diesem Morgen zahlreiche Menschen, um den wichtigsten Feiertag der Stadt mit einem Festakt zu begehen. Vor der Tribüne, wo die Würdenträger aus Politik und Militär saßen, marschierten Veteranen auf. Sie trugen Astrachan-Fellmützen und graue Anzüge voller Orden. Gemeinsam sang man die Nationalhymne, danach legten Soldaten einen Blumenkranz am Reiterdenkmal des Mannes ab, der als Befreier Izmirs galt: Mustafa Kemal. Mehrere Porträts des Feldherrn hingen auf gigantischen Stofffahnen von Hauswänden rund um den Platz herab.

Eigens für diesen Feiertag war ich nach Izmir zurückgekehrt, denn ich wollte wissen, wie die Stadt ihrer Rückeroberung und der nachfolgenden Zerstörung im September 1922 heute gedachte.

In einer kurzen Ansprache erinnerte der Gouverneur an den Heldenmut der türkischen Kämpfer, die hundert Jahre zuvor die griechischen Besatzer aus Izmir vertrieben hatten. Im Anschluss trat eine Tanzgruppe aus älteren Männern auf, deren Uniformen mit bunten Pluderhosen, Patronengürteln und perlmuttverzierten Dolchen etwas operettenhaft aussahen. Sie führten einen *Zeybek* vor, den traditionellen Kriegertanz der gleichnamigen Banditen aus den ägäischen Bergen, die sich im nationalen Befreiungskampf gegen die Griechen der Armee Kemals angeschlossen hatten und seitdem als Helden galten. Langsam bewegten sich die Männer über den Platz, die Arme wie Adlerflügel ausgestreckt, und stampften mit ihren Stiefeln auf.

Auf den offiziellen Festakt folgte am Nachmittag ein Volksfest, für das Zehntausende Bürger der Stadt zur Uferpromenade strömten. Dort spielten Soldaten in historischen Uniformen nach, wie die erste türkische Kavallerie-Einheit am 9. September 1922 den Quai entlang geritten war. Stolz paradierten die Darsteller auf ihren Pferden, rote Halbmond-Fahnen hochhaltend, und ließen sich fotografieren. Ein imposantes Spektakel – nur über die falschen Schnauzbärte, die oft schief angeklebt waren, mussten einige Kinder lachen. Die Parade über den Kordon führte am großen Denkmal der Befreiung vorbei. Es zeigte heldenhafte Krieger, die in Richtung ägäische Küste ritten, um die Invasoren zu verjagen. Neben dem Monument hielt ein Pilot der türkischen Luftwaffe eine überschwängliche Lobeshymne auf Kemal und pries den Kampfesmut aller Türken, auch der Frauen und Kinder. Direkt gegenüber stand das Denkmal für Zübeyde Hanim, die Mutter Kemals, die den Jungen nach dem frühen Tod des Vaters praktisch allein erzogen und stark beeinflusst hatte. Zufrieden lächelnd legte die Bronzefigur den Arm um den als kleinen Jungen dargestellten Sohn, der sie im Herbst 1922 nach Izmir holte, wo sie wenige Monate später starb und begraben wurde.

Der Höhepunkt des Fests war eine Flugshow, in der Kampfjets im Tiefflug und in wechselnden Formationen über den Kordon sausten. Mit einem Höllenlärm vollführten sie Loopings und andere tollkühne Manöver direkt über den Köpfen des Publikums, das das Ufer säumte und staunend applaudierte. Es war eine militärische Machtdemonstration, die auch an die griechischen Nachbarn jenseits der Ägäis gerichtet zu sein schien. Mich erinnerte sie unangenehm an die NATO-Tiefflieger, die meine norddeutsche Kindheit in den 1980er Jahren fast täglich gestört hatten. Auch musste ich an die Flugschau-Katastrophe von Ramstein denken. So war ich recht erleichtert, als zwei Düsenjäger zum Abschluss mit ihren Abgasstreifen ein großes Herz in den Himmel malten und über die Bucht davonflogen.

Die Feierlichkeiten endeten mit einem abendlichen Fackelzug, der vom Bürgermeister, einem beliebten CHP-Politiker, angeführt wurde. Eine 300 Meter lange türkische Fahne, angeblich die längste im Land, wurde unter dem Applaus der inzwischen gut alkoholisierten Menschenmenge über den Kordon gezogen. Dabei sangen die Fahnenträger den sogenannten Marsch von Izmir, der nach der Eroberung der Stadt komponiert worden und in der gesamten Türkei bekannt war. »Blumen blühen in den Bergen von Izmir«, begann die erste Strophe. »Goldene Sonne sendet ihre Strahlen, flüchtende Feinde zerstreut wie der Wind – lange lebe Mustafa Kemal Pascha, lang lebest Du, Dein Name ist in jeden Stein gemeißelt.« Da sich der Refrain wunderbar grölen ließ, wurde der Marsch von Izmir gerne zu später Stunde auf Hochzeiten gespielt und hatte sich zudem zum Kampflied der kemalistischen Opposition gegen Präsident Erdoğan entwickelt.

Ein vergnüglicher Jubiläumstag, dachte ich, als ich spätabends in mein Zimmer im Izmir Palas Hotel zurückkehrte. Mit einem letzten Drink setzte ich mich auf den Balkon und ließ meinen Blick über die nächtliche Stadt schweifen.

Von den Hochhäusern auf den umliegenden Bergen schienen zitternde Lichter herüber, Funken gleichend. Wie riesig Izmir in den vergangenen hundert Jahren geworden war – würden die alten Smyrnioten ihre Stadt, abgebrannt oder nicht, heute überhaupt noch wiedererkennen? Der große Brand von Smyrna, der auf die Befreiung folgte, war in keiner der festlichen Reden auch nur mit einem Wort erwähnt worden. Er wurde verschwiegen. Über den Kordon unter mir zogen die letzten Feiernden schwankend nach Hause. Wie viele von ihnen wussten wohl, was an jenem 9. September 1922 und vor allem an den Tagen danach tatsächlich geschehen war?

Der griechische Feldzug in das anatolische Hinterland im Jahre 1921 war nach anfänglichen Erfolgen bald ins Stocken geraten, ohne dass ein entscheidender militärischer Sieg über die Türken errungen wurde. Besonders im harten Winter litten die Griechen unter überdehnten Versorgungslinien und Demoralisierung. Die nationalistische *Megali Idea* von der griechischen Rückeroberung des Byzantinischen Reichs scheiterte am Widerstand der türkischen Nationalisten. Die Alliierten wandten sich von Griechenland ab und erklärten sich für neutral. Kemal schloss heimliche Abkommen mit Frankreich und der jungen Sowjetunion, die seine Armee fortan mit Waffen versorgte. Selbst den Briten wurde allmählich klar, dass der Diktatfrieden von Sèvres reine Makulatur zu werden drohte.

Derweil herrschte im weit von der Front entfernten Smyrna die Illusion dauerhaften Friedens. Unter der griechischen Besatzung erlebte die Stadt ein zweites, wenngleich sehr kurzes goldenes Zeitalter. Der Handel und das Kulturleben blühten wieder auf. Es gab fast 500 Cafés, in denen mehr als dreißig Zeitungen aller Sprachen zu lesen waren. In den Kinos liefen die neuesten Stummfilme aus Europa und den USA, im städtischen Theater wurde Verdis *Rigoletto* und im Sporting Club die *Aida* aufgeführt. Es war ein letzter Tanz auf dem Vulkan, der Sonnenuntergang für das süßliche Smyrna.

Die griechische Besatzungsmacht bemühte sich um politischen Frieden in der Stadt. Gouverneur Aristeidis Stergiadis, ein enger Mitstreiter von Venizelos, beließ alle osmanischen Funktionäre auf ihren Posten, integrierte Armenier und Juden in die Verwaltung und setzte sogar einen türkischen Bürgermeister ein. Auch vor den Gerichten wurden Griechen nicht bevorzugt. Ihrem nationalistischen Metropoliten Chrysostomos verbot Stergiadis, politische Predigten zu halten. Mit seiner unparteiischen Linie machte sich der Gouverneur bei der griechischen Bevölkerung unbeliebt, zumal er die Prostitution und das Glücksspiel bekämpfte. Seine erklärte Mission war es, die eroberte Stadt gut zu verwalten und zu zivilisieren.

Dafür gründete der geborene Kreter die Ionische Universität, als deren Dekan ein griechischer Mathematik-Professor aus Göttingen geholt wurde. Die Einweihung der Universität, an der unter dem Motto *Ex Oriente Lux* sogar auf Farsi und Arabisch gelehrt werden sollte, war für den Herbst 1922 geplant.

Als sich die militärische Lage im Osten zusehends verschlechterte und ein Anschluss Smyrnas an Griechenland immer unwahrscheinlicher wurde, verkündete Stergiadis im Juli 1922 die Autonomie der Stadt. Zu der großen Zeremonie auf dem Konak-Platz erschienen alle osmanischen Würdenträger, selbst die türkische Presse reagierte positiv, doch das Projekt war ein Rohrkrepierer. Die letzten Stadtstaaten wie Genua, Venedig und Ragusa hatten, von Napoleon zerschlagen, mehr als ein Jahrhundert zuvor aufgehört zu existieren. In einer zunehmend nationalistischen Epoche war die Zeit autonomer Städte lange vorbei.

Am 26. August 1922 befahl Kemal die große Gegenoffensive. »Soldaten, euer Ziel ist das Mittelmeer!«, rief er seinen Truppen zu, die in einem furiosen Ansturm die griechischen Linien durchbrachen und ihre Feinde in wenigen Tagen bis an die ägäische Küste zurücktrieben. In ihrer heillosen Flucht hinterließen die frustrierten griechischen Truppen verbrannte Erde. Sie verübten schlimme Verbrechen an türkischen Zivilisten und fackelten viele Ortschaften ab, selbst wenn sie teils von Griechen bewohnt waren.

Die Militärbehörden in Smyrna beschönigten lange die Lage, doch die Bevölkerung sah mit wachsender Unruhe die Flüchtlinge, die in vollen Zügen an den Bahnhöfen ankamen. Bald kampierten mehr als 100000 Menschen auf den Friedhöfen und in den Straßen der Stadt. Abgekämpfte und verwundete Soldaten strömten zu den griechischen Kriegsschiffen, die mit einer Evakuierung der Truppe über die Ägäis begannen. Durch die Stadt irrten auch viele Deserteure, die ihre Uniformen abgeworfen hatten. Verängstigte Geschäftsleute schlossen ihre Läden und verbarrikadierten sie. September war die

Haupterntezeit für Trockenfrüchte, die Lagerhäuser waren mit Feigen und Rosinen für den Export gefüllt, aber auch im Hafen wurde es immer stiller. Im türkischen Viertel hingegen wurden in freudiger Erwartung rote Fahnen genäht und Blumen eingesammelt.

Auch der Arzt Garabed Hatcherian beobachtete die Lage mit wachsender Sorge. Im Krankenhaus der armenischen Gemeinde, wo der 46-Jährige als Chirurg und Gynäkologe arbeitete, kamen bereits die ersten Zivilisten aus den Vororten der Stadt an, um sich behandeln zu lassen. Als ehemaliger Militärarzt hatte Hatcherian einiges Leid gesehen. Nach einem Medizinstudium in Konstantinopel praktizierte der Armenier zunächst in seiner Heimatstadt am Marmarameer, bevor er bei Ausbruch des Ersten Weltkriegs als Feldarzt in die osmanische Armee eingezogen wurde. Für seinen vierjährigen Sanitätsdienst in den Schlachten auf den Dardanellen und in Rumänien wurde Hatcherian mit mehreren Orden ausgezeichnet; zur gleichen Zeit wurden in seiner Heimat fast alle Armenier massakriert oder deportiert. Bei Kriegsende zog seine Familie, die überlebt hatte, in das sicherere Smyrna, wo er sich eine neue Existenz aufbaute. Mit seiner Frau Elisa hatte er fünf Kinder, von denen die jüngste Tochter Vartouhi im September 1922 gerade mal ein Jahr alt war.

Während der folgenden Wochen führte Hatcherian ein Tagebuch, das zu den eindrücklichsten Augenzeugenberichten der Katastrophe von Smyrna zählte. In ihrem nüchtern unmittelbaren Stil hoben sich die Aufzeichnungen als historische Quelle von vielen später verfassten Memoiren ab, deren zumeist griechische Autoren oft politisierten oder sentimental wurden. Nicht umsonst wurden viele Bücher über Smyrna in griechischen Buchläden unter der Rubrik »Tränenliteratur« verkauft. Hatcherian hingegen schrieb sein Tagebuch nicht, um es später zu veröffentlichen. Erst seine Enkelin sollte es im Jahre 1992, siebzig Jahre nach dem Brand von Smyrna, entdecken und in einem französischen Verlag herausbringen. Die Lektüre des schmalen Büchleins, das ich in der Institutsbibliothek fand, war so faszinierend wie erschütternd. Die Zeilen hatten in hundert Jahren nichts von ihrer Kraft verloren, die Humanität des Verfassers war tief beeindruckend.

Eine Woche nach Beginn der türkischen Offensive überlegte Hatcherian, wie er darauf reagieren sollte. Es blieb ihm nicht verborgen, dass einige der armenischen Nachbarn aus Angst vor erneuten Massakern ihre Koffer packten und die Stadt übers Meer verließen. Die Wohlhabenden hatten Tickets für die letzten Dampfschiffe ergattert, die Smyrna noch anliefen. Aber der Arzt zögerte, sich ihnen anzuschließen, weil er seinen Posten und auch das Leben nicht aufgeben wollte, das er sich in den vergangenen Jahren aufgebaut hatte. Er vertraute darauf, dass Kemals Truppen die Stadt verschonen würden. »Die Lage ist extrem ernst«, notierte Hatcherian am 2. September in sein Tagebuch. »Aber es erscheint noch immer sehr unwahrscheinlich, dass es zu Gewalt in Smyrna kommt, wo so viele Europäer leben, besonders Italiener und Franzosen, die freundschaftliche Beziehungen zu den Türken haben.«[69]

Zudem wähnte sich Hatcherian persönlich sicher, weil er seinem Vaterland im Kriege treu gedient hatte. Ein befreundeter Armenier, der als Anwalt am französischen Konsulat arbeitete, beruhigte ihn ebenfalls: Kemals Truppen würden die Stadt in bester Disziplin einnehmen, um der Welt zu demonstrieren, dass die Türken eine zivilisierte Nation seien. Nach dem Treffen mit dem Anwalt kehrte Hatcherian gutgelaunt nach Hause zurück und schrieb: »Die Mehrheit der Leute glaubt eher, dass Smyrna außer Gefahr bleibt, angesichts seines speziellen Status als Handelszentrum mit einem Netz aus ausländischen Banken und Bildungseinrichtungen. Die beeindruckende Präsenz von griechischen, englischen, französischen und italienischen Kriegsschiffen gibt selbst den größten Skeptikern ein Gefühl der Sicherheit.«[70]

Tatsächlich verlegten die westlichen Alliierten seit Tagen große Kriegsschiffe in die Bucht von Smyrna. Darunter waren die britischen Schlachtschiffe *Iron Duke* und *King George V.* sowie einige

Zerstörer. An Bord der *Iron Duke* war Admiral Sir Osmond de Beauvoir Brock, der Oberkommandeur der Mittelmeerflotte, der größten Flotte des Britischen Weltreichs. Von französischer Seite waren neben zwei Zerstörern die Schlachtschiffe *Ernest Renan* und *Edgar Quintet* eingetroffen, die von Admiral Henri Dumesnil, dem Kommandeur der Ostmittelmeerflotte, befehligt wurden. Die Italiener waren mit ihren Schlachtschiffen *Venezia* und *Galileo* sowie zwei Zerstörern vertreten, während die Amerikaner ab dem 6. September drei Zerstörer von Konstantinopel nach Smyrna schickten. Am Ende ankerten mehr als zwanzig kanonenbewehrte Kriegsschiffe in der Bucht. Seit dem Waffenstillstand im Oktober 1918 hatten sie immer wieder als Speerspitzen alliierter Diplomatie und Besatzungspolitik gegenüber dem Osmanischen Reich fungiert. Als solche würden sie auch, so hofften die Smyrnioten, gegenüber Kemals nationalistischen Truppen wirken und Gewalt in der Stadt verhindern.

Geschichtsbewusste Griechen fürchteten allerdings, dass ihre europäischen Glaubensgenossen die Stadt – wie das byzantinische Konstantinopel bei der Eroberung durch die Osmanen im Jahre 1453 – im Stich lassen würden. Die griechischen Kriegsschiffe waren mit der chaotischen Evakuierung ihrer Truppen beschäftigt, die nicht einmal mehr in der Lage waren, einen Schutzring um die Stadt zu bilden. Auch der türkische Bürgermeister von Smyrna, den Kemal als Kollaborateur betrachtete, flüchtete mit seiner Familie nach Lesbos. Am Abend des 8. Septembers übergab Gouverneur Stergiadis die Schlüssel zum Rathaus dem französischen Konsul und ging an Bord des letzten Schiffs, was im türkischen Viertel mit freudigem Topfschlagen kommentiert wurde. Damit endete nach drei Jahren, drei Monaten und drei Tagen die griechische Besatzung von Smyrna.

Zu dem Zeitpunkt hielten sich etwa 500 000 Menschen in der Stadt auf, darunter zahllose Flüchtlinge aus dem Landesinnern, die inzwischen auch auf dem Quai kampierten. Zu Tausenden harrten sie inmitten ihrer mitgeschleppten Habseligkeiten aus, großen Stapeln aus Kisten, Säcken, Möbelstücken, Teppichen und Bettzeug. Dazwischen liefen Ziegen, Esel und Hühner, die Bauern von ihren Höfen mitgebracht hatten. Kinder schliefen auf blankem Boden, während ihre Eltern darauf hofften, an Bord der in der Bucht ankernden Kriegsschiffe gebracht zu werden. Tatsächlich landeten die Alliierten etliche Soldaten, deren Befehle allerdings darauf beschränkt blieben, die Konsulate und andere westliche Einrichtungen zu schützen. Einige Konsuln ließen zugleich ein beruhigendes Communiqué verbreiten, wonach auch die Griechen und Armenier der Stadt sicher seien.

Einzig der amerikanische Konsul George Horton mochte sich dieser optimistischen Sicht nicht anschließen. Anders als seine Kollegen, die man erst jüngst nach Smyrna geschickt hatte, war der hochgewachsene 63-Jährige seit fast drei Jahrzehnten konsularisch in der Region tätig und sprach ebenso fließend Griechisch wie Türkisch. Der ehemalige Schriftsteller, der sich leidenschaftlich für die griechische Antike interessierte, hatte bereits von 1911 bis zum amerikanischen Kriegseintritt 1917 und dann wieder ab 1919 als Konsul in Smyrna gedient und kannte die Stadt besser als jeder andere. Die Verfolgungen der osmanischen Armenier und Griechen seit den Balkankriegen hatten den gläubigen Christ überzeugt, dass von den Türken keine Milde zu erwarten war. In eindringlichen Depeschen an das US-Außenministerium hatte Horton daher um amerikanische Kriegsschiffe gebeten, um zumindest das Konsulat und die etwa 150 Amerikaner in Smyrna zu schützen. Er befürchtete ein großes Massaker.

Am späten Vormittag des 9. Septembers sah Horton von der Terrasse des amerikanischen Konsulats aus, wie die ersten türkischen Truppen die Stadt weitgehend kampflos einnahmen. Mit gezückten Säbeln bog eine Vorhut der Kavallerie auf den Quai ein, die von den kaffeetrinkenden Gästen der Ufercafés nervös beobachtet wurde. In seinen Memoiren sollte sich Horton später an das Spektakel erinnern: »Die türkische Kavallerie zog am Quai entlang, auf dem Weg zu ihrer Kaserne nahe dem Rathaus am anderen Ende der Stadt. Sie waren kräftig aussehende Kerle, die in perfekter Ordnung vorbeizogen. Sie schienen ausgeruht und gut genährt. Viele waren von dem mongolischen Typus, den man unter Mohammedanern in Kleinasien sieht.«[71]

Obwohl die Soldaten »Habt keine Angst!« riefen, rannten die Flüchtlinge am Quai bei ihrem Anblick davon. In Panik versuchten sie, Zuflucht in den ausländischen Konsulaten zu finden. Sie wussten, dass die griechische Armee auf ihrem Rückzug etliche Gräueltaten in türkischen Gemeinden verübt hatte, und fürchteten Rache. Zunächst aber blieb die Lage gespannt ruhig. Die neuen Besatzer übernahmen die Kontrolle der Straßen und riefen die Bewohner dazu auf, Ruhe zu bewahren und ihrem Alltag nachzugehen.

Trotz des friedlichen Anscheins beschloss der armenische Arzt Hatcherian, vorsichtshalber mit seiner Familie aus dem Armenierviertel in das Haus einer befreundeten Familie am sicherer scheinenden Quai umzuziehen. Im Gegenzug für die Aufnahme versprach er der hochschwangeren Gastgeberin, ihr Baby heil zur Welt zu bringen. Nachmittags packten seine Frau und er einige Klamotten und Lebensmittel zusammen und zogen mit den Kindern zu Fuß los. Aus Angst vor türkischen Patrouillen hatte sich Hatcherian unauffällig gekleidet, wie er in sein Tagebuch schrieb: »Ich habe meinen Hut zu Hause gelassen und trage einen Fez. Außerdem habe ich einen türkischen Militärorden und den goldenen Halbmond an die Weste geheftet. Ich habe Vartouhi auf dem Arm. Jedes Kind trägt ein Bündel. Die Straßen sind leer.«[72]

Sicher erreichten sie ihr Ziel und erfuhren am Abend, dass im armenischen Stadtteil bereits Plünderungen begonnen hatten, an denen sich Soldaten und türkische Zivilisten beteiligten. Besorgt machte sich Hatcherian am nächsten Morgen auf, um in seinem Viertel nach dem Rechten zu sehen. Zwar fand er sein Haus unversehrt vor, aber die Nachbarhäuser waren verlassen. Als er in den Eingängen frische Blutflecke entdeckte, machte der Arzt erschrocken kehrt. Unbehelligt von türkischen Soldaten, die ihn für einen Türken hielten, gelang es ihm, die westlichen Stadtteile zu erreichen. »Auf dem Rückweg begegne ich den europäischen Patrouillen, in die wir so viel Hoffnung gesetzt hatten. Vor dem Gebäude des YMCA sehe ich einige amerikanische Soldaten, die ihre hundert Schritte machen, ohne auch nur einen Meter von ihrer Route um das Gebäude abzuweichen. Wie wir später erfuhren, hatten die ausländischen Einheiten den Befehl erhalten, ausschließlich ihre eigenen Konsulate, Schulen, Kirchen, Hospitäler und kommerzielle Einrichtungen zu bewachen.«[73]

Etwa zur selben Zeit zog Kemal in die Stadt ein. Flankiert von speerbewehrter Kavallerie, ließ sich der Feldherr auf dem Rücksitz eines offenen Mercedes den Quai hinunter chauffieren. Die Kühlerhaube des Autos war mit Olivenzweigen geschmückt, aus allen Gebäuden an der Uferpromenade hingen rote türkische Fahnen. Vereinzelte Bewohner und Hafenarbeiter riefen: »Lang lebe Kemal!« Vor dem Grand Hotel Kraemer stieg Kemal aus, um an der Hotelbar ein Glas Raki zu trinken. Ob denn auch der griechische König Konstantin dies jemals getan habe, fragte er die eingeschüchterten Kellner. Sie schüttelten den Kopf, woraufhin Kemal verächtlich schnaubte: »Warum hat er Izmir dann überhaupt eingenommen?«

Der Befreier mochte Smyrna nicht. Aufgewachsen in Salonica, hatte er die Stadt nur einmal zuvor besucht. Das war im Jahre 1905 gewesen, als der 22-jährige Absolvent der Konstantinopler Kriegsakademie auf dem Weg zu seinem ersten Offiziersposten im osmanischen Syrien war. Schon damals missfiel Kemal, wie viele Griechen in der Stadt lebten. »Ich sah diese schöne Uferpromenade voller Mitglieder einer Rasse, die unser Erzfeind ist«, beschrieb er seinen Eindruck. »Und ich schloss daraus, dass Izmir den Händen ihrer eigentlichen und noblen türkischen Bewohner entglitten war.«[74]

Nur sieben Jahre später fiel seine geliebte Heimatstadt Salonica unter die politische Herrschaft der Griechen, was Kemal, wie so viele mazedonische Jungtürken, nie verwinden konnte und wofür er seitdem auf Rache sann. So hatte der Feldherr vor der Einnahme von Smyrna ein Telegramm an den Völkerbund geschickt und scheinheilig vor einem Zusammenbruch von Gesetz und Ordnung gewarnt: »Angesichts der aufgebrachten Stimmung der türkischen Bevölkerung wäre die Regierung von Ankara nicht für Massaker verantwortlich.«[75]

Kurz nach Kemals Ankunft in der Stadt brach weitere Gewalt aus. Der Militärgouverneur Nureddin Pascha befahl, den griechischen Metropoliten Chrysostomos festzunehmen und ins Rathaus zu bringen. Dort verurteilte der General, der sich gerne wie ein preußischer Offizier gab und fließend Deutsch sprach, den nationalistischen Geistlichen zum Tode und ließ ihn abführen. Auf dem Rathausplatz hatte sich eine Menschenmenge versammelt, die Nureddin von einem Balkon aus dazu aufforderte, mit Chrysostomos nach Belieben zu verfahren. Daraufhin zerrte der Mob den Metropoliten an seinem Bart durch die Straßen, stach ihm die Augen aus und folterte ihn auf grausamste Weise zu Tode. Eine französische Patrouille beobachtete den Lynchmord, hatte aber den Befehl nicht einzugreifen.

Die Hinrichtung des Griechen war der Auftakt zu einer Gewaltorgie. Türkische Soldaten und Zivilisten zogen durch die Straßen und veranstalteten regelrechte Menschenjagden. Besonders armenische Männer wurden ausgeraubt und umgebracht, Frauen verschleppt und vergewaltigt. Vermeintliche Kollaborateure der griechischen Besatzung wurden standrechtlich erschossen, der Chefredakteur der Zeitung *Réforme* auf offener Straße gelyncht, auch einige Levantiner kamen um. Ihre einfachsten Opfer fanden die Mobs in den obdachlosen Flüchtlingen. Der amerikanische Konsul Horton wurde Augenzeuge der Eskalation, die er befürchtet hatte: »Von der Tür des Konsulats aus sah ich etliche armselige Flüchtlinge mit ihren Kindern, Kranken und Bündeln, wie sie von türkischen Soldaten zum Quai getrieben wurden. Eine grauhaarige alte Frau stolperte hinterher, so schwach, dass sie nicht mithalten konnte, und ein türkischer Soldat stieß ihr mit seinem Gewehrkolben in den Rücken.«[76]

Der Konsul war entsetzt, doch ihm waren die Hände gebunden. Von seinem Vorgesetzten in Konstantinopel, dem US-Gesandten und Admiral Mark Bristol, hatte er die klare Anweisung bekommen, in dem Konflikt eine neutrale Haltung zu bewahren und sich nicht in inner-osmanische Angelegenheiten einzumischen. Konkret hieß dies, dass die amerikanischen Soldaten vor Ort keine Zivilisten beschützen oder evakuieren durften. Die US-Regierung war um gute zukünftige Beziehungen zu Kemal bemüht, um die Türkei als Verbündeten und damit Einfluss im neuen Nahen Osten zu gewinnen. Erstmals ging es dabei auch um Ölreserven: Die Vereinigten Staaten befanden sich im Jahre 1922 in einer ersten Ölkrise, als die massive Produktion in den Detroiter Autofabriken die Nachfrage nach dem Rohstoff rapide ansteigen ließ. Ein neues Ziel amerikanischer Außenpolitik wurde daher die Sicherung ausländischer Ölquellen, etwa in der bislang osmanischen Region um Mosul in Mesopotamien, die Kemal weiterhin beanspruchte und möglicherweise von den britischen Besatzern zurückerobern würde.

Im Gegenzug für wohlwollende Neutralität erhoffte sich Admiral Bristol lukrative Konzessionen für amerikanische Ölkonzerne – besonders für Standard Oil, die größte Firma aus John D. Rockefellers mächtigem Kartell, das vom Supreme Court im Jahre 1911 zerschlagen worden war. Dafür ging der Diplomat sogar so weit, den Genozid an den Armeniern sowie die Massaker an Griechen herunterzuspielen und die christlichen Minderheiten als Unruhestifter darzustellen. In Smyrna wurden die meisten US-Soldaten folglich dafür eingesetzt, nicht die Einwohner, sondern den Hafenpier von Standard Oil zu schützen. Eine andere Sorge des US-Gesandten galt den wertvollen Tabakladungen, die amerikanischen Firmen gehörten und noch im Hafen der Stadt lagerten. Die Rettung christlicher Minderheiten, die dem US-Konsul Horton so am Herzen lag, lehnte sein Vorgesetzter ab, da sie von Kemal als Affront gewertet werden könnte.

So musste Horton hilflos mit ansehen, wie die türkischen Truppen marodierend durch die Stadt zogen. Die Vorgänge erinnerten an den alten osmanischen Brauch, der den Janitscharen nach der Eroberung einer Stadt drei Tage lang freie Hand ließ, um nach Lust zu morden und zu plündern. Besonders aus dem armenischen Viertel waren die ganze Nacht hindurch Schüsse zu hören, nicht in Wechseln wie bei Gefechten, sondern einzeln und so getaktet, wie sie bei Exekutionen üblich waren. Tagsüber wurden wehrfähige griechische und armenische Männer gefesselt auf den Konak-Platz gebracht, wo Soldaten sie ohne Verfahren erschossen oder hängten.

In Todesangst suchten etwa 8000 Menschen Zuflucht in der armenischen Kathedrale St. Stephanos, bis auch hier türkische Soldaten aufmarschierten und Granaten über die Mauern warfen. Sie verlangten, dass die Flüchtlinge herauskommen sollten, was der armenische Erzbischof am Eingangstor todesmutig ablehnte. Als die Türken damit drohten, die Kathedrale zu stürmen, rief der Armenier einen katholischen Pfarrer zu Hilfe. Er eskortierte daraufhin alle Frauen und Kinder zum Quai, während die Männer von den Soldaten verhaftet und abgeführt wurden.

Inzwischen hatten die Ereignisse in Smyrna auch Journalisten angelockt. Einer von ihnen war John Clayton von der *Chicago Tribune*, ein draufgängerischer Reporter, der den gesamten Weltkrieg in Europa gecovert hatte. Er hatte sich einen Namen gemacht, indem er nach der Oktoberrevolution auf Skiern von Finnland nach Russland gelangt war, um über die dortigen Zustände zu berichten. Nach

Smyrna war Clayton an Bord des Zerstörers *USS Litchfield* gekommen. Im Gegenzug erwartete Admiral Bristol eine gefällige Berichterstattung im Sinne amerikanischer Interessen, so dass der Journalist zunächst über Verbrechen der griechischen Armee schrieb. Am 12. September landete Clayton einen Scoop, als er als erster westlicher Journalist ein Interview mit Kemal führen konnte, das er sogleich mit einem Handelsschiff nach Alexandria schickte, von wo es in die USA telegraphiert wurde. »Sie können schreiben, dass die Ordnung ab heute wiederhergestellt wurde«, ließ sich Kemal darin zitieren. »Wir wollen keine Racheakte. Wir sind nicht hier, um Rechnungen aus der Vergangenheit zu begleichen. Für uns sind vergangene Handlungen erledigt.«[77]

Kemals Worte konnten unaufrichtiger nicht sein. In der Nacht auf den 13. September brachten türkische Soldaten etliche Benzinfässer in das armenische Viertel und legten mehrere Feuer. Angefacht durch einen starken Südostwind, griffen die Flammen schnell auf die griechischen Wohngebiete über und breiteten sich in Richtung Quai aus. Die meisten Gebäude in Smyrna brannten leicht, weil sie zum Schutz vor Erdbeben verputzte Holzbalken enthielten. Wenn sie Feuer fingen, dauerte es nicht lange, bis die Häuser mit großem Lärm einstürzten. Durch die enorme Hitze und den Funkenflug entwickelte sich der Stadtbrand bald zu einer rasenden Feuersbrunst, die Straße um Straße eroberte und die Bewohner in Panik zum Wasser fliehen ließ.

Die Familie Hatcherian beobachtete das Feuer vom Haus ihrer Gastgeber am Quai aus. »Alle sind auf dem Dach. Wie eine immense Wolke breitet sich der Qualm aus (...) und Funken fallen uns auf den Kopf«, notierte der armenische Arzt in sein Tagebuch. Tags zuvor hatte die Hausherrin die Wehen bekommen und mit seiner Hilfe einen gesunden Jungen geboren. Bislang fühlten sich die Armenier im Uferviertel sicher. In der Hoffnung auf Schutz und häusliche Unversehrtheit hängten die Nachbarn europäische Fahnen aus den

Fenstern ihrer Wohnungen. Auch die Hatcherians nähten eilig eine französische Flagge und befestigten sie über der Eingangstür. Nun aber schien ihr Leben in unmittelbarer Gefahr. »Die Flammen nähern sich langsam unserem Haus«, hielt Hatcherian fest. »Ein Blick in die Hölle, wie ich ihn noch nie gesehen habe … Der Brand von Smyrna ist unbeschreiblich und unvorstellbar. Es bleibt uns keine Hoffnung: unsere Vernichtung ist nur noch eine Frage von Stunden … Wir fühlen uns wie Opfer des Weltuntergangs.«[78]

Entsetzt mussten die Hatcherians mit ansehen, wie das Feuer die prächtigen Gebäude der Uferpromenade erreichte. Das Grand Hotel Kraemer und der Sporting Club brannten lichterloh. Glücklicherweise lag das Haus der Armenier weiter nördlich am Punto, so dass sie die Entscheidung, es zu verlassen, noch etwas hinausschieben konnten. Ihr einziger Ausweg war der Quai, wohin die meisten Bewohner der Stadt strömten. Sie flüchteten nicht nur vor den Flammen, sondern auch vor türkischen Soldaten, die im Blutrausch wahllos Zivilisten massakrierten. In den Straßen spielten sich Szenen ab wie beim Massaker von Chios hundert Jahre zuvor.

Am Nachmittag ballten sich am Quai Zehntausende verzweifelter Menschen. Hinter ihnen stand eine zwei Kilometer lange Feuerwand mit bis zu dreißig Meter hohen Flammen, die den Sauerstoff in der Luft knapp werden ließen. Von den Enden der Uferpromenade schossen Soldaten in die Menge. Es war ein apokalyptisches Geschehen, dessen Opfer unter mehreren Todesarten wählen konnten: zu verbrennen oder massakriert zu werden. Aus Angst vor den Kugeln und der unerträglichen Hitze sprangen zudem viele Menschen über die Kaimauer ins Wasser und ertranken.

Wer schwimmen konnte, versuchte zu den alliierten Schiffen zu gelangen, die in der Bucht ankerten. Deren englische, französische, italienische und amerikanische Kommandeure beobachteten die dramatischen Geschehnisse und hörten die verzweifelten Schreie der Menschen, doch zu ihrer Rettung unternahmen sie zunächst nichts. Die Befehle lauteten, nur Zivilisten der eigenen Nationalität zu evakuieren, was ihnen in kurzer Zeit und ohne Verluste gelang. Selbst Ertrinkende, deren Hände an den hohen Stahlwänden der Schiffe abglitten, wurden nur vereinzelt an Bord geholt. »Schwimmend kam ich zu einem französischen Kriegsschiff, das mich ablehnte«, berichtete ein armenischer Überlebender später. »Ich war am Ende meiner Kräfte, und da ich seit zwei Stunden im Wasser war, zitterte mein Körper vor Kälte und Erschöpfung. Diese Männer hatten allerdings nicht ein Jota Mitleid und betrachteten meine Lage mit einer tierischen Gleichgültigkeit. Machtlos wandte ich mich an ein italienisches Schiff, das mich nach langem Warten aufnahm.«[79]

Mehr Glück hatten die Levantiner der Stadt, denen es mithilfe ihrer europäischen Reisepässe gelang, auf die Schiffe evakuiert zu werden. In der Not wurden die kosmopolitischen Levantiner wieder zu Europäern, denen die Türken nichts anhaben konnten und die ihre griechisch-armenischen Nachbarn sich selbst überließen. Einigen ermöglichte ihr Reichtum sogar die Flucht auf privaten Segelyachten. Auch wohlhabende Griechen entkamen dem Chaos, so etwa der junge Aristoteles Onassis, der spätere Reeder-Milliardär, der türkische Offiziere mit rarem Whiskey und viel Geld davon überzeugte, seinen verhafteten Vater und ihn außer Landes ziehen zu lassen.

Der amerikanische Konsul Horton organisierte unterdessen hektisch die Rettung der US-Bürger, die sich am Stadttheater versammelt hatten. Über dem Eingang warb ein Plakat für den »Tango des Todes«, den letzten Film, der je in dem Theater gezeigt werden sollte. Eile war geboten, denn die Flammen waren nur noch wenige Häuserblöcke entfernt. Die US-Marinesoldaten bahnten eine Schneise durch die Menschenmassen, durch die die amerikanischen Zivilisten zu den Rettungsbooten liefen, um auf einen Zerstörer der US Navy gebracht zu werden. Dann schickte der befehlshabende Offizier einen Lieferwagen zum Konsulat, damit Horton auch einige seiner geliebten Antiquitäten und Teppiche retten konnte. Seine Bibliothek mit den griechischen Klassikern musste der Konsul schweren Herzens zurücklassen. Lediglich ein von Walt Whitman signiertes Exemplar von *Leaves of Grass* nahm er mit, bevor er in den Lieferwagen stieg, der seine Besitztümer und ihn in Sicherheit brachte.

Von Bord der *USS Simpson*, die langsam mit allen geretteten Amerikanern aufs Meer hinausfuhr, blickte Horton auf die brennende Stadt zurück. Inzwischen hatten die Flammen auch auf das US-Konsulat und das Theater übergegriffen. Was der Konsul vom Schiffsheck aus sah, beschrieb er später: »Der letzte Anblick der unglückseligen Stadt bei Tageslicht zeigte riesige sich in den Himmel auftürmende Rauchwolken, ein schmales Ufer bedeckt mit einer großen Menschenmenge, immer weiter anwachsenden Menschenmassen, hinter sich das Feuer und vor sich das Meer, und eine schlagkräftige Flotte alliierter Kriegsschiffe, darunter zwei amerikanische Zerstörer, die unweit vom Quai ankerten und zusahen.«[80]

In seinen Memoiren kritisierte Horton scharf, dass die Alliierten nichts unternahmen, um die Christen der Stadt zu retten. Dass gerade die Amerikaner ihre Glaubensgenossen in dem »diabolischen Drama« im Stich gelassen hatten, empörte ihn. Nach seiner Ankunft in Piräus unternahm Horton allerdings auch nichts weiter, um die Flüchtlinge von Smyrna zu retten. Er brachte seine Teppiche ins Trockene und beschränkte sein christliches Wirken darauf, das Leid der Menschen publizistisch zu beklagen: »In Smyrna fehlte nichts an Verbrechen, Lust, Grausamkeit und all der Raserei menschlicher Leidenschaft, die, wenn sie sich voll ausleben kann, die menschliche Rasse bis unter die bösartigsten und grausamsten Tiere degradiert.«[81]

Am Achterdeck des US-Zerstörers stand auch John Clayton von der *Chicago Tribune*, deren nichtsahnender Chefredakteur zur selben Zeit sein friedenverheißendes Kemal-Interview drucken ließ. »Nach 48 Stunden türkischer Besatzung wird der Bevölkerung bewusst, dass es kein Massaker geben wird«, hatte Clayton in einem Begleittext dazu noch geschrieben. »Die Disziplin und die Ordnung der Türken waren hervorragend.« Nun musste der Journalist seinen Irrtum einsehen und tippte erschüttert eine Reportage nieder, die von Athen aus als erster Pressebericht über den Brand von Smyrna die USA erreichte: »Die Straßen sind mit Toten übersät … außer dem dreckigen türkischen Viertel hat Smyrna zu existieren aufgehört. Das Problem der Minderheiten ist hier für immer gelöst worden. Es besteht kein Zweifel über den Ursprung des Feuers … es wurde von regulären türkischen Soldaten gelegt.«[82]

An Bord der britischen *Iron Duke* bemühte man sich derweil, auf das Höllendrama von Smyrna mit standesgemäßer *stiff upper lip* zu reagieren. Wie jeden Abend trugen die Marineoffiziere weiße Jacketts zum Dinner. Admiral de Beauvoir Brock wies die Bordkapelle sogar an, schwungvolle Musik zu spielen, um die Schreie von der Uferpromenade zu übertönen. Auch von anderen alliierten Schiffen erklangen Opernarien und fröhliche Seemannslieder derart laut, dass sie auch für die Flüchtlinge am Quai zu hören waren. Derweil schossen Offiziere zahllose Fotos von der Smyrnaer Skyline im grellen Feuerschein, der dem Motto *Ex Oriente Lux* eine schreckliche neue Bedeutung gab. Einige entsetzte Matrosen und Junioroffiziere protestierten gegen das Nichtstun, doch obwohl die Evakuierungen der eigenen Leute abgeschlossen waren, blieben die Befehle unverändert. Mehrere Kommandeure ließen ihre Schiffe sogar weiter auf die Bucht hinausfahren, damit sie für schwimmende Flüchtlinge schwerer zu erreichen waren.

Passive Neutralität war das Gebot der Stunde. Wie die USA waren auch die anderen Großmächte weniger an humanitären Einsätzen als an guten Beziehungen mit der künftigen türkischen Regierung interessiert. Vor allem Großbritannien als Hauptbesatzungsmacht war in Sorge, dass wieder Krieg mit den Türken ausbrechen und Kemal auf Konstantinopel marschieren könnte. Vor allem aber ging es den westlichen Regierungen, die sich schon lange auf keine gemeinsame Linie gegenüber der Türkei mehr einigen konnten, um lukrative Ölgeschäfte. Bereits im Jahre 1914 hatte die osmanische Regierung erstmals Bohrlizenzen in Mesopotamien an ein internationales Konsortium namens Turkish Petroleum Company vergeben, deren Anteile seit Kriegsende neu zu verteilen waren. Alle Politiker jener Jahre waren des berühmten Ausspruchs von Lord Curzon eingedenk, dass die Alliierten im Ersten Weltkrieg auf einem Meer von Öl zum Sieg getragen worden waren.

Damit war vor allem Öl aus den USA gemeint, wo seinerzeit etwa 80 Prozent der globalen Produktion gefördert wurden. Die Briten hingegen kontrollierten nicht einmal fünf Prozent aller bis dahin bekannten Ölvorkommen. Wollten sie ihren Weltmachtstatus erhalten, brauchten sie dringend eigene Quellen. Daher hatte sich London im Vertrag von Sèvres ein Mandat über die mesopotamischen Provinzen zugeteilt, während sich Paris einen Viertelanteil der dort zu erwartenden Ölproduktion zustehen ließ. Amerikanische und italienische Ölfirmen, die im späteren Irak leer auszugehen drohten, reagierten entsetzt. Als Rom zwischen Türken und Griechen zu vermitteln versuchte, fragten die italienischen Unterhändler vertraulich in Ankara an, welche Ölkonzessionen man dafür bekommen würde. Angesichts der Erfolge Kemals war längst klar, dass ein neuer Friedensvertrag ausgehandelt werden musste. Die Rivalität der Alliierten um die türkische Gunst führte nun dazu, dass die Schiffskapitäne angesichts der sich vor ihren Augen entfaltenden Katastrophe lieber Mikado spielten als einzugreifen.

Eine Augenzeugin, die in Smyrna lebende Engländerin Percy Hadkinson, sollte nach dem Brand einen Brief an den britischen Botschafter Sir Horace Rumbold schreiben, in dem sie das Nichtstun verurteilte: »Wenn Ihre Exzellenz nur die Hilferufe gehört und die wehrlosen Frauen und Kinder gesehen hätte, die gnadenlos niedergeschossen oder ins Meer getrieben wurden, damit sie wie Ratten ertrinken würden, oder zurück in die Flammen, damit sie verbrennen würden, dann hätten Sie den Horror und den extremen Ernst der Lage begriffen.«[83]

So hoch schlugen die Flammen in der Nacht, dass sogar die Mönche auf der Halbinsel Athos ihren Schein sehen konnten. Selbst im fernen Konstantinopel hielten Reisende die Rauchwolken am erleuchteten Horizont für ein Gebirge. »Smyrna ist von einem gigantischen Feuer praktisch zerstört worden«, schrieb der britische Journalist Ward Price von der *Daily Mail*, der sich an Bord der *Iron Duke* befand. »Der Holocaust an diesem Abend ist ohne Übertreibung eines der größten Feuer der Weltgeschichte … Viele Tausend Flüchtlinge kauern am schmalen Quai, zwischen dem fortschreitenden Feuertod von hinten und dem tiefen Wasser vor sich, und es kommen andauernd derart verzweifelte Schreie schieren Entsetzens, dass man sie noch meilenweit hören kann.«[84]

Erst weit nach Mitternacht endete die passive Haltung, als einige Junioroffiziere der *Iron Duke* durch ihre Feldstecher beobachteten, wie türkische Soldaten am Quai fässerweise Kerosin ausgossen, um die Flüchtlinge bei lebendigem Leib zu verbrennen. Als sich Menschen vor den Flammen ins Wasser stürzten und an der Kaimauer festzuklammern versuchten, hackten Soldaten ihnen die Hände ab, damit sie ertranken. Voller Entsetzen über das Teufelswerk, beschworen die englischen Offiziere ihren Kapitän, die hilflosen Menschen zu retten. Auch unter den Matrosen regte sich inzwischen Unmut über das Nichtstun. Viele stießen laute Flüche aus, die auch auf der Brücke zu hören waren. Endlich ließ sich der Admiral erweichen und befahl, die Boote herunterzulassen. Da aus der Mannschaft niemand schlafen gegangen war, schafften es die Matrosen in Windeseile am Quai zu sein. Dort bot sich ihnen ein grauenvoller Anblick, wie der junge Offizier Charles Howes später berichtete: »Der Gestank brennenden menschlichen Fleisches war furchtbar, auf den Straßen stapelten sich die Toten … Man stelle sich die Foltermethoden alter Zeiten vor, füge die modernen Mittel zur Zerstörung der Menschheit hinzu, übertreibe alles nach Belieben – und man wird sich den Horror der Evakuierung von Smyrna noch immer nicht mal halbwegs klarmachen können.«[85]

Mit größter Mühe versuchten die Matrosen, die zu den Booten drängenden Menschenmassen so lange zurückzuhalten, bis sie vor allem Frauen und Kinder aufnehmen konnten. In ihrer Panik brachten die Flüchtlinge einige der Boote zum Kentern, doch den Marinesoldaten gelang es, im Chaos zu navigieren. Bis zum Morgengrauen wurden einige Tausend der verzweifelten Menschen auf die *Iron Duke* und andere Schiffe gebracht, deren Kommandeure sich der Rettungsaktion spontan angeschlossen hatten. Doch so plötzlich die Evakuierung begonnen hatte, so abrupt endete sie auch wieder. Sie blieb eine Einzelaktion, die bei Sonnenaufgang eingestellt wurde. Einige Schiffe hoben Anker, um die an Bord genommenen Flüchtlinge nach Griechenland zu bringen. Am Quai harrten noch immer mehr als hunderttausend Menschen aus, und stündlich kamen weitere hinzu.

Als die britischen Soldaten ein letztes Mal an Land gingen, hatten sie lediglich den Auftrag, ein Übergreifen des Feuers auf die Lagerhallen der *Oriental Carpet Manufacturers* (OCM) zu verhindern. Es gelang ihnen nicht. Teppiche im Wert von vielen Millionen Pfund gingen in Flammen auf, so dass sich ein Geruch verbrannter Baumwolle über die Stadt legte.

Das Feuer erreichte jetzt auch das Gebäude, in dem sich der armenische Arzt Hatcherian mit seiner Familie befand. Sie verließen das Haus und rannten hinunter zum Quai, wo sich weiterhin entsetzliche Szenen abspielten. Mit Knüppeln bewaffnete türkische Banden suchten unter den Flüchtlingen armenische Männer heraus und schlugen sie tot. Soldaten griffen sich junge Frauen und zerrten sie davon, um sie zwischen den Brandruinen zu vergewaltigen. Vor Angst und Entsetzen begannen Hatcherians Frau und Kinder zu weinen. Auch der Arzt vermochte sie nicht zu trösten: »Ich schließe mich ihren Klagen an und gebe zu, dass ich die alleinige Schuld trage, und mit Tränen in den Augen bitte ich sie um Verzeihung. Es gibt keinen Ausweg aus dem Desaster. Wir haben die Hoffnung zu überleben aufgegeben.«[86]

In einer Hand trug Hatcherian eine Schatulle mit Schmuck, mit dem er den Transport auf ein Schiff zu bezahlen hoffte, in der anderen Hand seinen Arztkoffer. Mit den Edelsteinen wandte sich der Arzt an italienische Matrosen, die noch einige verbliebene Landsleute evakuierten, und flehte sie auf Französisch an, seine Familie auf ihr Schiff mitzunehmen. Da er keinen italienischen Pass hatte, lehnten sie ab und drängten ihn beiseite. Resigniert rief ihm seine Frau zu, er solle den schweren Arztkoffer ins Meer werfen, da er die Instrumente wohl kaum mehr brauchen werde. Aber Hatcherian umklammerte den Koffer, der die letzte Hoffnung auf eine Zukunft darstellte.

Verzweifelt blickte er auf die Bucht hinaus und fragte sich, warum er sich nie um einen europäischen Pass bemüht hatte. Zugleich stieß ihn das Verhalten der Europäer und Amerikaner ab: »Auf den ausländischen Handelsschiffen und Schlachtschiffen, die nahe am Ufer ankerten, können wir deutlich erkennen, wie Kameras auf uns gerichtet wurden, die unser Elend filmten. Diese Cinéasten und ihre begeisterten Kollegen sind bloß die Zuschauer unseres Leidens. Sie stoßen diejenigen zurück, die sich ihnen nähern, sogar schwimmend und rudernd, um Asyl zu beantragen, nur weil sie ihre politische Neutralität zeigen wollen. Zivilisation, Humanismus und Christentum sind sinnentleerte Worte geworden.«[87]

Zur selben Zeit verfolgte Kemal die Brandschatzung der Stadt von einer luxuriösen Villa im südlichen Vorort Göztepe aus. Sie gehörte Muammer Uşaklıgil, dem reichsten türkischen Geschäftsmann der Stadt, der seit dem Einmarsch der Griechen – und dem Skandal um die griechische Tänzerin Despina – in seinem Sommerhaus im französischen Biarritz weilte. Seine Tochter Latife war wenige Monate zuvor nach Smyrna zurückgekehrt, nachdem sie in Paris erfolgreich Jura studiert hatte. Es war der Abschluss einer rundum kosmopolitischen Bildung, für die ihr Vater sie auf das *American College for Girls* in Konstantinopel und ein englisches Internat geschickt hatte. Eine ihrer Lehrerinnen war die Nichte Rainer Maria Rilkes, die in Latife ein Interesse an deutscher Kultur geweckt hatte. So sprach sie fließend Deutsch und konnte Passagen aus Goethes *Faust* auswendig rezitieren.

Die weltgewandte, aber patriotische Latife bewunderte Kemal und war mit dem erklärten Ziel nach Smyrna gekommen, den berühmten Mann kennenzulernen und zu unterstützen. Als Kemal in die Stadt einzog, richtete er sein Hauptquartier zunächst in der verlassenen Villa eines Armeniers am Quai ein. Bei Ausbruch des Brands zog er mit seinem Stab in den nördlichen Vorort Cordelio, ironischerweise in dasselbe Haus, in dem der griechische König Konstantin im Sommer 1921 übernachtet hatte. Als der vom Südwind über die Bucht getragene Leichengeruch aus der Stadt unerträglich wurde, suchte Latife den Feldherrn auf und bot ihm das prunkvolle Elternhaus in Göztepe an.

Dort suchten ihn der französische Konsul Michel Graillet und Admiral Dumesnil auf, um die Lage in Smyrna und das Schicksal der Flüchtlinge am Quai zu erörtern. In dem Gespräch nannte Kemal den Brand der Stadt einen »unerfreulichen Zwischenfall« und eine »Episode zweitrangiger Bedeutung«. Für den Ausbruch des Feuers wies der Türke alle Verantwortung von sich und lastete ihn stattdessen den Griechen und Armeniern an, die daher an ihrem Leid selbst schuld seien. Widerspruchslos verließen die Franzosen die Villa, ohne eine Lösung für die Flüchtlingsfrage erreicht zu haben.

Nach dem Treffen sandte Kemal ein Telegramm an seinen designierten Außenminister, in dem er seine Version der Ereignisse offiziell festlegte: »Für den zukünftigen Gebrauch ist es notwendig, das Feuer in Izmir zu kommentieren. Unsere Armee unternahm schon vor dem Einmarsch in die Stadt alle nötigen Maßnahmen, um Izmir vor Unfällen zu schützen. Jedoch haben die Griechen und Armenier in vorgefertigten Plänen entschieden, Izmir zu zerstören.« Besondere Schuld trage der griechische Metropolit, der es als religiöse Pflicht bezeichnet habe, Smyrna niederzubrennen. Es gebe viele Dokumente und Augenzeugenberichte, die diese Version bestätigen würden, wobei Kemal eine offizielle Untersuchung allerdings ausschloss. Das Telegramm endete mit den Worten: »Unsere Soldaten haben mit allen verfügbaren Mitteln versuchte die Flammen zu löschen … Die christliche Bevölkerung wird gut behandelt, und die Flüchtlinge werden zu ihren Orten zurückgebracht.«[88]

Davon konnte natürlich keine Rede sein, aber Kemal hatte inzwischen gelernt, wie wichtig Propagandalügen im politischen Geschäft waren. Tatsächlich ließ ihn das Schicksal der Stadt und ihrer nicht-türkischen Bewohner völlig kalt. Noch während Smyrna in Flammen stand, luden Kemal und Latife einige Mitstreiter und türkische Journalisten zu einer glamourösen Party in die Villa ein, um den militärischen Sieg zu feiern. Unter den Gästen war auch die Dichterin Halide Edib, die sogleich die aufblühende Romanze zwischen dem Feldherrn und der sichtlich verliebten Gastgeberin bemerkte. Mit ihren starken Persönlichkeiten und fortschrittlichen Ansichten waren sich Kemal und Latife sehr ähnlich. So trug sie ein modernes schwarzes Kleid und war unverschleiert. Allerdings lehnte sie Kemals Aufforderung ab, Raki mit ihm zu trinken, was den Star des Abends verärgerte. Den Stadtbrand kommentierte Kemal hingegen völlig ungerührt: »Lasst es brennen, lasst es niederkrachen – wir können alles ersetzen.« Entspannt ließ der Eroberer den Partyabend ausklingen, indem er sich mit Raki betrank, alte Kinderlieder aus seiner Heimatstadt Salonica sang und seinen Gästen den traditionellen *Zeybek*-Kriegstanz vorführte, wobei er einem Raubvogel glich, der über der Stadt kreiste.

Die offizielle Version von der griechisch-armenischen Schuld am Feuer wurde nicht nur in der Türkei, sondern auch vom versöhnlichen Westen gerne akzeptiert. Sie verfing schon deshalb, weil die griechischen Truppen auf ihrem Rückzug viele Ortschaften in Brand gesteckt hatten – also warum nicht auch Smyrna? Tatsache aber war, dass sich am 13. September, als das Feuer ausbrach, keine griechischen Soldaten mehr in der Stadt befanden. Die türkische Armee hatte seit vier Tagen absolute Kontrolle über alle Straßen. Zudem hätten christliche Brandstifter das Feuer doch sicher im türkischen Viertel gelegt, das aber ausgerechnet vom Feuer verschont geblieben war. Auch die klassische Frage in der Verbrechensaufklärung – das *cui bono*? – ließ die Türken als Täter wahrscheinlicher erscheinen. Sie hatten ein klares Motiv: die Christen aus der Stadt zu vertreiben und ihnen eine Rückkehr unmöglich zu machen, indem man ihre Häuser und Kirchen niederbrannte.

Mehrere Zeugen, darunter auch unparteiische Europäer, hatten türkische Soldaten dabei beobachtet, wie sie Ölfässer ins armenische Viertel schleppten und anzündeten. Blieb nur noch die Frage, warum das Feuer nicht schon früher gelegt wurde. Möglicherweise wollten die Türken die Stadt zunächst in Ruhe nach Kollaborateuren durchsuchen oder das armenische Viertel gründlich plündern. Eine andere Antwort verbarg sich in den Wetterdaten jener Tage. Nach dem Einmarsch wehte der *Meltem* vom Meer herein und hätte die Flammen auch in das türkische Viertel getrieben. Erst in der Nacht auf den 13. September drehte sich der Wind.

Eine Mitschuld an der Katastrophe von Smyrna trugen die Alliierten. Allein durch ihre militärische Präsenz vor Ort hätten sie Brand und Blutbad verhindern können. Eine selbstbewusste gemeinsame Warnung an Kemal, dass man Gewalt gegenüber Zivilisten nicht dulden würde, hätte vermutlich genügt. Besonders die Italiener und Franzosen hätten mäßigend auf Kemal einwirken können. Stattdessen ließ man den türkischen Truppen freie Hand. Selbst als die Stadt schon brannte, wagten es die alliierten Kommandeure nicht zu intervenieren. Bis auf eine begrenzte, das Gewissen beruhigende Rettungsaktion überließ man die Zivilisten ihrem furchtbaren Schicksal. Das humanitäre Versagen der Alliierten war komplett.

Als die Sonne am 14. September 1922 über dem brennenden Smyrna unterging, verließen die ersten alliierten Schiffe die Bucht. Am Quai standen unzählige wehrlose Menschen – wer würde sie retten?

HUMANE HELDEN IX

Es war noch früher Morgen, die Luft herbstlich kühl.

Ich ging am Quai entlang, der heute Kordon heißt. In einer Stadt namens Smyrna, die heute Izmir heißt.

Die ersten Fähren, lautlos wie Raumschiffe, zogen vorbei. Schweigend hielten die Angler ihre Ruten übers Wasser. Wellen schlugen an die Kaimauer, prallten zurück und schwappten übereinander her. Kleine aufgebrachte Wellen, die mir wie ruhelose Seelen vorkamen. Seelen, die noch immer ertranken.

Das bildete ich mir natürlich nur ein. Der Kordon war heute ein friedlicher Ort, ein Park, wo sich die Stadtbewohner entspannten. Sie wussten vermutlich nichts über die vielen Menschen, die genau an diesem Ort umgekommen waren, und dachten nicht eine Minute an sie. Und warum sollten sie auch? Das Leben ging schließlich weiter. Sie kannten Smyrna nicht. Das Abwesende konnte nur nachdenklich machen, wenn man zumindest mal alte Fotos gesehen hatte, um es überhaupt als abwesend zu empfinden.

In anderen Städten hatte die Uferpromenade einen schönen Namen. In Triest gibt es den Mole *Audace*, benannt nach dem italienischen Zerstörer, der die habsburgische Stadt im November 1918 für Italien eingenommen hatte. In Alexandria und Beirut heißt die Seepromenade bis heute Corniche, in Thessaloniki geht man zur *Paralia*, zum Strand.

Kordon – was bedeutete das Wort eigentlich? Es war einer der vielen französischen Wörter, die in die moderne türkische Sprache übernommen wurden, so wie *Kuaför* und *Asansör* für Friseur und Aufzug. Ein *cordon sanitaire* war ein Sperrgürtel, eine Pufferzone. Auf Wikipedia ist zu lesen, dass ein Kordon ein längliches System von militärischen Befestigungsanlagen sei, um eine Grenze zu markieren.

Eine Festung, das passte. Hier grenzte sich die Türkei seit 1922 ab, mit einem Sperrgürtel gegen mögliche Invasoren aus dem Westen. Dem entsprach das große Denkmal am Kordon, das an die kemalistische Befreiung des Landes von den griechischen Truppen erinnerte. In Izmir hatten die Türken, wie sie noch heute gerne scherzhaft sagen, den Griechen das Schwimmen beigebracht.

Aber der Kordon war kein militärischer Schauplatz, sondern der Tatort eines furchtbaren Verbrechens. Eines Massakers an wehrlosen Zivilisten, in dem unzählige Menschen verbrannt, ertränkt und erschossen wurden. Kein Denkmal erinnerte hier an ihr Leid.

Dies war kein Wunder, denn ein solches Gedenken müsste ja auch Täter benennen. Bis heute wird in den Schulen Izmirs gelehrt, dass Griechen und Armenier den Stadtbrand verursacht hätten. Die Leugnung türkischer Verantwortung war offizielle Geschichte geworden. Eine große Lüge, die im Interesse vieler Menschen ist, setzt sich immer durch. Ob aus Scham oder Opportunismus – auch in westlichen Staaten, die dem Verbrechen tatenlos zugesehen hatten, wurde es lange totgeschwiegen.

Nur der Journalist und spätere CHP-Politiker Falih Rifki Atay, der Kemal während des Brands in Smyrna interviewte, hatte den Mut, die Wahrheit auszusprechen. Aus den Notizen zitierend, die er im September 1922 gemacht hatte, schrieb er Jahrzehnte später: »Warum haben wir Izmir niedergebrannt? Hatten wir Angst, dass wir uns sonst nicht von der Herrschaft der Minderheiten befreien könnten, falls ihre Häuser, Hotels und Cafés stehen geblieben wären? Von derselben Angst getrieben, haben wir während der armenischen Deportationen im Ersten Weltkrieg alle bewohnbaren Quartiere anatolischer Städte angesteckt.«[89]

Im Atatürk-Museum am Kordon kamen solch selbstkritische Fragen nicht vor. Die Ausstellung in den Räumen der alten Villa, die den Brand von 1922 und die Abrisswelle der 1960er Jahre schadlos überstanden hatte, war pure hagiographische Propaganda. Jeder Besuch des großen Feldherrn und Staatsgründers in Izmir war durch Fotos dokumentiert, ebenso die Befreiung der Stadt, doch der anschließende Brand wurde nur am Rande erwähnt. Fast schon als glückliche Fügung war das Feuer dargestellt, ermöglichte es den Türken doch, Izmir als moderne Stadt wiederaufzubauen.

Diese Sicht der Dinge war verständlich. Auch die Deutschen haben nach dem Zweiten Weltkrieg nach vorne geschaut und ihre zerstörten Städte wiederaufgebaut. Für Nostalgie hatten wir keine Zeit, sagte meine Tante mir mal. Auch in Izmir sollte man sich vor einem romantisch verklärenden Blick auf das alte Smyrna sicher hüten. Gerade in griechischer Heimweh-Literatur wurde manchmal eine reichlich imaginäre Vergangenheit beschworen. Ein wenig Nostalgie im ursprünglichen Sinne des Wortes war dennoch angebracht, denn das griechische *nostalghía* bedeutete: eine schmerzhafte Reise zurück. Ich sah das moderne Izmir und empfand die Stadt als schön, aber ich konnte nicht umhin zu erkunden, welche andere Stadt einst dafür weichen musste und was dabei verloren ging.

Eine solche Reise in die Vergangenheit konnte wehtun, aber sie bot die Chance, sich mit der Geschichte zu versöhnen und Frieden zu finden. Dies mochte eine spezifisch deutsche Methode sein, aber nichts anderes sagte ich auch meinen neuen türkischen Bekannten, wenn sie mich fragten, warum mich die lange vergangenen Zeiten so beschäftigten. Meist nickten sie dann scheinbar verständnisvoll, aber eigentlich hatten sie andere Sorgen, als das Verlorengegangene zu betrauern. Schließlich waren sie Nachgeborene, deren Großeltern oft gar nicht in Izmir aufgewachsen, sondern später von anderswo zugezogen waren. Was hatten sie mit dem alten Smyrna zu tun?

Vielleicht war das Gefühl, das ich an diesem Morgen empfand, auch eher mit Melancholie zu beschreiben. Sie war natürlich eine subjektive Empfindung, so wie auch meine Wahrnehmungen in Izmir vermutlich immer ebenso viel über mich wie über die Stadt aussagten. Sie war ja nicht offensichtlich eine Stadt der Geister, sondern nach wie vor sehr lebendig und lebenslustig. Das kollektivtrauernde Verlustgefühl, das *hüzün*, das Orhan Pamuk im postimperialen Istanbul empfunden und beschrieben hat, strahlten die Bewohner von Izmir jedenfalls nicht aus. In dieser ägäischen Stadt sorgte allein das helle Sonnenlicht dafür, dass man nicht melancholisch werden konnte – sofern man kein nordisches Gemüt hatte und Gepäck mit sich rumtrug, das nirgendwo leicht abzugeben war.

Aber was in Smyrna geschehen war, ließ sich nicht einfach weglächeln. Man musste kein Psychoanalytiker sein, um zu vermuten, dass unter der mediterranen Leichtigkeit der Stadt doch ein uneingestandener Schmerz lag. Vielleicht wurde über die Ereignisse vom September 1922 gerade deshalb der Mantel des Schweigens gehüllt, weil sie so abgründig schrecklich waren, dass sie Angst machten und wehtaten. Vermutlich mussten die Wunden erst vernarben. Selbst Zeitzeugen, die den Brand von Smyrna miterlebt hatten, konnten später nie darüber sprechen. Wie viele Überlebende des jüdischen Holocaust empfanden sie das Erlebte als unaussprechlich oder anderen Menschen nicht vermittelbar.

Tatsächlich waren Massaker ein verstörendes Mysterium der Menschheitsgeschichte, an das sich selbst viele Historiker nicht recht herantrauten. Zwar waren die bloßen Fakten zum Geschehen meist bekannt – etwa zu den notorischen Massakern von Nanking 1937, Kalavrita 1943, My Lai 1968 oder Srebrenica 1995. Wie in Chios und Smyrna hatten Soldaten in allen Fällen grausame Massenmorde an Zivilisten begangen. Auch die antike Geschichte und Mythologie war voller Massaker. Selbst der sonst so tugendhafte Odysseus musste dem König Alkinoos gestehen, nach der Schlacht um Troja mit seinen Kämpfern in der Stadt Ismaros einen Massenmord und

Vergewaltigungen verübt zu haben: »... ich zerstörte die Stadt, machte nieder die Männer. Als aus der Stadt wir die Frauen und viele Güter genommen, teilten wir sie uns zu gleichen Teilen, dass keiner zu kurz kam.«[90]

Massaker gehören zur Geschichte. Was Wissenschaftler jedoch kaum untersucht haben, war der Blutrausch, in den Soldaten dabei oft gerieten. Das Phänomen war so verstörend, dass man unwillkürlich davor zurückschreckt. Es wird mit vagen Begriffen aus der Tierwelt beschrieben, etwa als »bestialisches Morden«, obwohl Tiere gar kein vergleichbares Verhalten zeigen. Es wäre evolutionär unklug, denn eine Raubtierart, die ihre Beutetiere massenhaft tötete, würde schnell ohne Nahrung dastehen und aussterben. Tiere töten nicht aus Hass oder Rache. Die einzige Spezies, die zu Massakern neigt, ist der Mensch. Allein oder im Mob verübt er Amokläufe, Schulmassaker, Lynchmorde, Pogrome und Kriegsverbrechen. Vor allem als Soldaten im Krieg können Menschen in einen kollektiven Blutrausch geraten. Der Kriegszustand, der das im Frieden verbotene Töten erlaubt, bringt die niederen und diabolischen Instinkte des Menschen hervor. Es gibt keine Kriegsverbrechen. Der Krieg an sich ist ein Verbrechen.

Zugleich zeigt sich gerade in Kriegen und anderen Katastrophen, dass Menschen ebenso zu Gutem fähig sind, zu Hilfsbereitschaft, Mitleid und Liebe. Im Brand von Smyrna musste es Menschen gegeben haben, da war ich mir sicher, die Menschen im guten Sinne geblieben waren und human gehandelt hatten. Nach ihnen wollte ich suchen, als ich in die Bibliothek zurückkehrte.

»*Smyrna Wiped Out*«, titelte die *New York Times*, als die Kunde von der Feuersbrunst das ferne Amerika erreichte. Was die Flammen von der Stadt übrig ließen, glich dem Trümmerfeld, das der Vesuv einst aus Pompeji gemacht hatte. Nur einige Straßen um den Punto waren verschont geblieben, aber über das einstige Herz von Smyrna breitete sich eine kilometerweite Aschewüste aus. Die skelettierten

Überreste der Gebäude ragten wie Grabsteine in den Himmel. Auf das rasende Inferno war eine gespenstische Stille gefolgt, die nur vom Krachen einstürzender Ruinen durchbrochen wurde. Viele kleine Feuer brannten noch und flammten immer wieder auf. Beißender Qualm mischte sich mit dem Geruch verbrannten Fleisches, der aus den Trümmern drang. Im Wasser an der Kaimauer trieben aufgequollene Leichen und Tierkadaver.

Inzwischen befanden sich fast 200 000 Menschen am Quai, die verzweifelt auf Rettung warteten. Sie hatten kaum Lebensmittel und Trinkwasser, so dass gerade Kinder zu verdursten drohten. Eine medizinische Versorgung existierte nicht. Während der Nächte war es besonders schlimm, wenn Soldaten am Quai entlangzogen, um Flüchtlinge auszurauben und sich junge Frauen zu greifen.

Die apokalyptischen Zustände verarbeitete Ernest Hemingway in einer Kurzgeschichte, die er *On the Quai at Smyrna* nannte. Zwar reiste der junge Schriftsteller und Journalist nicht selbst nach Smyrna, doch im Konstantinopler Pera Palace Hotel interviewte er Augenzeugen, die von dort gekommen waren. In der sehr kurzen Geschichte, die eher einem Gedicht glich, ließ Hemingway einen britischen Offizier von den Flüchtlingen am Quai erzählen: »Das Seltsame war, sagte er, wie sie jede Nacht zu Mitternacht schrien. Ich weiß nicht, warum sie zu der Zeit schrien. Wir waren im Hafen, und sie waren alle auf dem Pier, und mitternachts fingen sie an zu schreien. Wir haben die Suchscheinwerfer auf sie gerichtet, um sie zu beruhigen. Das hat immer funktioniert. Wir ließen die Scheinwerfer zwei oder drei Male über sie hinweggleiten, dann hörten sie auf.«

Wie in Smyrna war die Lage an vielen Orten entlang der kleinasiatischen Küste, wo Tausende griechischer Flüchtlinge auf Schiffe warteten, um ihren türkischen Peinigern zu entkommen. Für ihre Evakuierung hatte Kemal ein zweiwöchiges Ultimatum bis zum 1. Oktober gestellt. Danach würden die Menschen ins Landesinnere deportiert werden, hieß es, was nach den Erfahrungen aus dem Genozid an den Armeniern von 1915 den sicheren Tod bedeutete. In Smyrna hatten die türkischen Truppen bereits mit ersten Deportationen griechischer und armenischer Männer in wehrfähigem Alter begonnen. Sie wurden zunächst gezwungen, die Straßen der Stadt von Trümmern zu befreien, und dann ins Landesinnere abgeführt. Gerüchte von Massenerschießungen am Stadtrand machten die Runde.

Handeln war gefragt und Eile geboten. Die griechische Regierung, deren anatolischer Feldzug die Menschen in ihre verzweifelte Lage gebracht hatte, entzog sich der Verantwortung und versagte kläglich. Im Inselhafen von Lesbos ankerten mehr als 20 griechische Fracht- und Passagierschiffe, die für eine Evakuierung hätten eingesetzt werden können. Aber die royalistischen Politiker erwarteten einen Militärputsch, der wenig später auch erfolgen sollte, und unternahmen nichts zur Rettung der kleinasiatischen Griechen. Dieselben »unerlösten Brüder und Schwestern«, die Athen jahrelang für die nationalistisch-expansionistische *Megali Idea* missbraucht hatte, wurden nun im Stich gelassen.

Auch die Alliierten handelten nicht. Sie konnten sich nicht einigen, wie man mit der Türkei weiter verfahren sollte. Die Gefahr eines erneuten Krieges schien hoch, was Paris und Rom zu separater Diplomatie mit Kemal veranlasste. Dabei wogen strategische Interessen schwerer als Menschenrechte, zukünftige Bündnisse mit der Türkei waren wichtiger als humanitäre Einsätze zur Rettung der Flüchtlinge. Den Anweisungen ihrer Regierungen folgend, ließen die alliierten Schiffskommandeure in der Smyrnaer Bucht der spontanen Rettungsaktion in der ersten Brandnacht keine weiteren folgen. Zwar trafen sich die Admiräle zu einigen Besprechungen, aber keiner von ihnen fühlte sich für die notleidenden Menschen am Quai zuständig. Dabei ging es nicht um die Aufnahme der Flüchtlinge in Europa, sondern lediglich um ihren Transport nach

Griechenland. Die hierfür benötigten Schiffe waren verfügbar, doch wenn Frachtschiffe gechartert wurden, dann nur für den Transport wertvoller Waren wie Teppiche und Tabak.

Alle großen US-Tabakfirmen kauften türkischen Tabak, der amerikanischen Zigarettensorten beigemengt wurde. Zu jener Zeit rauchten Amerikaner bereits mehr als 50 Milliarden Zigaretten pro Jahr. Keine Marke verkaufte sich besser als *Camel*, die besonders viel türkischen Tabak enthielt. In Smyrna verfügte allein die American Tobacco Company, die die Marke *Lucky Strike* produzierte, über mehrere Lagerhäuser. Im Feuer waren Tabakballen im Wert von einer halben Million Dollar verbrannt. Mithilfe amerikanischer Diplomaten, die von den türkischen Behörden notwendige Ausfuhrgenehmigungen einholten, charterte der Tabakkonzern mehrere Schiffe, um etwa tausend Tonnen Tabak aus dem Hafen von Smyrna in die USA zu schaffen. Dieselben Schiffe hätten Menschen retten können, aber die Konzerne zahlten mehr.

Garabed Hatcherian beobachtete die Frachtschiffe, die in den Hafen leer einfuhren und vollbeladen wieder ausliefen. Fassungslos schrieb der armenische Arzt am 15. September in sein Tagebuch: »Der Klang der Musik und die Klarheit der elektrischen Lichter eines französischen Handelsschiffs kontrastieren in frappanter Weise mit den angsterfüllten Schreien am Quai und den unzähligen Verbrechen, die in der Dunkelheit verübt werden.«[91]

Zusammen mit seiner Frau und den fünf Kindern war Hatcherian wieder in das Haus ihrer Freunde am Quai zurückgekehrt, das wie durch ein Wunder von den Flammen verschont geblieben war. Etliche Armenier hatten dort inzwischen Zuflucht gefunden. Von der Terrasse aus mussten sie feststellen, dass sich die alliierten Kriegsschiffe in der Bucht wieder auf ihre neutralen Positionen zurückzogen und die Geschehnisse von dort verfolgten, ohne den Flüchtlingen zu helfen. Hatcherian konnte es nicht fassen: »Das also ist die Aufmerksamkeit, die das ›zivilisierte‹ Europa und Amerika den

Flüchtlingen angeboten hat anstatt der so notwendigen materiellen und militärischen Hilfe.«[92]

Am Nachmittag beschloss der Arzt mit einem Freund, sich ins Armenierviertel durchzuschlagen, um nachzusehen, ob ihre Häuser noch standen. Seine Frau flehte ihn an, bei den Kindern und ihr zu bleiben, doch die beiden Männer verließen die Wohnung, baldige Rückkehr versprechend. Wieder hatte Hatcherian einen Fez aufgesetzt und seine militärischen Orden an die Brust geheftet. Bei sich trug er Papiere, die ihn als ehemaligen Hauptmann der osmanischen Armee auswiesen. Mehrere Stunden und Umwege brauchten die Männer, um auf den von Trümmern blockierten Straßen in ihren alten Wohnbezirk zu gelangen. Dort erkannten sie, dass sämtliche Gebäude niedergebrannt waren; nur die Schornsteine standen noch. Hatcherian notierte erschüttert: »Dieser furchtbare Eindruck wird in unseren Gedächtnissen unauslöschlich eingebrannt bleiben.«[93]

Wenig später wurden die beiden Männer von einer türkischen Militärpatrouille bemerkt und festgenommen. Man brachte sie auf eine Polizeistation und später in ein Gefängnis. Die Orden und militärischen Ausweispapiere, die Hatcherian den türkischen Offizieren zeigte, machten wenig Eindruck auf sie. Sie verschonten ihn aber vor den Misshandlungen, denen andere Armenier ausgesetzt waren. Mit wachsendem Entsetzen erlebte der Arzt in den folgenden Tagen, wie zahllose Häftlinge beraubt, geschlagen und gefoltert wurden. In einer schlaflosen Nacht musste er mit anhören, wie eine junge Frau im Beisein ihrer Mutter und ihrer kleinen Tochter stundenlang von Soldaten vergewaltigt wurde.

Die Tagebucheinträge, in denen Hatcherian seine Hafterfahrungen festhielt, lasen sich wie ein grotesker Albtraum, aus dem kein Entrinnen möglich schien. In endlosen wachen Stunden fragte sich der Arzt, wie es wohl seinen Kindern und den Familienangehörigen erging, die in der Kleinstadt Akhisar nördlich von Smyrna lebten: seine Mutter, sein Bruder mit seiner Familie sowie die gesamte Familie seiner Frau. Noch wusste Hatcherian nicht, dass man sie bereits allesamt umgebracht hatte.

Nach einigen Tagen wurde der Armenier von seinem Freund getrennt und mit vierzig Mithäftlingen in eine Kaserne verlegt, die sich im türkischen Wohnbezirk befand. Als er mit dem Gefangenentross in das Viertel geführt wurde, sah Hatcherian am Straßenrand zwei alte Bekannte: »Der eine ist ein Jude namens Isaac, der unser Nachbar in Akhisar war und dessen Haus in Smyrna ich mehrere Male als Arzt besucht hatte. Der andere ist ein Kaufmann aus Akhisar namens Hadji Osman, der für seinen religiösen Fanatismus bekannt ist. Die beiden sitzen vor einem Café und trinken Tee; sie beobachten uns und erkennen mich offensichtlich.«[94]

Keiner der beiden versuchte jedoch, ein gutes Wort für den alten Nachbarn einzulegen oder sonst etwas zu unternehmen. Sie sahen nur zu.

Das neue Gefängnis war völlig überfüllt, die Häftlinge wurden in enge Zellen gepresst. Unter ihnen waren viele Frauen und Jugendliche, die von den Soldaten fortlaufend misshandelt wurden. Es herrschten drückende Hitze und Gestank, zumal die Häftlinge ihre Notdurft in den Zellen verrichten mussten. Dicht an dicht standen sie in ihrem Kot und rangen nach Luft. Die infernalischen Zustände verschlimmerten sich mit der Ankunft einer weiteren großen Gruppe von armenischen Gefangenen. Als die Soldaten sie durchsuchen wollten, um ihnen Geld und Uhren zu rauben, wagten die Häftlinge zu protestieren. Daraufhin ließ der Kommandant etwa fünfzig von ihnen abführen und erschießen, wie Hatcherian fassungslos notierte.

Am Tag darauf geschah ein kleines Wunder: Ob seines Alters wurde der 46-Jährige aus der Haft entlassen. Soldaten brachten ihn mit anderen älteren Männern in die Stadt zurück. Erschöpft marschierten sie durch die Straßen des ehemals europäischen Viertels, wo sie von türkischen Zivilisten gemustert wurden. »Wir sehen keine

Spur auch nur eines einzigen Christen hier«, schrieb Hatcherian verbittert. »Das ›ungläubige Smyrna‹ ist ein ›muslimisches Smyrna‹ geworden.« Die sechs Tage in der Hölle hatten dem Armenier, der dem Staat selbst nach dem Völkermord von 1915 loyal gedient hatte, jeglichen Glauben daran geraubt, dass es für ihn als Christ noch eine Zukunft in seinem Heimatland geben könnte. Umso glücklicher betrat er wenig später das Haus der Freunde und schloss seine Familie in die Arme.

In der Zwischenzeit hatte sich die Lage der Flüchtlinge am Quai weiter verschlechtert, doch es gingen Gerüchte um, dass eine amerikanische Hilfsorganisation eine Evakuierung organisiere. Hoffnungsvoll zogen die Hatcherians in eine näher am Hafen gelegene Villa, die einem Armenier gehört hatte und nun von Amerikanern übernommen worden war. Sie hatten darin ein sogenanntes *Safe House* eingerichtet, eine Zufluchtsstätte für Flüchtlinge, und eine US-Flagge am Giebel gehisst. Draußen wie drinnen beteten die Menschen nur noch für eins: Schiffe. Am 22. September, neun Tage nach Ausbruch des Feuers, notierte Hatcherian in sein Tagebuch: »Früh am Morgen schauen wir von der Terrasse aufs Meer und den fernen Horizont, in der Hoffnung, ein Handelsschiff zu sehen, das uns weit von diesem verfluchten Ufer weg bringen würde. Unsere Augen werden müde davon, nichts zu sehen.«[95]

Was Hatcherian nicht wusste: Hilfe war bereits unterwegs. Organisiert wurde sie allerdings nicht von einem Regierungschef oder Admiral, sondern von einem einfachen Bürger, nämlich dem Mann, der auch das *Safe House* am Quai eingerichtet hatte. Er hieß Asa Jennings.

Der Pastor aus New York war erst wenige Wochen zuvor nach Smyrna gezogen, um eine Stelle als Jugendarbeiter im Haus der amerikanischen *Young Men's Christian Association* (YMCA) anzutreten. Er war 44 Jahre alt und verheiratet, ein kleiner Mann mit einem Rücken, der seit einer schweren Tuberkulose-Erkrankung seltsam verkrümmt war. Die Ärzte hatten ihn damals schon aufgegeben, doch Jennings überstand die Krankheit, wenngleich mit bleibenden gesundheitlichen Problemen. Rückenschmerzen, Atemnot und Fieber plagten ihn täglich. Zudem humpelte er leicht. Rein körperlich schien sich Jennings nicht zum Helden zu eignen – oder auch nur zum YMCA-Jugendbetreuer. Sein neuer Chef in Smyrna hatte sich einen athletischen Mitarbeiter gewünscht und war nicht gerade angetan, als er den humpelnden Neuankömmling empfing.

Was Jennings allerdings antrieb und auf stille Weise selbstbewusst machte, waren sein Glaube und die Überzeugung, anderen Menschen helfen zu können. Er hatte ein warmes Lächeln und sang gerne.

Diese Eigenschaften hatten ihn bei den amerikanischen Soldaten beliebt gemacht, die er im Ersten Weltkrieg in den USA und in Frankreich seelsorgerisch betreut hatte. Bei Kriegsende reiste er für die YMCA weiter in die Tschechoslowakei, wo er demobilisierte Truppen mit frischem Kaffee und Bibelversen versorgte. Drei Jahre später packte Jennings seine Koffer für Smyrna. Seine Frau Amy und ihre drei kleinen Kinder begleiteten ihn. Die Jennings hatten sich kaum in der amerikanischen Wohnkolonie *Paradise* im Meles-Tal eingelebt, als Kemals Truppen die Stadt einnahmen und in Brand steckten. Der Familienvater brachte Amy und die Kinder zum Theater, von wo sie mit dem US-Konsul Horton evakuiert wurden. Seine Frau wusste, dass er nicht mitkommen würde. Sie kannte seine Gründe und verstand sie. Fast alle Amerikaner von Smyrna, auch sein Chef und die athletischen YMCA-Kollegen, bestiegen die Fluchtboote. Nur Jennings blieb am Quai zurück, ein kleiner buckeliger Mann inmitten einer panisch wogenden Menschenmasse, vor einem riesigen Feuer.

Er war von Hunderttausenden Männern, Frauen und Kindern umgeben, die nicht das Privileg genossen, aufgrund des richtigen Reisepasses evakuiert zu werden. Seine Mission war, wie Jennings an diesem Tag erkannt hatte, sich um diese Menschen zu kümmern. Bereits vor dem Ausbruch des Feuers hatte er mit anderen Amerikanern in Smyrna spontan eine private Hilfsorganisation gegründet, das *Smyrna Relief Committee*, um den vielen Kriegsflüchtlingen in der Stadt zu helfen. Sie hatten Lebensmittel besorgt, Brot gebacken und Medikamente verteilt. Unterstützung erhielten sie durch die finanzstarke amerikanische Hilfsorganisation *Near East Relief*, die sich nach den aufrüttelnden Berichten des US-Botschafters Henry Morgenthau über den Genozid an den Armeniern von 1915 gegründet hatte.

Auch um Waisenhäuser kümmerten sich Jennings und seine Mitstreiter, denn in keiner osmanischen Stadt gab es so viele Waisenkinder wie in Smyrna, das während der Massaker an Christen als sicherer Zufluchtsort gegolten hatte. Damit war es vorbei, als die Truppen Kemals einmarschierten und ihre Gewaltorgien begannen. »Ich habe Männer, Frauen und Kinder gesehen, die gepeitscht, ausgeraubt, erschossen, erstochen und im Meer ersäuft wurden«, sollte Jennings später schreiben. »Zwar half ich, einige zu retten, doch gemessen an der großen Not kam mir das vor wie nichts. Es schien so, als ob mich die furchtbaren, qualvollen und hoffnungslosen Hilfeschreie für immer verfolgen würden.«[96]

Während die meisten Mitglieder des *Smyrna Relief Committee* nun zusahen, dass sie ihr eigenes Leben retteten, übernahm Jennings kurzentschlossen eine verlassene Villa am Quai, deren Eigentümer geflohen war, und hängte über ihrer Tür die schützende US-Flagge auf. Dies war das *Safe House*, in dem später auch die Hatcherians unterkommen sollten. Am Quai sammelte Jennings, humpelnd und schwitzend, besonders kranke sowie schwangere Flüchtlinge ein, um sie in Sicherheit zu bringen.

Schon bald halfen ihm mehrere US-Soldaten, obwohl sie den Befehl hatten, ausschließlich amerikanische Einrichtungen und Bürger zu schützen. Von Jennings' Einsatz inspiriert, zögerten die Soldaten nicht lange, bevor sie Notleidende in das *Safe House* brachten. »Dort versammelten wir auch viele Kinder, die schutzlos und allein auf den Straßen geblieben waren nach dem Tod ihrer Eltern, die oft vor den Augen ihrer Kinder massakriert worden waren«, berichtete Jennings. »Es wurde deutlich, dass ein Haus nicht reichen würde für die Unterbringung aller, die unseren Schutz erwarteten, so dass wir weitere Häuser entlang dem Quai in unsere Obhut nahmen.«[97]

Da Jennings dafür Gebäude nahe dem Punto auswählte, blieben sie vom Feuer verschont und konnten viele Menschen aufnehmen. Nach dem Brand kehrten einige seiner Mitstreiter zurück, darunter mehrere Krankenschwestern, die rund um die Uhr verletzte Menschen versorgten. Auch freundete sich Jennings mit Halsey Powell an, dem jungen US-Marinekapitän, der inzwischen das Kommando über die US-Kriegsschiffe in der Bucht von Smyrna übernommen hatte. Der Befehl von Admiral Bristol, strikte Neutralität zu wahren, blieb zwar unverändert, doch Powell war zunehmend über das Schicksal der Flüchtlinge am Quai besorgt. Die ergebnislosen Besprechungen mit den anderen alliierten Kommandeuren vor Ort frustrierten den 39-Jährigen aus Kentucky, der wie Jennings eher kleingewachsen war. Powell verfügte über einen klaren moralischen Kompass. Im Weltkrieg hatte er sich als Kommandeur eines US-Zerstörers im Atlantik durch eine gewagte Rettungsaktion ausgezeichnet, bei der er die ertrinkende Crew eines britischen Sanitätsschiffs auffischte, das von einem deutschen U-Boot versenkt worden war. In Smyrna imponierte ihm die Arbeit von Jennings und seinen Helfern, so dass er mehrere Matrosen diskret anwies, ihnen zur Hand zu gehen.

Alle Mühen waren jedoch vergebens, wenn die Menschen nicht bald evakuiert würden. Am 20. September beging Jennings seinen 45. Geburtstag, doch zum Feiern war ihm nicht zumute. Die Lage schien hoffnungslos, die ersehnten Schiffe blieben aus. Da beschloss der Pastor, nicht länger auf Hilfe zu warten, sondern die Dinge selbst in die Hand zu nehmen. Mit einem Ruderboot, das Powell ihm geliehen hatte, fuhr er zu einem italienischen Frachtschiff namens *Constantinopoli*, das gerade in die Bucht eingelaufen war. Es war ein alter Dampfer, der in seinem früheren Leben als *Città di Torina* vor dem Krieg Tausende Auswanderer von Genua und Neapel nach New York und Buenos Aires transportiert hatte, bevor er zu einem Frachter fürs Mittelmeer umgerüstet werden würde. Sein Kapitän hatte den Auftrag, wertvolle Waren von Smyrna nach Konstantinopel zu bringen. Zunächst lehnte er Jennings' Bitte ab, auch Flüchtlinge an Bord zu nehmen, doch als der Amerikaner ihm Geld anbot, willigte er ein. Wieder an Land, besorgte Jennings die Erlaubnis der türkischen Militärbehörden, die Kinder, Frauen und alten Männer aus den *Safe Houses* zu evakuieren. Staunend stellte Powell die Boote bereit, die die Menschen an Bord der *Constantinopoli* brachten. Am folgenden Tag setzte das Schiff mit etwa 2000 Flüchtlingen nach Lesbos über, wo Jennings seine Schützlinge dem Gouverneur der Insel übergab.

Dabei entdeckte der Amerikaner, dass im Inselhafen etwa zwanzig leere Schiffe der hellenischen Handelsflotte auf Reede lagen. Sie waren zuletzt für die Evakuierung der griechischen Truppen eingesetzt worden, aber seitdem ohne weitere Aufträge geblieben. Mit diesen Schiffen könnte man alle Flüchtlinge retten, dachte Jennings. Kurzerhand suchte er den Militärkommandeur der Insel auf, der sein Ansinnen jedoch ablehnte aus Furcht, dass die Türken die Schiffe kapern und mit ihnen die küstennahen Inseln angreifen könnten. So kehrte der Pastor auf einem Schiff der US-Marine nach Smyrna zurück, um Powell davon zu überzeugen, dass ein amerikanischer Zerstörer die Schiffe begleiten müsste. Damit würde der Kapitän eindeutig den geltenden Befehlen zuwiderhandeln, aber Jennings gelang es, ihn umzustimmen. Sogar einen Brief gab Powell seinem Landsmann mit, der unter dem Siegel der US Navy eine amerikanische Eskorte für die Evakuierung zusicherte. Auch das türkische Militär in

Smyrna war einverstanden und bestand nur darauf, dass die Schiffe ohne eine sichtbare griechische Flagge fahren müssten. Mit diesen Zusicherungen kehrte Jennings umgehend nach Lesbos zurück.

Als der Inselkommandeur weiterhin zögerte, beschloss Jennings, ihn zu umgehen und direkten Kontakt mit der griechischen Regierung aufzunehmen. Hierfür ließ sich der Amerikaner an Bord des griechischen Schlachtschiffs *Kilkis* bringen, das vor der Küste von Lesbos ankerte. Es war einst als *USS Mississippi* für die US-Marine gebaut und später an Griechenland verkauft worden. Sein Kommandeur war Ioannis Theophanides, ein royalistischer Offizier mit besten Beziehungen in die griechische High Society. Der 45-Jährige ließ sich von dem Plan überzeugen und stellte Funkkontakt mit Athen her. Zusammen formulierten die beiden Männer eine verschlüsselte Nachricht, in der Jennings als »Präsident des Amerikanischen Hilfskomitees« die griechische Regierung dazu aufforderte, die Handelsschiffe zur Rettung der Flüchtlinge nach Smyrna zu beordern: »Amerikanische Zerstörer werden gemäß dem Befehl des Hochkommissars und Admiral Bristols den griechischen Dampfschiffen bei der unbeflaggten Einfahrt nach Smyrna und Aufnahme von Flüchtlingen Schutz gewähren. Stopp. Amerikanisches Komitee wird sich auch um Obdach kümmern. Mitglied des Amerikanischen Komitees jetzt an Bord und erwartet Antwort. Stopp.«[98]

Die Worte von Jennings, einem einfachen YMCA-Angestellten, waren an Verwegenheit nicht zu überbieten. Er täuschte sogar die Existenz eines Befehls von Admiral Bristol vor, den der US-Gesandte niemals gegeben hätte. Es war pure Amtsanmaßung.

Aus Athen traf zunächst die Antwort ein, dass es für Regierungsarbeit noch zu früh am Morgen sei. Daraufhin verlangten Theophanides und Jennings eine sofortige Kabinettssitzung und drohten damit, die Funksprüche andernfalls unverschlüsselt zu senden und damit die untätige Regierung vor aller Welt bloßzustellen. Der Kapitän der *Kilkis* wusste, dass Eile geboten war. Sollte der drohende

Militärputsch in Athen ausbrechen, würde die royalistische Regierung die Handelsschiffe nicht mehr befehligen können. Wenig später meldete sich der griechische Premierminister, der sein Kabinett zusammengerufen hatte: ob wirklich amerikanischer Schutz garantiert werden könne? Jennings bluffte nochmals weit über seine Befugnisse hinaus und bejahte. Zugleich drohte er damit, die Rettungsaktion abzublasen, falls Athen noch länger zögere. Selbst der griechische Kapitän der *Kilkis* dürfte über so viel Chuzpe gestaunt haben.

Schließlich willigte die Regierung ein und kündigte an, zusätzliche Handelsschiffe aus Piräus zu entsenden. Sofort wies Theophanides alle Kapitäne in Lesbos an, ihre Schiffe unter das Kommando von Jennings zu stellen. Der amerikanische Pastor, der oft unter Seekrankheit litt, war quasi zum Admiral der griechischen Flotte ernannt worden. Noch am selben Abend ließ er sich von der *Kilkis* zu einem Schiff bringen, dessen Kapitän etwas Englisch konnte, und gab den Befehl zum Aufbruch. Eine Rettungsflotte aus zunächst sieben Schiffen machte sich auf den Weg nach Smyrna. Am Bug des ersten Frachters stand ein kleiner Mann, der gerade weit über sich hinauswuchs.

Von seinem Schiff funkte Jennings an Powell, dass die Schiffe unterwegs waren. Wie besprochen schickte der Navy-Kommandeur den Zerstörer *USS Lawrence* zur Buchtmündung hinaus, um sie nach Smyrna zu eskortieren. Da Powell nicht über ausreichend Landungsboote verfügte, holte er bei den Türken die Erlaubnis ein, dass die griechischen Frachter an einem Pier im Hafen anlegen durften. Am Sonntag, den 24. September, trafen die ersehnten Schiffe gegen 14 Uhr ein, was unter den Flüchtlingen am Quai tränenreichen Jubel auslöste, wie Jennings später schrieb: »Als wir näher kamen und das Ufer sich vor uns ausbreitete, schien es, als ob jedes Gesicht am Quai uns zugewandt war und jeder Arm ausgestreckt, um uns herbeizuholen. Ich dachte, das ganze Ufer komme uns entgegen, um uns zu ergreifen.«[99]

Die Schiffe legten am großen Pier an. Er war aus dicken Holzplanken erbaut, auf denen Kräne und Schuppen standen. Die türkischen Soldaten hatten mehrere Zäune quer über den Pier gezogen und mit engen Toren versehen, um die zu Evakuierenden zu kontrollieren. Es war ein heißer Tag, etwa 30 000 Flüchtlinge drängten sich auf den Eisenbahnschienen vor dem Pier, auf Einlass wartend. Powell hatte sechzig US-Soldaten an den Zauntoren positioniert, die die wehrlosen Menschen durch ihre bloße Präsenz vor den befürchteten Übergriffen bewahren sollten. Während sich Powell um die Logistik auf dem Pier kümmerte, blieb Jennings an Bord seines Schiffs, um die Aufnahme und Zuteilung der Flüchtlinge zu organisieren.

In der Menschenmenge befand sich auch das armenische Ehepaar Hatcherian. Schon in den frühen Morgenstunden waren sie, den Gerüchten über eine Rettungsaktion folgend, mit ihren Kindern zum Hafen gegangen. Beim Anblick der Schiffe schöpften sie neue Hoffnung, doch bald darauf brachen Gedränge und Panik aus. Das jüngste Kind auf dem Arm tragend, versuchte der Arzt verzweifelt zum ersten Tor zu gelangen, ohne vom Rest der Familie getrennt zu werden. »Ich verliere das Gleichgewicht und falle. Furcht überkommt mich, dass die Menge Vartouhi und mich zertrampelt und wir ersticken. Mit übermenschlicher Anstrengung gelingt es mir aber, mich wieder aufzurichten. Einige Schritte weiter erreichen wir das Tor und gelangen mit großer Mühe hindurch.«[100]

Einige türkische Soldaten nutzten das Chaos, um die Flüchtlinge ein letztes Mal auszurauben, wobei sie mit großer Brutalität vorgingen. Hinter dem Haupttor versuchten Infanteristen, die Hatcherians nach Wertsachen zu durchsuchen, bis ein US-Soldat sich schützend vor sie stellte. Am zweiten Zaun angelangt, kletterte der Familienvater hinüber, während seine Frau ihm die Kinder reichte. Nur sie schaffte es allein nicht, den Zaun zu überwinden. In dem Moment sprang ein türkischer Soldat herbei, um ihr mit einer Räuberleiter zu assistieren. Die unerwartete Hilfsbereitschaft rührte Hatcherian: »Meine Frau ist oben auf dem Zaun, ich fange sie mit meinen Armen auf und setze sie zu Boden. Wir sind jetzt alle im Innenbereich, wir fühlen uns befreit und geben dem türkischen Soldaten einen großzügigen Lohn.«[101]

Kurz darauf jedoch versperrte ihnen ein anderer Türke den Weg und versuchte, sie mit vorgehaltenem Bajonett durch das Tor zurückzudrängen. Nur gegen ein hohes Bestechungsgeld ließ er die Familie weiterziehen. So schafften es die Hatcherians endlich, sich und ihre Kinder auf eins der Schiffe zu retten.

Auf dem Pier war auch Esther Lovejoy unterwegs. Erst tags zuvor war die amerikanische Ärztin und bekannte Frauenrechtlerin aus Konstantinopel eingetroffen, auf einem kaum seetüchtigen Schiff, das noch unter der Flagge des längst nicht mehr existenten russischen Zarenreichs fuhr. Die 52-Jährige, die jahrelang in Alaska praktiziert hatte und als leicht exzentrisch galt, war seit 1917 in Europa, um kriegsverwundete Zivilisten, vor allem vergewaltigte Frauen, medizinisch zu versorgen. Auf dem Balkan und im Kaukasus hatte Lovejoy mehrere Kliniken gegründet. Sie befand sich gerade in Paris, als sie vom Smyrnaer Brand hörte, und machte sich sogleich auf den Weg in die Stadt, wo Powell und Jennings sie erleichtert empfingen. Sie teilten die Ärztin sofort zum Dienst auf dem Pier ein, damit sie sich vor allem um Geburten kümmerte.

»In einer Stadt mit so großer Bevölkerung gab es natürlich viele hochschwangere Frauen«, schrieb Lovejoy später, »und die schrecklichen Umstände lösten die Wehen in vielen Fällen vorzeitig aus. Kinder wurden auf dem Quai und auf dem Pier geboren, und eine Frau, die stundenlang im Gedränge am ersten Tor gewesen war, taumelte schließlich hindurch, ihr soeben geborenes Kind in den Händen haltend.«[102]

Am ersten Tor sortierten die Türken alle wehrfähigen Männer aus, um sie ins Landesinnere zu deportieren, so dass viele Flüchtlingsfamilien in letzter Minute auseinandergerissen wurden. Dabei kam es zu tragischen Szenen, die Lovejoy und die anderen Amerikaner hilflos mit ansehen mussten. »In rasender Trauer hängten sich Mutter und Kinder an den Vater und Sohn, weinend, um Gnade flehend und betend, aber es gab keine Gnade. Mit ihren Gewehrkolben schlugen die türkischen Soldaten sie zurück in die Gefangenengruppen und trieben die Frauen zu den Schiffen.«[103]

Als die Rettungsschiffe am Abend vom Pier ablegten, hatten sie etwa 16000 Flüchtlinge an Bord. Die alten Männer rissen sich die osmanischen Feze von ihren Köpfen und zertrampelten sie auf den Decksplanken – stärker ließ sich das Ende des einst multikulturellen Reichs nicht symbolisieren. Auch Hatcherian nahm bitteren Abschied von seiner Heimat: »Ich blicke auf die blutrote Fahne, die an einem Mast über dem Pier wehte. Ich lege ein Gelübde ab, nie wieder an einem Ort zu leben, wo sie herrscht … Mit Tränen in den Augen und dem Herzen voller Gefühle sehen wir die Menschenmenge am Quai und denken darüber nach, welches Glück wir haben, endlich aus dieser höllischen Stadt befreit zu werden.«[104]

Die Ruinen Smyrnas hinter sich lassend, fuhren die von Pastor Jennings befehligten Flüchtlingsschiffe aus der Bucht gen Lesbos hinaus. Tempo war geboten, denn noch immer warteten zahllose Flüchtlinge auf Rettung. Zugleich war unklar, wie lange die türkischen Behörden noch kooperieren würden. Das Ultimatum für die Evakuierung würde in einer Woche auslaufen. Um eine Verlängerung zu erreichen, suchte Kapitän Powell am 25. September Kemal in seinem Quartier in Göztepe auf. John Clayton von der *Chicago Tribune*, der aus Athen zurückgekehrt war, begleitete ihn. Der neue türkische Machthaber empfing die Amerikaner überaus freundlich. In der Frage des Ultimatums blieb Kemal hart, doch bald kamen die Männer auf die mesopotamischen Ölquellen zu sprechen. Kemal bekräftigte, dass die ölreiche Region um Mosul weiterhin zur Türkei gehöre, zeigte sich aber offen dafür, ausländischen Ölfirmen die Bohrrechte zu überlassen: »Es spricht zum Beispiel nichts gegen die amerikanische Ausbeutung von Ölfeldern in der Türkei, weil Amerika keine politischen Ambitionen in unserem Land hat. Wenn England eine vergleichbare Einstellung verfolgen würde, wäre das höchst vernünftig.«[105]

Nach dem Treffen schickte Powell sogleich ein Schiff nach Konstantinopel, um seinen Vorgesetzten Admiral Bristol über Kemals favorables Statement zu informieren. Es würde, das wusste Powell, der US-Regierung sehr gefallen. Dann machte sich der Marineoffizier wieder daran, den nächsten Flüchtlingstransport zu organisieren. Es dauerte länger als erwartet, bis die Rettungsschiffe aus Lesbos zurückkehrten, aber inzwischen trafen weitere Schiffe aus Piräus in Smyrna ein. Während eine Revolution in Athen die Regierung stürzte und König Konstantin zum Abdanken zwang, schlossen sich etwa fünfzig griechische Handelsschiffe der Evakuierung an. Sogar das große Passagierschiff *Megali Hellas*, das eigentlich nach New York fahren sollte, nahm spontan Kurs auf Smyrna. In den letzten Tagen schloss sich auch die britische Marine der Evakuierung an und ließ 130 unbewaffnete Soldaten landen, die beim Verladen der Menschen halfen.

In besonderer Erinnerung blieben vielen Flüchtlingen die amerikanischen Ärztinnen und Krankenschwestern wie Esther Lovejoy, die sich eine Woche lang fast ohne jeden Schlaf um die Kranken und Schwangeren auf dem Pier kümmerten. Einmal wurde Lovejoy an Bord eines Schiffs gerufen, das kurz vor dem Ablegen stand, um bei einer schwierigen Geburt zu helfen. Nach wochenlanger Obdachlosigkeit war die Gebärende geschwächt und schmutzig. Lovejoy fragte ihre Schwester, womit man das Baby einwickeln solle: »Sie öffnete ein kleines Bündel mit Babykleidung, an das sich die junge Mutter während des Brands von Smyrna und der folgenden zwei Wochen am Quai geklammert hatte. Von zarter Handarbeit, mit feiner Spitze umrandet und mit Schleifen gebunden, zeugten diese kleinen Sachen an Bord des Flüchtlingsschiffs von einem häuslichen

Leben, das so fern und unmöglich schien wie das elysische Alter – das Alter der Liebe, der Unschuld und Freude.«[106]

Mit vereinten Kräften und mehreren Touren nach Lesbos und Piräus gelang es schließlich, rechtzeitig vor Ablauf des Ultimatums alle in Smyrna und anderen kleinasiatischen Häfen verbliebenen Flüchtlinge zu retten.

Als das letzte griechische Schiff den Hafen von Smyrna verließ, gab es dennoch viele Gründe zu trauern. Die meisten der Geretteten waren Frauen und Kinder, die ihre Männer und Väter verloren hatten. Bis zu 100 000 Griechen und Armenier wurden von der türkischen Armee in jenen Wochen ins Landesinnere deportiert, wo die Mehrheit in jahrelanger Haft mit Zwangsarbeit verhungern oder an Krankheiten sterben sollte. Hinzu kamen die Opfer während der Brandschatzung Smyrnas, die auf 50 000 bis 100 000 geschätzt wurden. Unter den Toten waren auch etwa 10 000 Armenier – damit hatte Kemal den Völkermord der Jungtürken vollendet. Am 2. Oktober verließ der Feldherr die Villa in Göztepe, um sich in Ankara der Aufgabe zu widmen, auch die übrigen alliierten Besatzer des Landes zu vertreiben. Er sollte Izmir verbunden bleiben: schon im Januar 1923 kehrte er für die Beerdigung seiner Mutter in die Stadt zurück und heiratete anschließend Latife, seine patriotische Gastgeberin in Göztepe. Allerdings sollte die Ehe schon nach zwei Jahren wieder geschieden werden.

Zur selben Zeit versuchte der armenische Arzt Garabed Hatcherian, ein neues Leben für sich und seine Familie aufzubauen. In Lesbos behandelte er ein halbes Jahr lang kranke und verletzte Flüchtlinge. Dann siedelte Hatcherian nach Thessaloniki um, um eine armenische Klinik zu gründen. Später zog die Familie nach Buenos Aires weiter, wo der Arzt im Jahre 1952 starb. Erst vierzig Jahre später sollte seine Enkelin Dora das Tagebuch entdecken.

Der Feldherr Kemal und der Arzt Hatcherian waren zwei Akteure im großen Brand von Smyrna, ein Täter und ein Opfer, deren

Erfahrungen unterschiedlicher nicht sein konnten. Und was wurde aus den Rettern? Esther Lovejoy kehrte bald nach der Smyrnaer Katastrophe in die USA zurück, wo sie weiter erfolgreich als Ärztin arbeitete und sich bis zu ihrem Tod mit 97 Jahren für die Rechte von Frauen einsetzte. Der amerikanische Marineoffizier Halsey Powell wurde von Konstantinopel nach Washington versetzt und später zum Militärattaché in Peking befördert. Im Jahre 1936, kurz nachdem US-Präsident Franklin D. Roosevelt ihn zum Admiral ernannt hatte, erlitt Powell einen Herzinfarkt und starb.

Auch Asa Jennings kehrte bald nach der wundersamen Evakuierung der Flüchtlinge von Smyrna zu seiner Familie in die USA zurück. Während seine Heldentat in den USA weitgehend ignoriert wurde, verlieh Griechenland dem amerikanischen Pastor die höchsten zivilen und militärischen Orden. Zugleich engagierte sich Kommodore Jennings, wie die Griechen ihn respektvoll nannten, auch in der Türkei, wo er trotz seiner körperlichen Gebrechen mehrere Kinderkliniken und Sportclubs gründete. Jennings war erst 56 Jahre alt, als auf einem Besuch in Washington sein Herz versagte. Es gab keine Nachrufe in amerikanischen Zeitungen, er wurde in kleinem Kreis beerdigt.

Sein Leben war nicht lang gewesen, aber in Smyrna hatte Jennings als Einziger erkannt, was richtig war, und danach gehandelt.

X AUSTAUSCHBARE MENSCHEN

Der Schauplatz der großen Rettungsaktion von 1922, der Hafen von Izmir, liegt heute wie damals am nördlichen Ende der Altstadt, dem Punto.

Durch den Maschendrahtzaun, der das Hafengelände abtrennte, konnte man hohe Löschkräne und Containerstapel sehen. Die einst hölzernen Piers waren längst modernen Kaianlagen aus Stahlbeton gewichen, an denen gerade ein Frachtschiff der *Grimaldi Lines* beladen wurde. Einen separaten militärischen Teil des Hafens nutzte die türkische Marine. Dort erkannte ich zu meiner Überraschung auch die deutsche *Hessen*, eine imposante Fregatte. Das fast 150 m lange Marineschiff war, so vermutete ich, für die europäische Grenzschutz-Agentur Frontex im Einsatz. Inzwischen beteiligte sich sogar die NATO am »Kampf gegen kriminelle Schleusernetzwerke«, wie europäische Politiker gerne sagten, wenn sie eigentlich die Abwehr von Migranten und Flüchtlingen meinten.

Gab es Parallelen zwischen der Flüchtlingskrise von 1922 und der Krise von heute? Sicher war die akute Notlage der christlichen Smyrnioten damals einzigartig, doch auch hundert Jahre später flohen Menschen aus Ländern, in denen sie keine Zukunft mehr hatten oder verfolgt wurden. Und wieder wurden europäische Kriegsschiffe im Mittelmeer nicht hauptsächlich zur Hilfe für diese Menschen eingesetzt – so wie die im September 1922 vor Smyrna ankernden Schiffe die notleidenden Flüchtlinge nur in Ausnahmefällen gerettet hatten. Auch das Vorgehen einiger Kapitäne, ihre

Schiffe weiter aufs offene Meer hinauszufahren, um verzweifelte Schwimmer nicht an Bord nehmen zu müssen, kam mir irgendwie bekannt vor. Damals wie heute ließ man viele Menschen eher ertrinken als sie aufzunehmen.

Die Thematik war voller komplexer politisch-moralischer Dilemmata, aber ich konnte nicht umhin, die anpackende Verantwortungsethik von Asa Jennings zu bewundern. Wo alle Politiker und Militärs versagten, da handelte ein einfacher Pastor, um Zehntausende Menschenleben zu retten. Die heutigen Seenotretter wie etwa Carola Rackete von der Hilfsorganisation *Sea Watch*, die im Mittelmeer mit ihren privaten Schiffen viele Flüchtlinge aufnahmen, waren Jennings nicht unähnlich. Auch sie scherten sich wenig um das, was als politisch opportun oder machbar galt. Auch sie sahen nicht tatenlos zu oder warteten ab, sondern unternahmen und wagten etwas. Jennings als Helden zu bezeichnen, passte vielleicht nicht mehr in unsere post-heroische Zeit, aber sein Handeln war sogar mehr als heldenhaft: Es war im besten Sinne menschlich. Während viele Akteure in der großen Tragödie von Smyrna grausam handelten, wuchs Jennings, indem er sich treu blieb, als Mensch über sich hinaus. Die Größe des Menschen, um es mit Camus zu sagen, lag in seinem Willen, stärker zu sein als die ungerechte Conditio Humana und sie zu überwinden, indem er selber gerecht war.

Vom Punto ging ich die Hafenstraße entlang. Diesen Teil der Stadt, der einst zum europäisch-levantinischen Viertel gehört hatte, hatte das Feuer nicht erreicht. Dennoch überwogen in Alsancak moderne Bürohäuser, weil viele alte Gebäude, die den Brand überstanden hatten, im großen Betonboom seit den 1960er Jahren abgerissen worden waren. Übrig geblieben war die anglikanische Kirche, die den neo-gotischen Stil des späten 19. Jahrhunderts trug und von hohen Palmen umstanden war. Jeden Sonntag fand hier ein Gottesdienst in englischer Sprache statt, im Pfarrhaus war das britische Konsulat untergebracht. Moscheen gab es in Alsancak bis heute nur wenige. Es war ein weltlicher Stadtteil, in dem man die Rufe der Muezzins nur aus der Ferne hörte.

Gegenüber der Kirche lag der Bahnhof von Punto, ein prächtiges Bauwerk aus dem Jahre 1858 und damit der zweitälteste Bahnhof in der Türkei. Der historische Wartesaal war ebenso gut erhalten wie die alte Bahnhofsuhr und die Glocke, mit der früher die Ankunft und Abfahrt der Züge angekündigt wurden. Es war ein Kopfbahnhof, in dem heute Intercitys und Pendlerzüge eintrafen und losfuhren. Auf dem hintersten Gleis stand ein historischer Eisenbahnwaggon mit eleganten Salonabteilen. Auf einer metallenen Plakette war »Ottoman Railway Makers, 1908, Smyrna Works« zu lesen. In solchen Waggons waren einst die levantinischen Kaufleute zwischen der Stadt und den feinen Vororten gependelt, wo sie ihre Villen erbaut hatten.

Eine solche Fahrt unternahm ich heute in das zehn Kilometer entfernte Bornova, den einstigen Nobelvorort Bournabat. In den Hügeln über der Stadt gelegen, hatten sich viele reiche Familien dort angesiedelt, um das kühlere Klima zu genießen und sich vor Seuchen zu schützen, die in den engen Stadtvierteln immer wieder ausbrachen. Die prächtigen Anwesen der levantinischen Whittals, Girauds, Alibertis, Reeses und La Fontaines waren von grünen Parks umgeben. Auch der erste Golfplatz des Osmanischen Reichs wurde in Bournabat angelegt. Wie ich hörte, lebten einige Levantiner noch heute dort. Rodney Simes hatte mir die Telefonnummer einer älteren Dame namens Valery gegeben, die als Doyenne der levantinischen Gemeinde galt. Sie war die letzte in Izmir verbliebene Nachfahrin des Whittal-Clans, der einst reichsten Familie von Smyrna. »*Yes, come visit me*«, hatte Valery am Telefon geflötet. Ich war gespannt.

Nach einer Fahrt durch weitgehend gesichtslose Wohnviertel und Gewerbegebiete fuhr der Vorortzug schließlich in Bornova ein. Schon vom Bahnhof aus sah ich die ersten alten Villen, von denen einige lange verfallen waren. Besonders an den hölzernen Veranden hatten die Jahre und die feuchte Seeluft genagt. In gutem Zustand waren nur die Gebäude, die inzwischen der Universität gehörten. Das Dekanat war heute im *Big House* untergebracht, dem einstigen Stammsitz der Großfamilie Whittal. Seit ihrer Ankunft aus England im 18. Jahrhundert hatte sie vor allem mit dem Export von Trockenfrüchten ein Vermögen verdient. Die Whittals heirateten oft geschäftsfördernd in andere levantinische Familien ein und stiegen so zur mächtigsten Patrizier-Dynastie im Osmanischen Reich auf. Sogar Sultan Abdülaziz stattete dem Anwesen der Whittals im Jahre 1863 einen ganztägigen Besuch ab, was als eine äußerst seltene Ehre galt.

Valery erwartete mich bereits, als ich durch ein hohes Tor den Park vor ihrer Villa betrat. Mit lebhaften Gesten bedeutete sie mir näher zu kommen. Sie war eine große Frau unbestimmten Alters, deren lange dunkle Haare sie sehr unenglisch aussehen ließen. Rodney schien Valery bereits von mir erzählt zu haben, amüsiert musterte sie mich. »*How about a cup of tea?*«, fragte sie und schlug ein Café um die Ecke vor. Leider könne sie mich nicht in ihren Salon einladen, da die Villa derzeit eine einzige Baustelle sei. Sie wies auf ein eingerüstetes Gebäude am Ende des Parks, in dem mehrere Bauarbeiter zugange waren. Bereits im Jahre 1734 erbaut, handelte es sich um eine der ältesten Villen von Bornova. »Nun muss sie dringend mal renoviert werden, dann verkaufe ich sie vielleicht«, sagte Valery und klang kein bisschen traurig darüber. Sie war mit ihrem Mann bereits in einen Bungalow nebenan umgezogen.

Die Villa hatte eine interessante Geschichte, wie mir Valery erzählte. Anfang des 20. Jahrhunderts hatte ihre Großtante hier gewohnt, eine Malerin namens Hortense Wood, die Klavierspielen noch bei Franz Liszt gelernt hatte und sieben Sprachen beherrschte. In Smyrna galt die unverheiratete Wood als eine beliebte Salondame, die nach dem Einmarsch der Griechen sogar den griechischen

König Konstantin zu Gast gehabt hatte. »Dabei war sie eine entschiedene Gegnerin der griechischen Besatzung«, sagte Valery, während wir zum Café spazierten. »Wie die meisten Levantiner wollte sie lieber weiterhin im kosmopolitischen Osmanischen Reich leben.« Als die türkischen Truppen im September 1922 die Stadt eroberten, beschloss Valerys Großtante in Bournabat zu bleiben – anders als die meisten Levantiner, die sich auf die Kriegsschiffe ihrer einstigen Herkunftsländer retteten und später auch ihre Firmen ins Ausland verlagerten.

Derweil requirierte der türkische Generalstab Hortenses Villa, um dort in sicherem Abstand zur Stadt sein Quartier einzurichten. Bald darauf stand kein Geringerer als Mustafa Kemal in ihrem Salon, um eine Lagebesprechung mit seinen Generälen abzuhalten. In ihr Tagebuch, von dem Valery eine Abschrift besaß, notierte Hortense am 16. September: »Ankunft von Kemal Pascha in unserem Haus, zusammen mit Ismet Pascha und anderen Generälen sowie der berühmten türkischen Dame, Halide Edib … Das Schicksal des Reichs wurde vor meiner Schlafzimmertür diskutiert, nahe dem Klavier.«[107] Während Smyrna bereits in Flammen stand, fand sich Hortense in der Gesellschaft der Brandstifter wieder. Kemal nahm sich sogar Zeit für ein persönliches Gespräch mit seiner Gastgeberin, die keinen Hehl aus ihrer Bewunderung für ihn machte. »Die Herren aßen hier zu Abend«, berichtete sie stolz. »Und später bat Kemal um ein Bad. Er nahm eins, woraufhin wir unsere Unterhaltung fortsetzten. Er versprach wiederzukommen.«[108]

Nach der Katastrophe von 1922 blieb Hortense in Bournabat, ebenso wie der Großvater von Valery, der im Tabakgeschäft tätig war. »Es gab keinen Grund wegzuziehen, denn sie waren hier aufgewachsen, und die Geschäfte liefen weiterhin gut«, sagte Valery, nachdem sie in dem Café ein Kännchen Tee für uns bestellt hatte. Ihr Vater stieg in den Seehandel ein und heiratete nach dem Weltkrieg ihre Mutter, eine italienisch-österreichische Levantinerin. Bournabat hieß inzwischen Bornova, aber hier oben blieb die alte Welt noch lange erhalten. Valerys Kindheitserinnerungen waren voller alter Ladies, die sich gegenseitig zu Kaffeekränzchen in ihren Villen besuchten. Mit den Kindern aus der Nachbarschaft hatte sie auf dem Golfplatz gespielt, der inzwischen längst mit grauen Apartmentblöcken überbaut war.

»Über die Jahre sind meine Erinnerungen zubetoniert worden«, seufzte Valery. »Ich erinnere mich an eine Zeit, als die Menschen in ihren Gärten keine Pools hatten, sondern kleine Badeseen.« Zwar wurde Valery lange nach dem Ende Smyrnas geboren, doch ihre Gedanken schienen aus einer anderen Welt zu kommen. Selbst ihre Sprache war eigenartig antiquiert, wenn sie von den *»olden days«* erzählte. Wie Rodney spickte sie ihre Sätze mit französischen und italienischen Ausdrücken, während sie mit dem Kellner fließend Türkisch sprach. Leicht kryptisch sagte sie: »Mein Land ist die Türkei, aber meine Heimat ist meine Kindheit.«

Nach dem frühen Tod des Vaters schickte ihre Mutter sie mit zwölf Jahren auf ein katholisches Mädcheninternat nach England. Valery hatte furchtbares Heimweh. Ihr Studium am King's College in London brach sie ab, um nach Bornova zurückzukehren und ihren türkischen Freund zu heiraten. Es war das erste Mal in der Geschichte der Familie, dass eine Whittal einen Türken ehelichte. Statt in einer kirchlichen Hochzeit wurde der Bund in einer einfachen Zivilehe geschlossen. »Mein katholischer Beichtvater war darüber sehr erbost«, erinnerte sich Valery lachend. »Er sagte zu mir: Jetzt lebst Du für immer in Sünde. So ganz unrecht hatte er natürlich nicht.« Mit ihrem Mann zog Valery, die fortan den Nachnamen Sağel trug, drei Kinder groß. Sie wurden keine Levantiner mehr, sondern besuchten türkische Schulen und lernten nur noch eine Fremdsprache: Englisch. Später eröffnete Valery eine Modeboutique, für die sie jeden Tag ins Stadtzentrum fuhr. Da war Bornova schon längst kein Vorort mehr, sondern gehörte zu Izmir und war an die

Metro angeschlossen. Aber Valery empfand es anders: »Noch heute fahre ich in die Stadt wie mit einer Kutsche.«

Als ich im Zug zurück nach Alsancak saß, wurde mir bewusst, dass die Tage der Levantiner längst gezählt waren. Sie mochten die ersten Kosmopoliten und *Expatriates* der Neuzeit gewesen sein, wie Simes behauptet hatte, aber schon im September 1922 besannen sie sich auf ihre nationale Herkunft, warfen ihre osmanischen Pässe fort und machten sich davon. Wer in der Stadt blieb oder später zurückkehrte, kam nicht umhin, Türke zu werden. Nur die Religion unterschied sie noch von ihren Landsleuten. Die Levantiner waren die letzten Christen von Izmir.

Alle Griechen und Armenier, die nach dem Brand von Smyrna noch nicht geflüchtet waren, mussten bald darauf das Land verlassen. Eine weitere Koexistenz der osmanischen Volksgruppen schien nicht mehr möglich. Zu sehr hatten die nationalistischen Konflikte die Beziehungen zwischen ihnen vergiftet. Die Türken fühlten sich von den Christen verraten, weil sie die griechische Invasion unterstützt hatten. Die Griechen und Armenier wiederum würden die türkischen Verbrechen nicht vergessen können. Jede Volksgruppe hatte ihre eigene Erinnerung an das Geschehen. Es gab gegensätzliche Wahrheiten, die nicht mehr versöhnt werden konnten. Smyrna ging das kollektive Gedächtnis verloren.

In der Flüchtlingswelle vom September 1922 retteten sich bereits Hunderttausende aus Kleinasien ins sichere Griechenland. Hinzu kamen die pontischen Griechen von der Schwarzmeerküste, die von den Türken ebenfalls mit schlimmer Gewalt aus ihrer Heimat vertrieben wurden, obwohl sie dort seit der Antike siedelten. Kurz darauf flohen auch die Christen aus dem bislang griechisch besetzten Ostthrakien, das im Waffenstillstand vom 11. Oktober der Türkei zugesprochen worden war.

»In einem endlosen, schwankenden Marsch verstopft die christliche Bevölkerung von Thrakien die Straßen nach Mazedonien«, beschrieb Ernest Hemingway die Flüchtlingstrecks in einer Reportage für den *Toronto Star.* »Zwanzig Meilen lang von Ochsen, Bullen und matschbedeckten Wasserbüffeln gezogene Karren, mit erschöpften Männern, Frauen und Kindern, Decken über ihren Köpfen, neben ihren weltlichen Gütern blind durch den Regen stapfend.«[109] Viele der Flüchtlinge waren Bauern, für die in Griechenland neue Höfe und Land gefunden werden mussten. Da lag es nahe, die muslimischen Landbesitzer, die bereits vereinzelten Racheakten ausgesetzt waren, ihrerseits gen Osten zu vertreiben.

In dieser chaotischen humanitären Krise sahen Politiker in Athen und Ankara nur eine praktikable Lösung: einen kompletten Austausch der christlichen und muslimischen Bevölkerungen beider Länder, wie er bereits nach den Balkankriegen angedacht worden war. Der griechische Staatsmann Venizelos, der inzwischen das Scheitern der *Megali Idea* eingesehen hatte, kehrte nach dem Militärputsch in Athen aus seinem Londoner Exil zurück, um die Friedensgespräche mit den Türken zu führen. Auch seinem Widerpart Kemal, der aus den türkischsprachigen Kernbereichen des Osmanischen Reichs eine nationalstaatliche Türkei möglichst ohne ethnokonfessionelle Minderheiten gründen wollte, war ein Bevölkerungsaustausch nur recht. Die Regierungen der Großmächte schlossen sich der Sicht auf die Lage an. So betraute man den neu gegründeten Völkerbund damit, eine umfassende Friedensvereinbarung zu vermitteln, die den hinfälligen Vertrag von Sèvres ersetzen sollte.

Nach zweimonatigen Verhandlungen in der Schweiz unterzeichneten die Delegationen am 30. Januar 1923 den Vertrag von Lausanne, der die neuen Staatsgrenzen sowie einen Bevölkerungsaustausch festschrieb. Nur die jeweils etwa 100 000 orthodoxen Christen Istanbuls und Muslime Westthrakiens waren davon ausgenommen. Nach fast 500 Jahren des Zusammenlebens einigten sich Türken und Griechen auf einen radikalen Scheidungsvertrag.

Das Resultat war eine gigantische ethnische Säuberung. Fast zwei

Millionen Menschen, gut 1,2 Millionen Christen und 500000 Muslime, mussten ihre Heimat verlassen. Im strengen Winter 1923/24 wurden sie in Züge oder Schiffe verfrachtet und in beide Richtungen abtransportiert. Mitnehmen durften sie oft nur, was sie in Koffern tragen konnten. Ihre bisherigen Nachbarn, die in der gemeinsamen Heimat zurückblieben, nahmen die Abreise oft einfach hin. Andere versammelten sich am Bahnhof und winkten zum Abschied, wobei einige weinten. Gerade in Griechenland waren die Beziehungen untereinander weder toxisch noch sehr harmonisch gewesen, sondern einfach nur nachbarschaftlich. Viele Frauen beider Konfessionen waren befreundet. Die Deportierten litten unter dem Verlust der Heimat, besonders die Alten waren geschockt. Es wurden traurige Reisen, oft unter entsetzlichen Bedingungen.

Der Lausanner Vertrag war ein weltgeschichtliches Novum: Zum ersten Mal wurden Menschen völkerrechtlich zu »Austauschbaren« gemacht. Es gab keine Freiwilligkeit, sondern sie wurden von Staats wegen zum Umzug gezwungen. Das unterscheidende Kriterium war dabei nicht die ethnische Zugehörigkeit oder die Sprache, sondern die Religionszugehörigkeit. So mussten etwa auch Muslime aus Kreta und Epirus umziehen, obwohl sie nur Griechisch sprachen und sich der griechischen Kultur zugehörig fühlten. Im Gegenzug fanden sich Christen aus Kappadokien, die über die Jahrhunderte bis auf die Religion die türkische Kultur angenommen hatten, plötzlich in einem völlig fremden Land jenseits der Ägäis wieder.

Der Austausch war zugleich logisch und zutiefst widernatürlich. Angesichts der verbreiteten interethnischen Gewalt bedeutete die Flucht für viele Menschen eine lebensrettende Sofortmaßnahme. Für die bereits aus Kleinasien vertriebenen Christen bestätigte der Vertrag von Lausanne ein *fait accompli*. Für die Muslime in Griechenland, die vom anatolischen Krieg nicht direkt betroffen waren, war die Heimatvertreibung hingegen weniger verständlich. Sie hatten sich nach den Balkankriegen mit den neuen Machthabern abgefunden und ein feines Beziehungsnetz mit ihren christlichen Nachbarn erhalten. Besonders die Türken von Salonica wollten in ihrer schönen Heimatstadt bleiben, doch auch sie wurden ausnahmslos deportiert – ebenso wie die *Dönme*, die zum Islam konvertierten Juden, die als Muslime klassifiziert wurden. Ironischerweise entkamen sie so dem Schicksal ihrer ehemaligen Glaubensbrüder, die zwanzig Jahre später fast alle in Auschwitz sterben sollten.

Welchem Land oder welcher Nationalität sie sich zugehörig fühlten, wurden weder die griechischen Muslime noch die osmanischen Christen gefragt. Ihre Gefühle und ihr individuelles Leid wogen geringer als die staatliche Realpolitik eines gewaltsamen *nation-making*, das aus den osmanischen Städten Smyrna und Salonica ein rein türkisches Izmir und ein rein griechisches Thessaloniki machte. Menschen waren leichter zu verschieben als Gebäude und konnten später auf der Grundlage einer gemeinsamen Religion im nationalen Sinne umerzogen werden. Statt auf weitere Koexistenz setzten Athen und Ankara auf geographische und kulturelle Trennung. Anstelle der bisher heterogenen ethnokonfessionellen Struktur galt fortan das Ideal der Homogenität. Auch westliche Politiker glaubten, dass gute Zäune gute Nachbarn machen würden. »Die Bevölkerungen des Nahen Ostens zu entmischen … sichert die Befriedung des Nahen Ostens«, schrieb der norwegische Polarforscher und Diplomat Fridtjof Nansen, der die Verhandlungen in Lausanne leitete und für seine humanitäre Flüchtlingshilfe den Friedensnobelpreis erhielt.

Die Hoffnung, man könne Frieden schaffen und menschliches Leid lindern, indem man Länder ethnisch flurbereinigte, war damals weit verbreitet. Wie zuvor in Europa führte die Moderne auch im Osmanischen Reich eine neue Kategorisierung der menschlichen Gesellschaft ein, die immer weniger religiös und zunehmend nationaler definiert wurde. Die Nation, ob sie nun real existent oder bloß eingebildet war, schuf unbestreitbar neue Identitäten und Zugehörigkeiten. Nationalismus zog klare Grenzen zwischen Wir-

Gruppen und zwang Menschen, sich auf die eine oder andere Seite zu stellen. Wie das multi-ethnische Habsburgerreich, so zerfiel auch das Osmanische Reich auf gewaltsame Weise in homogenere Nationalstaaten, die sich klar voneinander abgrenzten. Allerdings war die ethnische Landkarte des Balkans so mosaikartig, dass ein Bevölkerungsaustausch notwendig erschien. Er glich dem Versuch, aus einem Kokoschka-Gemälde einen Mondrian zu machen.

Für Europa hatte der Vertrag von Lausanne tiefgreifende Folgen. Er lieferte den Beweis dafür, dass es praktisch und moralisch möglich war, ein massives ethnisches Engineering zu betreiben und es als Erfolg zu bezeichnen. Seine Unterzeichner hofften, damit das Problem der Minderheiten gelöst zu haben. Sie ahnten nicht, dass der Bevölkerungsaustausch von 1923/24 zu einer Blaupause für viele weitere Heimatvertreibungen und damit zu einer Urkatastrophe des 20. Jahrhunderts werden sollte. Bereits im Zweiten Weltkrieg wurden 100 000 thrakische Griechen von den bulgarischen Besatzern vertrieben. Bei Kriegsende nahmen Churchill und Roosevelt die Beschlüsse von Lausanne zum Vorbild, um die Vertreibung der Deutschen aus Ostpreußen, Pommern und Schlesien zu rechtfertigen. Bei der gleichzeitigen Vertreibung der Polen aus ihren Ostgebieten konnte Stalin ebenfalls auf Lausanne verweisen. Auch der Bevölkerungsaustausch von Indern und Pakistanis im Jahre 1947 und die Vertreibung von Palästinensern aus ihrer Heimat ab 1948 orientierten sich am griechisch-türkischen Austausch.

Bis in die Gegenwart wirkte der Vertrag von Lausanne nach, stärker als etwa das Abkommen von Helsinki. Bereits vor seiner Unterzeichnung nannte der britische Außenminister Lord Curzon den Bevölkerungsaustausch »eine grundlegend schlechte und bösartige Idee, für die die Welt noch in hundert Jahren eine hohe Strafe zahlen würde.«[110]

Dies bewahrheitete sich noch im Bosnien-Krieg der 1990er Jahre, als die Kriegsparteien die erfolgten ethnischen Säuberungen mit einem offiziellen Bevölkerungsaustausch von Serben, Kroaten und Bosniern festschreiben lassen wollten. Auch westliche Politiker strebten eine räumliche Trennung der Balkanvölker als Konfliktlösung an. Da die verfeindeten Gruppen ethnisch jedoch kaum zu trennen waren, sollte auch hier die Religion als Kriterium der Zugehörigkeit dienen. Bis heute sind Europäer, wie es der britische Autor Bruce Clark formuliert hat, die »Kinder von Lausanne«.

Die Folgen für die Türkei und Griechenland waren ebenso tiefgreifend. Mustafa Kemal, der im November 1922 zunächst den letzten Sultan und bald darauf die alliierten Besatzer aus Istanbul vertrieben hatte, ließ im Jahr darauf die türkische Republik gründen. Anders als das Osmanische Reich setzte der neue Staat nicht auf Religion, sondern auf Nationalität als Quelle von Identität und Loyalität. Er machte aus monarchistischen Muslimen republikanische und säkulare Türken. Wirtschaftlich erging es dem jungen Staat in den ersten Jahren allerdings schlecht, denn mit dem Exodus der Griechen und Armenier verlor die Türkei quasi über Nacht viele Unternehmer, Händler und Handwerker.

Auch Griechenland hatte mit den Folgen der »kleinasiatischen Katastrophe«, wie die Ereignisse von 1922 bis 1924 dort bis heute genannt werden, schwer zu kämpfen. Das Land mit einer Bevölkerung von etwa fünf Millionen musste in kurzer Zeit 1,2 Millionen Flüchtlinge aufnehmen. Die Versorgung der vielen Menschen, die in Athen und Thessaloniki in ärmlichen Slums hausten, war finanziell kaum zu verkraften. Hinzu kamen Probleme der kulturellen Integration in die griechische Gesellschaft, die den Flüchtlingen kritisch bis ablehnend gegenüberstand. Während muslimische Zuwanderer aus dem Westen in der Türkei als *Yari gavur* (Halb-Ungläubige) diskriminiert wurden, beschimpfte man kleinasiatische Flüchtlinge in Griechenland gerne als *Tourkosporoi* (Türkensamen) und »Joghurtgetaufte«. Hatten sie nationalistischen Griechen zuvor als christliche Volksgenossen gegolten, die es zu befreien galt, gab man ihnen nun die Schuld für den verlustreich verlorenen Krieg. Auf beiden Seiten sehnten sich die diskriminierten Flüchtlinge nach ihrer alten Heimat zurück.

Langfristig konnte der Bevölkerungsaustausch als erfolgreich betrachtet werden, weil er die nationalstaatliche Homogenisierung beider Länder ermöglichte. Aber gerade durch ihre fluiden, ambivalenten Identitäten und kulturelle Andersartigkeit bereicherten die Neuankömmlinge zugleich ihre neuen Heimatländer, was sich in Speisegerichten, Filmkultur und Sprachvokabular zeigte. So konnte man in Thessaloniki bald ebenso leckere *Baklava* wie in Izmir essen. Bis in die 1950er Jahre zeigten griechische Kinos türkische Filme, auch heute sind Istanbuler Telenovelas unter Griechen sehr beliebt. Es gab Tausende Wörter, die in beiden Sprachen gleich oder ähnlich klangen, wie etwa *Bahce* und *Bahtses* (Garten) oder *Liman* und *Limani* (Hafen) sowie natürlich jede Menge Schimpfwörter wie *Avanak* und *Avanakis* (Dummkopf), *Aptal* und *Abdalis* (Depp) oder *Budala* und *Boudalas* (Idiot).

So wurde aus der in Lausanne beabsichtigten Entmischung der Völker paradoxerweise wieder eine Durchmischung, dank derer sich die Kulturen und Lebensarten beider Länder in einigen Bereichen nicht voneinander entfernten, sondern eher weiter anglichen.

Wer sich länger mit Griechen und Türken unterhielt, bekam immer wieder zu hören, dass sich beide Völker sehr ähnlich seien und nur von Politikern sowie dem Klerus getrennt würden. Auf beiden Seiten herrschte eine tiefe Sehnsucht nach Wiederverbindung, die sich in zahllosen Liedern, Romanen und Filmen ausdrückte. Sie war auch nach dem verheerenden Erdbeben von 1999 zu spüren, das in beiden Ländern zu einer grenzüberschreitenden Welle von Mitgefühl und Hilfsbereitschaft führte.

Das offizielle Verhältnis zwischen der Türkei und Griechenland hingegen blieb antagonistisch. Die Spannungen in Zypern führten im September 1955 zu einem von der türkischen Regierung angestifteten Pogrom gegen die griechischen Bewohner Istanbuls, bei dem ein Mob zahllose Wohnhäuser, Geschäfte und Kirchen zerstörte sowie mehrere Lynchmorde verübte. In den folgenden Jahren wanderten die meisten verbliebenen Christen aus, so dass heute nur noch etwa 2000 Griechen in Istanbul leben. Wie ihre Vorfahren, wohnen viele von ihnen im Stadtteil Phanar, wo auch das Ökumenisch-orthodoxe Patriarchat seinen Sitz in der Kathedrale St. Georg hat und von der byzantinischen Vergangenheit der Stadt zeugt. In den 1700 Jahren, die dieses Amt nun schon bestand, war der derzeitige Patriarch Bartholomäus I. immerhin der 270. Erzbischof von Konstantinopel.

Bis heute war der Vertrag von Lausanne die zentrale rechtliche Grundlage der bilateralen Beziehungen zwischen der Türkei und Griechenland, doch gerade seine territorialen Grenzziehungen blieben umstritten. Präsident Erdoğan forderte immer wieder, über einige küstennahe Inseln müsse neu verhandelt werden, was Griechenland ablehnte. Für zusätzlichen Zündstoff sorgte ein heftiger Disput um fossile Rohstoffquellen vor der Küste Zyperns. Fast täglich kam es zu militärischen Drohgebärden der Luftwaffe und Seestreitkräfte beider Seiten. Auch in Izmir erhielt ich einen Eindruck davon, wie schlecht die Beziehungen der NATO-Partner derzeit waren, als ich im Basarviertel mit zwei Matrosen der *Hessen* ins Gespräch kam. Sie waren nette Mittzwanziger, die als Heizer im Maschinenraum der Fregatte arbeiteten. Ihre Namen nannten sie mir nicht. Einer hatte bereits Frau und Kind in Wilhelmshaven, die er nur alle sechs Monate zu sehen bekam, in einer »Zusammenführung«, wie dies im Marine-Sprech hieß. »So ist eben das Seemannsleben«, sagte der junge Familienvater achselzuckend. Dafür komme man rum, sogar nach New York waren die beiden auf der *Hessen* schon gefahren.

Seit einigen Monaten war die Fregatte im Mittelmeer unterwegs, berichteten die Matrosen, erst vor der libyschen Küste und nun in der Ägäis. Ihre Mission sei es, die europäische Südgrenze zu bewachen und Migrantenboote aufzuspüren. (Beide sagten ausdrücklich Migrantenboote, nicht Flüchtlingsboote.) Mit hochmodernen Radaren und Wärmekameras suchten die Deutschen die ägäischen Küstengewässer ab. »Nur wenn Migranten in Seenot sind, nehmen wir sie an Bord«, sagte einer der Matrosen. »Aber das ist bislang nur vor Libyen vorgekommen.« Auf der Brücke der Fregatte waren ein türkischer und ein griechischer Verbindungsoffizier zugegen. Sobald ein Boot entdeckt wurde, diskutierten sie lange, wessen Küstenwache dafür zuständig sei und informiert werden müsse. »Keiner will sich um die Migranten kümmern, also geraten sich die beiden natürlich oft in die Haare.«

Die lautstarken Streitereien der Offiziere blieben niemandem auf dem Schiff verborgen, erzählten die Matrosen. Schon über die genauen Grenzverläufe waren sie sich selten einig. Zudem tolerierte der Türke keine griechischen Inselnamen und der Grieche keine türkischen, so dass der Kapitän der *Hessen* sogar die offiziellen Seekarten der Ägäis abändern musste. Auf der nationalneutralen neuen Karte, die nun auf der Brücke hing, wurde etwa die Insel Lesbos nur noch als »P1« bezeichnet. Die jungen Männer mussten über ihre NATO-Partner den Kopf schütteln. »Aber weißt Du, was das Beste ist?«, sagte der eine. »Nach Feierabend stehen der Türke und der Grieche friedlich an der Reling und trinken Bier zusammen.«

Bereits im fünften vorchristlichen Jahrhundert stellte der griechische Dramatiker Euripides fest: »Es gibt kein größeres Leid auf der Erde als den Verlust der Heimat.« Dessen eingedenk haben sich beiderseits der Ägäis auch Schriftsteller mit den traumatischen Erfahrungen des Bevölkerungsaustausches befasst. Dabei mussten sie sich mit einigen Tabus und ideologisch gefärbten Narrativen auseinandersetzen. Auf griechischer Seite war der Versuchung zu widerstehen, die Türken als blutrünstige Barbaren darzustellen, die die Christen allein aus niederen Motiven vertrieben hatten. In der

Türkei mussten Autoren aufpassen, dass ein Beklagen des Bevölkerungsaustausches nicht als Kritik am Staatsgründer Atatürk verstanden wurde.

In der Bibliothek hatte ich einen Erzählband des türkischen Schriftstellers Necati Cumalı (1921–2001) entdeckt. Die französische Ausgabe hieß *Macédoine 1900*, auf Deutsch war das Buch unter dem Titel »Des Balkans letzter Bey« erschienen. Cumalı wurde in eine alte muslimische Adelsfamilie im westmazedonischen Florina geboren. Sein Vater war ein wohlhabender Tuchhändler, der oft nach Salonica und Konstantinopel reiste. Nach dem Vertrag von Lausanne wurde die Familie Cumalı per Schiff nach Izmir gebracht, wo der junge Necati zur Schule ging und später Jura studierte. Erst als bereits bekannter Schriftsteller verarbeitete Cumalı im Jahre 1976 die Heimatvertreibung der Familie in autobiographischen Erzählungen, die mit einer Beschreibung des muslimischen Viertels von Florina mit seinen engen Gassen, Geschäften und Moscheen begannen: »Unser Haus befand sich am Eingang des hochgelegenen muslimischen Viertels, am Ende des griechischen Viertels, wenn man vom Markt kam. Wie alle muslimischen Gebäude war es ein Fachwerkhaus. Harmonisch und prächtig, sah es sehr hübsch aus neben dem griechischen Nachbarhaus.«[111]

Beliebter Treffpunkt aller Bewohner von Florina war das Geschäft des griechischen Schneiders Arsenios, dem nationalistisches Gedankengut fremd war. Der junge Erzähler, den der Schriftsteller Cumalı älter machte, als er in Florina selbst gewesen war, empfand die Schneiderei als eine Schule für das Zusammenleben in Frieden und Harmonie, wo keine Unterschiede der Sprache oder Religion gemacht wurden: »Wir kamen und gingen in seinem Geschäft, ohne daran zu denken oder uns auch nur daran zu erinnern, dass er Grieche und orthodox war. Und er empfing uns ganz einfach als Arsenios der Schneider. Und deswegen begegneten wir Balkaner aller Volksgruppen – Orthodoxe, Muslime, Griechen, Bulgaren, Serben, Walachen, Albaner oder Türken – uns ohne Zank oder Rempelei in seinem Laden.«[112]

Auch während der brutalen Balkankriege und des Einmarschs der griechischen Truppen in Florina fühlte sich der Erzähler in Arsenios Geschäft stets sicher. Von dem Schneider erfuhr er im Mai 1919 vom Einmarsch der Griechen in Smyrna und kehrte vorsichtshalber in sein Elternhaus zurück, während die griechischen Nationalisten auf den Straßen feierten. »Auf dem Weg nach Hause war ich ziemlich sorgenvoll und bekümmert. Ich ging mit hängendem Kopf und konnte niemandem in die Augen sehen. Wir waren die Kinder einer Generation, die die teure Lektion gelernt hatte, dass es nicht ausreichte, irgendwo geboren zu werden, um diesen Ort seine Heimat zu nennen …. Man nahm an, dass wir anderen automatisch die Nationalität gewechselt hätten. In Wirklichkeit war es eine absurde Situation. Das konnte nur improvisiert und oberflächlich sein. Was wir vorher waren, waren wir noch immer.«[113]

Als die Muslime von Florina nach der griechischen Niederlage in Kleinasien vom geplanten Bevölkerungsaustausch erfuhren, reagierten sie ungläubig. »So etwas ist unmöglich!«, zitierte Cumalı seinen Vater. Wenige Monate darauf musste die Familie ihr Wohnhaus einer griechischen Familie übergeben, die aus einem kleinasiatischen Dorf nahe Bursa geflüchtet war. Auf der Fahrt an die Küste schaute der Vater sprachlos durch das Zugfenster auf die mazedonischen Berge, die er nie wiedersehen sollte. Als die Cumalıs im Hafen von Salonica ein Dampfschiff bestiegen, klammerte sich der Vater an die Gangway und schrie weinend, er könne doch seine toten Vorfahren nicht allein lassen. Unweit von Izmir ließ sich die Familie in einer Kleinstadt namens Urla nieder, wo der Vater depressiv wurde und nach drei bettlägerigen Jahren verstarb.

Einfühlsam geschrieben, brachten mir die Erzählungen von Cumalı noch einmal nahe, welch eine Tragödie der Lausanner Vertrag für die betroffenen Menschen gewesen war. Tief berührt klappte ich das Buch zu und sah auf Google Maps nach, wo denn dieses Urla lag: etwa 60 Kilometer westlich von Izmir, auf der Halbinsel von Çeşme. Im Internet stand auch, dass das ehemalige Wohnhaus des Schriftstellers in ein öffentliches Museum umgewandelt worden war. Das hörte sich interessant an, mit etwas Glück hatte es sogar geöffnet. Es war ein sonniger Tag, für die Bibliothek ohnehin zu schade. Spontan beschloss ich daher, nach Urla zu fahren und das Haus zu besichtigen. Eine türkische Freundin, die ein Auto besaß und immer für kleine Roadtrips zu haben war, holte mich am Institut ab.

Auf der Fahrt entlang der Bucht kamen wir an einer Lagune vorbei, die einen unerwarteten Anblick bot. Hunderte pinke Flamingos hatten sich hier versammelt, die durch das flache Wasser staksten und nach Futter suchten. Andere ruhten sich aus, scheinbar regungslos auf einem Bein stehend. »Das ist unsere Flamingo-Kolonie«, sagte meine Freundin. Jedes Jahr kamen die Vögel aus ihren nördlichen Sommerquartieren, etwa den mazedonischen Seen, um in der Lagune bei Izmir zu überwintern. Im Frühjahr zogen sie wieder von dannen. Für Zugvögel galten staatliche Grenzen nicht. Niemand schrieb ihnen vor, wo ihre Heimat zu sein hatte. Sie waren frei.

Ich musste an die Störche und vielen anderen Zugvögel denken, die meine Jugend in der norddeutschen Provinz begleitet hatten. Jeden Herbst hatte ich den Staren neidvoll dabei zugesehen, wie sie sich auf Telegraphenmasten und Stromleitungen aufreihten, um sich für die Reise nach Afrika zu rüsten. Wie ich ihre Zugunruhe damals hatte nachempfinden können!

Nach einer Autostunde erreichten wir Urla, eine Kleinstadt mit einem historischen Kern. Die hübschen Steinhäuser ließen darauf schließen, dass der einst Vourla genannte Ort früher von Griechen bewohnt gewesen war. Mehrere Schilder wiesen den Weg zum Cumalı-Museum, einem stattlichen Gebäude, dessen ehemalige Wohnräume mit Möbeln aus den 1960er Jahren eingerichtet waren. Hinter Vitrinen hingen ein Trenchcoat des Autors und sein karierter Hut, auch die Armbanduhr und die Lesebrillen waren ausgestellt. Im Arbeitszimmer standen eine alte Schreibmaschine, leicht vergilbte Fotos und ein Exemplar des Mazedonien-Buchs. Cumalı hatte es seinen Eltern gewidmet, deren »Erzählungen voller Nostalgie und Feinfühligkeit« ihn inspiriert hätten.

Im Nachwort der französischen Ausgabe war ein Interview mit dem Autor abgedruckt, in dem er seine Motivation für das Buch erläuterte. Darin sah Cumalı sich in einer Reihe mit dem Griechen Nikos Kazantzakis und dem Jugoslawen Ivo Andrić, die beide den nationalen Chauvinismus überwunden und im Dienste menschlicher Brüderlichkeit geschrieben hätten. Für ihn war das Kernthema seines Buchs, wie sich die Bewohner des multiethnischen Rumelien in den nationalistischen Konflikten zueinander gestellt hätten: »Die Nachbarn, die seit Jahrhunderten zusammenlebten, werden plötzlich zu Feinden und teilen sich in Lager auf. Angesichts der Ereignisse haben sie eine Haltung als Mitglied einer Gruppe und eine andere als Mensch. Was ist die Haltung des Menschen gegenüber seinem Gewissen?«[114]

Dieselbe Frage hatte noch einen anderen Schriftsteller umgetrieben, der zufälligerweise ebenfalls oft in Urla gewesen war, als es noch Vourla hieß: Giorgos Seferis (1900–1971). Der erste Grieche, der den Nobelpreis für Literatur erhielt, war in Smyrna aufgewachsen. Seine Großeltern besaßen ein Sommerhaus am Hafen von Vourla, wo Seferis viele unbeschwerte Schulferien verbrachte. Bei Ausbruch des Weltkriegs erkannte sein Vater, ein angesehener Anwalt und Dichter, frühzeitig die Zeichen der Zeit und zog mit der Familie nach Athen um. Vom Untergang Smyrnas erfuhr Seferis in Paris, wo er inzwischen Jura an der Sorbonne studierte. Auch der Bevölkerungsaustausch betraf ihn nicht direkt, wohl aber seine Großeltern, die in Vourla geblieben waren und fliehen mussten. Später ging Seferis in den diplomatischen Dienst und lernte die Welt kennen. In seiner freien Zeit schrieb er Gedichte, die immer wieder sprachmächtig ausdrückten, dass sich Seferis als ein Exilant fühlte, dessen Kindheitsorte unerreichbar blieben.

Erst im Juli 1950, inzwischen als Botschaftsrat in Ankara, kehrte Seferis nach Izmir und Urla zurück. Die Reise dokumentierte er in einem Tagebuch, das nach seinem Tode veröffentlicht wurde. Teils in Telegrammstil, teils in lyrischer Prosa geschrieben, gaben die Einträge anschauliche Reiseeindrücke wieder und erlaubten zugleich tiefe Einblicke in seine Gemütslage, während Seferis sich mit einem befreundeten Diplomaten seiner alten Heimatstadt näherte: »Danach gen Smyrna: vertraute Luft, ein vertrauter ländlicher Stil und der Duft der Kräuter. Dann tritt dir ganz allmählich, von innen her, die in der Erinnerung so bekannte, jetzt so unbekannte Stadt ins Bewusstsein – mein Gott, was mache ich nur.«[115]

Weder Hass noch Rachegelüste hätten ihn zur Rückkehr nach Smyrna motiviert, schrieb Seferis, sondern allein der Wunsch, das Geschehene besser zu verstehen. Dennoch waren seine ersten Eindrücke negativ. Die Stadt kam Seferis »entstellt« vor, noch immer von Verfall und Trümmern geprägt. Das Haus der Familie war komplett abgebrannt. Der Diplomat stieg im Handelsclub am Kordon ab, dem ehemaligen Sporting Club, hinter dem das Elternhaus gestanden hatte. Im Restaurant, wo er zu Abend aß, wurde getanzt: »Juden, sagt man uns bei Tisch. Später wird hinzugefügt, sie hätten in Smyrna die Stelle der Griechen eingenommen. Nach dem Essen zwei Schritte zum Platz unseres Hauses: *Das Nichts*. Dann noch ein paar Schritte zum ›Kai‹. Du entzifferst mit Mühe erloschene Buchstaben. Ich bin ganz woanders … Smyrna hat seinen Schatten verloren, wie die Geister.«[116]

Seferis überkamen Abscheu und Trauer. In seinen Augen war die Stadt nicht einmal mehr ein Schatten ihrer selbst, sondern hatte ihre Seele verloren. Am folgenden Morgen fuhr Seferis weiter nach Urla, um nach dem ehemaligen Sommerhaus der Großeltern zu sehen.

War Smyrna der Ort seiner klassischen Bildung gewesen, in der Bibliothek des Vaters wie in der Schule, so hatte der junge Seferis in Vourla seine sinnlich-sentimentale Bildung erhalten und das einfache griechische Leben kennengelernt. In dem kleinen Küstenort angekommen, gingen Seferis und sein Begleiter am Ufer entlang.

»Wir wandten uns zum Meer hin: keine Stille, sondern eine albtraumhafte Regungslosigkeit. Der Ort war das Innere einer Kugel, und die Dinge, eingeschlossen in dieser Kugel wie ich selbst, wurden immer kleiner, wurden schmaler und schrumpften, bis sie nur noch ein zerknittertes Modell waren des Vergangenen, liegen geblieben in einem Regal.« Die Ortschaft kam Seferis wie ein totes Mädchen vor, die alten Häuser schienen ihn wie kranke Tiere anzusehen. Unweit vom Hafen erkannte er das Haus der Großeltern: »Die Scheiben des Fensters unten zerbrochen, die schmiedeeiserne Tür ganz verrostet; seit unserer Zeit wird sie wohl nicht wieder gestrichen worden sein. Ich habe in Athen immer noch den Schlüssel dazu.«[117]

Vom Cumalı-Museum war der Hafen von Urla nur wenige Autominuten entfernt. Wir parkten direkt am Hafenbecken, das von alten Steinhäusern gesäumt war. An der Mole lagen Fischkutter und Segelboote vertäut, auf dem tiefklaren Wasser hüpfend. Zwei Männer flickten ihre Netze, wobei sie sehr entspannt aussahen. Meine Bekannte fragte sie, ob sie zufällig das Sommerhaus von Seferis kennen würden, dem griechischen Dichter? Sie kratzten sich am Kopf und wiesen auf ein kleines Hotel, das »Yorgos Seferis« hieß. Und tatsächlich, am Eingang verkündeten drei bronzene Plaketten in türkischer, griechischer und englischer Sprache, dass dies das Sommerhaus des Nobelpreisträgers gewesen sei. In der Lobby hingen einige gerahmte Porträtfotos und ins Türkische übersetzte Gedichte. Ob das alte Kinderzimmer von Seferis noch existiere, fragten wir den Hotelbesitzer. Vermutlich ja, antwortete er mürrisch, aber um es sehen zu können, müssten wir es mieten. Kurz überlegten wir, doch dann lehnten wir dankend ab.

Später aßen wir am Hafen einen Teller frische Sardinen, während ich über den Tag nachdachte. Wie sich die Geschichte des Lausanner Vertrags doch in diesem Ort Urla verdichtete, mit den Häusern zweier großer Schriftsteller, die ihre Heimat hatten tauschen müssen. Wie lange hatte Cumalı mit seinem neuen Zuhause gefremdelt, dessen Verlust Seferis nicht minder lange betrauerte.

Auf der Rückfahrt nach Izmir bemerkte ich die Zwei Schwestern, zwei Berge mit auffällig gleichgeformten Gipfeln. In der Literatur über das alte Smyrna tauchte diese poetische Bezeichnung immer wieder auf, mal als Schwestern, mal als Zwillinge. Auch Seferis erwähnte sie in seinem Reisetagebuch mehrmals, fast erleichtert darüber, dass zumindest die Natur sich nicht verändert hatte: »Die Sonne geht unter hinter den Zwei Schwestern, das Dämmerlicht taucht den Himmel und das Meer in die Farbe einer unerschöpflichen Liebe. Und du schämst dich, dass du Lust hättest, laut aufzuheulen, dass alles nur eine maßlose Täuschung sei.«[118]

Auf die Berge weisend, fragte ich meine Freundin, die in Izmir aufgewachsen war, wie sie auf Türkisch hießen. Sie zuckte mit den Achseln, von den Zwei Schwestern hatte sie jedenfalls noch nie gehört.

Auf einer weiteren Reise im Oktober 1950 empfand Seferis Izmir, wie er schrieb, als die kraftloseste Stadt, die er je gesehen hatte. Wieder suchte er nach Resten des alten Smyrnas, die türkische Kultur interessierte ihn nicht. In sein Tagebuch notierte er ein Mittagessen in einem Lokal, dessen türkisch-kretische Kellner noch fließend Griechisch sprachen und Heimweh nach ihrer Insel hatten. Ebenso erfreute den Diplomaten, dass die Lingua Franca der Seeleute im Hafen noch immer Griechisch war. Die Spaziergänge durch die vom Feuer verschonten Stadtteile hingegen deprimierten ihn: »Es gab einmal ein spezielles smyrnäisches Rokoko. Man sieht es noch, wenn man auf dem Kai spazieren geht: Balkone, Hausschmuck, schmiedeeiserne Tore, Inneneinrichtung. Reiche Häuser aus einer anderen Zeit, mit Sorgfalt und gut gebaut, aus solidem Material, damit sich Generationen von Kindern und Kindeskindern daran erfreuen können. Heute sind sie bewohnt von Menschen, die wie erschreckt durch halboffene Türen schlüpfen oder aus dem Fenster schauen, als ginge sie das alles gar nichts an.«[119]

Wie unzivilisierte Hausbesetzer beschrieb Seferis die neuen Bewohner Izmirs. Ihre kulturelle Andersartigkeit zeigte sich für ihn wie für Rodney Simes schon allein darin, dass Türken anders als Griechen ungern Balkone nutzten. Die Pose zivilisatorischer Überlegenheit konnte allerdings kaum über seine eigentlichen Gefühle von Verlustschmerz hinwegtäuschen. Dabei erging es Seferis ähnlich wie vielen Vertriebenen des 20. Jahrhunderts – etwa Deutschen aus Schlesien oder Polen aus Galizien –, wenn sie Jahre später in ihre alte Heimat zurückkehrten. Er wurde in die Kindheit zurückkatapultiert, was nostalgisch-melancholische Resignation in ihm auslöste: »Es gibt nur noch die Welt hier und anderswo, so wie die Welt eben ist, und niemand kommt irgendwo an.«[120]

Die Häuser der Anderen – sie standen nicht nur in Urla und Izmir, sondern an der gesamten kleinasiatischen Küste, im anatolischen Kappadokien, in Istanbul und am Ufer des Schwarzen Meeres. Ebensolche Häuser standen aber auch auf der anderen Seite der Ägäis, in der verwinkelten *Ano Polis* von Thessaloniki, am Hafen von Kavala, in den Gassen von Ioannina und in der Altstadt von Chios. Die Häuser der Anderen – erbaut von den später Vertriebenen und von anderen ihrerseits Vertriebenen bezogen – sie standen an so vielen Orten der Welt, deutsche Häuser in Breslau, polnische in Lemberg, italienische in Rijeka, slowenische in Triest, palästinensische in Haifa und jüdische Häuser überall. Die Liste ließe sich endlos fortsetzen. So viele von uns lebten in Häusern der Anderen, oft ohne es zu wissen.

ENTMISCHTES LAND XI

Auf der Asche von Smyrna schuf Mustafa Kemal die moderne Türkei.

Er vertrieb den letzten Sultan, beseitigte die Monarchie und das Kalifat, um eine säkulare Republik zu errichten. Nach fast fünf Jahrhunderten ununterbrochener Herrschaft über Konstantinopel war das einst gewaltige Osmanische Reich erledigt.

Auf den Trümmern des osmanischen Vielvölkerstaats plante Kemal, einen kompakten und einheitlichen Nationalstaat zu errichten. Am 29. Oktober 1923 rief er in Ankara die Republik aus und ließ sich von der Großen Nationalversammlung zum ersten Präsidenten wählen. Seither wurde an diesem Datum jedes Jahr der wichtigste türkische Nationalfeiertag begangen, der Tag der Republik.

In Izmir begannen die Feierlichkeiten, indem eine Militärkapelle in aller Herrgottsfrühe vor dem Izmir Palas Hotel aufmarschierte. Trommelnd und trompetend zogen die Musiksoldaten unter meinem Balkon vorbei. Leise fluchend blickte ich auf den Kordon, wo Polizisten gerade Sperrgitter errichteten und die Angler von der Kaimauer verscheuchten. Auf dem Wasser positionierten sich Schnellboote der Küstenwache, während ein Militärhubschrauber über der Bucht kreiste. Ich zog meinen Morgenmantel über, machte mir einen Kaffee und setzte mich auf den Balkon. Er war ein Logenplatz, um die angekündigte Festparade zu erleben.

Dann ging das Spektakel los, zu schmissiger Marschmusik zogen die verschiedensten Formationen vorbei: Schulklassen, Pfadfinder, fesche Marinekadetten, das Ensemble des Stadttheaters, grauschüttere Rotarier, die Delegation der Handelskammer, eine fröhliche Gruppe von Menschen mit Down-Syndrom, einzelne Fachschaften der Universität, Tierschutzvereine. Weniger Militär, als ich erwartet hatte, die zivilgesellschaftlichen Gruppen überwogen deutlich und das in überraschend bunter Vielfalt. Gemeinsam hatten sie, dass alle türkische Fahnen, Atatürk-Konterfeis und Banner mit republikanischen Schriftzügen trugen. »Lang lebe Mustafa Kemal Pascha!« skandierten einige, andere sangen den Marsch von Izmir.

Weiter ging es mit der Vereinigung Izmirer Geschäftsfrauen, gefolgt von einer religiösen Gruppe kopftuchtragender Mädchen, drei Abordnungen der Vertriebenenverbände aus Bosnien, dem Sandschak und Kreta, den Soroptimisten und Mitgliedern der Anwaltskammer, denen das Publikum am Kordon besonders viel Applaus spendete.

Auch mein Zimmernachbar klatschte laut. Er verfolgte die Parade ebenfalls von seinem Balkon aus, gemeinsam mit Frau und Kindern. Der Mann war sichtlich bewegt, über die Balustrade kamen wir ins Gespräch. Er sprach fließend Deutsch, da er Medizin in Hamburg studiert hatte. Seit langem lebte er in Istanbul, wo er als Augenarzt praktizierte. Eigens für den Tag der Republik war die Familie nach Izmir gereist: »Hier ist es noch wie früher – so eine große Parade, das gibt es in der ganzen Türkei nicht mehr!« Die Regierung wolle eine andere Republik, in der die Religion die wichtigste, wenn nicht gar die einzige Rolle spiele. Den Namen des Regierungschefs nahm der Mediziner nicht in den Mund, sondern sprach stets von »den Religiösen« oder der »anderen Seite«, angewidert das Gesicht verziehend.

Unter uns marschierte eine Spezialeinheit der Armee vorbei, ein Banner tragend, auf dem stand, dass das Land nicht gespalten werden könne. »Mein Großvater hat 1922 als Soldat gekämpft«, sagte mein Nachbar, während er feuchte Augen bekam. »Er war dabei, als Mustafa Kemal damals diese Stadt befreite. Heute ist Izmir die letzte freie Stadt der Türkei. Nur hier ist das Land noch modern.«

Wir sahen hinunter und schwiegen. Wie früher, hatte der Mann gesagt und kurz darauf: noch modern. Was wie ein Widerspruch klang, war tatsächlich so. Die Parade wirkte wie ein schlaffes Ritual, wie ein sozialistischer Fahnenzug zum 1. Mai. Sie hatte den Geschmack des Vergangenen, einer untergehenden Welt, in der die Moderne, die immer mit Fortschritt verbunden gewesen war, auf einmal hinter uns lag. Die Paradeteilnehmer marschierten längst gegen die Strömung eines postmodernen Zeitgeists, unter dem sich gesellschaftliche Regression verbarg.

Diese Stadt war Kemals letzte Hochburg. Hinter dem Pagos-Berg, in der Meles-Schlucht, hatte man sogar einen gigantischen Kopf des Staatsgründers in die Felsen gehauen. Wie die großen US-Präsidenten am Mount Rushmore verewigt waren, so blickte Kemal auf die Stadt herab, die er hatte niederbrennen lassen, um auf ihren Ruinen die neue Türkei zu erschaffen. Das steinerne Konterfei war Ausdruck eines bis heute gepflegten Personenkults, der an Mao oder Kim Il-sung erinnerte. In türkischen Schulen hingen oft zwei Uhren, von denen eine dauerhaft auf 9.05 Uhr stillstand, der exakten Uhrzeit, zu der Kemal am 10. November 1938 verstorben war. Inzwischen wurde er Atatürk genannt, Vater der Türken. Auch fast hundert Jahre später hielt das Land an seinem Todestag um 9.05 Uhr eine traditionelle Schweigeminute ab.

Bis vor wenigen Jahren stellten sich türkische Schulkinder jeden Morgen in Reih und Glied auf dem Pausenhof auf, um den notorischen Schulschwur von 1933 aufzusagen: »Ich bin Türke, aufrichtig und fleißig. Mein Grundsatz ist, die Jüngeren zu schützen, die Älteren zu respektieren, mein Heimatland und meine Nation mehr zu lieben als mich selbst. Mein Ideal ist es aufzusteigen, vorwärtszugehen. O großer Atatürk! Ich schwöre, den von dir geebneten Weg und das von dir gesteckte Ziel unentwegt weiterzuverfolgen. Mein Dasein soll ein Geschenk an die Existenz der türkischen Nation sein. Wie glücklich, wer sagen kann: ›Ich bin Türke!‹«

Mit dem Begriff des »Türken« für die Identität der neuen Staatsbürger wählte Kemal einen Ausdruck, der zwar im Ausland geläufig war, aber im Osmanischen Reich eher als Schimpfwort für anatolische Hinterwäldler galt. Die Republik wertete den Begriff bewusst positiv auf und definierte ihn nicht ethnisch oder religiös, sondern rein staatsbürgerlich: Zum Türken wurde, wer sich an die republikanische Verfassung hielt. Die Kehrseite dieser Definition war, dass nationale Minderheiten fortan radikal assimiliert wurden, indem man die ethnisch-kulturellen Eigenheiten etwa der Kurden und der verbliebenen Griechen komplett zu nivellieren versuchte. Im öffentlichen Raum musste Türkisch gesprochen werden, in den Schulen wurde bald nur noch in türkischer Sprache unterrichtet. Das Ziel war eine homogene nationale Identität, die keine Vielfalt feierte, sondern uniforme Staatsbürger heranzüchten sollte.

Die Grundlage hierfür war bei aller kemalistischen Säkularisierung die bereits bestehende religiöse Homogenität des Staatsvolks, das zu 99 Prozent aus Muslimen bestand. Selbst die Vergangenheit wurde vereinheitlicht, indem griechische und armenische Ortschaften neue türkische Namen erhielten. Man verdrängte, dass in der Türkei überhaupt mal Christen gelebt hatten. Im Gründungsmythos der Republik, der jedem Schulkind mitsamt allen großen Taten und Aussprüchen Atatürks eingetrichtert wurde, kamen Nicht-Türken nur noch als feindliche Invasoren vor, die erfolgreich besiegt und vertrieben wurden. »Bereits die Gründung dieses Staats ging mit einer Amnesie einher«, hat die türkische Schriftstellerin Ece Temelkuran bemerkt. »Ja, die Republik Türkei gründet auf Vergessen. Ihre Väter erklärten das Gründungsjahr zum Jahr null und verwandelten so alles, was vorher war, in Vorgeschichte.«[121]

Welche Folgen hatte der griechisch-armenische Exodus für Izmir? Diese Frage wollte ich Bora Alevok stellen, der aus einer alten und stadtbekannten Familie stammte.

Anders als die meisten Bewohner, die erst nach 1922 zugezogen waren, hatten Alevoks Vorfahren als Paschas und hochrangige Bürokraten die Geschicke der Stadt schon zu osmanischer Zeit mitgestaltet. Nach Gründung der Republik ging Boras Großvater in die Wirtschaft und begann, auf Kontakte aus dem Weltkrieg aufbauend, deutschen Stahl in die Türkei zu importieren. Oft reiste er nach Essen, um in den Krupp-Fabriken bestellte Ware zu inspizieren. Auch Kriegsmaterial kaufte der Geschäftsmann und avancierte so zu einem der größten Waffenhändler der Türkei, die wie Deutschland in den 1930er Jahren stark aufrüstete. Als Türken im Jahre 1935 verpflichtet wurden, zu ihrem Vornamen auch einen Familiennamen zu tragen, wählte er passenderweise Alevok, was Feuerstrahl bedeutete. Erst nach dem Zweiten Weltkrieg schwor er dem Waffenhandel ab und sattelte auf zivile Produkte wie Kühlschränke und Backöfen um.

Sein Enkel und ich trafen uns in einem trendigen Café in Alsancak. Mit seinem entspannten Auftreten in Jeans und Pullover sah Bora Alevok nicht wie ein Geschäftsmann aus. Tatsächlich war der 51-Jährige früh aus dem Familienunternehmen ausgetreten und Ingenieur geworden, doch er erinnerte sich gut daran, was der Großvater über seine geschäftlichen Anfänge in den 1920er Jahren erzählt hatte. »Die junge Türkei tat sich damals schwer, ohne die Griechen und Armenier wirtschaftlich wieder auf die Beine zu kommen«, sagte Alevok. Die Türken hatten keine Erfahrung im Business. Wie allen Muslimen, galten ihnen Handel und Geldgeschäfte als sündhaft. Erschwerend kam hinzu, was Alevok eine nomadische Basarmentalität nannte: »Die Heimat ist da, wo ich meinen Bauch füllen kann – so lautet ein altes türkisches Sprichwort. Den meisten Türken ist das schnelle Geld lieber als langfristige Geschäftsbeziehungen, was auf Dauer natürlich nicht gutgehen kann.«

Die Türkei stünde heute besser da, glaubte Alevok, wenn man die Griechen und Armenier im Lande behalten hätte. Multikulturelle Orte seien erfolgreicher als monoethnische Gebilde, weil jede

Volksgruppe ihre Stärken einbringen könne. Allerdings, so gab er zu bedenken, sei der Bevölkerungsaustausch von 1922 bis 1924 nicht hundertprozentig umgesetzt worden, denn einige Griechen waren in Izmir geblieben oder zurückgekommen. »Als ich hier aufwuchs, wurden auf den Straßen noch immer mehrere Sprachen gesprochen, vor allem Griechisch und Italienisch«, berichtete Alevok, der selbst die französische Schule von Izmir besucht hatte. »Das lag natürlich vor allem an den muslimischen Flüchtlingen aus Griechenland, die nur Griechisch sprachen, aber es gab auch noch christliche Griechen. Mein Nachbar zum Beispiel ist zwar Italiener, aber eigentlich ist er Grieche.« Vermutlich habe er nach der türkischen Kristallnacht vom 6. September 1955, als auch in Izmir viele Griechen vor dem Pogrom-Mob in die ausländischen Konsulate flüchteten, die italienische Staatsbürgerschaft erhalten. »Ich habe meinen Nachbarn nie danach gefragt, aber neulich habe ich im Supermarkt gehört, wie er mit seiner Frau Griechisch sprach.«

Das hatte ich nicht erwartet. Unter der offiziellen Oberfläche gab es wohl mehr Kontinuitäten als ich dachte. Historische Brüche waren offenbar nie ganz komplett. Dabei war mir schon aufgefallen, dass in einigen Hafencafés griechische Musik gespielt wurde. »Für uns ist das ägäische Musik, in Izmir blicken wir doch nach Westen«, hatte mir ein Kellner gesagt. Auch die *Meze*-Küchen hatten die Türken von den Griechen übernommen. Im Basarviertel gab es ein original griechisches Restaurant, in dem sogar weiß-blaue Fahnen von der Decke hingen. Und in den *Meyhane*-Lokalen von Alsancak, wo fast jeden Abend zu Livemusik getanzt und getrunken wurde, ging es nicht anders als in griechischen Tavernen zu.

»Durch die vielen Flüchtlinge ist die Stadt ethnisch eigentlich genauso durchmischt wie vorher«, sagte Bora. »Vielleicht sogar noch mehr, denn anders als früher, als jede Volksgruppe für sich blieb, heiraten nun alle untereinander.« Selbst seine alteingesessene Familie hatte sich geöffnet: so kamen die anderen Großeltern nicht aus

Izmir, sondern von der Krim und aus der Nähe von Salonica, wo sie vor den Kriegen reiche Landbesitzer gewesen waren. Als sie in ihrer neuen Heimat ankamen, mussten sie Türkisch erst noch lernen und eine türkisch-republikanische Identität annehmen. Sie aber erleichterte es ihnen, über Grenzen der Herkunft hinweg zu heiraten. Als Mitglied der alten republikanischen Oberschicht war Bora heute für jede kulturelle Vielfalt dankbar, die die Stadt bunter machte: »Das klingt jetzt vielleicht komisch, aber besonders über die Kirchen in Alsancak sind wir froh, weil sie uns irgendwie vor den islamischen Extremisten schützen. Izmir ist eine freie Stadt, aber auch hier ist man nicht mehr sicher.«

Bei der Neugründung der Türkei in den 1920er Jahren war der Laizismus für Kemal ein Grundprinzip gewesen. In seinen Reformen betrieb er eine radikale Säkularisierung, löste die muslimischen Ordensgemeinschaften auf und ließ in der Verfassung die Trennung von Staat und Religion verankern. An die Stelle des Islam als bisheriger Staatsreligion trat nun ein kompromissloser Laizismus. Die religiöse Gesetzgebung und die Scharia-Gerichte wurden abgeschafft, die Zivilehe eingeführt. Das staatliche Bildungssystem wurde massiv ausgebaut, islamische Schulen hingegen geschlossen. Moscheen blieben zwar geöffnet, wurden aber fortan staatlich kontrolliert. Die arabische Schrift, die als heilige Koranschrift galt, wurde durch das lateinische Alphabet ersetzt. An die Stelle des islamischen trat der europäische Kalender.

Die Republik drängte das Religiöse ins Private, während der öffentliche Raum verwestlicht wurde. Neue Gesetze schrieben türkischen Bürgern sogar vor, dass sie sich fortan europäisch zu kleiden hatten. Im berüchtigten Hutgesetz von 1925 wurden der traditionelle Fez und das Kopftuch als Kopfbedeckungen verboten. Als sich konservative Türken weigerten, die teuren westlichen Hüte zu tragen, griff der Staat rigoros durch. Viele wurden zu langen Haftstrafen verurteilt, 18 Menschen sogar hingerichtet. Die radikale

Kleiderreform in der Türkei griff der französische Schriftsteller Antoine de Saint-Exupéry später in seiner berühmten Erzählung »Der Kleine Prinz« auf. Darin wurde ein türkischer Astronom, der den Asteroiden B612 entdeckt hatte, von seinen westlichen Kollegen erst ernst genommen, nachdem der Diktator seines Landes traditionelle Kleidung verboten und der Astronom sich umgezogen hatte. Diese Passage des Buchs war in der Türkei allerdings bis heute kaum bekannt, weil die türkische Regierung sie jahrzehntelang zensieren ließ.

Was Kemal der jungen Türkei bescherte, war nicht weniger als eine Kulturrevolution von oben. Seine modernisierenden Reformen des Landes orientierten sich nicht nur am Westen, sondern gingen manchmal sogar weit über die politische Realität in westlichen Ländern hinaus. Besonders die bürgerlichen Rechte von Frauen wurden radikal erweitert, weshalb viele türkische Frauen schon bald weitaus emanzipierter und fortschrittlicher als in Europa waren. Unter dem Motto »Frieden in der Heimat, Frieden in der Welt« trieb Kemal den Aufbau eines modernen Staats voran, der seine Errungenschaften auch nach seinem Tode zu bewahren verstand, indem er im Zweiten Weltkrieg trotz vieler Sympathien für Nazi-Deutschland neutral blieb. Ein großer Makel der neuen Türkei, abgesehen von der autoritären Staatsform, war die Diskriminierung von Gläubigen sowie von Minderheiten. So wurde im Jahre 1942 eine gezielte Kopfsteuer eingeführt, die viele Christen und Juden in die Emigration trieb. Auch die schiitischen Aleviten wurden benachteiligt, während man Kurden zu Bergtürken erklärte und ihre Autonomiebestrebungen unterdrückte. Als Hüter der Verfassung und des Erbes von Atatürk betrachtete sich das Militär, das ab 1960 regelmäßig gegen gewählte Regierungen putschte, die den Generälen zu links oder zu islamisch waren.

Vor der Katastrophe von 1922 gab es im alten Smyrna einen Stadtteil, in dem sich Bürger aller Ethnien niederließen: Karataş. Er lag am südlichen Ende der Stadt und war im 19. Jahrhundert entstanden, als man die Uferfelsen gesprengt hatte, um Gestein für den Bau des Kordons zu gewinnen. Danach bauten sich reiche Smyrnioten – besonders Juden und Armenier, die ihre engen traditionellen Wohnbezirke leid waren – ihre Häuser unter und über den Klippen. Um den älteren Bewohnern von Karataş das Treppensteigen zu ersparen, ließ ein jüdischer Philanthrop im Jahre 1907 einen Ziegelturm mit Aufzug errichten. Der sogenannte *Asansör* funktionierte noch heute, von der Dachterrasse hatte man einen schönen Blick über die Stadt. Die Straße vor dem Turm war nach Dario Moreno (1921–1968) benannt, einem türkisch-jüdischen Sänger und Schauspieler, der auch in vielen französischen Filmen auftrat.

Die Juden waren die einzige Minderheit, die in der Brandschatzung von 1922 verschont wurde und in Izmir geblieben war. Aber hatte sich ihre neutrale bis pro-türkische Haltung im türkisch-griechischen Konflikt langfristig für die Juden gelohnt, fragte ich mich. Wie war es ihnen seitdem ergangen?

An der unteren Hauptstraße von Karataş lag die Beth Israel Synagoge, das größte jüdische Gotteshaus in Izmir. Anders als die alten Synagogen des Basarviertels wurde es im selben Jahr wie der *Asansör* als neo-klassizistisches Gebäude mit einer hohen Kuppel und hübschen Rosettenfenstern errichtet. Sie waren allerdings kaum zu erkennen, so hoch war der Drahtzaun, der die Synagoge umgab. Erst wenige Monate zuvor hatte ein Mann einen Molotow-Cocktail auf den Eingang geworfen, der auf dem Bürgersteig explodiert war. Bei seiner Festnahme sagte der Attentäter, er habe aus Protest gegen Israel gehandelt. Seitdem stand vor der Synagoge eine Kabine, in der Polizisten aufpassten und nur Mitglieder der jüdischen Gemeinde hineinließen. Ich wartete ab, bis die Wachleute einen Moment abgelenkt waren, und mogelte mich an ihrer Kabine vorbei. Das Innere des Gotteshauses sah aus wie vor 100 Jahren: rotgepolsterte Sitzbänke reihten sich zum holzgeschnitzten Toraschrein auf, vor dem die *Bima*, das Lesepult des Rabbis, und mehrere Menora-Kerzenständer standen. Auf marmornen Gedenktafeln wurde verdienter Gemeindemitgliedern gedacht, darunter auch einiger Männern namens Eskenazi, vermutlich vormals aschkenasische Juden aus Osteuropa, die der größeren Sephardim-Gemeinde beigetreten waren. Die meisten Geehrten trugen typisch sephardische Namen wie etwa Rafael Roditi, Yuda Leon Esperanza und Eliezer Taranto.

Es war nicht einfach, Zugang zur jüdischen Gemeinde von Izmir zu bekommen. Meine Interviewanfragen an offizielle Vertreter blieben unbeantwortet oder wurden abgelehnt. Ohne Beziehungen würde ich nicht weiterkommen. Also rief ich Bora Alevok an, meinen bestvernetzten Kontakt in der Stadt. Tatsächlich hatte er einen jüdischen Schulfreund, der mir wiederum die Telefonnummer von Sara Pardo gab. Sie kam aus einer alten sephardischen Familie und hatte ein Buch über die Geschichte der jüdischen Gemeinde von Izmir geschrieben. Wir telefonierten, und tags darauf stand ich vor einem mehrstöckigen Haus in der Pleven-Straße, einer der feinsten Adressen von Alsancak.

Eine Bedienstete führte mich in den Salon, der mit breiten Sofas und Sesseln vollgestellt war. An den Wänden hingen klassische Gemälde, eine Schrankbar war mit einer ganzen Batterie von erlesenen Whiskeyflaschen bestückt. Sara Pardo erschien, eine fröhliche alte Dame, und wir setzten uns auf den Balkon. Die Wohnung lag im obersten Stockwerk, mit einem Blick über den Kulturpark. Sara bot mir *Mogados de Almendra* an, unfassbar süßes Mandelmarzipan, eine sephardische Spezialität. Dann legte sie los: »Ich bin eine echte Smyrniotin, ich kann Ihnen alles über diese Stadt erzählen!«

Bereits ihr Großvater, ein progressiver Mann, war aus dem Basarviertel ins moderne Karataş gezogen. Von christlichen Nachbarn umgeben, hatte er ihre Mutter nicht auf eine jüdische, sondern eine griechische Schule geschickt. Im Elternhaus nahe der Beth Israel Synagoge war auch Pardo aufgewachsen, die allerdings bereits auf eine säkulare türkische Schule ging. Danach studierte sie Klavier und

Gesang, um mit ihrem Mann Anfang der 1960er Jahre nach Alsancak zu ziehen. »Damals war dies hier noch immer eine Brandzone, doch dann wurde es das modernste Viertel der Stadt«, erinnerte sich Pardo. »Die Straßen waren voller Cafés, nachts gingen nie die Lichter aus.« Heute wohnten fast alle Juden der Stadt in Alsancak, wo auch eine neue Synagoge errichtet wurde, ein postmoderner Betonbau, der etwas an einen Bunker erinnerte. Die Gemeinde war klein, kaum tausend Juden waren in Izmir verblieben. Die letzte jüdische Grundschule, in der auf Hebräisch und Französisch sowie Türkisch unterrichtet worden war, wurde aus Mangel an Schülern geschlossen.

In den vergangenen Jahrzehnten war der Großteil der türkischen Juden ausgewandert, die meisten in die USA und nach Israel. Andere gingen nach Spanien und Portugal, deren Regierungen den Sephardim seit einiger Zeit anboten, sich 500 Jahre nach ihrer Vertreibung wieder einbürgern zu lassen. Pardo hatte zwei Kinder, die bislang in Izmir geblieben waren. Ihre Tochter leitete die Psychologische Fakultät an der Ägäischen Universität, während ihr Sohn als Zahnarzt arbeitete. Die Enkel hingegen lebten alle in den USA oder Großbritannien. Stolz und traurig zugleich zeigte mir Pardo einige Fotos ihrer Enkelin, die gerade ihr Studium an der Harvard-Universität abgeschlossen hatte: »So weit weg ist sie, ich hasse das!«

Viele junge Leute würden auswandern, weil es in der jüdischen Gemeinde von Izmir keine ausreichende Auswahl an potenziellen Lebenspartnern gab. Die Hälfte aller Ehen wurde inzwischen mit Türken geschlossen, was allerdings eher für jüdische Männer infrage kam. Mit einem Seufzen sagte Pardo: »Das ist der Preis, den wir für die Integration zahlen.« Die Mischehen waren etwas radikal Neues für die sephardische Religionsgemeinschaft, die über fünf Jahrhunderte unter sich geblieben war und, eine Assimilierung strikt ablehnend, ihre einzigartige iberische Kultur bewahrt hatte. Dazu gehörte auch die Ladino-Sprache, die faszinierenderweise noch heute wie das alte kastilische Spanisch von Cervantes klang. Pardo sprach den sephardischen Dialekt noch fließend. Zum Abschied bat ich sie, mir den Blick vom Balkon auf Ladino zu beschreiben. Sie lächelte und begann sanft zu sprechen, von den grünen *Arvoles* entlang der Straße und den hohen *Muntañas*, die die Bucht von Smyrna umgaben. Sie sagte tatsächlich Smyrna, nicht Izmir, doch zugleich hörte ich Toledo und Salamanca heraus.

Auch Erol Moshe Yafe, der Schulfreund von Bora Alevok und Jahrgang 1965, hatte Ladino noch gelernt. Seinen Kindern hingegen hatte er es nicht mehr beigebracht, wie er mir bei einem Bier erzählte. »Sonst hätten sie im Türkischen einen Akzent gehabt, an dem man sie als Juden erkennen könnte – das wollte ich nicht.« Inzwischen lebte sein Sohn in Ungarn und seine Tochter in Israel. Auch für sich selbst sah Yafe viele Gründe auszuwandern, aber eins hielt ihn zurück: in der Türkei ließ sich leicht Geld verdienen. Obwohl er mit seiner runden John-Lennon-Brille nicht danach aussah, war Yafe ein umtriebiger Geschäftsmann, der koscheres Tiefkühlessen und andere Produkte von Izmir nach Israel exportierte. Seinen türkischen Geschäftspartnern erzählte er allerdings nicht, dass er Jude war und mit Israel handelte. »Moses ist Moses, Business ist Business«, sagte er lachend.

Schon als junger Mann beim Militärdienst hatte Yafe Antisemitismus erfahren. In der türkischen Armee galt wie zu osmanischen Zeiten das ungeschriebene Gesetz, dass nur Muslime Offiziere werden konnten. Daran hatte sich trotz Säkularisierung auch in der Republik nichts geändert. »Zu Beginn meiner militärischen Ausbildung wurde ich, weil ich bereits studiert hatte, einem General als Adjutant zugeteilt«, erinnerte sich Yafe. Es war ein guter Posten, der interessante Arbeit und einen höheren Sold versprach. Der General war freundlich zu ihm. »Aber als sie herausfanden, dass ich Jude war, musste ich die Uniform sofort wieder ablegen. Ich liebe dieses Land und fühle mich zu hundert Prozent als türkischer Staatsbürger, aber für die Nationalisten werde ich immer ein Gast bleiben.«

Seine Stimme klang eher trotzig als bitter. Wie seine Glaubensbrüder zu allen Zeiten habe er gelernt, sich als Jude in der Türkei anzupassen. Zur Not hatte er sich einen israelischen Pass besorgt, um jederzeit auswandern zu können. Aus seinem türkischen Pass hatte er seinen eigentlichen Vornamen – Moshe – entfernen und durch den türkischer klingenden Namen Erol ersetzen lassen. Ich blickte ihn ungläubig an, doch er zuckte mit den Schultern: »Das machen fast alle türkischen Juden so, um bei den Behörden keine Scherereien zu haben. Nur in der Synagoge bin ich Moshe.« Dabei war Yafe nicht mal besonders religiös, wie er hinzufügte. Er gehe nur in die Synagoge, wenn er dort gebraucht wurde, etwa um das *Minjan* zu füllen, das Quorum von zehn Gläubigen für einen jüdischen Gottesdienst. »Sie rufen mich an, wir machen das Ritual, sprechen das Kaddisch oder was auch immer, und dann gehe ich zurück ins Büro. Viele sind wir ja nicht mehr, da muss man schon zusammenhalten.«

Von Moshe zu Erol – es klang nach dem alten Smyrnaer Spiel mit gemischten Identitäten, doch es war kein Spiel mehr. Es sagte einiges über den Assimilationsdruck aus, den der türkische Nationalstaat auf Minderheiten ausübte, wenn sich sogar die Sephardim, die über fünf Jahrhunderte kulturell autonom gewesen waren, national einnorden ließen.

Dabei gab es längst stärkere Trennungslinien in der türkischen Gesellschaft, etwa den Antagonismus zwischen Säkularen und Gläubigen sowie zwischen liberalen Städten und konservativem Hinterland. Türkische Soziologen sprachen hier von einem Konflikt zwischen sogenannten Weißen Türken und Schwarzen Türken, einer republikanisch-urbanen Elite und einer islamisch-anatolischen Unterschicht, die seit Gründung der säkularen Republik verächtlich gemacht und ausgebeutet wurde. Die Unterschiede zwischen beiden Klassen zeigten sich deutlich: Die Weißen waren an Flughäfen anzutreffen und hörten westliche Popmusik, während die Schwarzen an Busbahnhöfen standen und Arabesk vorzogen, eine Mischung aus türkischer Volksmusik und arabischen Klängen.

Der politische Aufstieg von Erdoğan war eng mit der schwarz-weißen Spaltung der türkischen Gesellschaft verbunden. Als Bürgermeister von Istanbul und Anhänger des Islamisten Necmettin Erbakan unternahm Erdoğan viel für die unteren Bevölkerungsschichten, ließ in den Slums der Stadt große Krankenhäuser bauen und Trinkwasserleitungen legen. Landesweit bekannt wurde der aufsteigende Politiker, als er öffentlich ein religiöses Gedicht zitierte, in dem es martialisch hieß: »Die Minarette Bajonette, die Kuppeln Helme, die Moscheen unsere Kaserne, die Gläubigen Soldaten«. Daraufhin wurde er wegen Volksverhetzung zu einer mehrmonatigen Haftstrafe verurteilt, die er stoisch absaß. Als Erdoğan im Jahre 2002 mit seiner neugegründeten AK Partei die Parlamentswahlen gewann und bald darauf Ministerpräsident wurde, bezeichnete er sich selbst als Schwarzen Türken.

In den ersten Jahren an der Macht setzte Erdoğan viele Reformen durch, auch um der Türkei eine EU-Mitgliedschaft zu ermöglichen, die besonders die deutsche Regierung in Aussicht gestellt hatte. Individuelle Bürgerrechte wurden gestärkt, die Todesstrafe abgeschafft, Minderheiten wie die Kurden anerkannt und Friedensverhandlungen mit der PKK begonnen, das Militär zunehmend entmachtet sowie das Gesundheitswesen und Sozialversicherungen ausgebaut. Zugleich zeigte sich Erdoğan offen für neoliberale Wirtschaftsreformen, ließ viele Bereiche deregulieren und sorgte so für einen starken ökonomischen Aufschwung. Von anatolischen Tigern sprachen Marktanalysten anerkennend.

Der größte Bruch mit dem Erbe Atatürks aber war, den staatlichen Säkularismus zunehmend zur Privatsache zu machen und die Religion wieder in den öffentlichen Raum zu holen. Das Kopftuch galt wieder als salonfähig, der Moscheebesuch als ratsam. Sogar in Städten setzte konservative Nachbarschaftskontrolle ein. Erdoğan gab den lange unterdrückten Gläubigen erstmals Selbstbewusstsein, zumal ihre wirtschaftliche Kraft wuchs.

Als die zunehmende Islamisierung der Türkei bei den Europäern auf Ablehnung stieß und die im Jahre 2005 aufgenommenen EU-Beitrittsverhandlungen ins Stocken gerieten, begann sich Erdoğan von Europa abzuwenden und einen autoritäreren Kurs einzuschlagen. Er ließ die staatliche Gewaltenteilung demontieren und die Befugnisse der Exekutive ausbauen. Die Unabhängigkeit der Justiz und die Pressefreiheit wurden stark eingeschränkt. Der öffentlich-rechtliche Sender TRT sendete fast pausenlos religiöse Propaganda, während sich im Lande eklatante Menschenrechtsverletzungen und Korruptionsfälle häuften. Leidtragende des kulturellen Wandels waren vor allem Frauen: Während ihre Erwerbsquote sank, grassierte die Gewalt gegen Frauen so stark, dass sie zur Haupttodesursache für 14- bis 44-Jährige wurde. Unter den Femiziden waren sogenannte Ehrenmorde oder Tötungen nach Vergewaltigung, wofür die Täter vor Gericht trotz einiger Strafrechtsreformen oft nur milde bestraft wurden.

Nach den Gezi-Protesten von 2013 und besonders nach dem gescheiterten Putsch im Juli 2016 kam es zu großen Verhaftungswellen und Massenprozessen, in denen Tausende Armeeangehörige, Lehrer, Journalisten und andere vermeintliche Oppositionelle zu langjährigen Haftstrafen verurteilt wurden. Zu den bekanntesten Häftlingen gehörten der Bürgerrechtler Osman Kavala und der Journalist Ahmet Altan, der ein erschütterndes Buch über seine Hafterfahrung und kafkaeske Gerichtsprozesse geschrieben hat. Bereits vor dem Putsch wurde Can Dündar, Chefredakteur der Zeitung *Cumhuriyet*, wegen angeblicher Spionage verhaftet, bevor er ins Exil nach Berlin flüchten konnte. Der deutsch-türkische Journalist Deniz Yücel verbrachte fast das gesamte Jahr 2017 in Einzelhaft, bis er freigelassen wurde und nach Deutschland zurückkehren durfte.

Die aufgeheizte Stimmung nach dem Putsch nutzte Erdoğan, um

mit einem Verfassungsreferendum ein Präsidialsystem einzuführen, das ihm eine quasi-diktatorische Machtfülle verschaffte. Anders als in vielen Ländern, wo erfolgreiche Revolutionen zu Gedenktagen wurden, ließ Erdoğan den Tag der Putsch-Niederschlagung zum nationalen Feiertag erklären. Obwohl er ein gemäßigter Nationalist war, der die religiöse Gemeinschaft der Muslime, die Umma, immer vor die Nation stellte, ging Erdoğan nach den Wahlen im Jahre 2018 eine Koalition mit der rechtsextremen, säkularen Partei der Nationalistischen Bewegung (MHP) ein. Sie war der politische Arm der »Grauen Wölfe«, einer neo-faschistischen Bewegung, die in der Türkei immer mächtiger wurde. Auf Druck der MHP forcierte Erdoğan die Unterdrückung der zweitgrößten Oppositionspartei, der linken und prokurdischen Demokratischen Partei der Völker (HDP), deren Anführer Selahattin Demirtaş wie Tausende weitere Mitglieder im Gefängnis saßen. Kurz vor dem 100. Geburtstag der Republik war festzustellen, dass die Türkei ein politisch wie gesellschaftlich tief gespaltenes Land war.

Auch die türkische Wirtschaft befand sich seit 2018 in einer schweren Krise. Die Währung verfiel, und die Arbeitslosigkeit stieg so stark, dass die Unterstützung für die Erdoğan-Regierung spürbar abnahm. Mir fiel ein deutscher Geschäftsmann ein, den ich einige Tage zuvor in einem Teehaus im Basarviertel getroffen hatte. Der Mann, ein fitter Babyboomer, sah so unverkennbar deutsch aus, von der gescheitelten Frisur bis zum ultradünnen Brillengestell, dass ich ihn einfach ansprechen musste. Wie sich herausstellte, war er Rheinländer und leitete das Exportgeschäft einer mittelständischen Aluminium-Firma. Mit Hauptsitz in Düsseldorf beschäftigte sie weltweit 2500 Mitarbeiter und hatte eine türkische Zweigstelle in Izmir. Deren Büroleiterin, eine elegante Türkin, saß neben dem Manager. Die beiden wirkten zufrieden: Auf einer Messe in Istanbul hatten sie tags zuvor mit einer türkischen Firma einen Lieferauftrag über deutsche Autofelgen im Wert von vier Millionen Euro abgeschlossen.

Angesichts der schlechten Wirtschaftslage in der Türkei war dies ein ziemlich großer Fang. »Autofelgen werden halt immer gebraucht«, sagte der Düsseldorfer lachend.

Allerdings hatte er den Vertrag nur unter zwei Voraussetzungen unterschrieben: eine Anzahlung von zwei Millionen Euro vom türkischen Handelspartner sowie eine sogenannte Hermes-Bürgschaft. Das war eine Exportkreditversicherung, mit der Deutschland das außenwirtschaftliche Risiko deutscher Unternehmen abdeckte. Zahlte der türkische Importeur nicht, sprang der deutsche Staat ein. Die Versicherungsprämie, die seine Firma für den besagten Auftrag zu entrichten hatte, bezifferte der Manager mit etwa 30 000 Euro. In anderen Ländern sei die Prämie geringer, aber Geschäfte mit der Türkei galten inzwischen als relativ riskant. »Das liegt zum einen an der wirtschaftlichen Misere«, sagte der Rheinländer, der lieber anonym sprechen wollte. »Aber auch wegen der politischen Beziehungen mit Herrn Erdoğan. Der richtet gerade viel Schaden an.«

Der türkische Präsident beschimpfte gerne mal deutsche Politiker, obwohl Deutschland der wichtigste Handelspartner der Türkei war und ein Drittel aller türkischen Exporte kaufte. Dass ein schlechtes politisches Klima mit EU-Ländern für Wirtschaftsbeziehungen nicht förderlich war, hielt Erdoğan auch nicht von Verbalattacken gegen Frankreich ab. Schon die Wirtschaftspolitik der Regierung an sich war wenig erfolgreich. Kritiker bemängelten die vernachlässigte Landwirtschaft, einen wenig nachhaltigen Bauboom, den Ausverkauf von Schlüsselindustrien an arabische Investoren und vor allem die Auslandsschulden von fast 400 Milliarden Euro, was etwa der Hälfte des Bruttoinlandsprodukts entsprach und für die hohe Inflation sorgte. »Hinzu kommen die Vetternwirtschaft und Korruption von Erdoğans Leuten«, fügte die türkische Büroleiterin hinzu. »Ganz abgesehen davon, dass moderne Frauen wie ich in diesem Land wieder um ihre beruflichen Stellungen bangen müssen.«

Manchmal schadete die Politik des Regimes der türkischen Wirtschaft ganz direkt. Dies zeigte sich an der geplanten Autofabrik, die der Volkswagen-Konzern für etwa eine Milliarde Euro in der Nähe von Izmir errichten wollte. Das Werk hätte etwa 4000 Arbeitsplätze geschaffen und wäre ein Segen für die regionale Zulieferindustrie gewesen. Wirtschaftlich war die Investition für Volkswagen sinnvoll, weil Izmir über gut ausgebildete Arbeitskräfte verfügte und nah an lukrativen Absatzmärkten lag. Zudem wurden von der Türkei massive Steuervorteile in Aussicht gestellt. Trotzdem legte der Konzern das Projekt auf Eis, wofür es vor allem politische Gründe gab. Hochrangige VW-Manager und das an Volkswagen beteiligte Land Niedersachsen äußerten Bedenken wegen der schlechten Menschenrechtslage in der Türkei und der türkischen Militäreinsätze in Syrien. Auch die verbalen Angriffe Erdoğans auf deutsche Politiker waren sicher nicht hilfreich. Im Mai 2020 entschied sich Volkwagen endgültig gegen den türkischen Standort.

Die Abwendung von Europa war Teil einer türkischen Außenpolitik, die sich unter Erdoğan zunehmend einem Neo-Osmanismus verschrieb und versuchte, die Einflusssphäre in die ehemals osmanischen Reichsgebiete auszudehnen. Dazu gehörten militärische Einsätze nicht nur in Syrien, sondern auch in Libyen und auf Seiten Aserbaidschans im Krieg mit Armenien um die Region Nagorny-Karabach. Hier profitierte Erdoğan von seiner Kooperation mit dem russischen Präsidenten Putin, der erst spät zugunsten der Armenier eingriff. Allerdings kam die hemdsärmelige neo-osmanische Diplomatie, die im Verbund mit Katar auch die Muslimische Bruderschaft etwa in Ägypten unterstützte, in vielen Ländern nicht gut an, so dass die Türkei in der Region inzwischen ziemlich isoliert dastand.

Auch innenpolitisch erlebte die Türkei unter dem Erdoğan-Regime eine Rückbesinnung auf das osmanische Erbe. Während Kemalisten weiterhin der Gründung der Republik im Jahre 1923 gedachten, erinnerten AKP-Anhänger wieder an das Jahr 1453, als die Osmanen das byzantinische Konstantinopel erobert hatten. In vielen Schulen wurde Osmanisch als Pflichtfach eingeführt, obwohl die tote Sprache keinen praktischen Nutzen mehr hatte. Ausdruck der kulturellen Renaissance des Osmanischen Reichs war die TV-Serie »Das prächtige Jahrhundert« über Sultan Süleyman I., die in der Türkei wie im Ausland sehr populär war. Die Kemalisten konterten den historischen Revisionismus mit der Fernsehserie »Du bist mein Heimatland«, die auf einem Privatsender lief und in Smyrna während der griechischen Besatzung spielte. Der Held war ein türkischer Hauptmann, der von Kemal als Spion in die Stadt eingeschleust wurde, wo korrupte osmanische Beamte mit den Griechen kollaborierten. Jene Osmanen wurden in der Serie als verantwortlich für den Brand von Smyrna dargestellt, was die historischen Tatsachen auf besonders interessante Weise verdrehte.

Die innenpolitische Lage in der Türkei beschäftigte auch Tan und Meltem, die beide als Dozenten an Izmirer Universitäten lehrten. Die Namen bedeuteten Morgenröte und Sommerwind, doch in Wirklichkeit hießen sie anders. Gleich zu Beginn unseres Treffens baten sie mich, ihre Identität geheimzuhalten. Zu groß war ihre Sorge, sonst beruflichen Ärger zu bekommen. Seit dem Putsch hatten etwa 5000 Unidozenten und 33 000 Lehrer ihre Jobs und oft sogar ihre Pensionsansprüche verloren. Der Konformitätsdruck auf Lehrende war enorm gewachsen, Kritik an den Zuständen konnte nur noch indirekt formuliert werden. »Man spürt den Druck und die Angst vor Repressalien«, sagte Meltem, die wie Tan eine Geisteswissenschaft lehrte. »Auch vor Denunziationen von Kollegen kann man nie sicher sein.«

Wir trafen uns in einem Lokal am Fährhafen von Karşıyaka, eine zehnminütige Bootsfahrt von Alsancak entfernt. Am nördlichen Ufer der Bucht gelegen, war dieser quirlige Stadtteil, der einstige Nobelvorort Cordelio, besonders bei jungen Berufstätigen und Studenten beliebt. Von der Dachterrasse hatten wir einen Blick übers Wasser auf die Altstadt von Izmir, wo die Fensterfronten am Kordon die glutrote Abendsonne reflektierten. Wie eine funkelnde Bernsteinkette sahen die Uferhäuser aus dieser Perspektive aus. Es war interessant, die Stadt mal von der anderen Seite zu sehen.

Meltem war etwa mein Alter, eine elegante wie lässige Frau, die ihre Haare offen trug. Sie war in Izmir aufgewachsen und auf das französische Gymnasium Saint Joseph in Alsancak gegangen. Sie sprach mehrere Fremdsprachen und hatte an zwei westeuropäischen Universitäten studiert. Meltem liebte das Kino und schwärmte von Regisseuren wie Ingmar Bergman und David Lynch. Auch den Hamburger Fatih Akin mochte sie. Dessen Film »Gegen die Wand« mit Birol Ünel und der wunderbaren Sibel Kekilli, die in der Türkei eher für erotische Rollen bekannt war, hatte ihr allerdings weniger gefallen. »Aber ›Crossing the Bridge‹ wiederum war toll«, sagte sie.

Wie so viele türkische Frauen wirkte Meltem um Längen emanzipierter als die meisten europäischen Frauen. Diese Fortschrittlichkeit hatte mich auf meinen ersten Reisen in die Türkei verblüfft. Aber gerade der Umstand, dass Frauen in der muslimisch geprägten Türkei ihre Freiheit ständig neu behaupten mussten und ihre Rechte nie für selbstverständlich nehmen konnten, machte sie so viel stärker. Zugleich fand Meltem es richtig, dass gläubige Frauen im öffentlichen Raum inzwischen Kopftücher tragen durften. Das Kopftuchverbot an türkischen Universitäten war erst 2010 aufgehoben worden. »Vorher wurden die Frauen doch gedemütigt«, erinnerte sie sich. »Am Eingang zur Uni zwang man sie, das Kopftuch abzunehmen. Viele haben sich dann eine Perücke aufgesetzt, um ihr Haar zu bedecken.« Ihr Kollege Tan, der bislang nur zugehört hatte, stimmte Meltem zu: »Das stimmt wohl, es war ziemlich beschämend.«

Wo die Regierung die Religionsfreiheit stärkte, da schränkte sie allerdings die Meinungsfreiheit und die Freiheit der Lehre stark ein. In ihren Seminaren zeigte Meltem manchmal auch Filme, wobei sie Werke mit politischem Inhalt inzwischen lieber vermied. Sie war ein Fan des österreichischen Regisseurs Michael Haneke, doch seinen Film »71 Fragmente einer Chronologie des Zufalls« präsentierte sie ihren Studenten nicht mehr, weil am Rande einer Szene der Kurdenkonflikt erwähnt wurde. Auch die Studenten wurden vorsichtiger. Meltems Vorlesungen gehörten zur Ausbildung von Journalisten, aber den Beruf wählte kaum noch jemand, weil er bei dem derzeitigen Zustand der Pressefreiheit schlicht zu gefährlich war: »Einen journalistischen Abschluss machen die Studenten nur noch, um dann damit in Marketing oder PR zu arbeiten.«

Wir bestellten unser Essen. Der Kellner fragte, ob wir auch etwas trinken wollten. Seitdem die Regierung die Steuern auf Alkohol drastisch erhöht hatte, waren viele Getränke so teuer geworden, dass manche Lokale in Izmir ihren Gästen erlaubten, selbst Alkohol mitzubringen. Viele Türken produzierten Schnäpse sogar zu Hause, wobei es immer wieder zu Vergiftungen kam. In dem berüchtigten Alkoholgesetz von 2013 wurde es in der gesamten Türkei verboten, alkoholische Getränke in einem Umkreis von hundert Metern um Schulen und Moscheen zu verkaufen. Besonders in Städten mit vielen Gotteshäusern kam dies einer Prohibition gleich. Staatsgründer Kemal, der ein notorischer Säufer war, dürfte sich im Grabe umdrehen. Dabei bewiesen Verkaufsstatistiken, dass ausgerechnet im konservativen Osten mehr Alkohol als irgendwo sonst im Lande konsumiert wurde. Zu Hause tranken offenbar auch die Gläubigen gerne mal.

»Wo Frömmigkeit herrscht, ist die Heuchelei nie weit«, kommentierte Tan schmunzelnd. Der Philosophie-Professor hatte wie Meltem in Europa studiert, an einer deutschen Universität. Seine Studenten in Izmir waren selten religiös. Für Gläubige eigne sich das Studium der Philosophie nicht, sagte Tan, da sie bereits ein festes Weltbild mit allen Antworten hätten. Gerade die Philosophen der Aufklärung, die die Religion und Kirche scharf kritisiert hatten, würden ihnen vermutlich kaum behagen. »Dabei ist es generell nicht einfach, aufklärerische Philosophen in einem Land zu vermitteln, das nie eine Aufklärung erlebt hat«, gab Tan zu bedenken. Dennoch empfand er die Studenten in seinen Seminaren heute als diskutierfreudiger und neugieriger als noch vor zehn Jahren – gerade Antworten auf politische Fragen würden sie in der Philosophie suchen.

»Da ist Immanuel Kant wieder sehr aktuell«, sagte Tan, der über den deutschen Philosophen promoviert hatte. Er betrachtete Kant weniger als einen Moralphilosophen als einen politischen Denker. In der Kritik der reinen Vernunft hebe Kant die Bedeutung öffentlicher Plätze als Foren politischer Meinungsbildung hervor. In der Türkei hingegen gehöre der öffentliche Raum dem Staat, nicht den Bürgern, so dass sich keine lange Tradition von Demonstrationen herausbilden konnte. »Das hat die Proteste im Gezi-Park so einmalig gemacht«, sagte Tan. »Heute ist der öffentliche Raum, wo Debatten möglich sind, eher im Internet.«

An Kant faszinierte Tan, dass der Philosoph seine Heimatstadt Königsberg nie verlassen hatte und trotzdem ein Kosmopolit war. In seinen Schriften postulierte Kant eine Weltgemeinschaft, in der alle Menschen gleiche universelle Rechte genießen sollten. Dazu gehörte auch das Recht, in jedem Land der Welt freundliche Aufnahme zu finden. Kant machte stets dieselben Spaziergänge durch Königsberg, doch er las die wichtigen Zeitungen Europas und ließ sein Denken alle Grenzen überschreiten. Auf diese Weise, so glaubte Tan, könne man selbst im heutigen Izmir ein Weltbürger sein, auch wenn die Stadt provinzieller als früher sei. Wer an einem Ort bleibe, womöglich gar in innerem Exil, der könne gedanklich besser in die Tiefe gelangen: »Es spielt sich alles im Kopf ab – nur da oben entscheidet sich, wie groß deine Welt ist.«

Auf der Fähre zurück nach Alsancak dachte ich über Tans Worte nach. Schon mein Vater hatte sich gerne auf Kant in Königsberg berufen, wenn ich ihn als Jugendlicher fragte, warum er außer zum Studium nie aus seinem Heimatdorf weggezogen war. Er starb kurz nachdem ich mich an der London School of Economics eingeschrieben hatte. Wahrscheinlich hätte er über mein rastloses Umherziehen der folgenden Jahre nur den Kopf geschüttelt. Dabei war ich anfangs noch ein teilnehmender *Expatriate*, der sich bemühte, mit den Kulturen seiner Gastländer vertraut zu werden und die lokalen Sprachen zu lernen. In Budapest eignete ich mir sogar Ungarisch an. Mit den Jahren aber ließ ich mich weniger auf die Orte ein, an die ich zeitweilig zog. Sie wurden zu austauschbaren Stützpunkten, deren Vorzüge in einer zunehmend homogenisierten Welt bald fast überall zu finden waren. Ich lebte in Hotels oder Monatswohnungen, die vor allem über einen schnellen Internetanschluss, einen fußläufigen Starbucks und einen kurzen Weg zum Flughafen verfügen mussten. Das war die Globalisierung für mich: Meine Wohnorte verkamen zu urbanen Benutzeroberflächen und ich zu einem Nomaden, einem Vagabunden, dessen Beziehungen zu anderen Menschen immer flüchtiger wurden. Der Preis für meinen radikal individuellen und vermeintlich kosmopolitischen Lebensstil war oft eine Einsamkeit, die ich vorher nicht gekannt hatte.

Halbherzige Versuche, in Deutschland sesshaft zu werden, scheiterten kläglich. Meine heimatlichen Wurzeln ließen mich kalt, bald bekam ich wieder juckende Füße und musste woanders hin. Auch meine Beziehung war letztlich daran zerbrochen. Lange hatte meine Partnerin den ruhelosen Lebenswandel mitgemacht, war mir nachgereist oder hatte auf mich gewartet, doch dann war ihr die Puste ausgegangen. »Bei aller Liebe, ich komme da nicht mehr mit«, sagte sie, als sie fortging. Ich konnte sie verstehen. Nun war ich wieder allein unterwegs, noch immer auf der Suche nach neuen aufregenden Orten. Zugleich fragte ich mich langsam, wo auf der Welt eigentlich mein Zuhause war, nicht die alte Heimat, sondern der Ort, an den ich gehörte und den ich mir zu eigen machen konnte. Gab es einen solchen Ort überhaupt?

Von persönlichen Zweifeln abgesehen, rüttelten Tans philosophische Worte zu Kants Weltbürgertum auch an dem Bild, das ich mir bislang von Smyrna und Izmir gemacht hatte. Vielleicht ging es in dem Konflikt zwischen Kosmopolitismus und Nationalismus, anders als vor hundert Jahren, heutzutage gar nicht mehr darum, wie multiethnisch eine Stadt war. Womöglich spielte die Tatsache, dass Izmir heute in einem Nationalstaat lag und ethnisch fast rein türkisch war, inzwischen überhaupt keine Rolle mehr. Die Frage lautete doch: Waren die Identität und Denkweisen ihrer Bewohner heute noch ethnisch-national geprägt – oder schon längst generationell?

Wie in anderen Städten weltweit gab es in Izmir viele junge Menschen, die staatliche Belehrungen leid waren und sich zunehmend über das definierten, was sie als ihre existenziellen persönlichen Merkmale begriffen. Dies konnten ihre ideologischen Überzeugungen, die Berufswahl, Freizeitaktivitäten oder sexuelle Vorlieben sein. Oder vieles davon: Identität war keine Entweder-oder-Entscheidung mehr, sondern längst kumulativ. Besonders in Alsancak existierte eine große Schwulen- und Lesbenszene, auch viele Transvestiten waren auf den Straßen anzutreffen. Außerdem gab es Veganer, Punks, House-Hedonisten, Fitness-Fanatiker, Spirituelle und viele andere Gruppen, die sich hauptsächlich auf diese selbstgewählten Weisen definierten, auch wenn sie keine Delegationen zur Republiktag-Parade entsandten.

Was Izmir in der Türkei recht einzigartig machte, waren der allgemeine Respekt vor anderen Lebensweisen und eine Stadtidentität, die liberale Freiräume ausdrücklich zuließ und begrüßte. So konnte eine große Vielfalt an partikularen Identitäten entstehen, die sich aus individuellen Lebensentwürfen ableiteten. Darin fühlten sich gerade Menschen der Generation Y, die sogenannten *Millennials*, zugleich mit Altersgenossen auf der gesamten Welt verbunden, selbst wenn sie ihre Heimatstadt womöglich nie verließen. Für einen jungen Veganer aus Izmir bestanden mehr Gemeinsamkeiten mit einem Veganer aus London, mit dem er sich über das Internet austauschen konnte, als mit dem Köfte liebenden Türken von nebenan. Darin lag der Kosmopolitismus von heute.

In der Türkei hatte ich mehr überzeugte Europäer als in Griechenland getroffen, aber gerade junge Menschen in Izmir gingen noch einen Schritt weiter und sahen sich wirklich als Weltbürger – nicht als Bürger der Welt, die ständig um den Globus zogen, sondern als Weltbürger im Geiste, die wie Kant an einem Ort bleiben konnten. Schließlich leitete sich Kosmopolitismus vom aristotelischen Begriff des Stadtbürgers ab: Der Politês (πολίτης) war ursprünglich der Bürger einer griechischen Polis, einer Stadt. Auch musste ein Weltbürger nicht wohlhabend sein. So hatte sich der Kyniker Diogenes, der erste selbsterklärte Kosmopolit, bewusst für ein Leben in Armut entschieden und in einem Keramiktopf geschlafen.

Wie ließ sich der neue kosmopolitische Pluralismus in Izmir bewahren? Schließlich war die Stadt keine autonome Insel, sondern blieb in einen zentralisierten Nationalstaat eingebunden. Dessen Vorgänger, das Osmanische Reich, war lange auch deshalb erfolgreich gewesen, weil es Menschen aller Ethnien einen integrativen Aufstieg ermöglichte. Zugleich garantierte das Reich seinen diversen Gesellschaftsgruppen ein friedliches Zusammenleben. Erst im Zuge der nationalistischen Konflikte begannen die Menschen, Schutz vor Gewalt nicht mehr beim Staat, sondern in ihren ethnischen Gruppen zu suchen. Selbst die kosmopolitischen Levantiner flohen wieder unter die Fittiche der Länder, aus denen sie einst eingewandert waren. Während der osmanische Staat unter den ethnischen Konflikten zerbrach, erschien der homogene Nationalstaat seinen Bürgern als friedlichere Alternative. Dieser Staat bestand bis heute, doch viele Türken erhofften sich eine Verfassungsordnung und eine Regierung, die ihre Bürgerrechte garantierte und eine offene Gesellschaft ermöglichte. Die Menschen von Izmir wünschten sich eine Stadt, die wie andere Weltstädte neue Konzepte diverser kultureller Koexistenz ausprobierte. Konnte der türkische Nationalstaat die übergeordnete Schutzfunktion, die das Osmanische Reich einst für ethnische Minderheiten hatte, heute für alle gesellschaftlichen Gruppen übernehmen?

Diese Funktion erfüllte in Europa die Europäische Union als quasi-imperialer Überbau, aber auch die Nationalstaaten selbst. Sie existierten weiterhin. Zwar konnte man die Nation als »imaginierte Gemeinschaft« (Benedict Anderson) intellektuell dekonstruieren, aber selbst im scheinbar post-nationalen Europa empfanden viele Menschen ihre Nation als die Solidargemeinschaft, deren staatlicher Form gegenüber sie im Zweifel loyal waren. Immerhin war zumindest in westeuropäischen Ländern der ethnische Nationalismus weitgehend einem liberalen Verfassungspatriotismus gewichen, der eine offene Gesellschaft im Sinne Karl Poppers ermöglichte.

Zugleich aber waren viele Länder heute tief gespalten, wobei gerade identitäre Konflikte die einigende Bindekraft der Nation schwächten. Ein neuer Tribalismus aus partikularen Wir-Gruppen, die sich immer aggressiver voneinander abgrenzten, drohte die soziale Zusammengehörigkeit zu zersetzen und Länder zu lähmen, wie es einst der Nationalismus mit dem Osmanischen Reich getan hatte. In der Türkei verlief die Spaltung vor allem entlang religiös-säkularer und urban-ruraler Linien. Eher sozialliberale Städte sahen sich mit einem oft feindseligen konservativen Hinterland konfrontiert. Auch Izmir galt vielen ländlichen Türken wie einst Smyrna als *Giaur Izmir*, als eine gottlose Stadt. Würde Izmir diese sozialen Spannungen heil überstehen, anders als das alte Smyrna, das von ähnlichen Konflikten zerstört wurde?

Vielleicht war der große Brand von Smyrna unausweichlich. Schon so lange hatte sich ein Schwelbrand durch multiethnische osmanische Orte gefressen und ein weiteres Zusammenleben der Menschen unvorstellbar gemacht, dass ein Ende mit Schrecken auf lange Sicht womöglich besser war als ein Schrecken ohne Ende. Heute war Izmir eine moderne Stadt, in der es trotz des Bruchs von 1922 viele Kontinuitäten aus dem alten Smyrna gab. Vielleicht lag der eigentliche Grund dafür, warum Izmir wie seine Vorgängerin eine liberale Stadt geblieben war, in seiner Geographie. Die helle ägäische See verwandelte auch die neuen Bewohner dieser Stadt in tolerante und lebensfrohe Menschen, indem sie ihren Blick weitete und sie auf ihren sanften Wellenrhythmus einstimmte. Das Meer veränderte alles.

Nach meinen langen Aufenthalten konnte auch ich Izmir nicht mehr nur als Tatort eines großen Verbrechens sehen. Der große Kulturpark, das einstige Brandloch und Ground Zero mitten in der Stadt, war heute einer meiner liebsten Orte. Fast jeden Tag kam ich inzwischen hierher. Von sowjetischen Beratern in den späten 1920er Jahren geplant, war der Park zugleich eine schöne Grünanlage, ein Messegelände mit alten Palmen und ein Rummelplatz, wo man das ganze Jahr über Achterbahn fahren konnte. Erst nach Wochen ging mir auf, dass der Haupteingang zum Park, das Losan-Tor, nach dem Vertrag von Lausanne benannt war.

An meinem letzten Abend in der Stadt spazierte ich noch einmal den Kordon entlang. Hier fiel es mir schwerer, nicht an die vielen Opfer von 1922 zu denken. Ihre Stimmen überlappten sich mit den Stimmen der jungen Leute, die im Abendlicht auf dem Rasen saßen, lachten und musizierten. Es war ein schöner Anblick, das Leben ging weiter. Ich setzte mich auf eine Bank an der Kaimauer und blickte auf die Bucht, hinter der die Insel Chios lag, wohin ich am nächsten Morgen zurückfahren wollte.

Neben mir öffnete sich ein Mann eine Flasche Bier und unterhielt sich mit den Anglern. Da kam ein anderer Mann und grüßte uns. Er pries die große Güte Allahs und bat um einen Schluck aus der Bierflasche, die ihm mein Banknachbar ohne zu zögern überreichte. Stehend und in zwei langen Zügen trank der Mann die Flasche leer. Die Angler lachten ungläubig. Auch mein Nachbar stutzte, blieb aber cool.

Dankbar lächelnd reichte ihm der Mann die leere Flasche, lobte Allah ein weiteres Mal und ging weiter.

XII OFFENES MEER

An Bord der Fähre nach Chios war eine chinesische Reisegruppe.

Die Touristen saßen in bunten Funktionsjacken auf dem Oberdeck und vertrieben sich die Zeit mit einem Abzählspiel, das alle Teilnehmer kräftig zum Lachen brachte. So versessen waren die Chinesen auf ihr Spiel, dass sie nicht ein einziges Mal über die Reling blickten, nicht als wir in Çeşme ablegten und auch nicht, als wir uns der Bergkulisse von Chios näherten und in den Hafen einliefen. Das Ziel ihrer Reise schien die Chinesen nicht zu interessieren. Vielleicht wollten sie nur Fotos machen und shoppen. Auch die türkischen Tagestouristen sahen so aus, als ob sie viel Bargeld dabeihätten und sich darauf freuten, es mit vollen Händen auszugeben.

Was sie nicht wussten: Shoppen war auf Chios nicht so einfach. Kaum legte die Fähre aus Çeşme an, ging die Insel in die Siesta, selbst im Winter. Gegen Mittag ließen die chiotischen Ladenbesitzer, die Schiffsladung potenzieller Kunden ignorierend, die Jalousien vor ihren Schaufenstern herunter, um an den Strand oder zum Dösen nach Hause zu fahren. Etwas ratlos standen die Touristen auf den leeren Straßen und wunderten sich über die verschlossenen Türen. Sie waren bereit, selbst teure Boutiquen leerzukaufen, mussten sich aber mit den Cafés am Hafen begnügen, die als einzige noch geöffnet hatten. Da saßen sie dann rum, bis die Fähre um 17 Uhr wieder ablegte. Eine Stunde später war die griechische Siesta zu Ende, und die Läden machten wieder auf. Wenn man ihre Besitzer fragte, wie die Geschäfte liefen, jammerten sie über geringen Umsatz. Das Ganze war ein Rätsel.

Vom Fährhafen ging ich zum Hotel Kyma, dessen Besitzer Theodore mich müde lächelnd begrüßte. »Willkommen zurück!«, sagte er und gab mir die Schlüssel für ein Zimmer mit Seeblick. Es war herbstliche Nachsaison, das Hotel stand weitgehend leer. Als ich die Treppe hinaufging, fiel mein Blick auf das gerahmte Bild eines griechischen Offiziers. Es war Oberst Nikolaos Plastiras, einer der wenigen Kriegshelden des anatolischen Feldzugs, der als einziger griechischer Kommandeur im September 1922 einen kühlen Kopf bewahrt und seine Truppeneinheit in einem geordneten Rückzug an die Küste geführt hatte. Von dort wurde sie nach Chios evakuiert, wo Plastiras mit anderen venizelistischen Offizieren die Revolution gegen König Konstantin und seine royalistische Regierung ausrief. Bis Plastiras und seine Mitverschwörer aufs Festland übersetzten, befand sich ihr Hauptquartier, wie sollte es anders sein, im heutigen Hotel Kyma.

Hier entschieden sie, den König und seine Familie aus Griechenland zu verjagen. Darunter war auch der einjährige Prinz Philip, der spätere Herzog von Edinburgh, der nach dem Umsturz mit seinen Eltern auf einem britischen Kriegsschiff ins französische Exil gebracht wurde. Die Politiker und Offiziere, die als verantwortlich für die kleinasiatische Katastrophe galten, beschloss Plastiras vor ein Militärtribunal zu stellen. Im November 1922 wurden sechs ehemalige Premierminister und Generäle zum Tode verurteilt und noch am selben Tage hingerichtet. Indem man die Exekutierten zu Sündenböcken machte, versuchte man den griechischen Volkszorn davon abzulenken, dass die Venizelisten mit ihrer *Megali Idea* den desaströsen Krieg gegen die Türken begonnen hatten. Auf einem kleinen Platz neben dem Kyma stand noch heute ein Denkmal für Oberst Plastiras. Manchmal wurde Geschichte eben auch von Verlierern geschrieben.

Am Abend ging ich zur Hotelterrasse hinunter, wo Theodore eine Runde Backgammon mit einem älteren Mann spielte. Er war ein prominenter türkischer Ex-Parlamentarier, der vor dem Erdoğan-Regime ins griechische Exil geflüchtet war. Manchmal kam er nach Chios, um wenigstens die türkische Küste zu sehen. Er hatte schreckliches Heimweh, sagte er, doch er fürchtete, in der Türkei verhaftet zu werden.

Es war seltsam, wieder auf der anderen Seite der Meerenge zu sein und in die entgegengesetzte Richtung zu blicken, nach Osten, zu den Lichtern entlang der türkischen Küste. Die ständigen Perspektivwechsel machten mich langsam müde. Das Meer zwischen den Ufern blieb ohnehin immer gleich.

An einem anderen Tisch saß Konsul Lorenzo Argenti, wie immer eine Zigarre rauchend. Der Italiener lud mich zu einem Glas Whiskey ein, um sich nach meinem Aufenthalt in Izmir zu erkundigen. Schnell kam unser Gespräch auf die aktuelle politische Lage. »Die Türkei war nie demokratisch und wird es auch nie sein«, sagte Argenti etwas apodiktisch. »Die türkische Mentalität eignet sich nicht für die Demokratie, da sollte man sich keine Illusionen machen.« Schuld an der Misere habe allerdings auch die Europäische Union, die gegen die Türkei mit gezinkten Karten spiele und viele Zusagen aus dem Flüchtlingsdeal nicht eingehalten habe. Zudem gab es Gerüchte über sogenannte Pushbacks, wobei die griechische Küstenwache und Frontex-Schiffe angeblich Flüchtlingsboote zur türkischen Küste zurückdrängten. »Die Europäer die Guten und die Türken die Bösen – das stimmt so nicht.«

Für Aufregung sorgte auch ein Zitat des neuen Bürgermeisters von Chios, eines Mitglieds der konservativen Partei *Nea Demokratia*, die auch in Athen die Regierung übernommen hatte. »Nur ein toter Türke ist ein guter Türke«, hatte der Ex-Militär auf Facebook geschrieben und sich geweigert, diese Aussage zu löschen oder zurückzunehmen. Bislang wurde die Debatte darüber nur auf der Insel geführt. Noch war das Zitat nicht in die Türkei gelangt, doch dafür beabsichtigte Argenti zu sorgen: »Wenn ich das nächste Mal drüben bin, werde ich dem Bürgermeister von Izmir davon berichten. Was erlaubt sich dieser Chiote, so etwas Widerwärtiges zu sagen?« Allerdings schien das brisante Zitat den Konsul nicht ernsthaft zu empören. Vielmehr frohlockte er händereibend über die Chance, in alter europäischer Tradition etwas spalterische Diplomatie zu betreiben und Öl ins orientalische Feuer zu gießen: »Daraus werde ich eine hübsche kleine Intrige machen.«

Durch die Terrassentür trat Güher, die türkische Ehefrau von Theodore, und gesellte sich zu uns. Gut zwanzig Jahre jünger als ihr Mann, war sie eine sanfte Frau, die im Hotel für die liebevollen Details sorgte. Sie war in Izmir aufgewachsen und wollte nun wissen, wir mir ihre Heimatstadt gefallen hatte. Sehr gut, sagte ich, so dass Güher strahlte. Etwa einmal im Monat fuhr sie hinüber, um alte Freundinnen zu treffen und ihre Eltern zu besuchen. Sie kam aus dem kemalistischen Bildungsbürgertum der Stadt, ihr Vater war Architekt und ihre Mutter eine international gefragte Professorin für Biologie. Wie hatte es Güher eigentlich nach Chios verschlagen, fragte ich sie.

»Das ist eine ganz romantische Geschichte«, sagte sie lachelnd und mit einem Seitenblick zu Theodore, der in sein Backgammon-Spiel vertieft war. Ende der 1990er Jahre, als die Fährverbindung Çeşme-Chios eingerichtet wurde, war sie erstmals auf die Insel gekommen. Sie lernte Theodore kennen und verliebte sich. Ihre Eltern waren skeptisch, aber nicht überrascht. »Wir waren doch alle Krypto-Griechen, wie so viele Bewohner von Izmir«, erzählte Güher. »Meine Großeltern kamen 1924 aus Kreta und Thessaloniki, kannten anfangs kaum ein Wort Türkisch und sprachen bis an ihr Lebensende Griechisch miteinander. Mit Anatoliern hatten sie nichts zu tun. Vielleicht habe ich mir deshalb einen griechischen Mann gesucht.« Bereits nach einem Jahr heirateten Güher und Theodore, auch damit sie ein dauerhaftes Visum bekommen und zu ihrem Mann auf die Insel ziehen konnte. »Am griechischen Konsulat in Izmir haben die vielleicht gestaunt!«, erzählte sie lachend.

Inzwischen hatte das Ehepaar Spordilis zwei Kinder, eine fünfzehnjährige Tochter und einen neunjähren Sohn, die auf Chios zur Schule gingen, aber mit gemischter Identität und in der Familie zweisprachig aufwuchsen. Güher selbst sprach fließend Griechisch und hatte sich gut in die Inselgemeinde eingelebt. »Was uns über nationale Grenzen vereint, ist eine gemeinsame ägäische Küstenmenschen-Identität«, glaubte Güher. Die Stellung der Familie, die Erziehung der Kinder, die lebensinhaltliche Rolle von Essen – diese kulturellen Eigenheiten seien auf beiden Seiten der Meerenge ziemlich ähnlich. Dies merke sie auch an türkischen Hotelgästen, die ihnen stets menschlich-individuell begegnen würden. »Politiker, Militärs und Geistliche versuchen, uns Türken und Griechen zu zwei getrennten Blöcken zu machen, aber das sind wir nicht.«

Güher war nicht die einzige Türkin auf Chios. Durch sie lernte ich Gamze Konstantina Özer kennen, eine Drehbuchautorin aus Izmir, die nach einer erfolgreichen Karriere in Istanbul nach Griechenland gezogen war. Wie bei Güher stammten auch Gamzes Großeltern aus Kreta und Thessaloniki. Sie wurden fast 100 Jahre alt, so dass Gamze mit vielen Geschichten von Flucht und Vertreibung aufgewachsen war. »Meine Oma aus Kreta hat immer wieder erzählt, wie sich ihr Vater als Frau verkleiden musste, um zu seiner Ehefrau und ihren sieben Kindern auf ein Flüchtlingsschiff zu gelangen!« erinnerte sich Gamze, eine Mittvierzigerin, während wir in einer Taverne am Hafen eine Flasche Weißwein leerten. »Mein Opa hat dann erzählt, wie er mit seinen Eltern zum Bahnhof von Thessaloniki gelaufen ist, von wo sie ein Zug nach Konstantinopel brachte.« Auch auf Englisch sagte Gamze nicht Istanbul, sondern benutzte den alten griechischen Namen der Stadt: *Konstantinopoli.*

Ihre Großeltern sprachen, wie die von Güher, anfangs kein Türkisch und waren nicht einmal religiös. Der Opa trug sogar einen griechischen Vornamen, den er in der Türkei ändern lassen musste. Eine einzige Tragödie sei der Bevölkerungsaustausch von 1924 für die Menschen gewesen, sagte Gamze. Seit Jahren arbeite sie an einem Drehbuch darüber: »Bis heute gibt es keinen guten Spielfilm hierzu, auch keine Serie – das Thema bleibt tabu.« Schon als Jugendliche habe sie sich griechisch gefühlt, berichtete Gamze, so dass sie gleich nach der Schule ins kosmopolitische Istanbul und dort bewusst in den einst christlichen Stadtteil Phanar gezogen sei. Auf einer ihrer vielen Reisen auf die griechischen Inseln verliebte sie sich in einen Griechen und heiratete ihn. Da eine Zivilehe in Griechenland nicht ohne vorherige kirchliche Trauung möglich war, musste sich Gamze taufen lassen und nahm den Namen Konstantina an. »Damit trat ich weniger zu einem anderen Glauben über als zu einer anderen Kultur«, sagte sie rückblickend. »Von nun an begann sich meine Identität zu mischen.«

Die erste Ehe zerbrach, doch bald darauf heiratete sie einen griechischen Musiker, mit dem sie heute auf Chios lebte. Ihre neuen Nachbarn hätten sie als Türkin schnell akzeptiert, echte Ablehnung erfahre sie nur selten, wenn Griechen ihren Akzent bemerkten. Um einen griechischen Pass zu erhalten, musste sie einen Aufnahmetest bestehen, der hundert Fragen zu griechischer Kultur, Sprache und Politik enthielt. »Das war kein Problem«, sagte Gamze Konstantina lachend. »Mit griechischer Mythologie kenne ich mich besser als die meisten Griechen aus.« Ihre kleine Tochter ließ sie Pelagia taufen, nach der orthodoxen Schutzpatronin für Komödianten und nach der weiblichen Hauptfigur in *Corellis Mandoline*, der Verfilmung von Louis de Bernières gleichnamigem Roman. Den Film liebte Gamze so sehr wie das Buch – sogar ihren Hund nannte sie Penelope, nicht etwa nach der Frau von Odysseus, sondern nach Penelope Cruz, die in dem Film die Hauptrolle spielte. Für Gamze Konstantina hatte der Name ihrer Tochter allerdings noch einen tieferen Sinn: »Der

Begriff ›Pelagia‹ bedeutet ›offenes Meer‹, was irgendwie gut zu meiner Familie passte.«

Die Geschichten von Güher und Gamze Konstantina imponierten mir. Die beiden Frauen hatten sich nicht von nationalen oder religiösen Begrenztheiten zurückhalten lassen, sondern waren ihren Herzen gefolgt und hatten Partner der »anderen Seite« gewählt. Sie versuchten die nationale Entmischung ihrer Länder zu überwinden, wobei die gemeinsame ägäische Kultur sicher half. Wie einst die Levantiner von Smyrna entwickelten Güher und Gamze sowie ihre Kinder das, was man heute an so vielen Orten der Welt antraf: gemischte Identitäten. Gerne wollte ich glauben, dass eines Tages auch in Izmir wieder Griechen mit türkischen Partnern leben würden – warum auch nicht?

Auch das einst so kosmopolitische Chios war nach dem Massaker von 1822 und dem Erdbeben von 1881 abgeschrieben worden. Die wenigen Reisenden, die im späten 19. Jahrhundert noch auf die Insel kamen und deren Berichte in der städtischen Bibliothek zu finden waren, bezeichneten sie als ein verlorenes Paradies. Der deutsche Journalist und Schriftsteller Paul Lindau, der Chios im Jahre 1898 besuchte, fand die Insel noch immer weitgehend verwüstet vor. Fast achtzig Jahre nach dem Massaker hatte sie sich von dem Aderlass nicht wieder erholt, sondern war in lethargische Tristesse verfallen. »Jetzt trauert Chios in weltabgeschiedener Vergessenheit«, schrieb Lindau. »Die Erinnerung an die Schreckenstage wirft ihre Schatten noch auf die Gegenwart und erstickt die frohe Lust am Dasein. Das geistige Leben ist erloschen, die schönen Mädchen verblühen. Chios ist für die allgemeine Gesittung, für Handel und Wandel wertlos geworden. Und es gibt kaum noch einen Fremden, der sich versucht fühlte, die traurigen Gestade im prangenden Grün und goldigen Sonnenschein aufzusuchen.«[122]

So war es ja eigentlich bis heute geblieben, denn nach wie vor kamen kaum Touristen hierher. Für meine Reise allerdings hätte ich mir kein besseres Ziel aussuchen können. Die Insel war mir vertraut und lieb geworden. Einmal ging ich noch in die Bibliothek, vorbei am moribunden Korais-Denkmal, um ein ganz besonderes Buch zu lesen. Es war der Roman »Blutgetränkte Erde« der griechischen Schriftstellerin Dido Sotiriou (1909–2004), das bekannteste Buch über das Ende des türkisch-griechischen Zusammenlebens. Erschienen im Jahre 1962, wurde das Werk ein millionenfacher Bestseller in Griechenland und erstaunlicherweise auch in der Türkei, obwohl oder gerade weil es unter der türkischen Militärdiktatur der 1980er Jahre verboten war. Auf Deutsch wurde das Buch unter dem Titel »Lebewohl, Anatolien« veröffentlicht.

Die Autorin Sotiriou wuchs in einer großbürgerlichen Familie in Smyrna auf, die nach dem Brand von 1922 nach Athen übersiedelte. Ihr Roman basierte auf dieser Erfahrung, aber auch auf Erinnerungen von Flüchtlingen aus einfachen Verhältnissen, die Sotiriou für ihre Recherchen befragte. Aus der Perspektive des kleinasiatischen Bauernsohns Manolis Axiotis geschrieben, zeichnete der Roman das gewaltsame Auseinanderleben der osmanischen Nachbarn nach. Zu Beginn lebte die Familie Axiotis in einem Dorf nahe Ephesus, wo sie Tabak und Trockenfrüchte anbaute, die sie an Händler in Smyrna verkaufte. Die Umgangssprache der griechischen Bauern war Türkisch, mit ihren türkischen Nachbarn verstanden sie sich gut. Der beste Freund von Manolis hieß Şevket, ein türkischer Hirtenjunge, der sogar zum christlichen Osterfest bei der Familie Axiotis eingeladen wurde. Als Manolis nach Smyrna zog, nahm das Unheil seinen Lauf. Während des Weltkriegs musste er in einem brutalen Arbeitsbataillon schuften und nach der osmanischen Niederlage in der griechischen Invasionsarmee kämpfen. Bei ihrem Rückzug aus Anatolien geriet er in Gefangenschaft, bis ihm die Flucht nach Griechenland gelang.

In der Handlung gab es keine klischeehaft guten Griechen oder bösen Türken, sondern nur einfache Menschen, die allesamt Leid erfuhren. Mit ihrer realistischen Erzähltechnik, gespickt mit türkischen Redewendungen, versuchte Sotiriou nationalistischen Narrativen entgegenzuwirken. Vielmehr betonte die Schriftstellerin das friedliche Zusammenleben der osmanischen Volksgruppen vor den Kriegen, indem sie die Trennlinien nicht zwischen den Ethnien, sondern den gesellschaftlichen Klassen zog. Aus ihren Zeilen war eine tiefe Sehnsucht nach der vormodernen Zeit herauszulesen, bevor die nationalistischen Konflikte ausgebrochen waren. Dies erklärte vermutlich, warum »Blutgetränkte Erde« auch in der Türkei so beliebt war.

Am Schluss des Romans rief Manolis seinen alten Freund Şevket, den er durch die tragischen Ereignisse verloren hat: »Kennst du mich nicht mehr, mein Freund? Jahrelang ernteten wir zusammen Lachen und Weinen. Wo bist du, Şevket? Ach, Şevket! Şevket! Wilde Tiere sind wir geworden. Mit Messern haben wir gekämpft, nutzlos haben wir unsere Herzen verbrannt … So viel Gift, solches Unglück, und doch beharrt der Geist dabei und will zurück in die Vergangenheit! So, als sei alles, was wir durchgemacht haben, nicht wahr. Als ob wir jetzt wieder auf unsere Erde zurück könnten, in unsere Gemüsegärten, unsere Wälder mit den Distelfinken, den Krähen und den Amseln, auf unsere Grundstücke mit dem Majoran und den blühenden Kirschbäumen, zu unseren Festen mit den Schönen … *Kahrolsun sebep olanlar* – verflucht seien die Schuldigen!«[123]

Nahe der Bibliothek war ein veganes Lokal, wo ich gerne zu Mittag aß. Hier lernte ich Vasiliki Christopoulou kennen, eine 22-jährige Musikstudentin und Sängerin, die am Vorabend mit ihrer Band ein Konzert in Chios gegeben hatte. Zu meiner Überraschung war sie dafür wie ich aus Izmir angereist, wo sie derzeit für zwei Auslandssemester an der Ägäischen Universität studierte. »Eigentlich bin ich an der Uni von Thessaloniki eingeschrieben«, berichtete Vasiliki. »Die wollten mich erst nicht in die Türkei gehen lassen. Aber ich hatte mir vorgenommen, die *Oud* zu studieren, eine orientalische

Laute, was nur in Izmir angeboten wird. Da mussten sie es mir erlauben.« Sie war neugierig auf die Stadt gewesen, auch weil ihre Urgroßeltern einst aus Kleinasien gekommen waren. Schon bald nach ihrer Ankunft hatte sich Vasiliki in Izmir verliebt und die türkische Sprache zu lernen begonnen. Das Studium sei eine tolle Erfahrung, sagte die junge Frau, zumal sie dort viele andere Musiker kennenlernte. Auch in Izmir hatte sie eine Band gegründet, mit der sie eine Art transägäische *Rebetiko*-Musik spielte und in türkischen Lokalen auftrat. In Zukunft hoffte Vasiliki, mit ihren Bands in beiden Ländern touren zu können: »Die Musik transzendiert das Nationale, sie kennt keine Grenzen.«

Nach dem Mittagessen lief ich quer durch die Stadt zum Kastro, dem ehemals muslimischen Viertel von Chios. Durch die Porta Maggiore, unter der zerkratzten lateinischen Inschrift der Genuesen, kam ich auf den alten Brunnenplatz. Hier standen, spiegelbildlich zu den vormals griechischen Häusern in Izmir, die einst von Türken bewohnten Gebäude, gedrungene mittelalterliche Domizile. In diesen Häusern der Anderen war der große Austausch direkt abgelaufen: Die alten Bewohner wurden vertrieben, mittellose kleinasiatische Flüchtlinge zogen ein. Lange lebten sie im Kastro unter sich, von den alteingesessenen Chioten kaum in die Stadt integriert. Sie unterschieden sich durch ihren Dialekt, die würzige Küche und die liberal-lebensfrohe Art ihrer Heimat, die so viel weltoffener als das konservative Chios gewesen war.

In der großen Armutsabwanderung der 1950er Jahre, die durch die Abtrennung vom türkischen Hinterland ausgelöst worden war, zogen viele Kastro-Bewohner ins Ausland weiter. Wie in der *Ano Polis*, dem einst türkischen Viertel von Thessaloniki, verfielen die alten Gebäude, der Stadtteil blieb unbeliebt und arm. Auch heute waren in den Gassen wieder viele Flüchtlinge zu sehen, die mit Bussen aus den Lagern kamen, um im Kastro günstig einzukaufen. Vor dem Büro einer Hilfsorganisation, die Brot und Gemüse verteilte, hatte sich eine lange Schlange gebildet. Wie vor 150 Jahren waren viele der Frauen verschleiert. Geschichte hatte Humor.

Während die meisten Wohnhäuser neue Benutzer fanden, in Griechenland wie in der Türkei, sah es mit Gotteshäusern anders aus. Einige Kirchen waren in Moscheen umgewandelt worden, ebenso andersherum, doch die meisten Kultgebäude wurden dem Verfall überlassen. Wie viele ehemalige Kirchen im Umland von Izmir standen auch die einstigen Moscheen in der Stadt Chios und anderen griechischen Orten meist leer. Oft befanden sich die Kuppelbauten in bester zentraler Lage, etwa auf dem Athener Monastiraki-Platz oder am Boulevard Egnatia in Thessaloniki, doch sie wurden weder bewusst in den Städtebau integriert noch abgerissen. Auch in Chios galten die Ex-Moscheen als Relikte türkischer Besatzung, die man am besten ignorierte. Die Menschen taten einfach so, als ob sie nicht existierten. Es war eine kuriose Erinnerungskultur. Die Osmaniye Moschee im Kastro-Viertel, im späten 19. Jahrhundert erbaut, lag verschlossen da und verfiel zusehends. Eigentlich gab es sie schon gar nicht mehr.

Nur die ehemalige Hauptmoschee am Stadtpark, deren prächtiges Minarett schon von der Fähre aus zu sehen war, hatte man jüngst restauriert. Das Gotteshaus stammte aus dem Jahre 1845 – zur Einweihung war seinerzeit sogar der Sultan Abdülmeci I. aus Konstantinopel angereist, um nach dem Massaker einen Neustart für Chios zu markieren und zugleich die osmanische Herrschaft über die Insel zu unterstreichen. Heute war in dem Gebäude, in einer typischen Revanche, ein Byzantinisches Museum eingerichtet. »Das war eine politische Entscheidung«, sagte mir die Leiterin, eine gemütliche Frau namens Maria-Helena. »Man wollte zeigen, dass die byzantinische Kultur älter und reicher als die islamische Kultur ist, was ja auch stimmt. Immerhin haben wir den Verfall aufgehalten und die alten Bauelemente bewahrt. Türkische Touristen gucken nur, aber für unsere Ausstellung interessieren sie sich nicht. Nur die muslimischen Flüchtlinge kommen oft rein, weil sie denken, dass sie hier beten können.«

Das glorreiche Byzanz, der Bevölkerungsaustausch, das Osmanische Reich, die aktuelle Flüchtlingskrise – wieder einmal hatte ich das Gefühl, dass sich vergangene Epochen und die Gegenwart in diesem Teil der Welt auf mysteriöse Weise vermischten. Die Zeit erschien nicht wie eine Gerade oder ein Kreis, sondern wie eine mehrfache Helix, auf der sich historische und aktuelle Ereignisse wendelförmig anordneten, so nah zueinander, dass sie sich fast berührten. Seit Jahrtausenden wanderten Völker die ägäischen Küsten entlang, während offenbar alle hundert Jahre – erst 1822, dann 1922 und jetzt wieder – große Flüchtlingsströme über Chios zogen. In die Debatten der Inselbewohner über die aktuelle Krise mischten sich die Erinnerungen an vergangene Katastrophen in so nahtloser Weise, als ob sie noch keineswegs vergangen wären. Fast schien es, dass sich Geschichte nicht nur wiederholte, sondern gar nicht erst zu Geschichte wurde, eher zu einer stets präsenten Erzählung, in der Geschehenes nur für eine Weile abtauchte, um dann wieder hervorzubrechen. Die Dinge ereigneten sich beileibe nicht nur zweimal, wie Hegel und Marx geglaubt hatten, sondern kehrten ständig wieder wie das täglich grüßende Murmeltier aus dem gleichnamigen Film. Dabei verkamen Tragödien auch nicht zur Farce, sondern wurden immer tragischer, weil die Menschheit partout nicht aus ihnen zu lernen vermochte.

Mit der Vorstellung von Zeit als verschrobener Helix ließe sich auch der gegenwärtige Zustand westlicher Gesellschaften gut beschreiben, in denen der moderne Fortschrittsglaube wieder einmal zerbrochen war in eine politisch-kulturelle Regression auf der einen Seite und eine zunehmend dogmatisch-progressive Avantgarde auf der anderen. Hier wie dort setzte man auf emotionale Affekte, von Hass bis Betroffenheit, und drehte die vernunftbetonten Fortschritte der Aufklärung rasant zurück. Beide Strömungen existierten nebeneinander, in einer »Gleichzeitigkeit des Ungleichzeitigen«, wie es der Philosoph Ernst Bloch einmal formuliert hat: »Nicht alle sind im selben Jetzt da. Sie sind es nur äußerlich, dadurch, dass sie heute zu sehen sind. Damit aber leben sie noch nicht mit den anderen zugleich. Sie tragen vielmehr Früheres mit, das mischt sich ein. (...) Verschiedene Jahre überhaupt schlagen in dem einen, das soeben gezählt wird und herrscht. Sie blühen auch nicht im Verborgenen wie bisher, sondern widersprechen dem Jetzt; sehr merkwürdig, schief, von rückwärts her.«[124]

Auf meiner Reise war ich vielen Menschen begegnet, die Blochs Gleichzeitigkeit des Ungleichzeitigen verkörperten, indem sie in völlig unterschiedlichen Welten und Epochen zu leben schienen, wie etwa der Konsul Argenti, die Sängerin Vasiliki, der Levantiner Rodney Simes oder die Filmautorin Gamze Konstantina. Keiner von ihnen war nur ein Kind seiner Zeit, dieser Gegenwart; jeder trug auch viel unvergangen Vergangenes in sich. Dies verband sie mit den nicht mehr lebendigen Menschen, die ich bei meinen Recherchen vor allem in Bibliotheken kennengelernt hatte: den Schriftsteller Paul Lindau und die anderen Reisenden auf Chios, den armenischen Arzt Garabed Hatcherian, den Pastor Otto Stahl oder den heldenhaften Flüchtlingshelfer Asa Jennings. Das Leben und Handeln jener Menschen wirkte in die Gegenwart hinein, immer vorausgesetzt, sie oder andere hatten Zeugnisse hinterlassen, die sie in Bibliotheken und Archiven vor dem Vergessen bewahrten.

In diesem langen Jahr, das mit dem Ausbruch einer seltsamen Viruskrankheit in China enden sollte, hatte ich eine Reise durch Räume und Zeiten gemacht, die weit weniger getrennt und gegensätzlich zueinander standen, als ich anfangs vermutet hatte. Ich war zwischen dem griechischen Chios und dem türkischen Izmir gependelt und hatte sie als einen in vielerlei Hinsicht zusammengehörigen ostmediterranen und post-osmanischen Raum begriffen, der sich wie eine tektonische Platte ineinander geschoben hat. Auch zwischen vermeintlich weit auseinanderliegenden Epochen war ich hin- und hergereist, über einen Zeitraum von 200 Jahren von 1822 bis heute, nur um festzustellen, wie stark die Ereignisse – das Massaker von Chios, der Brand von Smyrna und die heutige Flüchtlingskrise – miteinander verzahnt waren. So sehr überlagerten sich die Zeitschichten, dass ich eine unilinear chronologische Darstellung irgendwann ebenso unpassend empfand wie eine Erzählweise, die scheinbar logisch zwischen Vergangenheitsform und Präsens changierte. Das Vergangene schien gegenwärtig, die Gegenwart bereits vergangen. Alles war verbunden.

Zum Abschluss der ägäischen Reise, vor meiner Rückkehr nach Piräus, fuhr ich mit dem Scooter nach Kardamyla. Es war ein großes Dorf im einsamen Norden der Insel, in dem angeblich fast nur Seeleute lebten. Die Fahrt führte vorbei an der funkelnden Perlenbucht und dem Stein des Homer, über kahle Bergrücken bis zu einem kleinen Hafenort. Kardamyla lag oberhalb davon. Ich parkte den Motorroller auf dem Dorfplatz, der sauber gepflastert und von hübschen Häusern umgeben war. Es war ein wohlhabendes Dorf, dank der fetten Gehaltsschecks, die die Seeleute über die Jahre mitgebracht hatten. Seit Generationen rekrutierten die Reeder von Chios die Crews für ihre Schiffe in Kardamyla. Hier wurden Seeleute geboren, und nach einem Leben auf dem Meer setzten sie sich hier zur Ruhe. Man nannte es das Kapitänsdorf.

Im *Kafeneion* am Marktplatz, im Schatten großer Platanen, saßen die alten Kapitäne. Sie spielten Backgammon, tranken ihren Mokka und musterten den unbekannten blonden Besucher. Ich grüßte und setzte mich an einen Tisch. Der Kellner, ein uralter Mann, fragte mich, woher ich denn käme.

»*Germanía*«, sagte ich etwas zögerlich. Aber er lächelte und sagte, er sei früher zur See gefahren und habe schöne Erinnerungen an eine norddeutsche Hafenstadt, in der er immer freundlich empfangen worden sei.

»Hamburg?«, riet ich und schickte augenzwinkernd ein »Reeperbahn« hinterher.

»Nein, nicht Hamburg«, sagte er und überlegte. »Es war eine kleinere Stadt.«

Etwas ratlos blickte ich den Mann an, bis ihm der Name wieder einfiel.

»Bremerhaven!« rief er aus.

»Bremerhaven?«

»Ja genau. Eine tolle Stadt war das, eine *Seamen's Town*, bewohnt von Seeleuten und gemacht für Seeleute.«

In fast vier Jahrzehnten der Seefahrt habe er die ganze Welt gesehen, von Südamerika bis Australien – aber die schönsten Landgänge, die längsten Nächte, habe er in Bremerhaven erlebt. Ich staunte nicht schlecht und sagte ihm, dass ich ganz in der Nähe der Stadt aufgewachsen war. Da ergriff der alte Kellner meinen Arm, drehte sich zu den Kapitänen um und rief: »Ratet mal, woher dieser junge Mann kommt? Aus Bremerhaven!« Ein Gejohle und Schulterklopfen folgte, und schon saß ich mitten unter den alten Seefahrern. Eine erste Karaffe Tsipouro kam auf den Tisch. Sie alle waren in Kardamyla aufgewachsen und hatten schon als junge Männer auf Schiffen angeheuert. In ihrer Laufbahn zur See hatten sie Englisch gelernt, so dass uns die Verständigung leicht fiel. Schon bald drehte sich das Gespräch, von Bremerhaven ausgehend, um die Vorzüge anderer Hafenstädte weltweit. Es fielen exotische Namen wie Montevideo, Mombasa und Rangoon. Wie weltkundig diese ergrauten Seefahrer waren, dachte ich. Sie waren rund um den Globus gefahren, doch ihre Heimat war dieses Dorf. Nicht einmal Chios, die Insel, sondern nur Kardamyla, wie sie mit Stolz sagten. Die Kosmopoliten, auf deren Suche ich in Izmir und Smyrna jeden Stein umgedreht hatte – hier fand ich sie in einem kleinen Inselkaff. Und sie waren ganz anders, als ich sie mir vorgestellt hatte: nämlich dörfliche Kosmopoliten, die große Städte nur schätzten, wenn sie über einen Hafen verfügten.

Der Kellner setzte sich zu uns. Er hieß Dimitris und war 92 Jahre alt. In der Taverne, die seiner Schwiegertochter gehörte, half er nur aus, um seinen Ruhestand kurzweilig zu gestalten. Neben Dimitris saß Yannis, sein bester Freund, ebenfalls Kapitän in Rente und 80 Jahre alt. Er kam gerade aus dem Garten, wo er nach den Olivenbäumen gesehen und seine Kaninchen gefüttert hatte. Die Spitznamen der beiden Freunde waren John und Jimmy, so hatte man sie einfacherweise in fremden Häfen genannt. »Du bist ein anderer Mann, wenn du zur See fährst«, sagte Yannis. »Manchmal kamen wir zwei, drei Jahre nicht nach Hause damals.« Wie Dimitris hatte er jung geheiratet und Kinder bekommen. In Kardamyla lernten die Frauen früh, ihr Leben ohne Männer zu meistern. In Seefahrerfamilien war daher das Matriarchat üblich. Die Frauen hatten das Sagen, auch wenn ihre Ehemänner zurückkehrten. »Du lieferst das Geld ab, aber du bist nicht mehr Herr im Hause«, sagte Dimitris schmunzelnd, wobei er nicht so aussah, als ob ihm das je etwas ausgemacht hätte. Dennoch hat er seinen Kindern von der Seefahrt abgeraten, ebenso wie Yannis, der auch zwei Söhne hatte. Alle vier Jungs hatten Büroberufe gewählt oder waren Handwerker geworden. »Sie sind Landratten«, seufzte Yannis. »Aber anders als wir haben sie ein richtiges Familienleben und können dabei zusehen, wie ihre Kinder großwerden.«

Wir kamen auf die aktuelle Flüchtlingskrise zu sprechen. Auf ihrem Höhepunkt im Jahre 2015 waren viele chiotische Seeleute und Fischer mit Booten auf die Meerenge rausgefahren, um die Flüchtlinge sicher an Land zu bringen. »Da war große Solidarität: Wir haben ihnen Kleidung und Essen gegeben«, erinnerte sich Yannis, dessen Familie seit Generationen in Kardamyla lebte. Während des Massakers von 1822 hätten sich seine Vorfahren in einer Höhle versteckt, erzählte er, und sich dann mit einem Boot auf die Nachbarinsel Psara gerettet. Nach den Balkankriegen und dem Brand von Smyrna seien viele kleinasiatische Flüchtlinge nach Chios gekommen und hätten sich auch in Kardamyla angesiedelt. Während der deutschen Besatzung im Zweiten Weltkrieg wiederum sei seine Familie, wie viele Chioten, auf die türkische Seite geflüchtet, mit Yannis als Kleinkind im Boot, um von dort aufs freie Zypern zu gelangen. »Ich war zu jung, um mich an unsere Flucht zu erinnern, aber Jimmy kann mehr davon erzählen.«

Dimitris nickte und sah mich an. Auch seine Familie war im Jahre 1941 vor den Deutschen geflüchtet. Der 92-Jährige nahm einen Schluck aus seiner Bierflasche und begann zu erzählen.

»Die deutschen Soldaten auf Chios waren keine Unmenschen, aber es gab einfach nichts zu essen, wir haben gehungert. Da hat mein Vater ein Ruderboot besorgt, am Strand versteckt, und eines Nachts sind wir los, meine Eltern, meine drei Geschwister und ich. Damals war ich 13 Jahre alt, nur mein kleiner Bruder war noch jünger. Meine Schwestern haben geweint, als wir das Haus verließen. In der ersten Nacht kamen wir bis Inousses, die kleine Insel zwischen Chios und der türkischen Küste. In der zweiten Nacht wollten wir es bis in die Türkei schaffen und ruderten gleich nach Einbruch der Dunkelheit wieder los.

»Aber das Wetter in der Meerenge ist unberechenbar. Auf einmal kam ein Sturm auf, die Wellen waren richtig hoch, es regnete in Strömen. Bald war mein Vater total erschöpft vom Rudern, mit Krämpfen in den Armen. Nun fing auch meine Mutter zu weinen an, meine Schwester klammerte sich an mich. Wir hatten alle große Angst. Wir dachten, wir würden ertrinken.

Da tauchte plötzlich ein türkisches Fischerboot auf, die haben uns an Bord genommen und an Land gebracht. Einer der Fischer hatte seinen Sohn dabei, in meinem Alter, und wie er mich gesehen hat, total verfroren in meinen durchnässten Klamotten, da hat er sein trockenes Hemd ausgezogen und mir in die Hand gedrückt. Dann hat er mir auch noch seine Schuhe und Socken gegeben. Ich solle sie behalten, hat er gesagt, dabei waren die Türken ja selber arm. Das habe ich mein Lebtag nicht vergessen.«

Hier füllten sich Dimitris' Augen mit Tränen, seine Stimme stockte. Yannis legte eine Hand auf seine Schulter, auch die anderen Kapitäne waren still.

»Die Fischer brachten uns nach Çeşme, da blieben wir sechs Monate, bis wir ein Schiff nach Zypern fanden. Damals habe ich am Hafen viel mit türkischen Jungen gespielt und Freundschaften geschlossen. Danach habe ich sie nie wiedergesehen, aber ich habe mich immer gefragt, was aus ihnen geworden ist und wie es ihnen ergangen ist.

Vor fünf Jahren bin ich dann mit der Fähre nach Çeşme gefahren. Ich musste nochmal dahin, meine Frau kam mit. Ich erinnerte mich an die Namen meiner Spielkameraden und fragte nach ihnen. Zwei von ihnen lebten tatsächlich noch in Çeşme, und man führte uns zu ihnen. Inzwischen waren wir alte Männer geworden, doch wir erkannten uns sofort und fielen uns in die Arme. Wir waren noch immer Freunde.

Ich habe ein gutes Leben gehabt. Ich habe eine Familie, eine liebe Frau und zwei gesunde Söhne. Ich bin ein glücklicher Mann.

Aber was die Politiker uns hier alles Schlechtes über die Türken erzählen! Dabei sind sie als Menschen genau wie wir. Ich liebe die Türken, wie ich meine Nachbarn liebe. Ich habe auch nichts gegen die Flüchtlinge, die jetzt auf Booten zu uns kommen.

Sie flüchten vor Krieg und Not. Sie machen dasselbe durch, was wir damals erlebt haben, nur in umgekehrter Richtung. Wir müssen ihnen helfen, mit Humanität, so wie man uns damals geholfen hat.

Wir dürfen keine Kriege mehr führen und unsere Söhne töten lassen. Das muss doch mal vorbei sein. Wir müssen als Menschen miteinander reden und Lösungen für alles finden.

Mit Liebe geht das, nur mit Liebe.«

EPILOG

»Willst du noch einen Drink?« fragt Daphne.

Ich nicke, warum auch nicht. Es ist ja nicht so, dass ich etwas anderes zu tun hätte. Oder woanders hin könnte.

Wir stoßen an und trinken auf die alten Kapitäne von Kardamyla. Daphne denkt über die Fluchtgeschichte von Dimitris nach: »Wenn doch nur alle Menschen die Welt so sehen könnten wie er.«

Inzwischen bin ich der letzte Gast im Cavo d'Oro in Piräus, die Hotelbar ist meine einzige Zuflucht geworden. Seit die griechische Regierung einen landesweiten Lockdown verhängt hat, habe ich jeden Abend in der Veranda verbracht, um Daphne von Smyrna und Chios zu erzählen.

Mein Blick fällt auf die *Al Quirab*, die in der Marina vor dem Hotel liegt, eine der größten Yachten der Welt, fast 150 Meter lang. Das Oberdeck ist mit Helipad und Tennisplatz ausgestattet. Der Eigentümer ist angeblich der Emir von Katar, der die Yacht in Piräus überwintern lässt. Jeden Tag kann man der Crew dabei zusehen, wie sie sich an den Bordwänden abseilt und sie so lange schrubbt, bis sie wieder so glänzen wie tags zuvor.

»Die Grenzen werden bald geschlossen«, sagt Daphne. »Auch die Hotels müssen dichtmachen – wo willst du dann hin?«

Das ist eine gute Frage. Eine Freundin hat mir angeboten, in ihrer Wohnung im Zentrum von Athen unterzukommen. Viele *Expatriates* sind bereits in ihre Heimatländer geflogen, aber ich bin unschlüssig. »Ich hoffe noch, dass der Lockdown bald wieder vorbei sein wird.«

»Das glaube ich eher nicht«, sagt Daphne. »Du könntest bald viel Zeit haben, dein Buch über Smyrna zu schreiben.«

»Das wäre ja nicht schlecht.«

»Aber in Griechenland solltest du nicht bleiben«, fährt Daphne fort. »Wir haben keine guten Krankenhäuser hier. Warum fliegst du nicht nach Deutschland zurück, zu deinen Leuten?«

Wieder eine gute Frage – oder die höfliche Aufforderung zu gehen? Auch der Hoteldirektor Giorgos hat mich schon gefragt, ob ich das Land nicht bald verlassen wolle. In guten Zeiten sind ausländische Touristen immer willkommen, aber in der aktuellen Notlage scheinen die Griechen die Reihen zu schließen und enger zusammenzurücken.

Also zurück zu »meinen Leuten«? Nach Deutschland, wo man meine Sprache spricht und mich als zugehörig erkennt. Dort könnte ich mich um meine 90-jährige Mutter kümmern, die am Telefon immer sorgenvoller klingt.

Allmählich verstehe ich, warum Menschen in bedrohlichen Zeiten meistens Schutz bei ihresgleichen suchen. Wie in Smyrna im September 1922, als sich die Levantiner wieder auf ihre ursprünglichen Nationalitäten besannen. Auch heute noch scheint es letztlich, so ernüchternd dies klingt, die eigene Nation zu sein, in der sich Menschen in Not versammeln.

Plötzlich fliegt die Tür auf, und ein Mann tritt ein. Ein langer Wollschal umwallt seine Schultern, er bewegt sich leicht tänzelnd. Es ist Nicolas, ein Stammgast in der Veranda, der um die Ecke vom Hotel wohnt. Eigentlich gilt ein Ausschankverbot für auswärtige Gäste, aber bei ihm wird Daphne eine Ausnahme machen.

Nicolas entstammt, so erzählt er es zumindest gerne, einer aristokratischen Familie aus St. Petersburg, die in der Oktoberrevolution 1917 nach Frankreich fliehen musste. Er wuchs in Paris und Amsterdam auf, lebte später in den Vereinigten Staaten, spricht etliche Sprachen und besitzt weltweit Immobilien sowie mehrere Reisepässe.

Ein alter Kosmopolit wie aus dem Bilderbuch, denke ich.

»Lasst uns Chablis trinken, die beste Flasche«, ruft Nicolas aus, während er auf einen Barhocker rutscht, bereits reichlich betrunken. Im Schlepptau hat er seinen Liebhaber, einen jungen Mann aus Los Angeles, und eine ältere Freundin aus Paris, die sich als Kunstkritikerin bezeichnet.

»Dieses bescheuerte Virus!« ruft sie genervt aus. »Ich bezweifle, dass es überhaupt existiert.«

»Darling, wie ich höre, sterben bereits Menschen da draußen«, sagt Nicolas belustigt, vage auf das offene Meer weisend.

»In Italien sieht es übel aus«, kommentiert sein kalifornischer Freund, während Daphne eine Flasche Weißwein entkorkt.

»Nun, ich werde nicht sterben«, verkündet die Kunstkritikerin. »Ich habe andere Dinge zu tun.« Dann stimmt sie eine Tirade gegen die französische Regierung an, die kurz zuvor die Landesgrenzen geschlossen hat, so dass Air France ihr das Boarding für den Abendflug nach Paris verweigert hat.

»Ich bin keine Französin«, erläutert sie. »Ich lebe einfach in Paris, ohne dort gemeldet zu sein. Ich habe einen britischen Pass, aber ich hasse England, und ich habe einen kanadischen Pass, aber da ist es grad zu kalt.«

»Dann, meine Liebe, musst du wohl hierbleiben«, spöttelt Nicolas, kippt sein Glas runter und reicht es Daphne zum Nachfüllen.

Eine Stunde vergeht auf ähnliche Weise, nur unterbrochen vom Knattern eines Motorrads, das vor dem Hotel anhält. Seit Einbruch der Dunkelheit gibt es auf den Straßen von Piräus kaum noch Verkehr, abgesehen von Motorradkurieren, die Pizzen und Drogen ausliefern.

Der Fahrer kommt die Treppe hoch wie ein Besucher aus einer anderen Welt, mit einem Bandanatuch vermummt. Wortlos legt er fünf Packungen rote Marlboro auf den Tresen, nimmt das Geld und verschwindet wieder.

»Wir hätten noch Kokain bestellen sollen«, sagt jemand.

»Und Stripper dazu.«

Wie eine Arche Noah, die durch diese lange Nacht segelt, erscheint mir die Veranda auf einmal. Außer dass wir vergessen haben, andere Lebewesen mit an Bord zu nehmen. Es ist ein reines Narrenschiff.

»Morgen wollen sie den Athener Flughafen schließen«, verkündet Daphne, als sie die neuen Meldungen auf ihrem Phone liest.

Alle stöhnen auf.

Das ist die ultimative Drohung. Geschlossene Grenzen und Flugstreichungen sind im Lebensstil der Jetsetter nicht vorgesehen. In ihrer Welt ist die Pandemie vor allem eine Gefahr für die Reisefreiheit.

»Das ist doch lächerlich«, sagt Nicolas. »Das können sie nicht machen.«

Daphne und ich blicken uns an, vielsagend zieht sie die Augenbrauen hoch. Nun habe ich es begriffen. Ich bin wirklich am falschen Ort mit den falschen Leuten. Eilig hole ich mein Smartphone hervor und buche ein Ticket für den letzten Flug nach Hamburg, mit einem Zusatzkoffer für meine Bücher.

Meine ägäische Reise ist vorbei. Es ist wieder Zeit, nach Hause zu fahren. Ich muss an Dimitris denken, den alten Kapitän auf Chios, wie er zum Abschied sagte: »Grüß mir Bremerhaven!«

ANMERKUNGEN

1 Zitat aus: Philip P. Argenti, Chios seen by Geographers and Travel Writers, London 1946, S. 884, Übersetzung des Autors

2 Zitat aus: Ibidem, S. 1384

3 Zitat aus: Ibidem, S. 157, Übersetzung des Autors

4 Zitat aus: Ibidem, S. 773, Übersetzung des Autors

5 Zitat aus: Ibidem, S. 746 und S. 750, Übersetzung des Autors

6 Zitat aus: Ibidem, S. 223, Übersetzung des Autors

7 Zitat aus: Ibidem, S. 1431 f.

8 Zitat aus: Egon Friedell, Kulturgeschichte der Neuzeit, Band 1, München 1976, S. 3 f.

9 Homer, Johann Heinrich Voß (Übersetzer), Odyssee, Köln 2015, S. 89

10 Zitat aus: John Freely, Western Shores of Turkey: Discovering the Aegean and Mediterranean Coasts, Alexandria 2010, S. 104, Übersetzung des Autors

11 M. L. Aimé-Martin, Lettres Edifiantes et Curieuses concernant l'Asie, l'Afrique et l'Amérique, Paris 1838, S. 33, Übersetzung des Autors

12 Claude Farrère, Méditerranée, Paris 1926, S. 87, Übersetzung des Autors

13 H. de Saint-Germain, L'Orient à vol d'oiseau. Carnet d'un Pèlerin, Paris 1902, S. 234, Übersetzung des Autors

14 Gaston Deschamps, Sur les routes d'Asie, Paris 1894, S. 121, Übersetzung des Autors

15 alle Zitate aus: Otto Stahl, Pfarrer in Nahost und Schwaben. Lebenserinnerungen, verfasst 1959 (Aufzeichnungen aus privatem Nachlass)

16 Joseph Michaud und Jean Poujoulat, Correspondance d'Orient (1830–1831), Brüssel 1841, S. 125, Übersetzung des Autors

17 Ibidem, Übersetzung des Autors

18 B. Poujoulat, Récits et Souvenirs d'un voyage en Orient, Tours 1852, S. 6 f., Übersetzung des Autors

19 Charles de Scherzer, La Province de Smyrne, Wien 1873, S. 44, Übersetzung des Autors

20 Ibidem, S. 41, Übersetzung des Autors

21 Ibidem, S. 43, Übersetzung des Autors

22 L. de Laborde, Voyage de l'Asie Mineure, Paris 1838, S. 3, Übersetzung des Autors

23 Naci Gündem, Günler Boyunca – Hatiralar, Izmir 1955, S. 203 f., Übersetzung des Autors

24 Deschamps, S. 122 f., Übersetzung des Autors
25 Ibidem, S. 125 f., Übersetzung des Autors
26 Ibidem, S. 122 f., Übersetzung des Autors
27 Ibidem, Übersetzung des Autors
28 Zitat aus Léon Kontente, Smyrne et l'Occident. De l'Antiquité au XXIème siècle, Montigny le Bretonneux 2005, S. 619, Übersetzung des Autors
29 Zitat aus Achilleas Chatziconstantinou, The Image of the Levantines as Portrayed in the late 19th Century Travel Literature, in: Levantines. From the Past to the Present, Izmir Chamber of Commerce, Izmir 2011, S. 83, Übersetzung des Autors
30 David Goodhart, The Road to Somewhere: The New Tribes shaping British Politics, London 2017, S. 31, Übersetzung des Autors
31 Philip Mansel, Izmir, »Pearl of the Levant«, in: Levantines, p. 44, Übersetzung des Autors
32 Zitat aus Kontente, S. 661 f., Übersetzung des Autors
33 Deschamps, S. 166, Übersetzung des Autors
34 Rinaldo Marmara, Les Levantins de Smyrne XIXe siècle. Environnement communautaire et religieux, Istanbul 2016, S. 136f.
35 Arnold J. Toynbee, The Western Question in Greece and Turkey: A Study in the Contact of Civilisations, London 1922, S. 298, Übersetzung des Autors
36 Zitat aus Kontente, S. 747, Übersetzung des Autors
37 Zitat aus: Argenti, Chios, S. 695, Übersetzung des Autors
38 Zitat aus: Ibidem, S. 836, Übersetzung des Autors
39 Zitat aus: Ibidem, S. 832 f., Übersetzung des Autors
40 Zitat aus: Ibidem, S. 820, Übersetzung des Autors
41 Zitat aus: Ibidem, S. 926, Übersetzung des Autors
42 Zitat aus: Ibidem, S. 927, Übersetzung des Autors
43 Zitat aus: Ibidem, S. 888, Übersetzung des Autors
44 Zitat aus: Ibidem, S. 900, Übersetzung des Autors
45 Zitat aus: Ibidem, S. 941, Übersetzung des Autors
46 Zitat aus: Philip P. Argenti, The Massacres of Chios, London 1932, S. 123, Übersetzung des Autors
47 Zitat aus: Ibidem, S. 136, Übersetzung des Autors
48 Zitat aus: Ibidem, S. 101, Übersetzung des Autors
49 Zitat aus: Ibidem, S. 202, Übersetzung des Autors
50 Zitat aus: Ibidem, S. 122, Übersetzung des Autors
51 Zitat aus: Const. E. Fragomichalos, The Massacres of Chios in 1822, Chios 2009, S. 33, Übersetzung des Autors
52 Zitat aus: Argenti, Chios, S. 1043, Übersetzung des Autors
53 Zitat aus: Ibidem, S. 995, Übersetzung des Autors
54 Zitat aus: Argenti, Massacres, S. 235, Übersetzung des Autors
55 Zitat aus: Ibidem, S. 130, Übersetzung des Autors
56 Zitat aus: Ibidem, S. 181, Übersetzung des Autors
57 Homer, Odyssee, S. 96f.
58 Fragomichalos, Massacres, S. 114, Übersetzung des Autors

59 Zitat aus: Argenti, Chios, S. 754, Übersetzung des Autors
60 Zitat aus: Argenti, Massacres, S. 217, Übersetzung des Autors
61 Zitat aus: Ibidem, S. 214, Übersetzung des Autors
62 Zitat aus dem Gedicht »L'enfant«: Hugo, Victor, Les Orientales, Paris 2000, Übersetzung des Autors
63 Zitat aus dem Gedicht »Chios«: Chamisso, Adalbert von, Sämtliche Werke Bd 1-2, München 1975
64 Zitat aus: Argenti, Massacres, S. 38, Übersetzung des Autors
65 Zitat aus: Ibidem, S. 186, Übersetzung des Autors
66 Zitat aus: Argenti, Chios, S. 726, Übersetzung des Autors
67 Nicolas Argenti, Remembering Absence. The Sense of Life is Island Greece, Bloomington 2019, S. 65
68 Zitat aus: Argenti, Chios, S. 952, Übersetzung des Autors
69 Zitat aus: Dora Sakayan, Smyrne 1922: Entre le feu, le glaive et l'eau. Les épreuves d'un médecin arménien, Paris 2000, S. 4, Übersetzung des Autors
70 Zitat aus: Ibidem, S. 5, Übersetzung des Autors
71 George Horton, The Blight of Asia, Indianapolis 1926, S. 44, Übersetzung des Autors
72 Zitat aus: Sakayan, Smyrne 1922, S. 12, Übersetzung des Autors
73 Zitat aus: Ibidem, S. 14 f., Übersetzung des Autors
74 Zitat aus: Giles Milton, Paradise Lost: Smyrna 1922, London 2008, S. 311, Übersetzung des Autors
75 Zitat aus: Ibidem, S. 266, Übersetzung des Autors
76 Horton, Blight, S. 48, Übersetzung des Autors
77 Zitat aus: Lou Ureneck, Smyrna September 1922: The American mission to rescue victims of the 20th century's first genocide, New York 2015, S. 195, Übersetzung des Autors
78 Zitat aus: Sakayan, Smyrne 1922, S. 20, Übersetzung des Autors
79 Zitat aus: Hervé Georgelin, La Fin de Smyrne. Du cosmopolitisme aux nationalismes, Paris 2005, S. 223, Übersetzung des Autors
80 Horton, Blight, S. 54, Übersetzung des Autors
81 Ibidem, Übersetzung des Autors
82 Zitat aus: Marjorie Housepian Dobkin, Smyrna 1922: The Destruction of a City, New York 1971, S. 166, Übersetzung des Autors
83 Zitat aus: Philip Mansel, Levant: Splendour and Catastrophe on the Mediterranean, London 2010, S. 218, Übersetzung des Autors
84 Zitat aus: Milton, Paradise, S. 325, Übersetzung des Autors
85 Zitat aus: Ibidem, S. 323 f., Übersetzung des Autors
86 Zitat aus: Sakayan, Smyrne 1922, S. 22, Übersetzung des Autors
87 Zitat aus: Ibidem, S. 23, Übersetzung des Autors
88 Zitat aus: Mansel, Levant, S. 221, Übersetzung des Autors
89 Zitat aus: Dobkin, Smyrna 1922, S. 13 f., Übersetzung des Autors
90 Homer, Odyssee, S. 125
91 Zitat aus: Sakayan, Smyrne 1922, S. 25, Übersetzung des Autors

92 Zitat aus: Ibidem, Übersetzung des Autors
93 Zitat aus: Ibidem, S. 30, Übersetzung des Autors
94 Zitat aus: Ibidem, S. 39, Übersetzung des Autors
95 Zitat aus: Ibidem, S. 53, Übersetzung des Autors
96 Zitat aus: Dobkin, Smyrna 1922, S. 190, Übersetzung des Autors
97 Zitat aus: Ureneck, Smyrna September 1922, S. 232, Übersetzung des Autors
98 Zitat aus: Ibidem, S. 343., Übersetzung des Autors
99 Zitat aus: Ibidem, S. 347., Übersetzung des Autors
100 Zitat aus: Sakayan, Smyrne 1922, S. 57, Übersetzung des Autors
101 Zitat aus: Ibidem, S. 58, Übersetzung des Autors
102 Zitat aus: Ureneck, Smyrna September 1922, S. 353, Übersetzung des Autors
103 Zitat aus: Ibidem, S. 364 f., Übersetzung des Autors
104 Zitat aus: Sakayan, Smyrne 1922, S. 61, Übersetzung des Autors
105 Zitat aus: Ureneck, Smyrna September 1922, S. 359, Übersetzung des Autors
106 Zitat aus: Ibidem, S. 366, Übersetzung des Autors
107 Zitat aus: Milton, Paradise, S. 344 f., Übersetzung des Autors
108 Zitat aus: Ibidem, S. 345, Übersetzung des Autors
109 Zitat aus: Mark Mazower, The Balkans: From the End of Byzantium to the Present Day, London 2000, S. 358, Übersetzung des Autors
110 Zitat aus: Bruce Clark, Twice a Stranger: How Mass Expulsion forged modern Greece and Turkey, London 2006, S. 44, Übersetzung des Autors
111 Necati Cumali, Macédoine 1900, Paris 2006, S. 17, Übersetzung des Autors
112 Ibidem, S. 219, Übersetzung des Autors
113 Ibidem, S. 221, Übersetzung des Autors
114 Ibidem, S. 248 f., Übersetzung des Autors
115 Giorgos Seferis, Ionische Reise, Frankfurt a. M. 2006, S. 30
116 Ibidem, S. 31
117 Ibidem, S. 33 f.
118 Ibidem, S. 64
119 Ibidem, S. 50
120 Ibidem, S. 52
121 Ece Temelkuran, Euphorie und Wehmut: Die Türkei auf der Suche nach sich selbst, Hamburg 2015, S. 39
122 Zitat aus: Argenti, Chios, S. 1264, Übersetzung des Autors
123 Dido Sotiriou, Lebewohl, Anatolien, Berlin 2016, S. 306 f.
124 Ernst Bloch, Erbschaft dieser Zeit, Frankfurt 1973, S. 104

LITERATUR

David Abulafia, The Great Sea: A Human History of the Mediterranean, Oxford 2013

M. L. Aimé-Martin, Lettres Edifiantes et Curieuses concernant l'Asie, l'Afrique et l'Amérique, Paris 1838

Ahmet Altan, Ich werde die Welt nie wieder sehen, Frankfurt a. M. 2018

Nicolas Argenti, Remembering Absence. The Sense of Life is Island Greece, Bloomington 2019

Philip P. Argenti, The Massacres of Chios, London 1932

– Idem, Chios seen by Geographers and Travel Writers, London 1946

Marc David Baer, The Dönme: Jewish Converts, Muslim Revolutionaries and Secular Turks, Stanford 2010

Louis de Bernières, Birds Without Wings, London 2005

Ernst Bloch, Erbschaft dieser Zeit, Frankfurt 1973

Fernand Braudel, Georges Duby, Maurice Aymard, Die Welt des Mittelmeeres, Frankfurt 2006

Marie-Janine Calic, Südosteuropa: Weltgeschichte einer Region, München 2016

Bruce Chatwin, Anatomy of Restlessness: Uncollected Writings, London 1996

Achilleas Chatziconstantinou, The Image of the Levantines as Portrayed in the late 19th Century Travel Literature, in: Levantines. From the Past to the Present, Izmir Chamber of Commerce, Izmir 2011

Bruce Clark, Twice a Stranger: How Mass Expulsion forged modern Greece and Turkey, London 2006

Julia Phillips Cohen und Sarah Abrevaya Stein (Hg.), Sephardi Lives: A documentary history, 1700–1950, Stanford 2014

Necati Cumalı, Macédoine 1900, Paris 2006

Gaston Deschamps, Sur les routes d'Asie, Paris 1894

Marjorie Housepian Dobkin, Smyrna 1922: The Destruction of a City, New York 1971

Lawrence Durrell, Bitter Lemons of Cyprus, London 1957

Idem, The Greek Islands, London 1980

Jeffrey Eugenides, Middlesex, London 2002

Claude Farrère, Méditerranée, Paris 1926

Patrick Leigh Fermor, Roumeli: Travels in Northern Greece, London 1966

E. M. Forster, Alexandria: A History and a Guide, London 1982

Const. E. Fragomichalos, The Massacres of Chios in 1822, Chios 2009

John Freely, Western Shores of Turkey: Discovering the Aegean and Mediterranean Coasts, Alexandria 2010

Egon Friedell, Kulturgeschichte der Neuzeit, München 1976

David Fromkin, A Peace to end all Peace, New York 1989

Hervé Georgelin, La Fin de Smyrne: du cosmopolitisme aux nationalismes, Paris 2005

– Idem, Smyrne dans la Guerre: Novembre 1914–8 Septembre 1922, Athen 2019

Misha Glenny, The Balkans 1804–2012: Nationalism, War and The Great Powers, London 2012

David Goodhart, The Road to Somewhere: The New Tribes shaping British Politics, London 2017

Lucien Gubbay und Abraham Levy, The Sephardim: Their Glorious Tradition from the Babylonian Exile to the Present Day, London 1992

Naci Gündem, Günler Boyunca – Hatiralar, Izmir 1955

Michael Haag, Alexandria: City of Memory, Kairo 2004

– Idem (ed.), An Alexandria Anthology: Travel Writing through the Centuries, Kairo 2014

Mirko Heinemann, Die letzten Byzantiner: Die Vertreibung der Griechen vom Schwarzen Meer, Eine Spurensuche, Berlin 2020

Ernest Hemingway, The Short Stories, New York 1955

Judith Herrin, Byzantium: The Surprising Life of a Medieval Empire, London 2007

Renée Hirschon (ed.), Crossing the Aegean: An appraisal of the 1923 compulsory population exchange between Greece and Turkey, Oxford 2003

– Idem, Heirs of the Greek Catastrophe. The social life of Asia Minor refugees in Piraeus, Oxford 1998

Homer, Kurt Steinmann (Übersetzer), Odyssee, München 2016

George Horton, The Blight of Asia, Indianapolis 1926

Pico Iyer, The Global Soul: Jet Lag, Shopping Malls, and the Search for Home, New York 2000

Nikos Kazantzakis, Freedom and Death, Oxford 1956

– Idem, Zorba the Greek, Oxford 1959

Parag Khanna, Move: Das Zeitalter der Migration, Berlin 2021

Charles King, Odessa: Genius and Death in a City of Dreams, New York 2012

Lutz C. Kleveman, Lemberg: Die vergessene Mitte Europas, Berlin 2017

Léon Kontente, Smyrne et l'Occident. De l'Antiquité au XXIème siècle, Montigny le Bretonneux 2005

Klaus Kreiser, Geschichte der Türkei, München 2020

Karen Krüger und Anna Esser, Bosporus reloaded: Die Türkei im Umbruch, Berlin 2015

L. de Laborde, Voyage de l'Asie Mineure, Paris 1838

Robert Liddell, Cavafy: A Critical Biography, London 1974

Claudio Magris & Angelo Ara (eds.), Triest: Eine literarische Hauptstadt Mitteleuropas, München 2005

Andrew Mango, Atatürk, London 1999

Philip Mansel, Levant: Splendour and Catastrophe on the Mediterranean, London 2010

Rinaldo Marmara, Les Levantins de Smyrne XIXe siècle. Environnement communautaire et religieux, Istanbul 2016

Mark Mazower, The Balkans: From the End of Byzantium to the Present Day, London 2000
– Idem, Salonica: City of Ghosts, London 2004
Sean McMeekin, The Ottoman Endgame, London 2015
Joseph Michaud und Jean Poujoulat, Correspondance d'Orient (1830–1831), Brüssel 1841
Henry Miller, The Colossus of Maroussi, New York 1941
Giles Milton, Paradise Lost: Smyrna 1922, London 2008
Jan Morris, Trieste and the Meaning of Nowhere, New York 2001
Devin E. Naar, Jewish Salonica: Between the Ottoman Empire and Modern Greece, Stanford 2016
Orhan Pamuk, Istanbul: Memories and the City, London 2005
B. Poujoulat, Récits et Souvenirs d'un voyage en Orient, Tours 1852
Jonathan Ray, After Expulsion: 1492 and the Making of Sephardic Jewry, New York 2013
Inga Rogg, Türkei, die unfertige Nation: Erdogans Traum vom Osmanischen Reich, Zürich 2017
H. de Saint-Germain, L'Orient à vol d'oiseau. Carnet d'un Pèlerin, Paris 1902
Dora Sakayan, Smyrne 1922: Entre le feu, le glaive et l'eau. Les épreuves d'un médecin arménien, Paris 2000
Charles de Scherzer, La Province de Smyrne, Wien 1873
Daniel Schreiber, Zuhause: Die Suche nach dem Ort, an dem wir leben wollen, München 2017
Leon Sciaky, Farewell to Salonica: City at the Crossroads, Philadelphia 2003
Giorgos Seferis, Ionische Reise, Frankfurt 2006
Marie-Carmen Smyrnelis, ed., Symrna: La ville oubliée, Paris 2006
Dido Sotiriou, Lebewohl, Anatolien, Berlin 2016
Otto Stahl, Pfarrer in Nahost und Schwaben: Lebenserinnerungen, verfasst 1959 (Aufzeichnungen aus privatem Nachlass)
Ece Temelkuran, Euphorie und Wehmut: Die Türkei auf der Suche nach sich selbst, Hamburg 2015
Philipp Ther, Die Außenseiter, Frankfurt 2017
Arnold J. Toynbee, The Western Question in Greece and Turkey: A Study in the Contact of Civilisations, London 1922
Lou Ureneck, Smyrna September 1922: The American Mission to Rescue Victims of the 20th Century's First Genocide, New York 2015
Timothy Ware, The Orthodox Church: An Introduction to Eastern Christianity, London 1963
C. M. Woodhouse, Modern Greece. A Short History, London 1998
Antony Wynn, The Oriental Carpet Manufacturers Company. Cartels, Trade, Politics and National Identity: The case of a Levantine company in Ottoman Turkey 1907–1929, in: Levantines. From the Past to the Present, Izmir Chamber of Commerce, Izmir 2011, pp. 143–157
Onur Yildirim, Diplomacy and Displacement: Reconsidering the Turco-Greek Exchange of Populations, 1922–1934, New York 2006
Ioannis Zelepos, Kleine Geschichte Griechenlands: Von der Staatsgründung bis heute, München 2014

SACHREGISTER

Abessinien 146
Afghanistan 172, 183, 185
Agia Fotini 76 f., 103
Ägäische Universität 62, 126, 173, 202, 321, 346
Ägypten 144–147, 157, 174 f., 215, 328
Akhisar 273 f.
AKP (Partei für Gerechtigkeit und Aufschwung) 63, 76, 324, 328
Albanien/Albaner 71, 91, 93, 117, 148, 213, 228, 304
Aleppo 182
Aleviten 318
Alexandria 10, 51, 56, 94, 123 f., 147, 176, 215, 225, 252, 265
Algier 10, 59
Alkohol/-verbot 59, 331
Alliance Israélite Universelle 82
Alphabetisierung 117
Alsancak-Viertel 56, 58, 61 ff., 103 ff., 289, 294, 315 ff., 321, 329 f., 332, 334
American Tobacco Company 272
Anatolien 52, 58, 63, 120, 123 f., 129, 132, 137, 139, 149, 228, 241, 271, 296, 310, 314, 323 f., 341, 345
Anavatos 218
Andalusien 51, 69
Ankara 27, 140, 172, 249, 257, 295, 297, 307, 311
Antisemitismus 79, 82 f., 165, 322
Arbeiter-Bataillone 129
Armenier 14, 51, 53, 56, 66, 70 ff., 76, 79, 81, 84, 86 f., 89, 98, 101–105, 116 f., 119, 121, 123 f., 132 f., 136, 139, 188, 191 f., 241, 243 f., 246 f., 249–252, 254, 259, 261 ff., 266, 271 f., 274 f., 277, 282, 286, 294, 299, 314 f., 319, 328, 350
Ärzte ohne Grenzen 182, 203
Asansör 319
Aserbaidschan 328
Atheismus 44, 47
Athen 11, 13, 25, 27, 46, 53, 66, 76 f., 96, 103, 117, 133, 140, 152, 169, 172, 182, 205, 212, 227, 271, 280 f., 284 f., 295, 297, 299, 306, 308, 340, 345, 348, 357, 360
Athos 258
Auschwitz 297
Ayvalik 122

Bagdad 225, 233
Balkan 21, 65, 69, 82, 93, 95, 120 f., 126 f., 148, 169, 198, 227 f., 283, 298 f., 303
Balkankriege (1912–13) 22, 54, 93, 113, 119 f., 140, 246, 295 f., 304, 353
Balkanroute 11, 171, 181, 183, 211
Basarviertel 49, 56, 88 f., 92, 94, 128, 301, 316, 319 f., 326
Baumwolle 51, 84, 123 f., 186, 259
Beirut 10, 94, 265
Bektaschismus 70
Berlin 65, 67, 107, 109, 115, 121, 132, 155, 181, 183, 225
Berlin-Bagdad-Bahn 67
Beth Israel Synagoge 319 f.
Bevölkerungsaustausch 14, 57, 127, 194, 295, 298 ff., 302, 304, 306, 316, 343, 347, 349
Bologna 149

Bornova (Bournabat) 83, 290–293
Bosnien 21, 45, 85, 92, 115, 118, 126, 298 f., 312
Bosporus 69, 134
Brand, großer (1922) 11, 14, 54–58, 60 f., 73, 75 ff., 87 f., 103 ff., 122, 192–195, 228, 230, 240, 252–264, 266–271, 275, 277 f., 283, 286, 289, 319, 329, 336 f., 345, 351, 353
Bremerhaven 352, 360
Budapest 30, 68, 183, 333
Bukowina 165
Bulgarien 21, 45, 93, 112, 114 f., 117–121, 228, 298, 303
Bursa 304
Byzantinisches Reich 17 f., 29, 37, 40, 51, 69, 77, 80, 82, 140, 147 f., 166, 188, 202, 218, 220 f., 241, 245, 301, 328, 348 f.

Calvinismus 76 ff.
Çeşme 31, 42, 148, 156, 236, 305, 338, 341, 355
Chettes 121
China 10
Chios (Sakiz Adassi) 16–27, 30–45, 49–52, 58, 62, 72, 84, 92 f., 96, 102 f., 119, 140–143, 145–163, 165–168, 170–175, 177 f., 199, 201 f., 209 ff., 213, 215–218, 222–226, 228–237, 253, 268, 310, 337–344, 346–354, 357, 360
CHP (Republikanische Volkspartei) 63, 240, 266
Christen/-tum 14, 19, 29, 47, 50 f., 54, 66, 69 f., 75 f., 81, 83, 86, 90, 110, 117 f., 121 f., 124, 129–132, 136, 139, 147 f., 150, 155, 157, 159, 165 f., 205 f., 208 f., 220 f., 225 f., 228, 246, 251, 255, 260, 262 f., 275, 277, 288, 293–297, 301 f., 314, 316, 318, 320
Constantinopoli (Schiff) 279
Cordelio 83, 261, 329
Corniche s. Kordon
Corona-Pandemie 9, 357–360
Corvey 218

Damaskus 30, 67, 175
Dardanellen, Schlacht 243
Daressalam 105
Derwisch-Orden 70, 127, 158, 161
Deutsche Levante Linie 66
Deutsche Orient-Bank 67, 95
Diktatur 28, 121
Dritter Weg 106 f.
Dubai 53
Dussaud (Firma) 59

Edgar Quintet (Schiff) 245
Ehrenmorde 325
Enosis 228
Ephesus 49 f., 57, 231, 345
Epidauros 126
Epirus 93, 228, 296
Ernest Renan (Schiff) 245
Erster Weltkrieg 53 f., 56, 67, 70, 79, 81, 84, 87, 93, 98, 104, 113, 115, 121 f., 128, 132, 164, 229, 243, 251, 257, 266, 276, 278, 306, 315, 345
EU-Beitritt (Türkei) 324 f.
EuroRelief 205–209
Evia 199

Feigen 51, 84, 124, 186, 243
Finanzkrise 21, 171, 198, 230
Flamingos 305
Florina 303 f.
Flüchtlingskrise/-lager 10 f., 14, 23, 27, 57, 64, 91, 167, 171–185, 196 f., 199 f., 203–211, 213, 230, 288 f., 302, 340, 349, 351, 353
Frauenrechte 318, 330
Frontex 21, 142, 178, 199, 202, 288, 340

Galileo (Schiff) 245
Gallipoli, Schlacht von 129, 137
Genua 18, 29, 31, 33, 35, 38, 50 f., 53, 83, 135, 149, 163, 165 f., 169, 242, 279, 347
Gera 208
Gezi-Proteste 64, 325, 332
Globalisierung 106–109, 125, 188, 333

Goethe-Institut 73
Goldenes Horn 18, 166
Google 73
Gora 126
Göztepe-Viertel 79, 123, 138, 260 f., 286
Griechisch-türkischer Krieg (1919–22) 14, 23, 54, 191

Habsburgerreich 34, 56, 138, 165, 265, 298
Hagia Sophia 140, 199, 221
Hanafi-Schule 69
HDP (Partei der Völker) 326
Hellenic Ministries 205
Hellenismus 117, 140, 143
Helsinki, Abkommen von 298
Hessen (Schiff) 288, 301 f.
Hohe Pforte 67, 91, 138, 154, 161, 227
Holocaust 206, 258, 268
Hutgesetz (1925) 317
Hydra 149, 157

Idomeni 180–183
Ikaria 15
Industrialisierung 109
Inoussdes 354
Institut français 73 f., 78, 85, 101, 305
Ioannina 158, 310
Ionier 49
Ionische Universität 242
Irak 75, 183, 257
Iron Duke (Schiff) 244 f., 256, 258 f.
Islam/Muslime 14, 19, 29, 47, 51 ff., 69 f., 72, 75, 79, 83, 89, 91, 93, 110 f., 115, 117, 120 f., 124, 130, 136, 139, 148 ff., 153 ff., 161, 166, 175 f., 183, 185, 190, 211, 216, 225 f., 275, 295 ff., 299, 303 f., 314–317, 322–326, 330, 347 ff.
Islamismus 63, 75, 121, 211, 234, 324
Ismaros 268
Ismid 139
Israel 86, 234, 319, 321 ff.
Istanbul s. Konstantinopel
Ithaka 17, 40 f.

Janitscharen 251
Jerusalem 35, 65, 67 f., 91
Johanniter-Orden 50
Jordanien 184
Juden/-tum 14, 51, 54, 56, 69–72, 78 f., 82 f., 86, 90 f., 99, 111 ff., 115–121, 123, 132, 136, 149 f., 161, 165, 188, 206, 234, 241, 268, 297, 307, 310, 318–323
Jungtürken 70, 91, 114–119, 121, 125, 128, 130, 132 f., 135, 138, 249, 286

Kadifekale 49
Kairo 145, 175
Kaiserwerther Diakonissen 66, 100
Kalavrita 268
Kalter Krieg 28, 106 f., 109
Kambos 232
Kapitulationen 129
Kappadokien 296, 310
Karataş-Viertel 59, 318 ff.
Kardamyla 351 ff., 357
Karşıyaka 329
Kastoria 126
Kastro-Viertel 29, 31, 34, 142, 150, 153, 156, 159, 166, 172, 216, 236, 347
Katar 328
Kaukasus 93, 126, 283
Kavala 16, 120, 310
Kilkis (Schiff) 280 f.
King George V. (Schiff) 244
Komitee für Einheit und Fortschritt (KEF) 116 ff.
Kommunistische Partei 86
Konak-Platz 47 f., 59, 130, 136 f., 242, 251
Konstantinopel (Istanbul) 10, 18 f., 34 f., 50 f., 64 f., 67 ff., 77, 82 ff., 91, 93, 95, 123, 132 ff., 137, 140, 146, 148–151, 154 f., 158, 160 f., 163–166, 198, 218, 221, 223–227, 236, 243, 245, 248, 250, 256, 258, 261, 268, 270, 279, 283, 285, 287, 299 ff., 303, 310 ff., 324, 326, 328, 342 f., 348
Kopftuchverbot 317, 330
Kordon (Corniche) 43 f., 53, 58–61, 63 f.,

94f., 110, 116, 127f., 137, 239f., 265ff., 307, 311, 329, 337
Kos 172f.
Kosmopolitismus 11, 14, 21, 38, 45, 54, 56f., 78, 84, 86, 92, 98, 104, 109f., 119, 122, 125, 128, 132, 226, 254, 292, 294, 332, 334f., 343f., 352, 359
Kosovo 107, 126
Kreta 22, 93, 95, 118ff., 170, 228, 296, 309, 312, 341f.
Kreuzzüge 17f., 71f., 139, 165
Krim-Krieg (1853–56) 93, 226
Krimtataren 93
Kroatien 299
Krupp (Stahlfabrik) 315
Kurden 59, 63, 139, 314, 318, 324, 331

Ladino-Sprache 321f.
Laizismus 91, 317
Latomos 221
Lausanne, Vertrag von 194, 295–301, 303f., 309, 337
Lemberg 56
Lepanto, Seeschlacht von 94
Lepra-Station 229f., 232
Leros 172
Lesbos 16, 93, 119, 168, 172, 177, 199, 201f., 204, 209ff., 245, 271, 280f., 285f., 302
Levantiner 38, 51, 56, 58, 70f., 81, 83f., 86, 93, 97–106, 109f., 112, 119, 121, 123, 125, 128, 133, 136, 158, 188, 249, 254, 289–294, 335, 344, 350, 358
Libanon 184
Liberty Ships 25
Libyen 328
Limnos 170
London 11, 25, 32, 53, 105–109, 124, 140, 148, 161f., 167, 174, 196, 215, 223, 225, 227, 230, 257, 293, 295, 332, 334

Malta 104
Mameluken 147
Maona (Handelsgesellschaft) 18, 31
Marseille 10, 32, 53, 59, 96, 99, 162, 167, 234
Mastixharz 17ff., 35, 38, 51, 151, 159, 161
Mazedonien 22, 114ff., 119f., 137, 228, 249, 294, 303–306
Megali Hellas (Schiff) 285
Megali Idea 140, 143, 228, 241, 271, 295, 339
Meles-Fluss 127, 313
Mesopotamien 250, 257, 284
Messolonghi 227
MHP (Nationalistische Bewegung) 326
Millet-System 69
Montenegro 93, 119
Moria 203–206
Mosul 75, 250, 284
München 227
Musik 126ff., 131, 316, 347
Muslime s. Islam
Muslimische Bruderschaft 175, 328
My Lai 268
Mykonos 26
Mytilene 201f., 206, 208

Nagorny-Karabach 328
Nakschibendi 70
Nanking 268
Napoleonische Kriege 145, 157
Nationalismus 14, 54, 63, 70, 82, 84, 98, 105, 107, 115, 118, 121, 125, 132, 136f., 140, 147, 149, 228, 241f., 249, 271, 294, 297, 299, 304, 306, 322, 334ff., 346
NATO 75, 179, 181, 217, 239, 288, 301f.
Navarino, Seeschlacht 94, 227
Nea Demokratia 340
Nea Moni 218–223
Neapel 59, 99, 154, 167, 279
Near East Relief 277
Neoliberalismus 108f., 125, 324
Nordmazedonien 180f.

Obristen 28
Odessa 23f., 52, 56, 71, 96, 128, 165, 215
Odyssee 39ff., 171
Ölvorkommen 250f., 257, 284f.

Oriental Carpet Manufacturers (OCM) 123 ff., 128, 259
Orthodoxe Kirche 69, 76 f., 81, 136, 148, 150, 154, 156, 164, 166, 199, 205, 214, 218, 220 f., 303
Osmanisches Reich 13, 17, 19, 21 f., 24, 29 f., 35, 37, 40, 45, 51, 53, 56, 67–71, 75, 80–85, 93, 96, 99, 113–123, 125 f., 128 ff., 132–138, 140, 143 f., 146–152, 155 f., 158 ff., 162 ff., 166, 185 f., 195, 198, 202, 208, 216 f., 222, 224–229, 241 ff., 245, 248, 250 f., 257, 273, 277, 284, 290 ff., 294 f., 297 ff., 311, 314 f., 322, 328 f., 335 f., 345 f., 348 ff.
Otto-Griechen 66

Padua 149
Pagos-Berg 48 f., 55 f., 59, 69 f., 74, 76, 313
Paris 17, 52, 96, 109, 124, 128, 135, 140, 142–147, 211, 224 f., 257, 261, 271, 283, 306, 358 f.
Partisanen 28
Pasaport (Fährhafen) 43 ff., 55, 95
Patras 158
Peloponnes 148, 164
Pera (Beyoğlu) 18, 166
Perser 49
Pertev Mehmed Jamy'sy 139
Phanar 164, 301, 343
Phanarioten 150
Philhellenismus 148, 157 f., 224, 226 ff.
Piräus 9 ff., 15, 128, 142, 170, 255, 281, 285 f., 351, 357, 359
PKK 324
Pompeji 269
Pontosgriechen 24, 80
Prag 183
Pressefreiheit 325, 331
Prizren 126
Psara 157, 161, 353
Punto-Viertel 44, 54, 59, 103, 253, 269, 278, 288 ff.

Ragusa 242
Ravenna 220 f.
Rees (Reederei) 96
Rhodos 85, 135, 170
Rom 32, 75, 140, 167, 257, 271
Römisches Reich 17 f., 50
Rosette, Stein von 146
Russische Revolution 24, 71

Säkularisierung 314, 317, 324
Salonica s. Thessaloniki
Samos 16, 153, 170, 172, 177 ff., 184 f., 197, 199, 201 ff., 207, 209 ff., 237
Samsun 137
Santorini 26, 170
Sarajewo 21, 92
Schiiten 318
Schmetterlinge 167 f.
Schulpflicht 117
Sea Watch 289
Seidenstraße, neue 10
Seldschuken 82
Sepharden 51, 82, 90 f., 111 f., 320–323
Serbien 69, 93, 115, 119 f., 228, 299, 303 f.
Sèvres, Vertrag v. 138, 241, 257, 295
Singapur 53
Sirtaki 142
Sizilien 69
Sklaverei 17, 117, 157 f., 160, 217, 223–226
Smyrna Relief Committee 277
Sofia 21
Spetses 149
Srebrenica 268
St. Petersburg 52, 71, 115, 358
Stakonitz (Fez-Manufaktur) 96
Standard Oil 250 f.
Stürme 170 f.
Sufismus 70, 127
Syrien 64, 171 f., 174 ff., 182 ff., 248, 328
Syros 15, 161 f., 170

Tabak 51, 79, 84, 102 f., 105, 186, 251, 272, 292, 345
Tänze 126 ff., 142, 238, 262

Tanzimat 115
Tataren 71, 93
Teppiche 123 ff., 128, 138, 186, 255, 259, 272
Terrorismus 75 f., 211
Texas (Passagierschiff) 119
Theben 145
Thessalien 93, 95, 228
Thessaloniki (Salonica) 46, 51, 56, 82, 91, 94, 105, 114 ff., 120, 127 f., 130, 149, 181 f., 221, 248 f., 262, 265, 286, 297, 299 f., 303 f., 310, 317, 341 f., 347 f.
Thrakien 16, 93, 294 f., 298
Tirana 21
Trachten 126, 163
Triest 10, 32, 53, 56, 59, 105, 162, 167, 169, 265, 310
Tripolis 148 f., 152, 155, 225
Tripolitanien-Krieg (1911) 99, 119
Troja 39
Turkish Petroleum Company 257
Turkvölker 82

Uckermark (Schiff) 178 f., 202
Umma 326
UNHCR 180, 203, 209
Urla (Vourla) 304–310
Uşak 124
USS Lawrence (Schiff) 281
USS Litchfield (Schiff) 252
USS Mississippi (Schiff) 280
USS Simpson (Schiff) 255

Vathi 178 f., 185, 197
Venedig 17 f., 51, 83, 135, 169, 242
Venezia (Schiff) 245
Völkerbund 249, 295
Volkswagen (VW) 328
Vrodadho 168, 201

Walachei 150, 304
Wehrdienst 118
Wien 21, 40, 69, 78 f., 94, 111, 115, 124, 148, 154 f., 181, 223
Wiener Kongress 17, 223
Wikipedia 73
Winde 168 ff., 238, 263

YMCA (Young Men's Christian Association) 248, 275 f., 280

Zeitungen 110 ff., 129, 154, 223, 241, 249, 325
Zensur 117, 223
Zionismus 82
Zweiter Weltkrieg 56, 103, 132, 267, 298, 315, 318, 354
Zykladen 15
Zypern 300 f., 354 f.

PERSONENREGISTER

Abdülaziz 291
Abdülhamid II. 48, 67, 114–117, 121
Abdülmeci I. 348
Abdürrahim Efendi 135
Adorno (Familie) 18
Adorno, Theodor W. 63
Aelius Aristide 50
Aesop 178
Aimé-Martin, M.L. 52
Akin, Fatih 330
Alevok, Bora 314–317, 320, 322
Alexander der Große 49
Alexander I. (König v. Griechenland) 139
Algranti, Jacob 112
Ali Pascha, Muhammad 158
Aliberti (Familie) 290
Aliotti (Familie) 84, 123
Altan, Ahmet 325
Anderson, Benedict 336
Andreas (griechischer Kronprinz) 117
Andrić, Ivo 306
Argenti, Augustus Leonidas 166
Argenti, Joannis 164 f., 216
Argenti, Leonidas Pandely 166, 216
Argenti, Lorenzo di 30–34, 103, 162–167, 215, 230–236, 340 f., 350
Argenti, Nicolas 166, 230
Argenti, Philip 34, 36, 39, 150, 163 f.
Aristoteles 16, 335
Atatürk, Mustafa Kemal 44 f., 48, 54, 61, 63, 75, 91, 103, 111, 116, 137, 139, 191, 195, 238–242, 244 f., 248–252, 255 ff., 260–263, 266 f., 270 f., 276 f., 284 ff., 292, 295, 299, 303, 311–314, 317 f., 324, 329, 331
Atay, Falih Rifki 266

Baker (Familie) 123
Balladour, Édouard (+ Familie) 81, 102, 104
Baltazzi (Familie) 84
Bartholomäus I. (Patriarch) 77, 301
Beauvoir Brock, Osmond de 245, 256
Bektasch, Haji 70
Benedetti, Graf Vincent 225
Bergman, Ingmar 330
Bernard, Marius 99
Bernière, Louis de 343
Bethmann Hollweg, Theobald von 132
Bismarck, Otto von 225
Blair, Tony 106
Bloch, Ernst 350
Bogliaco, Bartolomeo de 154
Braun, G. 33
Bristol, Mark 250, 252, 278, 280, 285
Byron, Lord 19, 227

Camus, Albert 289
Carabiber, Charles 129
Carter, Jimmy 32
Casanova, George (+ Familie) 18, 232
Cemal, Ahmed 121
Cervantes, Miguel de 321
Chamisso, Adelbert von 224
Chandler, Richard 36, 51
Chandris (Familie) 22, 25 f.
Chateaubriand, François-René de 52

Chatwin, Bruce 108
Choiseul Gouffier, Comte de 34
Choremi, Jean 215
Christopoulou, Vasiliki 346 f., 350
Chrysostomos (Metropolit) 136, 241, 249
Churchill, Winston 103, 298
Clark, Bruce 299
Clayton, John 251 f., 255, 284
Cleopatra 178
Clinton, Bill 106
Cohen, Jo 234 ff.
Cramer, Jacob 78
Cruz, Penelope 343
Cumalı, Necati 303–306, 308 f.
Curzon, Lord 257, 298

Dallaway, James 151
d'Andria (Familie) 84, 123
David, Céleste Étienne 159
Delacrois, Eugène 224
Demirtaş, Selahattin 326
Deschamps, Gaston 60, 96 f., 112
Diderot, Denis 146
Diogenes 335
Domenico, Mesut 75
Dumas, Alexandre 224
Dumesnil, Henri 245, 261
Dündar, Can 325

Edib, Halide 118, 137, 262, 292
Effendi, Karoldidi 117
Egmont, Johan Aegidius van 36, 218
Eisenstein, Sergei 24
Elytis, Odysseus 178
Enver, Ismail 114, 121, 128, 132
Erbakan, Necmettin 324
Erdoğan, Recep Tayyip 47 f., 59, 63 f., 73, 76, 109, 211, 240, 301, 324–328, 340
Esperanza, Yuda Leon 320
Euripides 302

Farrère, Claude 54
Ferdinand von Aragón 18
Forbes (Familie) 84
Freud, Sigmund 62
Freytag, Carlo Benvenuto 78
Friedell, Egon 40
Friedman, Milton 107
Fritz, Charles B. 123
Fuesco, Maestro (Musiklehrer) 68
Fukuyama, Francis 107
Funès, Louis de 31, 162

Galinéa, Madame 134
Galland, Julien 150, 229
Galt, John 19, 152
Gaudin, Paul 75
Gerlach, Stefan 35
Giddens, Anthony 106
Giraud, Edmond (+ Familie) 84, 133, 290
Giustiniani (Familie) 18, 233
Goethe, Johann Wolfgang von 40, 261
Gontaud Biron, Jean de 35
Goodhart, David 109
Graillet, Michel 261
Greene, Graham 102
Gregorius (Patriarch) 164 f.
Grimaldi (Familie) 18
Gülen, Fetullah 76
Gündem, Naci 94 f.

Habermas, Jürgen 63
Hadkinson, Percy 257
Hakki, Biçakcizade 111
Haneke, Michael 330
Hanim, Zübeyde 239
Hatcherian, Dora 286
Hatcherian, Elisa 243, 247, 259 f., 272 ff., 283
Hatcherian, Garabed 243 f., 246 f., 252 f., 259 f., 272–275, 282 ff., 286, 350
Hatcherian, Vartouhi 243, 247, 282
Hegel, Georg Wilhelm Friedrich 63, 170, 349
Hemingway, Ernest 270, 295
Heraklit 49, 230 f.
Herodot 213
Hippokrates 49
Hitler, Adolf 21, 62, 230

Hoffmann, Herr (Dolmescher) 68
Homer 17, 39 ff., 49, 141, 201, 351
Horkheimer, Max 63
Horton, George 246 f., 250 f., 254 f., 276
Howes, Charles 258
Huck, Frau (Hotelbesitzerin) 67
Hugo, Victor 224

Ilhan, Atilla 138
Ismet Pascha 292

Jennings, Amy 276
Jennings, Asa 275–284, 287, 289, 350
Jesus Christus 220 f.
Johannes (Evangelist) 50, 74
Johannes Paul II. 75
Johnson, Boris 109
Jourdain (Marineoffizier) 157

Kafka, Franz 62
Kalambokas, Jason 27
Kanaris, Konstantin 160, 162, 216
Kant, Immanuel 332 f., 335
Katharina die Große 148
Kavala, Osman 325
Kaygusuz, Bezmi Nusret 110
Kazantzakis, Nikos 141, 306
Kekilli, Sibel 330
Kemal, Mustafa s. Atatürk, Mustafa Kemal
Keun, Isaac 78
Keun, Sarah 78
Kim Il-sung 313
Kokoschka, Oskar 298
Kolumbus, Christopher 18
Konsalik, Heinz 73
Konstantin I. (König v. Griechenland) 129, 139, 248, 261, 285, 292, 339
Korais, Adamantios 142 f., 145 ff., 345
Kouvelas, Alexander 233
Kraemer, Arié 67

La Fontaine (Familie) 123, 290
Laborde, Léon de 89
Laurent, Peter Edmund 151 f.
Lawrence, T.E. (Lawrence von Arabien) 103
Lemos (Familie) 25
Lennon, John 322
Lindau, Paul 344, 350
Liszt, Franz 291
Lithgow, William 36
Livanos, Ioannis 23, 25
Lloyd George, David 136, 139
Lovejoy, Esther 283 ff., 287
Ludwig I. (Bayern) 227
Lützow, Graf Rudolph von 155
Lynch, David 330
Lyras (Familie) 25

Mansel, Philip 93, 109 f.
Mao Zedong 313
Marcellus, Marie-Louis Comte de 153, 236 f.
Marcopoli (Familie) 84, 233
Marcus Antonius 178
Marcus Aurelius 50
Marcuse, Herbert 63
Marley, Bob 58
Martini, Herr (Cellist) 68
Marx, Karl 62, 349
Mavrogordato (Familie) 153
Mehmed V. 116
Merkel, Angela 230
Metternich, Klemens von 155, 223
Michaud, Joseph 71
Miller, Henry 15
Miltitz, Baron von 155
Mondrian, Piet 298
Mordtmann, Johannes Heinrich 68
Moreno, Dario 319
Morgenthau, Henry 277

Nansen, Fridtjof 297
Napoleon Bonaparte 17, 144–147, 157, 227, 242
Nasser, Gamal Abdel 215
Negroponte (Familie) 18, 153
Nelson, Horatio 146
Nevzat, Tevfik 110 f.

Nietzsche, Friedrich 40
Nureddin Pascha 249

Olivier, Guillaume-Antoine 151
Onassis, Aristoteles 25, 80, 103, 254
Orbán, Viktor 183
Osman I. 153
Osman, Hadji 274
Otto I. (König v. Griechenland) 66, 227
Özbilgin, Mehmet 126 ff., 163
Özer, Gamze Konstantina 342 ff., 350
Özer, Pelagia 343 f.

Palerne, Jean 35
Pamuk, Orhan 268
Pardo, Sara 320 f.
Parmenides 231
Pascha Ali Bey 155 f., 160, 216 f.
Pateras (Familie) 25
Paterson (Familie) 84
Paulus (Apostel) 50
Perikles 136, 213
Peter der Große 148
Philip (Herzog v. Edinburgh) 339
Picasso, Pablo 61
Pischetsrieder, Bernd 102
Plastiras, Nikolaos 339
Plato (Erzbischof) 153
Plinius d.Ä. 17, 49
Pojes, Richard 233
Popper, Karl 336
Poujoulat, Baptistin 71 f.
Poujoulat, Jean 71
Pouqueville, François 157 f.
Powell, Halsey 278 f., 281–285, 287
Price, Ward 258
Putin, Wladimir 328
Pythagoras 178

Quinn, Anthony 141

Rackete, Carola 289
Rahmi Bey 129 f., 133
Redouté, Henri-Joseph 146
Reese (Familie) 290
Reichenbach-Goschütz, Bogdan Graf 78
Rezzori, Gregor von 165
Rilke, Rainer Maria 261
Rockefeller, John D. 250
Roditi, Rafael 320
Roosevelt, Franklin D. 287, 298
Rothschild, Baron 111
Rumbold, Horace 257
Rupprecht Kronprinz von Bayern 99

Sağel, Valery 290, 292 ff.
Saint-Exupéry, Antoine de 318
Saint-Germain, H. de 60
Saint-Hilaire, Geoffroy 146
Samonas (Familie) 25
Sanders, Liman von 121 f., 129 f., 132
Sappho 201
Scaramanga (Familie) 18, 153
Schabbatai Zwi 91
Schäuble, Wolfgang 21, 230
Scherzer, Karl von 78 ff., 83
Schilizzi (Familie) 153
Schlegel, August Wilhelm 40
Schliemann, Heinrich 39
Schröder, Gerhard 106
Seferis, Giorgos 7, 306–310
Selim Pascha 226
Simes, Alfred 102 ff.
Simes, Frank 102
Simes, Rodney 102–106, 109, 290, 294, 310, 350
Smith, Anthony 107
Soler, Francesco 155
Sommer, Johann 37
Sotiriou, Dido 345 f.
Spartali (Familie) 123
Spordilis, Güher 341 f., 344
Spordilis, Theodore 22–27, 30 ff., 43, 141, 234 f., 339 ff.
Stahl, Else 101
Stahl, Emma 65 f., 72, 100

Stahl, Gertrud 100 f., 130, 134
Stahl, Helmut 101
Stahl, Otto 65–68, 71, 74, 99 ff., 130–135, 350
Stalin, Josef 298
Stergiadis, Aristeidis 241 f.
Stewart, James 102
Stiepovich, Franz 154, 160
Strabon 50
Süleyman I. 329

Talaat, Mehmed 121
Tamerlan 50
Tancoigne, J.M. 152
Taranto, Eliezer 320
Tarkan 61
Temelkuran, Ece 314
Testa, Gaspar 160, 226
Theodorakis, Mikis 141 f.
Theophanides, Ioannis 280 f.
Thévenot, Jean de 37
Thukydides 16
Toynbee, Arnold J. 139
Trommer, Bruno von 131
Trump, Donald 76, 109

Ünel, Birol 330
Uşaklıgil, Latife 138, 260 ff., 286
Uşaklıgil, Muammer 79, 123, 125, 138, 260

Vahid Pascha 153, 156, 159, 161
Varim, Suphi 84–87, 92
Venizelos, Eleftherios 32, 129, 134 ff., 139, 241, 295
Verdi, Giuseppe 133, 241

Wangenheim, Hans von 132
Werfel, Franz 87
Werry, Francis 225
Westhauser, Hermann 27
Whitman, Walt 255
Whittall (Familie) 84, 129, 290 f.
Wilhelm II. 48, 67, 121
Wilson, Woodrow 135
Winckelmann, Johann Joachim 226
Wood, Hortense 291 f.

Yafe, Erol Moshe 322 f.
Yücel, Denis 325

Zafiru, Oberst 138
Zweig, Stefan 62

BILDNACHWEIS

Abb. 1–4, 6, 7, 9: historische Aufnahmen, etwaige Rechteinhaber konnten nicht ermittelt werden

Abb. 5: © imago/Arkivi

Abb. 8: © picture alliance/Mary Evans/Grenville Collins Postcard Collection

Abb. 10: © INTERFOTO/Mary Evans/Grenville Collins Postcard Collection

DANKSAGUNG

Der Autor dankt Burcu Akdemir, Bora Alevok, Lorenzo Argenti, Jo Cohen, Matthias Dose, Simone Favaro, Maria Ioannou, Mehmet Özbilgin, Gamze Konstantina Özer, Sara Pardo, Sebastian Ritscher, Valery Sağel, Karl Schlögel, Rodney Simes, Theodore und Güher Spordilis, Suphi Varim, Erol Moshe Yafe, allen in der Bibliographie verzeichneten Autorinnen, vielen namenlosen Wikipedia-Autorinnen, den Bibliothekarinnen der Stadtbibliothek Chios und des Institut Français Izmir sowie allen Mitarbeiterinnen des Aufbau Verlags. Meine besondere Dankbarkeit gilt der Hilfsorganisation Ärzte ohne Grenzen für ihre humanitäre Arbeit weltweit.